신약외경 1

신약 외경 1

초판 교회인가 2009년 9월 14일
초판 1쇄 2009년 10월 26일
개정판 교회인가 2021년 3월 18일(의정부교구장 이기헌 베드로 주교)
개정판 1쇄 2021년 7월 30일
개정판 2쇄 2024년 11월 1일

지은이 송혜경
펴낸이 조병우
펴낸곳 한님성서연구소
등록 제85호
주소 경기도 의정부시 평화로 604
전화 031)846-3467
팩스 031)846-3595
카페 cafe.naver.com/biblicum

ISBN 978-89-94359-34-2 94230
ISBN 978-89-94359-33-5 94230(세트)
책값은 뒤표지에 있습니다.

이 책은 『신약 외경 상권: 복음서』(2009)의 개정판입니다.

신약 외경 1

야고보 원복음
The protoevangelium of James

토마 유년기 복음
The Infancy Gospel of Thomas

토마 복음
The Gospel of Thomas

베드로 복음
The Gospel of Peter

니코데모 복음
The Gospel of Nicodemus

진리의 복음 외(外)
The Gospel of Truth etc.

번역·주해 **송혜경**

초판 펴내며

신약 외경은 초대 교회 때 쓰여 교회 안에서 공적으로나 사적으로 사용한 작품들로 정경에 포함되지 않은 것들을 일컫는다. 정경과 내용이 겹치기도 하고 정경에서 모티프를 얻기도 하였지만, 정경에 없는 내용들, 곧 복음서의 경우 예수님의 어린 시절 이야기나 마리아와 요셉의 일대기, 그리고 부활에서 승천까지 사십 일 동안 있었던 일들을 다루는 내용도 많다. 사도들의 행전이나 여러 묵시록들도 신구약 정경에서 모티프를 따와 비슷한 틀과 문체로 이야기를 전하지만 내용은 정경에 없는 새로운 것들이 대부분이다. 토마 사도의 인도 선교라든가 베드로 사도와 바오로 사도의 순교 이야기 등 보통 전설로 여기는 것들이 행전의 주를 이룬다. 묵시록은 종말에 관한 관심은 물론 개인의 사후 문제를 다루기도 한다. 이 이야기들은 후대의 미술이나 영화와 소설에서 간접적으로 접할 수 있다. 예수님이 동굴에서 탄생했으며 정경에 언급된 예수님의 형제들이 요셉 전처의 자식들이라는 것은, 야고보 원복음에 나오는 내용이다. 영화 '쿠오바디스'에서 박해를 피해 로마를 떠나려던 베드로가 예수님을 만나 '쿠오바디스, 도미네'(주님, 어디로 가시나이까?)라 묻는 유명한 장면은 베드로 행전에 등장한다. 단테의 『신곡』에서 묘사한 천국와 지옥의 모습이 베드로 묵시록과 바오로 묵시록의 영향에 따른 것이라는 것도 널리 알려져 있다.

이처럼 알게 모르게 신약 외경이 제공하는 정보들을 접하고 있었다. 어떤 내용은 한쪽으로 치나치게 치우쳐 중심을 잃은 듯한 모습을 보이기도 하지만(극단적 금욕주의처럼) 그 또한 당대 교회의 한 얼굴이었음을 부인할 수 없다. 정통으로 인정되지 않았고 지금은 쉽게 이해할 수 없는 내용이라 해도, 그 주장들이 정통과 정경의 확정이라는 결과를 가져왔음도 인정해야 한다. '외경'이라는 단어가 주는 거북함을 버리고 본문을 대한다면 당대 교회의 여러 모습들을 고루 만날 수 있을 것이다.

한님성서연구소 조병우 이사장님들과 후원 회원들, 그리고 정태현 소장 신부님께 감사드리며, 이 책의 완성도를 높여 준 연구소 동료들에게도 고마운 마음 전한다. 나에게 힘을 주시는 분과 힘이 되어 주는 모든 분들께 감사한다.

2009년 8월 한님성서연구소에서

송혜경

개정판 펴내며

신약 외경 상권 복음서가 출간된 지 10년이 넘었고 새로 개정판이 나오게 되었다. 초판과 비교해서 달라진 점은 다음과 같다.

가장 큰 변화는, 각 작품의 원문을 빼고 우리말 번역만 실은 것이다. 원문 출처를 상세히 밝혀 놓았으므로 원문을 찾아 읽는 데 큰 어려움은 없을 것이다. 게다가 웹상에서도 웬만한 원문을 찾아 읽을 수 있다. https://archive.org에 접속해서 검색창에 원하는 작품의 제목을 입력하면 관련 저서들이 컴퓨터 화면에 뜬다. 그 가운데 가장 적합한 책을 골라, 내려 받아 읽으면 된다. 무료로 가입해서 일정 기간 대출형식으로 온라인상에서 읽을 수도 있고 구입도 가능하다. 가령 https://archive.org에 접속해서 검색창에 apocryphal gospel이라고 입력하면 외경 복음서 본문을 담은 여러 책들이 뜬다. 그 가운데 원문을 담은 책(예를 들어 Ehrman/Pleše, *The Apocryphal Gospels: Texts and Translations*)을 고르면 된다. 또는 The Gospel of Thomas를 입력하면 토마 복음의 콥트어 본문과 번역 및 해제를 담은 책들이 뜬다. 그 가운데 마음에 드는 책 하나를 골라 읽을 수 있다. 단, 각 책의 저자가 선택한 비평본critical edition이 다를 수 있음을 유의하라. 번역자가 어떤 본문을 대본Vorlage으로 삼았는지에 따라 번역 결과가 다를 수 있다.

둘째 변화는 초판에 없던 '니코데모 복음'(= 빌라도 행전)을 새로 포함시킨 것이다. 초판에 '니코데모 복음'의 중요성만 언급한 채 본문은 싣지 않았던 터다. 니코데모 복음서의 핵심 내용은 1세기까지 거슬러 올라갈뿐더러 '예수님의 저승 방문'이라는 흥미로운 대목도 있어서 개정판에 싣게 되었다. 특히 예수님의 재판 및 처형 과정에 등장하는 인물들의 심리 묘사가 탁월해서 이 복음서는 읽는 재미도 크다.

셋째 변화는 업데이트한 내용들이다. 초판이 출간된 지 10년이 지나면서 신약 외경과 관련한 연구도 늘어나고 공유해야 할 새로운 정보들이 많이 생겼다. 신약 외경과 관련한 웹사이트들도 놀랄 정도로 발전했다. 초판의 골격을 유지하면서 최근 십 년 사이에 업데이트된 정보들을 추가했다. 이와 함께 책의 구성에 약간의 변화를 주었다. 초판에서는 작품 해제와 본문을 분리하여 따로 소개했지만 개정판에서는 각 작품의 해제와 본문을 묶어서 함께 소개한다. 각권의 소개 순서에도 변화를 주었다. 내용과 신학 면에서 중요도나 인지도가 높은 작품을 되도록 먼저 소개하였다.

넷째 변화는 번역문을 새롭게 다듬었다는 것이다. 큰 변화는 없지만 원문의 뜻을 훼손하지 않는 범위에서 투박한 번역을 최대한 매끄럽게 바꾸려고 노력하였다. 가독성을 높이려는 취지에서다.

다섯째 변화는 진지한 공부를 원하는 독자들을 고려하여 관련 정보의 출처를 밝히는 데 각별한 노력을 기울였다는 점이다. 출처를 밝힌 곳이라 하더라도 원출처의 내용을 인용부호 없이 옮겨 쓰는 일이 없도록 조심하였다. 초판에 누락된 출처 정보를 보충하는 데에도 신경을 썼다.

『신약 외경』을, 개정판을 내기까지 읽어 주신 모든 분들께 감사한다. 그리고 개정판을 만드는 것을 가능하게 해주시고 출간되는 모든 책을 귀하게 여겨주신 정태현 소장 신부님, 연구소와 연구원들에 대한 변함없는 지지를 보여 주시는 조병우 이사장님과 다른 후원자님들, 온갖 아이디어와 의견을 내며 책을 같이 만들어 준 이효임 편집자님과 강재준 사무국장님, 그리고 늘 자극이 되는 다른 동료들께도 감사한다.

하늘로 올라가신 아버지 엄마, 지금 여기서 나를 웃게 만드는 수양이와 의양이를 비롯한 가족들, 늘 내 편이 되어주는 모든 분들 감사합니다. 그리고 이 모든 것을 허락해주신 하느님께 감사드립니다.

2021년 7월 한님성서연구소에서
송혜경

일러두기

1. 『성경』은 한국천주교회중앙협의회에서 발간한 우리말 성경을 가리킨다.
2. 본문 번역의 [ ]는 훼손된 부분, ( )는 매끄러운 우리말 표현을 위해 첨가한 부분이다. 본문 크기보다 작은 ( )는 필자의 설명이다. 〈 〉에 든 내용은 원문에 없는 내용을 비평본문 편집자가 문맥에 맞게 첨가한 것이다. 훼손된 본문을 복구하기 어려운 경우는 [···]로 표시하였다.
3. 쌍따옴표(" ")는 외경 원문 번역이거나 다른 문헌의 직접 인용 시 사용한다.
4. 홑따옴표(' ')는 개념 정의나 강조, 간접 인용 시 사용한다.
5. 원문에 대명사로 표현되거나, 숨겨진 주어(동사 활용에 포함)일 때, 이해를 돕기 위해 가끔씩 별다른 표시 없이 일반 명사나 고유 명사로 옮겼다.
6. 구약성경 인용 시, 특별한 표시가 없을 때는 히브리어 성경을 가리킨다. 칠십인역은 이와 구분하여 '칠십인역 창세기'와 같은 식으로 표시하였다.
7. 교부 문헌 직접 인용문은 필자가 직접 번역하였다.
8. 교부 인명이나 지명은 『교부학 인명·지명 용례집』, 하성수 엮음 (분도출판사 2008)을 따랐다.

차례

신약 외경, 신약성경 바깥의 책

복음서와 행전을 비롯한 각종 신약성경이 저술되던 무렵 그와 비슷한 유형의 작품들이 지역 교회 곳곳에서 만들어졌다. 후대에 신약성경으로 분류된 27권 말고도 각종 복음서와 행전, 서간과 묵시록 들이 사도들의 이름으로 저술되었다. 이러한 저술 작업은 대략 사도 시대부터 사도들의 직제자에 해당하는 사도 교부 시대, 심지어 그 이후까지 이어졌다. 이 책들은 여러 가지 이유로 신약성경에 포함되지 못했지만 초대 교회의 다양한 시선을 드러낸다는 점에서 매우 귀중한 자료임은 틀림이 없다. 이 책들도 적어도 명목상으로는 예수님과 그 제자들에 대한 기록임을 표방하고 있다. 이 책들이 정통이냐 이단이냐는 별도의 문제다. 내용을 예단하기 전에 객관적 시선으로 이 책들을 읽기를 권한다.

요즘은 웹사이트를 통해 신약 외경 작품에 대한 수준 높은 정보를 얻을 수 있다. 특히 *e-Clavis: Christian Apocrypha*(ECCA)가 매우 유용하다(https://www.nasscal.com/e-clavis-christian-apocrypha/). 이 웹사이트에서 신약 외경에 대한 소개뿐 아니라 그리스도교 외경 연구에 필요한 광범한 정보를 얻을 수 있다. 이 사이트에 실린 자료는 북미 그리스도교 외경 연구회(North American Society for the Study of Christian Apocryphal Literature: NASSCAL) 회원들이 수집·관리한다. 웹사이트의 목록에 있는 작품 제목을 클릭하면 해당 작품에 대한 개략적 소개, 관련 작품들, 사본 정보, 현대어 번역본들, 주석서들, 관련 웹사이트, 광범한 참고문헌들을 제공받을 수 있다(계속 업데이트 중이며 작품 별로 정보 수준에 차이가 있다). 각 작품의 개괄은 물론 그 작품과 관련한 온/오프라인 출판 정보와 연구 현황도 파악할 수 있어 이 사이트가 신약 외경 공부의 좋은 출발점이 될 수 있다. 이 사이트의 편집 위원이기도 한 토니 버크T. Burke의 신약 외경 입문서 *Secret Scriptures Revealed: A New Introduction to the Christian Apocrypha*도 유용하다. 이 책은 신약 외경에 대한 전반적인 이해를 높이는 데 큰 도움이 될 것이다.

1. 정의와 범주

≫ 신약 외경의 정의에 대해서는 Schneemelcher, *New Testament Apocrypha vol. 1*, 10-15; Klauck, *The Apocryphal Gospels: An Introduction*, 1-5; Reed, "The Afterlives of New Testament Apocrypha," 401-417을 보라.

'신약 외경'New Testament Apocrypha이란 초대 교회 때 만들어진 그리스도교 저작물들 가운데 정경에 들어가지 못한 작품들을 일컫는다. '외경'이라 옮긴 아포크리파Apocrypha는 그리스어 τὰ ἀπόκρυφα(숨겨진 것들)에서 유래하였다. 처음에는 아포크리파가 영지주의자들과 같은 특정 집단만 제한적으로 접할 수 있으며 거기에 속한 사람들만 알아들을 수 있는 '비밀의', '숨겨진' 작품임을 가리켰다. 그러다가 많은 교회 저술가들이 이 단어를 '이단'이라는 말과 동의어처럼 사용하기도 하였다. 지금은 아포크리파가 초대 교회 저작물 가운데 정경에 속하지 않는 작품을 통칭하는 용어로 자리 잡았다. 이 범주에 속하는 작품들은 정경이 아니라는 뜻에서 '비-정경 신약성경'Non-canonical New Testament이라고도 불린다.

사실 정경과 외경의 구분은 그리 간단한 문제가 아니다. 외경이라고 해서 교회에서 전혀 인정받지 못한 것은 아니다. 바오로 행전이나 베드로 묵시록은 정경에 포함되지 않았지만 정경화 작업이 종료되기 전까지 교회 안에서 거의 정경과 같은 지위를 누렸다. 게다가 '정경'과 '외경'의 범주에 대해 모든 그리스도교 종파가 의견을 같이하지 않는다. 가톨릭교회에서 정경으로 여기는 책을 다른 종파에서 외경으로 여기기도 하고 그 반대의 경우도 있다. 1945년 나그 함마디 문헌이 발굴되면서 외경을 정의하는 문제가 한층 복잡해졌다.[1] 여기서 발굴된 본문들 가운데 상당수가 신약 외경 범주에 들어갈 수 있음이 밝혀졌기 때문이다. 보통 교회나 학계에서 말하는 신약 외경은, '예수님의 가르침, 예수님의 생애, 하느님 본성, 사도들의 가르침과 생애를 다루는 초대 그리스도교회의 여러 문헌들 가운데 정경에 속하지 않은 작품들'로 이해하면 된다. 이에 따르면 나그 함마디 문헌들 가운데 토마 복음이나 진리의 복음 같이 예수님과 직간접으로 관련된 본문들은 신약 외경으로 간주할 수 있다. 실제로 최근에 출간되는 신약 외경 관련 책들에는 나그 함마디 문헌들도 별다른 언급 없이 기존의 다른 외경 작품들과 함께 다뤄져 있다. 사도 교부들의 작품으로 여겨지는 책들은 편의상 신약 외경에서 제외한다.[2]

---

1 1945년 이집트 나그 함마디 마을 근처에서 일하던 농부들이 우연히 항아리를 발견했는데 그 안에 가죽 장정의 파피루스 사본 13권이 들어 있었다. 고증학적으로 4세기 후반 것으로 추정되는 이 사본들에는 총 52개의 작품이 담겨 있다. 이 작품들 중 상당수가 나그 함마디에서 발견되기 전까지는 제목만 알려져 있었다. 대부분 영지주의 색채가 강한 작품들이지만 플라톤의 『공화국』 같은 고전도 들어 있다. 모두 콥트어로 기록되어 있으나 그리스어 원문에서 번역된 것이 확실하다. 콥트어(Coptic)는 고대 이집트 상형 문자에서 시작하여 성용(聖用, hieratic) 문자와 대중(demotic) 표기법을 거쳐 진화한 마지막 단계의 고대 이집트어를 일컫는다(콥트어에 대해서는 보충설명, '콥트어'를 참조하라). 나그 함마디 사본들에 담긴 작품들을 '나그 함마디 문헌' 이 작품들을 모아놓은 전집을 '나그 함마디 총서'라 한다.

2 사도 교부들이란 1-2세기 교부들로서 바오로와 베드로와 요한 등 열두 사도를 개인적으로 알았거나 그들에게 유의미한 영향을 받은 1-2세기 교부들을 일컫는다. 헤르마스, 로마의 클레멘스, 안티오키아의 이냐시우스, 스미르나의 폴리카르푸스, 바르나바 등이다. 보통 『클레멘스의 첫째 편지』, 『클레멘스의 둘째 편지』, 『바르나바의 편지』, '이냐시우스의 일곱 편지', 『폴리카르푸스의 편지』, 『폴리카르푸스의

2. 신약 외경과 정경의 역사

≫ 정경 발전의 역사와 그에 얽힌 문제는 Metzger, *The Canon of the New Testament: Its Origin, Development, and Significance*; Aragione/Junod/Norelli, *Le Canon du Nouveau Testament: regards nouveaux sur l'histoire de sa formation*을 참조하라. Schneemelcher, *New Testament Apocrypha vol. 1*, 10-15; Schröter, *From Jesus to the New Testament: early christian theology and the origin of the New Testament Canon*, 249-295도 보라.

그리스도교는 거룩한 책을 경외하는 종교에서 출발하였다. 예수님과 제자들은 구약성경을 받아들이고 해석하고 가르쳤다. 그러다가 그리스도교가 유다교와 갈라지기 시작하면서 자기네 고유의 신학에 비추어 구약성경을 재해석하는 일, 그리고 이에 버금가는 권위를 지닌 새 작품들을 만들어 내고 식별하는 일이 과제로 부상하였다. 이 과제는 최초의 그리스도인들이 예수님의 말씀을 권위 있는 가르침으로 받아들이고(1코린 7,10; 9,14) 사도들의 작품도 특별한 무게를 지닌 것으로 여겨, 이를 그리스도교 예배 때에 공적으로 봉독하면서부터 시작되었을 것이다.

사실 예수님의 직제자들 혹은 사도들이 살아 있고, 교회가 팔레스티나 본토와 그 주변에만 세워져 있던 시기에는 예수님 이야기를 따로 기록할 필요가 없었다. 예배 때 사도들의 육성으로 선포되는 예수님의 가르침을 회중들이 직접 들을 수 있었기 때문이다. 그러나 점차 초대 교회가 지중해 전역으로 퍼져나가면서[3] '기록'의 중요성이 커졌을 것이다. 사도들이 직접 자리할 수 없는 곳에서도 예수님의 말씀은 선포되어야 했다. 이때 말씀

순교록』, 『디다케』 등이 사도 교부 총서로 분류된다.

3 보충설명, '초대 그리스도교 중심지'를 보라. 2-3세기에는 지중해 전역에 교회가 세워졌다.

의 정확성과 진정성을 담보하기에는 '말'로는 불충분하고 보다 분명한 '기록'이 필요했을 터다. 특히 사도들이 세상을 떠나기 시작하면서 기록은 필수사항이 되었을 것이다. 그리하여 예수님의 말씀과 행적이 사도나 그 직제자의 이름으로 다양한 공동체, 다양한 사람들에 의해 기록되기 시작했다.[4] 이와 함께 다양한 유형의 기록물들이 사도의 이름으로 만들어졌다.[5] 그 가운데 어떤 것이 믿을 만한 것인지 판단하고 식별하는 일이 중요한 과제로 부상하게 된 것이다.

예수님 메시지의 진정성을 수호하기 위해 교회가 사용한 주요 방법은 다음 세 가지다. 첫째, 신앙 공동체가 서품을 통해 자격을 갖춘 개인을 선발하여 예수님 메시지를 선포하고 가르치는 권위를 부여하였다. 둘째, '신경'Credo을 통해 메시지 해석의 경계를 설정하였다. '신경'의 범위를 넘어서는 내용은 진정한 말씀에서 제외시키는 것이다. 셋째, '정경'을 통해 예수님의 메시지를 담았다고 믿는 문헌들을 한정하였다. 마지막 셋째 방법이 '정경화' 작업인 셈이다.

2.1. 정경화의 시초

처음 정경 범위를 규정한 사람은 영지주의자 마르키온이다(140년경). 그는 그리스도교 성경에 루카 복음과 바오로의 열 서간만을 포함시키고, 그 밖에

---

4 '5.1. 작품 선정 기준'에 수록된 초대 그리스도교 작품들 표를 참조하라. 4세기 라틴어 불가타 사본이 만들어지기 전까지 교회 안에서 얼마나 많은 저작물들이 만들어졌는지 확인할 수 있다. 이 저작물들은 만들어지던 당시에는 정경도 외경도 아니었음을 기억해야 한다.

5 교회 저작물들 가운데 가장 먼저 만들어진 것은 바오로 서간인 테살로니카 1서다(50년경). 최초 복음서인 마르코 복음서는 70년경 작품으로 추정된다.

성경과 정경

정경이라 옮긴 그리스어 κανῶν은 본디 '자, 척도, 표준'이라는 뜻으로 표준이 되는 작품 모음집을 지칭한다. 성경과 관련해서는, 이 용어가 권위 있는 책들의 권위 있는 모음집을 가리킨다. 일반적으로 '성경'(γραφή)은 '특별히 거룩하고 권위 있는 것으로 공경 받는 문서'를 뜻하고, '정경'은 그러한 문서의 범위를 한정시킨 것이다. '성경'이나 '정경'이 존재한다는 것은 특정 문서를 두고 그 지위와 권위를 인정하는 공동체가 존재한다는 뜻이기도 하다. 책과 공동체는 상호의존적 관계라 할 수 있다.

κανῶν이 역사상 처음으로 성경에 적용된 것은 4세기 중엽 라오디케이아 시노드 때다. '정경으로 인정되지 않는 책을 교회에서 봉독해서는 안 된다'는 결정이었다. 다음으로 367년 아타나시우스가 부활 축일 서간에서 '정경으로 인정되며 (사도들로부터) 전해진, 영감 받은 책으로 인정되는 책'들을 이야기한다.

» Graham, "Scripture", 13.142; Schneemelcher, *New Testament Apocrypha vol. 1*, 10.

다른 사도들(혹은 그 제자)의 작품과 구약성경은 정경으로 인정하지 않았다.[6] 실제로 그리스도교 공동체마다 선호하는 책들이 서로 달랐던 것 같다. 어떤 집단은 마태오, 마르코, 루카, 요한 복음 가운데 한 복음서와 베드로 복음이나 토마 복음을 함께 사용하기도 하고, 타티아누스가 2세기 중반에 만든 조화 복음서 디아테사론(Diatessaron, '네 복음서를 관통하여')을 선호하는 집단도 있었다(시리아 교회).

---

6 Bruce, *The Canon of Scripture*, 134.

이런 배경에서 교부들 사이에서도 2세기 중엽부터 성경γραφή의 '표준 혹은 정경κανῶν'을 확정하려는 움직임이 일어나게 되었다. 이 움직임을 촉발한 요인은 여러 가지다. 첫째, 유다교에서 물려받은 권위에 자신들만의 권위를 덧붙임으로써 당시 유다교와 자신들을 구분 지으려는 원의가 있었다. 둘째, 교의와 관습의 권위 있는 토대에 대한 필요성이 절실해진 한편, '올바른' 믿음과 관습은 '올바른' 책에 기초하여 세워질 수 있다는 생각이 부상하였다. 셋째, 사도들의 이름을 건, '다른' 관점의 믿음과 관습을 담은 문서들이 증가하면서 식별의 중요성이 점점 커졌다.

정경 문제에 관여한 교부들은, 어떤 작품이 정경으로 받아들여지기 위해서는 다음과 같은 요구를 충족시켜야 한다고 보았다. 첫째, 고대성이다. 당시 기준으로 최근에 만들어진 새로운 내용을 포함하지 말아야 한다. 둘째, 사도성이다. 사도 또는 사도의 직제자가 쓴 것이어야 한다. 셋째, 보편성이다. 전 지역의 그리스도교 교회들이 폭넓게 받아들이고 사용하는 것이라야 하며 특정 지역, 특정 공동체에서만 사용되는 것은 안 된다. 넷째, 정통성ὀρθοδοξία이다. 잘못된 믿음이 아닌 '올바른' 믿음을 담고 있어야 한다. 사도로부터 전해진 믿음과 같은 것이어야 한다는 뜻이다. 그러한 믿음이 어떤 것이냐에 대해서는 교회 집단별로 다르기도 했다. 사실 자기네가 내세우는 가르침을 이단αἵρεσις이라고[7] 할 공동체는 없을 것이다. 다섯째, 공동체가

---

7 보통 "이단"이라 옮겨지는 그리스어 αἵρεσις는 본디 '생각과 그에 따른 선택의 차이'를 가리키는 단어였다. '이단'이라는 뜻으로 쓰이기 시작한 것은 2세기경이다. 이 무렵 교회는 통일과 일치를 도모하면서 마르키온주의, 에비온파, 영지주의 등을 '이단'으로 분류하였다. 순교자 유스티누스와 이레네우스의 작품에 잘 드러난다. ὀρθοδοξία, ὀρθόδοξος, ὀρθοδοξέω는 4세기부터 그리스도교 작품에서 '정통'(orthodoxy)이라는 의미로 사용되기 시작했다. 물론 '올바르다'는 의미를 내포한 ὀρθός, ὀρθοτομέω, ὀρθοποδέω 등이 2세기의 헤게시푸스나 알렉산드리아의 클레멘스의 작품에 등장한 것은 사실이다. 그러나 초세기 작품을 '정통'이나 '이단'으로 분류하는 것은 실상은 시대착오적이다. 곧 '정통'과 '이단'은 당대가 아니라 후대 교

권위를 인정한 내용이어야 한다(Bruce, *The Canon of Scripture*, 255-269).

초대 교회의 정경 논쟁은 2세기 말에서 3세기 초에 이르러 어느 정도 가닥을 갖추게 되었다. 그리하여 네 복음서, 사도행전, 바오로의 열세 서간 이렇게 18권은 정경으로 확고히 자리매김하였다. 묵시록과 히브리서와 그밖에 다른 일곱 서간은[8] 지역별로 서로 다르게 평가되었다. 이러한 상황은 4세기까지 이어졌다. 이를테면 요한 묵시록이 서방에서는 2세기 말부터 확고히 정경으로 받아들여졌지만, 동방에서는 4세기까지도 정경 여부가 결정되지 않았다.[9] 히브리서는 동방에서는 일찍부터 바오로의 친서로 인정되었으나 서방에서는 4세기까지 인정되지 않았다(히에로니무스 『서간집』 129.3). 일곱 가톨릭 서간 가운데 베드로 2서, 야고보서, 유다서, 요한 2·3서도 오랫동안 불확실한 상태로 있었다. 그러다가 차츰차츰 일곱 서간이 전 지역 교회에서 정경으로 인정받게 되었다. 4세기 클라로몬타누스 사본의 정경 목록에서는 히브리서를 제외한 나머지 26권이 모두 정경으로 인정된다.

오리게네스와 에우세비우스는 정경의 범위 문제가 3-4세기까지 끝나지 않았음을 증언한다. 지금의 27권짜리 정경(그리고 오직 이 27권만)을 주창한

회의 관점에서 내린 평가다: Le Boulluec, "Hétérodoxie et orthodoxie", 269-270.

8 야고보서, 베드로 1·2서, 요한 1·2·3서, 유다서는 전체 교회를 대상으로 한다하여 가톨릭 서간이라 부르게 된다.

9 교회사에서 대개 서방은 서유럽 일대, 동방은 서유럽을 제외한 나머지 소아시아·중동(팔레스티나·이집트·시리아 등)·북동 아프리카·발칸 반도·동유럽·남부와 인도를 아우르는 지역을 말한다. 교회는 2세기부터 내부적으로 신학·정치적 문제를 둘러싼 크고 작은 논쟁을 여러 차례 겪었다. 에페소 공의회(431년)와 칼케돈 공의회(451년)를 거치면서 아시리아(네스토리우스파) 교회와 반-칼케돈 오리엔트 정교(Oriental Orthodox, 시리아 정교와 콥트 정교)가 분리되어 나가기는 했지만, 11세기 동·서방 교회가 완전히 분열되어 서방은 로마 가톨릭으로, 동방은 동방 정교회(Eastern Orthodox)로 발전하기 전까지는 엄연히 하나의 교회로 존재했다. 그러므로 편의상 동방과 서방을 나누어 말한다 해도 지역적 구분일 뿐 당시에 교회가 동서로 나뉘어져 있었다는 뜻은 아니다.

최초의 그리스도교 문서는 367년에 등장한다. 알렉산드리아의 주교 아타나시우스가 보낸 제39차 부활 축일 서간이 그것이다. 신약성경이 기록되기 시작한 지 300년 넘게 흐른 뒤였다. 그러나 정경의 확정 문제가 완전히 해결된 것은 아니었다. 그리스도인들은 그 뒤로도 1세기 이상 정경의 범위를 둘러싼 논의를 계속 이어갔다.

정경의 결정은 서방과 동방에서 약간 다르게 진행되었다. 서방에서는 동방에 비해 정경의 범위가 좀 더 빨리 확정되었다. 특히 마르코·마태오·루카·요한의 네 복음서는 이미 2세기에 교회에서 정경으로 받아들여졌다.[10] 실제로 순교자 유스티누스의 글을 통해 적어도 2세기 중반에 '사도들의 회고록', 곧 복음서가 예언서와 더불어 주일 예배 때 봉독되었으며(『호교론 1』 67), 당시에 복음서들이 성경의 기능과 지위를 확보하고 있었음을 짐작할 수 있다.[11] 4세기에는 히브리서와 가톨릭 서간들까지 서방에서 정경의 지위를 누리고 4세기 말에는 27권이라는 숫자가 기록되기에 이르렀다.[12] 특히 27권 신약성경을 포함한 불가타 성경이 교회에 널리 보급되면서 27권이 폭넓게 받아들여지게 되었다. 그런 다음에는 지역에 따라 약간씩 차이는 있었지만

---

10 Stanton, "The Fourfold Gospel", 317-346. 심지어 트로비쉬는 현재 형태의 신약성경 전체가 150-200년 사이에 실제로 취합·편집을 거쳐 출판되었다고 주장하며(Trobisch, *Die Endredaktion des Neuen Testaments: Eine Untersuchung zur Entstehung der christlichen Bible*), 바톤은 그 무렵 이 책들이 '성경'이라 불리지는 않았다 하더라도 이미 '성경'의 기능을 가지고 있었다고 주장한다(Barton, *Holy Writings, Sacred Text: The Canon in Early Christianity*).

11 아마 50년대부터 복음서 원천 자료 또는 전승들이 설교나 교리 교육에 사용되었을 것이며 100여 년이 지난 뒤에는 복음서들이 교회의 공식 예배 때에 봉독되었으리라는 것이 학자들의 일반적 견해다. 그 중간 시기에는 지역 공동체마다 하나의 복음을 사용했으리라 추측한다. 가령 로마에서는 마르코 복음을, 에페소에서는 요한 복음을 사용했을 것이다: Smith, "When Did the Gospels Become Scripture?", 6.

12 제3차 카르타고 공의회(397년)에서 최초로 27권 신약성경이 승인되었다.

대체로 신약성경의 범위가 이대로 거의 변함없이 유지되었다.

시리아 교회에서는 정경화 작업이 타 지역의 교회들과 다르게 진행된다. 여기서는 5세기까지 구분된 네 복음서 대신 조화 복음서인 타티아누스의 디아테사론을 사용하였다. 사도들의 서간을 두고는 오랫동안 논란이 지속되었는데 코린토 3서(= 바오로와 코린토인들의 교환 서신)가 시리아 교회에서 정경으로 인정되었다는 점이 특이하다. 그러나 5세기를 지나면서는 시리아 교회도 점차 다른 지역 교회와 비슷한 양상으로 변하였고, 서부 시리아 교회는 서방 교회와 비슷하게 27권 성경을 인정하는 분위기로 돌아섰다. 그러나 에페소 공의회(431년) 이후 대교회에서 이탈한 동부 시리아 교회는 22권짜리 신약성경(묵시록, 2베드, 2·3요한, 유다 제외)을 고수하였다.[13]

4-5세기 교회는, 정경의 범위에 대해서는 지역별로 의견을 달리했지만 저마다 자신들이 읽는 구약 및 신약 성경을 완결된 정경으로 받아들였다는 점에서는 차이가 없다. 그들이 읽는 성경을, 외경이나 이단과 구별되는 정경으로서 읽었다는 의미다. 공식적으로는 아니지만 4-5세기 동방 및 서방 교회가 정경화 작업을 어느 정도 마무리했다고 볼 수 있는 셈이다.

2.2. 정경화 과정의 전거들

최초의 온전한 불가타 필사본이 만들어진 400년경 이전까지 신약 정경의 형성에 영향을 미치거나 그 형성 과정을 보여 주는 그리스도교 문헌들은 풍성하고 다양한 편이다. 초대 교부들, 이단자들, 페쉬타와 불가타 성경 필사본들, 시나이 사본codex Sinaiticus, 다양한 정경 목록들 등이다. 정경화 과정

13 Bauer, *Der Apostolos der Syrer in der Zeit von der Mitte des vierten Jahrhunderts bis zur Spaltung der syrischen Kirche*, 1-5.

을 보여 주는 문헌들을 연대순으로 열거하면 다음과 같다(ntcanon.org 참조).

스미르나의 폴리카르푸스/70-155

2세기 소아시아에서 주도적 역할을 한 『폴리카르푸스의 편지』에는 신약성경의 직·간접 인용구를 100개 정도 담고 있다. 폴리카르푸스가 인용문의 출처를 제시하지는 않았다.

마태(『편지』 2.3; 7.2; 12.3); 마르(『편지』 5.2); 루카(『편지』 2.3); 사도(『편지』 1.2; 2.1); 로마(『편지』 6.2); 1코린(『편지』 4.3 등); 2코린(『편지』 2.2 등); 갈라(『편지』 3.3 등); 에페(『편지』 1.3 등); 필리(『편지』 2.1 등); 1테살(『편지』 11.2); 2테살(『편지』 11.4); 1티모(『편지』 4.1); 2티모(『편지』 5.2 등); 히브(『편지』 6.3 등); 1베드(『편지』 1.3 등); 1요한(『편지』 7.1); 3요한(『편지』 10.1)

안티오키아의 이냐시우스/105-115

안티오키아의 주교 이냐시우스는 신약성경의 권위를 인정하지 않는 일부 유다계 그리스도교와 가현주의를 배격하였다. 그의 일곱 편지가 전한다. 이 편지들은 초대 교회 때 막강한 영향력을 행사하였으며, 다음 작품을 성경으로서 직접 또는 간접 인용한다. 이냐시우스가 성경 본문을 인용하면서 그 출처를 제시하지는 않았다.

마태(『폴리카르푸스에게 보낸 편지』 2.2)

루카(『스미르나인들에게 보낸 편지』 3.1-2)

사도(『마그네시아인들에게 보낸 편지』 5.1)

로마(『에페소인들에게 보낸 편지』 20.2)

1코린(『에페소인들에게 보낸 편지』 18.1 등)

에페(『폴리카르푸스에게 보낸 편지』 1.2; 5.1)

콜로(『에페소인들에게 보낸 편지』 10.2)

1테살(『에페소인들에게 보낸 편지』 10.1)

마르키온/140경

마르키온은 최상신과 유다인들의 창조주를 엄격히 구분하면서 구약성경을 배척하고 신약성경만 인정하였다. 그리고 그리스도는 창조주의 사자가 아니라 최상신의 사자로 간주하였다. 마르키온의 추종자들은 루카 복음에 토대를 둔 한 복음서(=마르키온 복음서)와 바오로의 열 서간(히브리서와 사목서간 제외)으로 된 그들만의 '신약성경'을 정경으로 보유하고 있었다. 마르키온의 저서는 남아 있지 않으나 테르툴리아누스의 『마르키온 논박』을 통해 그의 생각을 추론할 수 있다. 마르키온은 교부들 사이에서 2세기 중엽부터 시작된 정경화 작업을 가속화시킨 주요인으로 평가된다.

발렌티누스/140-150

발렌티누스와 그 추종자들(헤라클레온, 프톨레마이오스, 마르쿠스)은 영지주의자들이었다. 그들의 사상과 관점은 정통 교부들의 저서를 통해 전해진다. 이레네우스의 『이단 논박』은 발렌티누스와 그 추종자들이 다음 작품을 성경으로 간주하고 인용했다고 전한다: 마태, 마르, 루카, 요한, 로마, 1코린, 2코린, 갈라, 에페, 필리, 콜로, 1베드, 1요한, 묵시. 이레네우스와 오리게네스는 발렌티누스파가 진리의 복음(이레네우스 『이단 논박』 3.11.9)과 베드로의 설교(오리게네스 『요한 복음 주해』 13.7)도 성경으로 인정했다고 전한다.

순교자 유스티누스/150-160

유스티누스의 작품은 상당수 남아 있다. 유스티누스가 신약성경을 인용할 때 출처를 밝힌 적은 없지만, 마태오(『트리폰과의 대화』 106.4), 마르코(『트리폰과의 대화』 106.4), 루카(『트리폰과의 대화』 103.8), 요한(『호교론 1』 61.4) 등 네 복음서와 요한 묵시록(『트리폰과의 대화』 81.4)의 가치를 인정한다. 유스티누스는 '복음'이라 불리는 '사도들의 회고록'(또는 간단히 '회고록')에서 인용할 경우 '…에 기록되어 있다'라는 인용 정식을 사용한다. 또한 주일 전례 때 '사도들의 회고록이나 예언자들의 작품이 낭독'되었음을 전한다. 상당수의 인용문들이 특정 복음서에 담긴 구절들을 융합시킨 듯한 특징을 보인다. 요한 묵시록을 인용하지는 않지만 요한 묵시록의 존재와 가치를 인정한다.

무라토리 정경/170-200

18세기에 밀라노의 암브로시우스 도서관에서 이태리인 학자 무라토리 L.A. Muratori 에 의해 발견된 라틴어 필사본이다. 발견자의 이름을 따서 '무라토리 정경' Canon Muratori 이라 불리는 이 문서는 현존 최고의 신약 정경 목록으로 정경의 역사에서 매우 중요한 전거로 여겨진다. 이 목록은 대개 200년경 로마에서 작성된 것으로 추정한다. 많은 학자들이 적어도 2세기 중반 이후에는 저자가 로마에 살았을 것으로 여긴다. 저자가 마르키온, 발렌티누스, 바실리데스 및 2세기 중반의 그리스인들에게 특별한 관심을 보이고 로마 주교 비오(154년)의 가족까지 알고 있기 때문이다. 필사본이 단편으로 남아 있어, 이름을 알 수 없는 어떤 복음서의 형성에 대한 대목부터 읽을 수 있다. 루카를 '셋째 복음서', 요한을 '넷째 복음서'라고 명시한 것을 보면 틀림없이 마태오와 마르코 복음으로 시작했을 터이다. 총 24권의 신약성경을 정경으로 받아들인다. 27권 가운데 22권을 포함시키고 히브리서, 야고보서, 베드로 1·2서, 요한 3서는 제외시켰다. 반면에 솔로몬의 지혜(지혜서)와 베드로 묵시록을 정경에 포함시켰다. 『헤르마스의 목자』는 정경에 포함시키지 않으면서 개인적 봉독은 허용하되 교회에서 공적으로 읽는 것은 금하였다. 바오로의 이름으로 된 라오디케이아인들과 알렉산드리아인들에게 보낸 편지는 마르키온파의 위서로 취급하여 배척한다. 그 밖에 이단으로 평가되는 다른 작품들을 여럿 언급한다.

이레네우스/180경

180년 갈리아에서 교부 이레네우스가 『이단 논박』*Adversus Haereses*을 쓰면서 정경은 어느 정도 가닥을 잡기 시작한다. 이레네우스는 '전승에 대한 믿음'에서부터 '정경의 확정'으로 넘어가는 계기를 마련했다. 마르키온을 비롯한 영지주의자들을 논박하면서 구약성경과 함께 신약성경을 논박 증거로 인용하였다. 이레네우스는 성경으로 인정되는 작품들을 판단하기 위한 근거로 '신앙의 규범'regula fidei이라는 기준을 적용하였다. 그의 작품 가운데 『이단 논박』과 『사도적 가르침의 설명』이 각각 라틴어와 아르메니아 역본으로 남아 있다. 그리스도교 저작물을 성경으로서 인용하거나 언급하며 출처를 밝힌 인용구도 있다. 『이단 논박』에 교부가 정경으로 여긴 책들의 목록이 제시되지는 않았지만 필레몬서, 베드로 2서, 요한 3서, 유다서를 제외한 모든 신약성경의 인용구를 발견할 수 있다. 야고보서와 히브리서는 높이 치지 않은 것 같고 묵시록에도 큰 관심을 보이지는 않았다. 『클레멘스의 첫째 편지』와 『헤르마스의 목자』는 그 가치를 인정하고 진리의 복음(『이단 논박』 3.11.9)은 이단으로 간주하였다. 아울러 여러 이단 집단, 특히 마르키온파와 발렌티누스파를 공격하면서 그들이 한 가지 특정 복음서만을 받아들이는 것을 비판하고, 여러 논증을 통해 '넷, 오직 네 복음서'만 있다는 주장을 관철하였다. 『이단 논박』 1.31.1에서 이레네우스는 유다 복음도 단죄하는데, 이 복음서가 최근에 사회적 이슈가 되었던 책과 동일한 작품인지는 알 수 없다(유다 복음서를 담은 사본[Codex Tchacos]이 처음 발견된 것은 1970년대 이집트에서였지만 현대어로 번역된 것은 2000년대 이후다).

알렉산드리아의 클레멘스/180-200

클레멘스의 작품이 상당수 전한다. 그의 작품에 8000여 개의 인용구가 들어 있는데, 그 가운데 1/3가량은 이교도 자료에서 따온 것이다. 출처를 밝힌 인용구들도 있다. 클레멘스의 작품으로 보이는 『마르 사바 편지』가 마르코의 비밀 복음의 존재를 알리는 유일한 단서다.[14] 『디다케』를 성경으로서 인용한다. 이집트인들의 복음과 히브리인들의 복음을 언급·인용하기는 하지만 '오직 네 복음서'의 권위만을 인정한다(『잡록』 3.93.1). 그 밖에 사도행전, 묵시록, 바오로의 열네 서간(히브리서 포함), 베드로 1서, 요한 1서를 정경에 포함시킨다. 나머지 가톨릭 서간들에 대한 판단은 유동적인 편이다.

테르툴리아누스/200-210

테르툴리아누스는 니케아 공의회(325년) 이전 라틴 교부들 가운데 가장 왕성한 작품 활동을 벌였다. 출처를 밝힌 성경 인용구들이 있다(『마르키온 논박』 4.2; 5.1-21; 『정결』 20 등). 베드로 2서, 야고보서, 요한 2·3서를 제외한 신약성경 전권을 인용한다. 그 밖에 『헤르마스의 목자』도 가치를 인정하였다(『정결』 10). 바오로 행전은 이단으로 간주하였다(『세례』 17).

오리게네스/220-250

오리게네스의 방대한 작품 가운데 일부만이 살아남았지만 이것조차 엄청난 양을 자랑한다. 출처를 밝힌 인용구들도 있다. 오리게네스의 현존 작품들 가운데 단 한 가지도 그가 정경으로 생각한 책들의 완전한 목록을 제공하지 않는다. 그러나 오리게네스는 사도 시대 작품들

---

14 '마르코의 비밀 복음'은 1958년 예루살렘 근처 마르 사바 수도원에서 사본이 발견되기 전까지 전혀 알려진 바가 없었다. 18세기 것으로 보이는 이 사본은 알렉산드리아의 클레멘스의 편지 본문을 담고 있는데 이 편지에서 마르코의 비밀 복음을 인용하고 있다. 그러나 이 편지를 정말 클레멘스가 썼는지를 두고 학자들 사이에 의견이 분분하다. 문제는 다른 어떤 작품에서도 마르코의 비밀 복음에 관해 언급한 경우가 없다는 사실이다. 따라서 이 책은 후대의 위서일 가능성이 크며, 설사 클레멘스가 저자라 해도 이 복음서 내용이 과연 당대에 널리 퍼졌을지 또한 의심스럽다.

을 '일반적으로 인정되는 작품들'ὁμολογούμενα, '진정성이 의심되는 작품들'ἀμφιβαλλόμενα, '위조 작품들'ψευδῆ 등, 세 가지로 분류하여 소개한다. 그는 『원리』, 『마태오 복음 주해』,[15] 『루카 복음 강해』, 『요한 복음 주해』,[16] 『로마서 주해』, 『히브리서 강해』, 『여호수아기 강해』 등에서 몇 가지를 제외한 모든 신약성경, 곧 네 복음서, 사도행전, 바오로 서간들, 베드로 1서, 요한 1서, 요한 묵시록 등에 대해 언급하거나 인용문을 전한다.[17] 한편 야고보서, 베드로 2서, 요한 2·3서에 대해서는 결정을 미룬다. 『히브리서 강해』에서는 히브리서가 제기하는 문제들을 거론하면서 정경으로는 받아들이되 바오로가 실제 저자일지는 의심한다. 때때로 오리게네스는 자신이 믿을 만하다고 판단한 작품들을 '하느님의 영감을 받은' 작품으로 받아들이는데, 여기에는 베드로 복음, 히브리인들의 복음, 바오로 행전, 『클레멘스의 첫째 편지』, 『바르나바의 편지』, 『디다케』, 『헤르마스의 목자』 등이 속한다. 한편 토마 복음, 열두 사도의 복음, 바실리데스 복음, 이집트인들의 복음, 마티아 복음, 베드로의 설교에 대해서는 그 진정성을 인정하지 않는다(『원리』 서문 8).

오리게네스가 교회에서 널리 정경으로 인정한 책은 네 복음서, 사도행전, 바오로의 열세 서간, 베드로 1서, 요한 1서, 요한 묵시록이며, 나머

---

15 마태오·마르코·루카·요한의 네 복음서를 인정한다. 히브리인들의 복음과 베드로 복음을 긍정적으로 인용 또는 언급하기도 한다.

16 바오로 서간들 몇 개와 베드로 1서를 인정한다. 베드로 2서는 논란의 여지가 있다고 한다(6.25.8). 요한 복음, 요한 묵시록과 요한 1서는 인정하지만 요한 2·3서는 받아들여지지 않는 경우도 있다고 한다(6.25.9-10).

17 예를 들어 오리게네스는 『루카 복음 강해』(1.1)에서 네 복음서만을 받아들였고 이집트인들의 복음과 열두 사도의 복음은 이단으로 보았으며 토마 복음과 마티아 복음도 인정하지 않았다. 바오로 서간들(하나하나 열거하지는 않는다), 베드로 서간 하나(두 번째 편지는 가능성을 열어둔다: 에우세비우스 『교회사』 6.25.8-10), 요한 서간 하나(어쩌면 두 개 더), 요한 묵시록 등을 받아들였다.

지 가톨릭 서간들(2베드, 야고, 유다, 2·3요한)과 히브리서는 지역에 따라 정경으로 인정하지 않는 경우도 있었다고 전한다. 또한 오리게네스는 요한 묵시록을 정경으로 인정하면서도 별로 공감하지 못하는데 이런 태도를 3세기 중반 디오니시우스가 그대로 이어받았다.

에우세비우스/300-330

에우세비우스 작품 가운데 많은 수가 살아남았다. 그 가운데 『교회사』가 방대한 초대 교회 자료와 전통을 전해 준다는 점에서 막대한 가치를 지닌다. 특히 『교회사』 3.25.1-7에서 그는 교회 저작물을 세 가지 범주로 분류하였다: ὁμολογούμενα(인정되는); ἀντιλεγόμενα(논란이 되는); ἀμνημονούμενα(거론되지 않는).

시나이 사본/350경

1859년에 티셴도르프가 시나이 산의 카타리나 수도원에서 발견한 필사본으로 보통 S로 표시한다. 구약성경에서 몇 가지는 빠졌지만 신약성경은 전체가 담겨 있다. 필사본 말미에 『바르나바의 편지』와 『헤르마스의 목자』도 실려 있다.

클라로몬타누스 사본의 정경목록/4세기?

그리스어와 라틴어 두 언어로 기록된 5-6세기 사본(Codex Claromontanus)으로 바오로 서간과 히브리서를 담고 있다. 필레몬서(13째 서간)와 히브리서 사이에 구약 및 신약성경 낱권의 제목과 행수를 담은 목록이 삽입되어 있다. 4세기 것으로 추정되는 이 목록에는 필리피서와 1·2 테살로니카서 및 히브리서가 누락되어 있다. 이 책들이 목록에서 누락된 것은 필사가의 실수 때문인 듯하다. 히브리서 본문은 이 목록 다음에, 그리고 나머지 세 책의 본문은 목록 앞에 실려 있기 때문이다.

예루살렘의 키릴루스/350경

요한 묵시록 제외한 26권 신약성경 인정(『교리 교육』 4.36).

소경 디디무스/350-398

알렉산드리아 교리학교 교장으로 있었다. 성경 대부분을 암기하고 있었고 수많은 주석서를 집필하였다. 1941년 이집트 투라에서 발견된 파피루스 코덱스에 담긴 6개의 성경 주석서를 비롯하여 주석서 몇 가지가 남아 있다. 이 주석서들은 구약성경을 주석한 것이지만 주해 부분에 수백 개의 신약성경 인용문을 포함하고 있다. 이를 통해 필레, 요한 2서, 요한 3서를 제외한 신약성경 전권의 인용문이 전해진다.

라오디케이아 시노드(세계 주교 회의)에서 승인한 정경/-363?

요한 묵시록 제외한 26권 신약성경 인정.

알렉산드리아의 주교 아타나시우스/367

367년 작성한 제39차 부활 축일 서간에 정경 목록이 담겨 있다. 현재의 27권 신약성경을 인정한다. 신약 27권이 명시적으로 정경으로 인정받은 것은 이 축일 서간에서가 처음이다. 오리게네스나 에우세비우스가 세 종류로 분류하는 것과 달리 아타나시우스는 정경과 외경 두 가지로 분류한다. 27권을 정경으로 인정하고 그 밖의 책들은 이단자들의 책, 외경으로 분류한다. 다만 『헤르마스의 목자』와 『디다케』는 정경은 아니지만 사적으로 읽어도 되는 책으로 남겨두었다. 아타나시우스가 이처럼 명백하게 정경과 외경을 구분하고 외경을 이단의 가르침으로 배척한 것은, 정통 교회를 일치시키려는 노력과 관심에서 비롯되었다. 아타나시우스 이후 외경으로 분류된 책은 그것이 언제 어떻게 생겨났고 또 내용이 무엇이었든 간에 이단의 작품으로 평가 절하되다가 결국 교회에서 사용이 금지되었다. 아타나시우스의 서간이 이집트 교회 밖에서 실제로 어떤 영향력을 행사했는지는 정확히 알 수 없다. 그러나 적어도 이 편지가 히포의 아우구스티누스와 히에로니무스에게 영향을 주어 마침내 서방 교회가 27권 성경을 인정하기에 이르렀음은 분명하다. 또한 동방 교회에도 일곱 가톨릭 서간을 모두 정경으로 받아들이는 움직임을 불러일으켰으리라는 짐작이 가능하다.

『사도들의 법규』/380경

『사도들의 법규』*apostolic canon*란 초대 그리스도 교회의 법령이 담긴 초대 교회 교령 모음집으로 동방 교회 법규집은 85조로, 서방 교회 법규집은 50조로 되어 있으며 『사도 헌장』*apostolic constitutions*에 통합되었다. 사도들의 법규 85조에 신구약 성경 목록이 실려 있다. 요한 묵시록 제외, 클레멘스의 두 편지 포함.

나지안주스의 그레고리우스/329-389

요한 묵시록 제외한 26권 신약성경 인정(『송가』 1.12).

이코니움의 암필로키우스/394경

이코니움의 암필로키우스는 『셀레우쿠스에게 보내는 시』 289-319에서 27권 신약성경을 하느님의 영감으로 만들어진 책으로 제시한다. 그리고 히브리서, 네 가톨릭 서간들(베드로 2서, 요한 2·3서, 유다서) 및 요한 묵시록에 의문을 제기하는 사람들이 있음을 밝히고 있는데 실제로 암필로키우스 자신도 베드로 2서, 요한 2·3서, 유다서와 요한 묵시록에 의문을 품은 것 같다. Schneemelcher, *New Testament Apocrypha*, 31 참조.

제3차 카르타고 공의회/397

최초로 27권 신약성경을 공식적으로 승인·선포하였다. 현재의 27권짜리 신약성경을 정경으로 최초로 선포한 것은 393년 히포 레기우스 시노드였으며, 그 보고서가 제3차 카르타고 공의회에서 낭독·수용되었다. 정경에 대한 견해가 지역별로 차이는 있었지만 카르타고 공의회 이후 교회 전체의 공식 입장은 확고했다. 구약과 신약의 정경이 있고 그 밖의 작품은 외경이며 이단의 작품으로 인식되었다.

페쉬타/400경

시리아 교회의 공식 성경인 페쉬타는 5세기 초엽에 만들어진 시리아어 신구약 합본성경이다. 묵시록과 네 가톨릭 서간(2베드, 2·3요한, 유다)을 제외한 22권의 신약성경이 포함되었다. 에데사를 중심으로 한 동부 시리아 교회에서는 22권 신약성경이 정경으로 고정되었다. 상대적으로 로마 교회와 밀접한 관계를 맺고 있던 서부 시리아 교회에서는 6-7세기경에 위의 다섯 권도 정경에 포함되었다. 그러나 교회 전례에서 이 다섯 권을 봉독하는 경우는 거의 없었다고 한다.

불가타/4세기 말

불가타는 히에로니무스 성인이 기존의 라틴어 성경Vetus Latina을 개정하여 만든 대중판 라틴어 성경을 가리킨다. 라틴어 성경 개정 작업은 382년 네 복음서의 라틴어 번역본들을 교회에서 받아들일 만한 것으로 업그레이드하라는 다마수스 교황의 명으로 시작되었다. 히에로니무스는 그리스어 본문을 참조하여 기존의 라틴어 역본을 개정하였다. 그 뒤 구약성경까지 개정 작업을 확장하여 칠십인역 그리스어 성경에서 시편과 욥기 등을 번역했지만 나중에는 마음을 바꾸어 히브리어 성경에서 직접 라틴어로 번역했다. 이 작업은 405년경에 마무리되었다. 히에로니무스는 나머지 신약성경 라틴어 역본도 다듬었지만 남아 있지 않고 지금 전해지는 것은 루피누스가 개정한 것이다. 불가타 성경이라 하면 편의상 히에로니무스와 루피누스의 개정작업을 거쳐 완성된 신구약 라틴어 성경을 가리킨다. 이것이 가톨릭교회의 공식성경으로 자리 잡게 된다.

불가타 성경 필사본들이 10,000개 이상 전해지는데 현재의 것과 비슷한 27권 신약성경을 담고 있다. 100개 정도의 필사본에 라오디케이아인들에게 보낸 편지가 들어 있다.

겔라시우스 교령/6세기

27권 신약성경 인정. 외경·이단 목록 제시. 겔라시우스 교령 Decretum Gelasianum de libris recipiendis et non recipiendis은 정경 목록으로서뿐 아니라 외경 목록으로서도 가치가 크다. 전통적으로 로마 주교 겔라시우스(492-496년)가 내린 것으로 받아들여지는 이 교령은 전체적으로 6세기경 남부 갈리아 지역에서 만들어진 것으로 간주된다. 그러나 많은 부분이 다마수스 교황 시대(305-384)까지 거슬러 올라가며 로마 전통을 반영하고 있다. 교령의 제2부는 정경 목록이며[18] 제5부는 외경과 그 밖에 배척해야 할 작품 목록이다. 여기서 전하는 중요한 외경 작품들은 다음과 같다.

복음서류: 베드로 복음, 토마 복음, 안드레아 복음, 마티아 복음, 바르나바 복음, 구세주의 유년기 사화들, 구세주의 탄생과 마리아와 산파에 관한 책 등

행전류: 안드레아 행전, 토마 행전, 베드로 행전, 필립보 행전, 바오로와 테클라 행전

서간류: 예수님과 압가루스의 교환 서신

묵시록: 바오로 묵시록, 토마 묵시록, 스테파노 묵시록

---

18 여기서 신약성경을 27권으로 제시하면서 성경 낱권을 소개하는데 코린토 2서를 누락시켰다. 이는 실수로 인한 것 같다.

60권 정경/7세기

요한 묵시록 제외한 26권 신약성경 인정. 요한 묵시록에 대해서는 침묵한다. 신구약 정경 목록 다음에 '60권(34권 구약 + 26권 신약) 바깥에 있는' 작품들과 Apocrypha 목록을 제시한다. 베드로 묵시록, 『바르나바의 편지』, 바오로 행전, 바오로 묵시록, 클레멘스의 가르침, 『이냐시우스의 편지들』, 『폴리카르푸스의 편지』, 바르나바 복음, 마티아 복음 등을 신약 외경으로 분류한다.

니케포루스의 스티코메트리아/850

요한 묵시록 제외한 26권 신약성경 인정. 신구약 정경 목록 다음에 논란이 되는 작품ἀντιλεγόμενα과 외경ἀπόκρυφα 목록을 추가하고 있다.

신약 ἀντιλεγόμενα: 요한 묵시록, 베드로 묵시록, 『바르나바의 편지』, 히브리인들의 복음

신약 ἀπόκρυφα: 바오로 행전, 베드로 행전, 요한 행전, 토마 행전, 토마 복음, 『디다케』, 클레멘스의 서른두 작품, 이냐시우스, 폴리카르푸스, 『헤르마스의 목자』 등.

위에 제시한 전거들 가운데 에우세비우스는 따로 살필 필요가 있다. 교부들과 교회 당국의 정경의 구별 기준과 구별 과정을 비교적 상세히 보여주고 있다. 에우세비우스가 활동한 4세기에는 전례, 조직, 품계 등 교회 생활 전반을 하나로 통일하려는 경향이 강하였다. 정경화 작업도 이런 분위기의 영향을 받았다. 에우세비우스의 『교회사』에 전해지는 식별 과정을 조금 자세히 들여다보자.

에우세비우스의 분류

에우세비우스는 『교회사』(3.25.1-7; 참조: 3.3.3; 3.31.6)에서 21/22권을(이는 요한 묵시록 포함 여부에 따라 달라진다) 교회 정경, 곧 '교회에서 권위 있는 경

전으로 인정되는 작품으로서, 사도나 그 제자가 만든 진정한 사도 시대의 작품으로 인정되는 책들'로 소개한다.[19] 에우세비우스는 정경에 포함시킬 수 있는 요건으로, 첫째 사도가 저술한 작품, 둘째 사도 시대에 저술된 작품, 셋째 사도 교부들이 저술한 작품이어야 함을 내세웠다.

첫째, 사도가 저술한 작품이어야 한다. 에우세비우스는 그 예로 마태오 복음서를 꼽는다. 마태오 사도가 직접 기록했다는 것이다(3.24.6). 요한 복음과 요한 1서도 요한 사도의 친서로 인정한다. 요한 2·3서와 요한 묵시록은 이의를 제기하되 일부 교회에서 정경으로 인정된다고 한다. 요한 행전은 친저로 인정하지 않는다. 베드로의 이름으로 전해지는 작품으로, 두 개의 편지와 행전, 복음, 케리그마, 묵시록 등을 언급한다(3.3.1-2). 토마 복음과 마티아 복음도 사도의 이름으로 전해지는 작품으로 소개한다(3.25.6). 마지막으로 바오로의 작품들과 바오로 행전을 언급한다.

둘째, 사도 시대에 저술된 작품이다. 에우세비우스는 요한 2·3서와 요한 묵시록이 사도와 동명인의 사도 시대 작품이라고 한다. 히브리서도 사도 시대 작품이지만 바오로의 친서가 아니라고 한다. 마르코 복음은 베드로의 통역자인 마르코가 저술하였으며, 루카 복음도 바오로의 제자가 기록한 것이라고 한다. 야고보서와 유다서도 사도 시대 작품으로 본다. 『바르나바의 편지』, 『헤르마스의 목자』 등은 바오로의 협력자가 기록한 것이라고 한다. 히브리인들의

---

19 이 사실은 한편으로 신약성경의 마지막 책(베드로 2서: 100-160년경)이 기록된 지 200년이 지난 뒤에도, 초창기 정통 교회 공동체에서도 아직 정경 문제가 종결되지 않았음을 보여 준다. 에우세비우스의 분류에 대해서는 Baum, "Der neutestamentliche Kanon bei Eusebios (Hist. Eccl. III, 25,1-7) im Kontext seiner literaturgeschichtlichen Arbeit", 307-348을 보라. 본문에 실은 표도 여기서 따온 것이다. 이 표는 『교회사』 3.25.1-7을 토대로 정리한 것이다.

복음은 사도 시대에 쓰인 익명의 작품으로 간주한다.

셋째, 사도 교부들이 저술한 작품이다. 에우세비우스는 『바르나바의 편지』, 『헤르마스의 목자』, 『디다케』를 사도 시대 교부들의 작품 목록에 넣는다.

이런 기준으로 마련된 에우세비우스의 목록은 초세기 교회 문헌들을 다음과 같은 범주로 분류한다. 첫째, '인정되는 책들', 둘째, '논란이 되는 책들', 셋째, '거론되지 않는 책들'이다.

<table>
<tr><th>수용성</th><th>정경성</th><th>친저성</th><th>작품</th></tr>
<tr><td>ὁμολογούμενος
인정되는
ἀναντίρρητος
반론의 여지 없는</td><td>ἐνδιάθηκος
계약의 곧 정경의
θεῖος 거룩한</td><td>[γνήσιος]
[친서]</td><td>마태, 마르, 루카,
요한, 사도,
바오로 서간(13),
[히브], 1요한, 1베드,
(요한 묵시록)</td></tr>
<tr><td rowspan="2">ἀντιλεγόμενος
논란이 되는
ἀμφιβαλλόμενος
애매한</td><td>ἐνδιάθηκος</td><td>[γνήσιος]</td><td>야고, 유다, 2베드,
2요한, 3요한</td></tr>
<tr><td>οὐκ ἐνδιάθηκος
정경이 아닌</td><td>νόθος
위서</td><td>바오로 행전,
『헤르마스의 목자』,
베드로 묵시록,
『바르나바의 편지』,
『디다케』,
(요한 묵시록),
히브리인들의 복음</td></tr>
<tr><td>[ἀμνημονούμενος]
[거론되지 않는,
배척되는]</td><td>οὐκ ἐνδιάθηκος</td><td>νόθος</td><td>베드로 복음,
토마 복음,
마티아 복음,
안드레아 행전,
요한 행전,
그 밖에 사도들의
이름으로 된 행전들</td></tr>
</table>

ὁμολογούμενα '인정되는 책들', 곧 교회 전통이 권위 있는 성경으로 널리 받아들이고 인정하는 작품들을 말한다. 네 복음서, 사도행전, 바오로의 열네 서간(바오로의 열세 서간과 히브리서), 요한 1서, 베드로 1서, 그리고 가끔 요한 묵시록도 여기에 포함시키기도 한다. 총 21권(요한 묵시록을 포함하면 22권)이다.

ἀντιλεγόμενα '논란이 되는 책들', 곧 어떤 교회에서는 정경으로 인정하나 다른 교회에서는 그렇지 않은 책들이다. 이 가운데에는 '가짜'νόθα라는 딱지가 붙은 것도 있으며 이단은 아니지만 위서여서 받아들일 수 없음을 시사한다. 그렇다고 에우세비우스가 ἀντιλεγόμενα와 νόθα를 동의어로 사용한 것은 아니다. νόθα는 저자의 진위 여부와 관계된 것이고 ἀντιλεγόμενα는 교회의 수용 정도와 관계 있기 때문이다. 그래서 친서로 인정받은 책들 가운데 어떤 사람들에게는 정경으로 받아들여지지 않은 책들도 있었다. 모든 교회에서 정경으로 받아들인 것은 아니지만, 야고보서와 유다서는 예수님의 형제의 친서로, 베드로 2서는 베드로 사도의 편지로, 요한 2·3서는 요한 사도와 동명이인의 작품으로 인정하였다.

γνήσια 친서들: 야고보서, 유다서, 베드로 2서, 요한 2·3서.

νόθα '가짜' 위서들: 바오로 행전, 『헤르마스의 목자』, 베드로 묵시록, 『바르나바의 편지』, 『디다케』, 요한 묵시록(?), 히브리인들의 복음.

ἀμνημονούμενα 교회 작가들에게 '거론되지 않는 책들', 이단이다. 베드로 복음, 토마 복음, 마티아 복음, 안드레아 행전, 요한 행전 등이 여기에 속한다. 에우세비우스는 특히 정통 가르침과 다른 이단 사상을 담은 책들을 교회에서 제거해야 할 필요성을 절감하였다. 그가 작품을 이 범주에 분류시키는 논거로 언어적 특성 또는 문체와(3.25.8.17) 내용을(3.25.7) 들었다. 곧 작품의 문체와 내용

이 정통으로 여기는 성경의 문체와 내용에 위배되는지 여부가 가장 중요한 판단 기준이었다.

에우세비우스 이후 4세기 교회 저자들 가운데는 요한 묵시록을 제외한 26권을 정경으로 받아들이는 이들이 우세해졌다.[20]

2.3. 정경의 최종 확정

서방 교회

서방 교회에서는 동방 교회에 비해 정경의 확정이 좀 빨리 진행되어 라틴어 불가타가 보급된 4세기에 이미 27권을 신약성경으로 인정하는 분위기였다. 서방 교회는 공의회나 교령을 통해 공식적으로도 신약 정경에 대해 견해를 밝혔다.

우선 382년 로마에서 정경 문제에 주안점을 둔 시노드(세계 주교 회의)를 개최하였다. 다마수스 교황이 주도한 이 시노드의 결과는 전해지지 않지만 아마도 겔라시우스 교령(6세기)에 반영되었을 것이다. 교령에 제시된 신약성경은 현재의 27권과 동일하다. 같은 27권 신약성경이 제3차 카르타고 공의회(397년)에서도 재천명되었고, 405년 인노켄티우스 1세는 엑수페리우스 주교에게 보낸 서간에서 이를 재확언한다.

---

20 26권 성경을 인정한 예로는, 예루살렘의 키릴루스 『교리교육』 4.36; 나지안주스의 그레고리우스 『송가』 1.12가 있다. 그러나 요한 묵시록뿐 아니라 히브리서와 네 권의 가톨릭 서간들에도 의심을 거두지 않는 사람들도 있었다. 가령 이코니움의 암필로키우스 『셀레우쿠스에게 보내는 시』 289-319: Schneemelcher, *New Testament Apocrypha*, 31 참조.

서방 교회는 중세를 거치면서 27권 신약성경을 포함한 불가타 라틴어 성경을 받아들였고 더 이상 정경 문제는 거의 거론하지 않았다. 그러나 신약성경의 범위는 여전히 탄력성이 있었다. 그 예로 불가타 필사본 가운데에는 '라오디케이아인들에게 보낸 편지'를 포함하는 경우가 있었다.

사실상 로마 주교좌가 처음으로 정경에 관해 확고한 견해를 반포한 것은 1439-43년에 열린 피렌체 공의회에서였다. 동방 정교회와 재일치를 시도한 피렌체 공의회가 끝나고 교황 에우게니우스 4세는 신구약성경의 통일성과 성령의 영감, 그리고 그 범위에 관한 교리를 선포하였다. 여기서 제시한 27권 신약성경 목록에는 네 복음서, 바오로의 열네 서간과 일곱 가톨릭 서간, 사도행전과 요한 묵시록이 포함되었으며 라오디케이아인들에게 보낸 편지는 언급하지 않았다.

르네상스와 종교 개혁을 거치면서 가톨릭과 개신교 학자들이 다시 정경 논쟁을 재개하였고, 히브리서, 야고보서, 베드로 2서, 요한 2·3서, 유다서, 요한 묵시록의 친저성을 의심하기 시작하였다. 마르틴 루터는 자신의 신약성경 역본에서 히브리서, 야고보서, 유다서, 요한 묵시록이 정경으로서 권위를 지니는지 의심하며, 역본에 남겨두기는 했지만 책 말미에 따로 모아두었고 다음 판에서는 '외경' 또는 '비-정경'으로 분류하였다.

가톨릭교회는 바오로 3세가 트렌토 공의회를 소집하고 1546년에 정경에 관한 교령De Canonicis Scripturis을 반포하는데, 이 교령에서 교회 역사상 처음으로 성경의 범위가 절대적인 신앙 문제가 되기에 이른다. 그리하여 이 교령은 전통적으로 가톨릭교회에서 봉독하는 라틴어 불가타 역본에 담긴 모든 신구약성경을 거룩한 경전으로 받아들이지 않는 사람은 파문됨을Anathema 선포한다.

그 뒤 16-17세기에 개신교 교단에서 표명한 신앙고백(1559년 프랑스 신앙 고백; 1561년 벨기에 신앙 고백; 1647년 웨스트민스터 신앙 고백)에서도 27권 신약성경을 선포한다. 그다음에도 정경 논쟁은 계속되었지만 16-17세기 교회는 가톨릭과 개신교를 막론하고 27권 전체를 신약 정경에 포함시켰다. 현대 모든 신

약성경 판본에는 27권이 모두 포함된다.[21]

동방 교회

동방 교회는 대체로 서방 교회보다는 정경의 범위를 고정시킬 필요성을 절감하지 못했던 것 같다. 성경으로 인정되는 책들이 영적·질적 가치 면에서 월등함을 인정하면서도 교회가 거부한 책이 영적 가치가 전혀 없다고 표명하는 것은 꺼렸다. 동방 교회에서 정경 범위가 불확실했다는 것은, 691-692년 트룰로 시노드에서 『사도들의 법규』(요한 묵시록 제외, 클레멘스의 편지 두 편 포함), 라오디케이아 시노드(26권), 제3차 카르타고 공의회(27권), 아타나시우스의 부활 축일 서간(27권) 등의 정경 목록을 모두 제시한 사실을 보면 알 수 있다. 실제로 시리아·아르메니아·그루지야·에티오피아 교회의 신약 정경은 저마다 조금씩 다르다.[22]

시리아 교회에서 사용한 최초의 신약성경은 디아테사론과 바오로 서간들 및 사도행전으로 이루어져 있었다(『아따이Addai의 가르침』 400년경). 디아테사론은 150년경 타티아누스가 로마에서 만든 조화 복음서다. 당시 에데사 교회가 디아테사론을 공적으로 봉독했는데 차츰 이 관습이 동부 시리아 지역 전체로 퍼졌다.[23] 아프라하트와 에프렘 등 다른 여러 시리아 교부들도

---

21 Burkett, *An Introduction to the New Testament and the Origins of Christianity*, 109-110.

22 자세한 것은 Metzger, *The Canon of the New Testament: Its Origin, Development, and Significance*, 218-228을 보라.

23 타티아누스의 생애와 작품을 개관하고 싶다면, Foster, "Tatian", 105-118을 보라. 저자는 여기서 디아테사론도 다룬다. 타티아누스와 디아테사론 연구서들도 소개되어 있다.

디아테사론을 사용하였다. 그러나 타티아누스가 이단으로 여겨지면서 디아테사론의 사용을 반대하는 움직임이 일어났고, 에데사의 주교 라불라(436년 사망)는 모든 교회에서 디아테사론 대신 네 정경 복음서를 사용할 것을 지시하였다. 그리고 키루스의 테오도레투스는 423년 200개가 넘는 디아테사론 필사본을 찾아 없애고 그 대신 네 정경 복음서를 사용하라고 명하였다. 그러다가 5세기 초엽에 시리아 교회 공식 성경 페쉬타를 보급했는데 여기에 베드로 2서, 요한 2·3서, 유다서와 요한 묵시록을 제외한 22권 신약성경이 포함되었다. 이 22권 신약성경이 동부 지역 시리아 교회에서는 정경으로 받아들여졌다. 동부 시리아 교회가 431년 에페소 공의회 후 네스토리우스파로 독립해 나오면서 서방 교회와 맞출 필요가 없었기 때문이다.[24]

서부 시리아 교회에서는 이웃 교회와 밀접한 관계를 맺었고 6-7세기에는 로마 교회와 일치점을 찾으려고 노력하였다. 그리하여 필록세누스와 하클레아스 페쉬타 역본은 27권 신약성경을 포함하게 된다. 그러나 서부 시리아 교회도 새로 첨가된 다섯 권 성경을 실제로 사용하는 데는 시간이 훨씬 더 걸렸다. 오늘날까지도 말란카라 시리아 정교회와 칼데아 시리아 정교회(네스토리우스 동부 교회로도 알려져 있다)는 공식 말씀의 전례에서는 22권 페쉬타 신약성경만 사용한다. 그리고 코린토 3서가 페쉬타에는 포함되지 않았지만 시리아 교부인 아프라하트(340년경)와 에프렘(373년 이후)에게는 성경으로 간주되었다.

에티오피아 정교회는 『헤르마스의 목자』, 『클레멘스의 첫째 편지』, 바오로 행전을 인정한다. 아르메니아 사도 교회는 코린토 3서도 정경 목록에 포함시키는데 늘 그런 것은 아니다. 이 교회는 1200년까지 요한 묵시록을 성경에 받아들이지 않았다. 이집트 교회가 사용한 콥트어 신약성경은 클레

---

24 페쉬타 필사본들이 많이 남아 있지만 가장 오래된 것은 442년에 만들어졌다. 서부 시리아 안티오키아 학파의 요한 크리소스토무스(347?-407년)와 테오도레투스(393-466년)가 이 22권 성경을 받아들인다.

멘스의 두 편지도 포함하였다. 신약성경 27권 중에서는 요한 묵시록에 대한 평가가 가장 불확실하였다. 10세기 전까지 그루지야 교회에서는 이 책을 번역하지 않았고, 그리스 교회에서는 비잔틴 시대든 현대든 한 번도 공식 전례에서 봉독한 적이 없다.

1672년 예루살렘 시노드에서 반포한 '예루살렘 시노드 법령과 교령' 제6장은('도시테우스 고백'이라 불린다) 정경 문제도 다룬다. 여기서 동방 교회는 가톨릭교회가 받아들이고 해석한 것과 똑같은 성경을 하느님의 가르침으로 믿고 받아들인다고 공포함으로써, 동방 교회가 로마 가톨릭 교회와 성경에 관한 한 같은 입장임을 공식적으로 표명한다.

3. 신약 외경의 의미

3.1. 신약 외경의 중요성

27권짜리 신약 정경 모음은, 어느 한 교부에 의해 혹은 교회의 칙령으로 한 순간에 만들어진 것이 아니다. 교회의 역사와 더불어 기록되고 전해졌으며 복잡한 식별 과정을 거쳐 만들어졌다. 이 식별 과정에서 어떤 책은 정경에 받아들여지고 어떤 책은 제외되었다. 작품이 먼저 있었고 식별은 그 뒤였다. 만들어진 책들이 후대에 정경 혹은 외경으로 분류·선별된 것이다. 달리 말해 정경 모음이 생겨난 것은 그 전에 작품들이 개별적으로 만들어지고 지역 교회에서 활발히 사용되었기에 가능하였다. 그리고 교회에서 사용되는 작품들의 진위를 가리고자 한 노력이 교회가 공식적으로 인정하는 정경 모음의 형성으로 이끌었다. 작품이 만들어진 시기와 정경으로 분류된 시기 사이에는 간격이 있었다는 뜻이다.

마르키온을 비롯한 영지주의자들이 정경화 작업을 부추겼음도 부인할 수 없다. 2세기에 사도들의 이름으로 복음서와 행전을 비롯한 여러 유형의 작품들이 활발히 생성되면서 '참된' 전승과 '거짓된' 전승을 명확히 구분해야 했기 때문이다. 외경 작품들이 정경 작품들과 문학 유형이 같아 교회 안에서 자리 잡기가 수월했을 테고, 그래서 그 내용을 시험하고 검토해야 할 필요성이 더 절실해졌을 것이다. 때마침 교회의 교리가 꼴을 갖추어 가던 시기와 맞물리면서 정경의 확정도 한결 쉬워졌을 법하다. 한 작품을 두고 받아들일 것인가 배척할 것인가를 결정하는 데는 일찍부터 작품 내용이 주요 근거가 되었기에, 4세기에 교리가 일관된 모습을 갖추자 그 기준에 따라 정경 확정이 가닥을 잡을 수 있었을 것이다.

물론 어떤 책을 정경으로 인정하고 어떤 책을 배척할 것이냐를 결정하는 것은 내용 말고도 그 책에 보편성, 공동체에서 지니는 권위, 고대성 또는 사도성, 그리고 정통성 등이 있느냐의 문제이기도 했다. 작품마다 정경에 포함되지 못한 데에는 저마다 나름의 이유와 사연이 있었다. 공동체에서 권위를 인정한 책이라 할지라도 정경에 포함되지 못한 경우도 있다. 좋은 평가를 받았다 해도 너무 늦게 기록되었거나 사도나 그 직제자의 작품이 아닌 책들이 그러하다. 저술 시기가 너무 늦어서 정경에 포함되지 못한 작품 중에는 순교자 유스티누스의 『호교론 1』이 있다.

여러 공동체에서 보편적으로 받아들여지지 않은 책들도 특히 그리스어권 그리스도인들에게 충분히 알려지지 않았던 책들도 정경에서 제외되었다. 이처럼 보편성이 부족한 작품의 예로는 히브리인들의 복음을 들 수 있다.[25] 4세기까지 살아남은 유다계 그리스도교 복음서이며 그 길이가 거

---

25 메츠거(Metzger)는 이 복음서가 그리스어가 아닌 셈어로 기록된 데다 주로 유다계 그리스도인들이 사용했기 때문에 정경이 되지 못했으리라 추측한다: Metzger, *The Canon of the New Testament: Its Origin, Development, and Significance*, 169-170. 일부 유다계 그리스도인들이 '에비온파' 이단으로 취급받은 것도 이 작품이 정경에 들지 못하는 데 한 몫 했을 법하다.

의 마태오 복음에 버금갔다고 한다. 히에로니무스는 자신이 카이사리아 도서관에서 히브리인들의 복음 사본을 발견하여 흥미를 갖고 그리스어와 라틴어로 번역하였다고 하는데, 그 역본은 모두 소실되었다. 그래서 지금은 알렉산드리아의 클레멘스 등 교부들의 인용문을 통해서만 단편적으로 알 수 있다.

비교적 이른 시기에 만들어졌으나 사도들의 가르침과 '다른' 가르침 혹은 '낯선' 가르침이 담긴 작품도 정경에서 제외되었다. 토마 복음이 그 예다. 토마 복음에 나오는 많은 토막 말씀들은 정경의 예수님 말씀들과 유사하지만 영지주의 초기 형태를 보여주는 말씀들도 있다.

이 밖에 '정경' 근처에도 와보지 못한 책들도 있었다. 대중들 사이에 큰 호응은 얻었지만 내용이 너무 과격하거나 흥미 위주의 소재라서 제외되기도 했다. 이 책들은 대개 정경들보다 후대에 기록되어 고대성이라는 범주도 만족시키지 못했을 터다. 토마 유년기 복음이 그 예다. 2세기경에 만들어졌을 이 복음서는 다섯 살 예수님이 진흙으로 열두 마리 참새를 만들어 내는 이야기로 시작한다. 아이 예수님이 다른 아이에게 저주를 내려 사지를 오그라들게 만들기도 하고 어떤 아이가 자기 어깨에 부딪히자 죽게 만들기까지 한다. 신학적 의미와는 별도로 이런 책이 정경이 되기는 힘들었을 것이다.

3.2. 신약 외경을 읽는 이유

첫째, 신약 외경이라 해서 처음부터 외경으로 태어난 것은 아니다. 먼저 기록이 있었고 정경화는 나중에 일어난 일이다. 책이 만들어질 때는 정경도 아니고 외경도 아니었다. 정경으로서 혹은 외경으로서 읽을 것이 아니라 그저 '초대 교회 저작물'로서 읽어야 한다.

둘째, 신약 외경은 초대 교회 안에서 생긴, '교회 내부의 책'이며 초대 교회 역사의 일부다. 신약 외경을 만들어낸 공동체는 교회에 속하지 않는 교회 바깥의 공동체가 아니라 교회 안의 공동체였다. 적어도 책이 만들어지던 당시에는 그 책을 만들어낸 공동체가 교회 안에 있었다.

셋째, 신약 외경은 초대 교회의 '또 다른' 단면, 또 다른 관점을 보여 준다. 초기-가톨릭 혹은 원-정통 교회의 관점과 '다른' 관점, 특히 유다계 그리스도교와 특히 영지주의 그리스도교의 관점을 보여 준다. 신약 외경을 통해 성경에 담기지 않은 유다계의 관점과 영지주의계의 관점을 찾아볼 수 있다.

넷째, 신약 외경은 초대 교회의 다양한 관심사들을 반영한다. 예수님의 어린 시절, 예수님의 부모 이야기, 인간의 사후 운명, 예수님의 부활 후 이야기, 사도들의 활동 등. 사실 신약 외경 가운데 예수님의 생애에 관한 빈약한 지식의 빈틈을 메우는 책들이 많다. 유년기 복음서들은 소년 예수님이나 그 부모에 대한 정보를 제공한다. 그리고 사도들의 편지나 니코데모 복음, 바르톨로메오 복음은 예수님의 십자가 죽음 뒤 부활하기 전까지 사흘 동안 일어난 일을 전하고 있다. 그 밖에 열두 사도들의 행적에 대한 관심에서 다양한 행전이 나왔고 사후 세계와 시간의 종말에 대한 호기심에서 여러 가지 묵시록들이 만들어졌다. 이 이야기들은 역사성과는 별도로 당대의 관심사와 신학을 반영한다는 점에서 의미가 크다.

다섯째, 고전으로서의 신약 외경이다. 신약 외경은 시대와 장소를 불문하고 그 가치가 변하지 않는 고전으로서의 면모를 지닌다. 신약 외경도 정경과 마찬가지로 예수님과 사도들의 가르침과 행적을 전하며 그 안에 하느님과 세계와 인간에 대한 깊은 이해와 신학을 담고 있다. 이단으로 분류된 외경 작품도 마찬가지 의미를 지닌다. 신학은 이단과의 싸움을 통해 발전했다 해도 지나치지 않다. 그릇된 가르침을 물리치고 올바른 가르침을 선포하고 교의로 확정하려는 모든 시도가 교부들의 작품 속에 그대로 녹아 있다. 교부들의 이러한 시도와 노력을 촉발시킨 것은 교부들이 이단이라고 부른 사람들과 그 작품들이다. 이들을 객관적으로 평가하기 위해서는 교부들의 작품은 물론 이단자들의 작품도 읽어야 한다. 그렇게 할 때 교부들과 이단자들에 대한 올바른 평가에 한 걸음 더 가까이 다가갈 수 있을 것이다.

여섯째, 신약 외경의 한 부분을 차지하는 영지주의는 현재 진행형이다. 영지주의 그리스도교는, 2세기 중엽 헬레니즘이 만개한 이집트 알렉산드리아와 시리아의 안티오키아 등지에서 예수님의 이야기를 새로운 눈으로 바라보고 해석하려는 시도들이 이루어지면서 생겨났다. 이를 주도했던 이들은 다양한 종교적·철학적 자원을 그리스도교와 융합하여 독특한 버전을 탄생시켰다. 이 과정은 그리스도교 메시지의 '토착화'로 이해할 수 있다. 헬레니즘의 관점에서 재해석된 그리스도교라고 볼 수도 있다. 이 그리스도교 영지주의는 5세기 이후 교회에서 배척되었지만 계속 모습을 바꾸어가면서 교회 안에 살아남아 지금도 음으로 양으로 영향을 미치고 있다. 교회 역사상 끝없이 생겨났고 지금도 생겨나고 있는 이단들도 영지주의와 거의 맥을 같이한다. 영지주의를 제대로 이해할 때 현대판 영지주의도 알아볼 수 있다. 이를 위해 이들의 사상적 뿌리가 되는 문헌들을 읽어야 한다. 그것이 바로 나그 함마디 문헌들이다. 이 역시 신약 외경의 한 갈래다.

신약 외경은 초대 교회의 중요한 문헌들이다. 소수이지만 몇몇 외경 작품들은 정경과 거의 비슷한 시기에 만들어졌거나,[26] 적어도 초기 전승을 담고 있기도 하다. 외경이 신약 정경의 연구와 초대 교회 모습의 재구성에 도움이 될 수 있다는 의미다. 물론 신약 외경에 속하는 작품들이 대개 역사적 원천으로서는 가치가 떨어지는 게 사실이다. 그러나 그리스도교 시대가 시작된 초세기에 일어난 다양한 신앙의 모습을 한눈에 볼 수 있게 해 준다는 점에서 큰 의미가 있다. 신약 외경이 2-3세기 그리스도교의 사상·신학·사회·제도·관습과 사건들에 대한 중요한 정보처가 된다는 것을 부인하기는

26 예를 들어, 패터슨은 토마 복음을 1세기 중후반(70-80년) 작품으로 보면서 이 책이 우리를 곧바로 역사의 예수님에게 데려다 줄 것이라 확신한다: Patterson, *The Gospel of Thomas and Jesus*, 120. 그의 주장은 반대에 부딪혔지만 최소한 토마 복음의 몇몇 말씀은 예수님의 진정한 말씀을 담고 있다고 여겨진다.

어려울 것이다. 신약 외경을 활용함으로써 초대 그리스도교의 다양한 모습, 그 시대의 문제와 관심사들을 제대로 이해할 수 있을 것이다.

4. 신약 외경의 출판 역사와 현황

종교 개혁 이후 신약 외경 전집이 나오기 시작하여 19세기 중반 이후 출간 수가 크게 증가하였다. 이 가운데 중요한 것을 간추리면 다음과 같다.[27]

1531, Friedrich Nausea 전집. 라틴어 사도들의 생애.

1564, Michael Neander, *Apocrypha, hoc est, Narrationes de Christo, Maria, Josepho.*

1703, Johann Albert Fabricius, *Codex Apocryphus Novi Testamenti, 1-2*: 다양한 신약 외경, 행전, 서간, 묵시록 및 『헤르마스의 목자』 포함.

1832, Thilo, *Codex Apocryphus Novi Testamenti.*

19세기 말, C. von Tischendorf, *Evangelia Apocrypha; Apocalypses Apocryphae*: 티셴도르프는 신약 외경을 현대 비판적 연구 분야 중 하나로 정립한다.

1904, Edgar Hennecke, *New Testament Apocrypha*: 이 책이 오늘날까지 신약 외경의 범위를 결정한다.

---

27 Friedrich Nausea부터 Hennecke, Schneemelcher까지는 Schneemelcher, *New Testament Apocrypha*, 66-69을 참조하라.

1959/1964, E. Hennecke, *Neutestamentliche Apokryphen in deutscher Übersetzung, 3rd ed.* W. Schneemelcher (ed.), *1-2* (Tübingen): 쉬니밀허Schneemelcher가 헨네케Hennecke의 셋째 판을 개정한다.

1963, A. de Santos Otero, *Los Evangelios Apócrifos* (Madrid).

1971, L. Moraldi, *Apocrifi del Nuovo Testamento*, 1-2 (Torino).

1975-1981, M. Erbetta, *Gli Apocrifi del Nuovo Testamento*, 1-3 (Casale Monferrato).

1983, F. Quéré, *Évangiles Apocryphes* (Paris).

1991-1992, W. Schneemelcher (ed.), *The New Testament Apocrypha, 1-2*, R. McL. Wilson (tr.) (Louisville).

1993, J.K. Elliott (ed.), *The Apocryphal New Testament* (Oxford).

1997, F. Bovon, P. Geoltrain, S.J. Voicu (eds.), *Écrits apocryphes chrétiens I: index établis par S.J. Voicu* (Paris).

1999, L. Moraldi (ed.), *Tutti gli apocrifi del Nuovo Testamento vol. 1-3* (Piemme).

2004, A. Lenzuni, *Apocrifi del Nuovo Testamento* (Bologna).

2005, P. Geoltrain, J.D. Kaestli, S.J. Voicu (eds.), *Écrits apocryphes chrétiens II: Index établis par Sever J. Voicu et Jean-Michel Roessli* (Paris).

2010-2017, A. Puig i Tárrech (Autore), C. Gianotto (a cura di), *I Vangeli apocrifi. Traduzione, introduzione e commenti: 1-2/2* (Milano).

2012, C. Markschies, J. Schröter (eds.), *Antike christliche Apokryphen in deutscher Übersetzung* (Tübingen).

2013, W. Michaelis, *Die apokryphen Schriften zum Neuen Testament. Was nicht in der Bibel steht* (Köln).

1983년 *Corpus Christianorum, Series Apocryphorum*이 출간되기 시작하면서 일반인들이 신약 외경 원문에 접근하기가 한결 수월해졌다. 이 시리즈는 신약 외경의 비평본 및 현대어 번역과 주석을 출간하고 있다. 2020년 기준으로 요한 행전, 안드레아 행전, 필립보 행전, 이사야의 승천, 마리아의 탄생 등 총 21권이 출간되었다. Early Christian Apocrypha series에서도 안드레아 행전, 사도들의 편지, 야고보 원복음을 비롯하여 2020년 기준으로 총 8권이 출간되었다. 이 시리즈는 북미 그리스도교 외경 문학 연구회North American Society for the Study of Christian Apocryphal Literature(NASSCAL)와의 협업으로 만들어지고 있다. 해제와 각주도 풍부하여 각 작품을 공부하는 데 큰 도움이 될 것이다.

5. 작품 선정

5.1. 작품 선정 기준

신약성경 전체를 담은 최초의 불가타 필사본이 만들어진 400년경을 기점으로 삼아, 그 이전에 만들어진 초대 그리스도교 작품을 기준으로 한다. 그 다음 주요 초대 교회 문헌 전거에 작품명과 함께 언급되거나 인용된 작품을 선별한다. 이 전거들은 신약 정경 형성 역사를 증언하거나 그 역사에 영향을 미친 주요 교부들이나 이단 사상가들을 모두 포함한다. 당시 교회에서 (좋은 방향이든 나쁜 방향이든) 영향력을 행사한 작품들을 짐작할 수 있다. 두 과정을 통해 신약 외경 가운데 비교적 이른 시기에 만들어지고 당시 교회에서 존재감이 컸던 작품을 선정하고자 한다.

먼저 1세기부터 4세기까지 초대 교회에서 만들어진 저작물들을 형성 시기에 따라 열거하면 다음과 같다. 신약 정경과 외경의 역사에서 중요한 기점이 되는 항목에 대해서는 **고딕체**로 표시하였다. 나중에 정경으로 분류된 작품들은, 1세기 중엽 테살로니카 1서에서 시작하여 2세기 중반 베드로 2서를 마지막으로 그 저술이 모두 끝난다. 나중에 외경으로 분류된 작품은 빠르게는 1세기 중엽, 늦게는 2세기 중엽부터 생성되기 시작한다. 2세기 중엽까지는 복음서 위주로 다양한 정경과 외경 작품들이 생겨났음을 확인할 수 있다. 그밖에도 2세기 말 정경 목록이 가닥을 잡기 전까지 다양한 외경 행전, 서간, 묵시록들이 만들어졌다는 것도 알 수 있다. 아래 표는 http://ntcanon.org를 참조하여 만들었다.

연대	작품명/인명	문학유형(정경·외경)	참고
30-60	(전-마르코) 수난 사화	복음서	마르 14,43—15,47
40-80	가상의 예수어록 Q	어록	
50-60	**테살로니카 1서**	서간	최초의 신약성경
50-60	필리피서	서간	
50-60	갈라티아서	서간	
50-60	코린토 1서	서간	
50-60	코린토 2서	서간	
50-60	로마서	서간	
50-60	필레몬서	서간	
50-80	콜로새서	서간	
50-95	히브리서	서간	
50-120	디다케	공동체규범	사도교부총서
50-140	옥시린쿠스 1224	복음서	
50-200	예수 그리스도의 지혜	복음서-대화집	나그 함마디
65-80	마르코 복음	복음서	
70-100	야고보서	서간	
70-120	에게르톤 복음	복음서	

연대	작품명/인명	문학유형(정경·외경)	참고
70-160	베드로 복음	복음서	
70-160	마르코의 비밀 복음	복음서	
70-200	파윰 단편	복음서	
70-200	열두 성조의 유언	유언집	구약 외경
73-200	마라 바르 세라피온		
80-100	테살로니카 2서	서간	
80-100	에페소서	서간	
80-100	마태오 복음	복음서	
80-110	베드로 1서	서간	
80-120	바르나바의 편지		사도교부총서
80-130	루카 복음	복음서	
80-140	클레멘스의 첫째 편지		사도교부총서
80-150	이집트인들의 복음	복음서	
80-150	히브리인들의 복음	복음서	
80-250	시빌의 신탁	묵시록	구약 외경
90-95	요한 묵시록	묵시록	
90-120	요한 복음	복음서	
90-120	요한 1서	서간	
90-120	요한 2서	서간	
90-120	유다서	서간	
93	유다 고대사		요세푸스
100-150	베드로 복음	복음서	
100-150	토마 복음	복음서	나그 함마디
100-150	티모테오 1서	서간	
100-150	티모테오 2서	서간	
100-150	티토서	서간	

연대	작품명/인명	문학유형(정경·외경)	참고
100-150	베드로 묵시록	묵시록	
100-150	베드로의 설교	행전	
100-160	에비온파 복음	복음서	
100-160	나자렛파 복음	복음서	
100-160	헤르마스의 목자		사도교부총서
100-160	**베드로 2서**	서간	최후의 신약성경
100-200	솔로몬의 송가		그리스도교 최초의 시
105-115	안티오키아의 이냐시우스		사도교부총서
110-140	파피아스 단편		예수어록, 행적, 모음집, 주석서
110-160	옥시린쿠스 840	복음서	
110-160	마티아 전승	복음서	
115	타키투스		로마 역사가
120-140	폴리카르푸스의 편지		사도교부총서
120-140	바실리데스		영지주의
120-160	발렌티누스		영지주의
120-180	요한의 비전	창조신화	영지주의
120-180	구세주와의 대화	복음서	
130-140	**마르키온**		영지주의
130-160	클레멘스의 둘째 편지		사도교부총서
140-150	사도들의 편지	복음서	
140-170	야고보 원복음	복음서	
140-170	토마 유년기 복음	복음서	
140-180	진리의 복음	복음서	나그 함마디
150-160	폴리카르푸스의 순교록		사도교부총서
150-160	순교자 유스티누스		교부
150-200	이사야의 승천	묵시록	구약 외경

연대	**작품명/인명**	**문학유형**(정경·외경)	**참고**
150-200	요한 행전	행전	
150-200	바오로 행전	행전	185-195?
150-200	베드로 행전	행전	
150-200	코린토 3서	서간	
150-200	테클라 행전	행전	바오로 행전에 포함
150-200	안드레아 행전	행전	
150-225	베드로와 열두 사도 행전	행전	
150-300	콥트어 바오로 묵시록	묵시록	나그 함마디
150-400	니코데모 복음	복음서	= 빌라도 행전
160-180	카시아누스		금욕주의자
165-175	사르디스의 멜리토		교부
170-174	디아테사론	복음서	시리아어 조화 복음서
170-200	**무라토리 정경**		정경 목록
175-185	**리옹의 이레네우스**		본격적 정경화
180-230	로마의 히폴리투스		교부
180-250	필립보 복음		나그 함마디
182-202	알렉산드리아의 클레멘스		교부
197-220	테르툴리아누스		교부
200-230	토마 행전	행전	
200-250	디다스칼리아		열두 사도의 가르침
200-250	예우의 책	복음서-대화집	나그 함마디
200-300	피스티스 소피아	복음서-대화집	나그 함마디
200-300	콥트어 베드로 묵시록	묵시록	나그 함마디
203-250	**오리게네스**		교부
2-4세기	라오디케이아인들에게 보낸 편지	서간	불가타 필사본
3세기	예수님과 압가루스의 교환 서신	서간	

연대	작품명/인명	문학유형(정경·외경)	참고
			에우세비우스 『교회사』 1.13 인용
300-330	**에우세비우스**		『교회사』
367	**아타나시우스**		27권 신약 정경 목록
4세기	바오로와 세네카의 교환 서신	서간	
4세기	페쉬타		시리아 교회 성경
4세기	**불가타**		라틴어 성경, 신약 27권 포함

다음으로 나중에 정경으로 분류되지 않은 초기 그리스도교 작품 가운데 초대 그리스도교 문헌에 작품명과 함께 언급되거나 인용된 작품은 다음과 같다. 표는 http://ntcanon.org를 참조하였다.

작품	저술 시기 필사본/전거	장소
토마 복음	100-150 Nag Hammadi Codex II(콥트어, 사히드 방언), 옥시린쿠스 1(그리스어), 옥시린쿠스 654(그리스어), 옥시린쿠스 655(그리스어)	동부 시리아
진리의 복음	140-180 Nag Hammadi Codex II(콥트어)	로마?
열두 사도의 복음	2세기 아무 단편도 남아 있지 않다. 오리게네스(『루카 복음 강해』 1.5.2-4), 암브로시우스, 히에로니무스 등에 언급	?
베드로 복음	100-130 P. cairo 10759, 옥시린쿠스 4009, 옥시린쿠스 2949	시리아?

작품	저술 시기 필사본/전거	장소
바실리데스 복음	2세기 아무 단편도 남아 있지 않다. 오리게네스(『루카 복음 강해』 1.5.2-4)에 언급	?
이집트인들의 복음	80-150 클레멘스, 히폴리투스, 에피파니우스 인용 단편	이집트?
히브리인들의 복음	80-150 예루살렘의 키릴루스, 알렉산드리아 클레멘스, 오리게네스, 히에로니무스 인용 단편	이집트
마티아 전승	110-160 클레멘스 인용 단편	알렉산드리아
베드로의 설교	100-150 클레멘스, 오리게네스 인용 단편	이집트
요한 행전	150-200 방대한 그리스어 본문들, 옥시린쿠스 850(그리스어)	소아시아
바오로 행전	150-200 함부르크 P.(그리스어), 하이델베르크 P. No. 1(콥트어), 테클라 행전, 코린토3서, 바오로의 순교록	소아시아
안드레아 행전	150-200 투르의 그레고리우스 『기적의 책』, P. Utrech 1(콥트어), 아르메니아어 순교록 행전 마지막 부분이 담긴 그리스어 사본들, 그리스어 발췌문들	비티니아?

작품	저술 시기 필사본/전거	장소
클레멘스의 첫째 편지	80-140 Codex Alexandrinus(그리스어), Codex Hierosolymitanus(그리스어), 11세기 필사본(라틴어), 12세기 신약성경 필사본(시리아어), 4세기 필사본(콥트어), 7세기 필사본(콥트어)	로마
라오디케이아인들에게 보낸 편지	2-4세기 Codex Fuldensis(라틴어, 546년), 다른 불가타 필사본들	?
바르나바의 편지	80-120 Codex Sinaiticus(4세기 그리스어), Codex Hierosolymitanus(11세기 그리스어) 9개의 그리스어 필사본. 시기 불명의 라틴어 필사본	알렉산드리아
디다케	1세기 말-2세기 초 Codex Hierosolymitanus(11세기 그리스어)	?
헤르마스의 목자	100-160 Codex Sinaiticus(4세기 그리스어), Codex Athous(14-15세기 그리스어), P. Michigan 129(3세기 그리스어), 불가타 역본(라틴어), 에티오피아어 필사본	로마?
베드로 묵시록	100-150 아크밈 단편(그리스어), 에티오피아어 필사본	이집트
예수님과 압가루스의 교환 서신	3세기 에우세비우스 『교회사』 1.13	시리아

위의 예 가운데 『클레멘스의 첫째 편지』, 『바르나바의 편지』, 『디다케』,[28] 『헤르마스의 목자』는 '사도 교부 총서'에 속한다. 사도 교부 총서는 사도들과 예수님의 목격 증인들이 아직 살아 있는 동안에 기록된 필사본 모음을 가리킨다. 토마 복음과 진리의 복음은 나그 함마디 총서에 속한다. 두 작품을 제외한 나그 함마디 문헌은 초대 교회 전거에 언급된 적이 없다. 이 목록에는 넣지 않은 코린토 3서는 4세기 시리아 교부 아프라하트와 에프렘에게 성경으로 간주되었다. 이 편지는 바오로 행전에 포함되어 전해지기도 한다. 그 밖에 야고보 원복음, 토마 유년기 복음, 니코데모 복음(= 빌라도 행전), 베드로 행전, 바오로 묵시록 등도 중요한 신약 외경에 속한다.

5.2. 『신약 외경』에서 다룰 작품

신약 외경 가운데 자세히 살펴볼 가치가 있다고 판단되는 작품을 문학 유형별로 구분하여 다룰 것이다. 신약 외경 학술서의 고전이라 할 수 있는 Schneemelcher, *New Testament Apochypha*(Hennecke, 3rd ed.의 확장·개정판)는 신약 외경을 크게 복음서, 행전, 서간, 묵시록으로 분류한다. 나그 함마디 문헌을 포함시킬 경우 앞의 네 범주에 논고(강론 혹은 성찰)와 전례 자료 등의 범주를 추가한다. 그 밖에 대화집과 유언집을 따로 구분하는 경우도 있다.

---

28 1세기 말에서 2세기 초에 만들어진 사목 지침서다. '가르침'이라는 뜻의 『디다케』(Διδαχή)는 그리스도교 가르침, 전례와 교회 조직에 관한 내용으로 되어 있다. 『디다케』를 통하여 유다-그리스도인들의 자기 정체성과 그들이 유다교를 이방인들에게 적용시킨 방식을 가늠할 수 있다. 『디다케』를 정경으로 받아들인 교부도 있다. 『사도 헌장』 85조; 다마스쿠스의 요한 『정통 신앙』 4.17; 에티오피아 정교회 81권 성경에서는 『디다케』가 정경으로 인정된다. 아타나시우스의 부활 축일 서간은 『디다케』를 정경에서는 제외시키지만 봉독용으로 추천하였다. 니케포루스의 스티코메트리아에서도 정경으로 받아들여지지 않았다.

『신약 외경』(한님성서연구소)에서는 신약성경을 따라 복음서, 행전, 서간, 묵시록으로 나누어 살필 것이다.

신약 외경의 최종 범위는 학자마다 다르게 제시하지만, 4세기 불가타 성경을 기준으로 그 전까지 생성되었을 법한 작품들을 모두 포함시키기로 한다. 따라서 서간들 가운데 4세기에 기록된 예수님과 압가루스의 교환 서신, 라오디케아인들에게 보낸 편지, 바오로와 세네카의 교환 서신도 다룰 것이다. 복음서는 1-2세기에 만들어진 것으로 보이는 작품들만 다루는 것을 원칙으로 한다. 단 2-4세기(일부는 6세기)에 만들어진 것으로 추정되는 니코데모 복음도 다룰 것이다. 예수님의 수난과 부활 그리고 저승 방문에 대한 현존 최고最古의 작품이라는 사실만으로도 그 중요성이 인정되기 때문이다.

정의 상 신약 외경으로 분류 가능하나 사도 교부 총서에 속하는 작품들은 제외하였다. 나그 함마디 총서 가운데 토마 복음과 진리의 복음 이외의 작품들도 이 책의 고찰 대상에서 뺐다.[29] 『신약 외경』에서 소개할 작품은 다음 쪽과 같다.

29 나그 함마디 문헌 가운데 특히 중요한 작품은 송혜경, 『영지주의자들의 성서』에서 다룬다.

『신약 외경 1』 — 복음서

유년기 복음서

- 야고보 원복음
- 토마 유년기 복음

어록 복음서

- 토마 복음
- 이집트인들의 복음

수난 및 부활 복음서

- 베드로 복음
- 니코데모 복음

부활하신 주님과 제자의 대화

- 프리어 로기온 *Freer Logion*
- 사도들의 편지

영지주의 복음서

- 진리의 복음

유다-그리스도교 복음서

- 에비온파 복음
- 나자렛파 복음
- 히브리인들의 복음

복음서 단편

- 에게르톤 복음
- 옥시린쿠스 840
- 옥시린쿠스 1224
- 파윰 단편

『신약 외경 2』 — 행전

- 요한 행전
- 바오로 행전
- 베드로 행전
- 안드레아 행전
- 토마 행전

『신약 외경 3』 — 서간·묵시록

서간

- 바오로와 코린토인들의 교환 서신(코린토 3서)
- 라오디케이아인들에게 보낸 편지
- 예수님과 압가루스의 교환 서신
- 바오로와 세네카의 교환 서신

묵시록

- 베드로 묵시록
- 바오로 묵시록

초대 그리스도교 중심지

» 초대 그리스도교 중심지에 대해서는 Mayeur/Pietri, *Histoire du Christianisme*; 다스만,『교회사 1』을 참조하라.

예루살렘에서 시작된 초대 그리스도 교회는 사도들의 적극적 선교를 통해 유다와 사마리아 지방을 넘어 다른 지역으로 급속히 퍼져 나갔다. 그리하여 안티오키아와 에데사를 거점으로 시리아 교회가, 알렉산드리아를 거점으로 이집트 교회가, 그리고 로마를 중심으로 서방 교회가 확장되었다. 초대 교회 때 중심지로 기능하면서 다양한 그리스도교 작품을 만들고 유통시킨 지역 교회들은 다음과 같다. 그들이 만들어낸 작품들 가운데 어떤 것은 정경으로 받아들여졌고 어떤 것은 외경으로 배척되었다.

1 예루살렘

사도행전은 오순절 성령 강림을 계기로 예수님의 목격증인인 유다인들을 중심으로 예루살렘에서 교회가 처음 시작되었다고 전한다(사도 2장). 초기 예루살렘 교회의 지도자는 베드로와 예수님의 형제 야고보였다(갈라 1,19; 요세푸스『유다 고대사』 20.9.1). 바르 코크바가 주도한 2차 유다 항쟁이 일어나기 전까지 예루살렘 공동체의 중추 역할을 맡은 이들은 야고보와 그 후계자들인 유다계 그리스도인들이었다.[1] 바르 코크바 항쟁이 실패로 끝난 135년 하드리아누스 황제에 의해 예루살렘이 아일리아 카피톨리나(Aelia Capitolina)라는 이교인의 도시로 바뀌고 모든 유다인이 예루살렘에서 쫓겨나면서 유다계 그리스도인들 역시 이곳을 떠나

1 사도 12,17; 15,13; 21,18-26; 1코린 15,7; 갈라 1,19; 2,9.12. 에우세비우스『교회사』 2.1.2; 4.22.4.

야 했다. 그 뒤부터는 예루살렘 공동체가 전적으로 이방계 그리스도인들로 구성되고, 그들의 주교도 이방계 출신에서 나온다.

2 시리아 안티오키아와 에데사

325년 니케아 공의회 이전까지 첫 3세기 동안의 서부 시리아 교회 역사는 주로 안티오키아를 중심으로 이루어진다. 안티오키아는 기원전 300년경 셀레우코스 1세가 군대를 주둔시키고 헬레니즘 문명을 시리아에 전파할 전략적 요충지로 세운 도시다. 기원전 64년까지 셀레우코스 왕조의 수도로 있다가 로마에 함락된 다음에는 시리아 속주의 수도가 되었다.

당시 동방의 중심이자 헬라계 도시, 곧 그리스인들의 도시라 불리던 안티오키아는 이집트 알렉산드리아, 로마와 더불어 최초의 그리스도교 중심지 가운데 하나로 성장하였다. 유다계 그리스도교가 예루살렘에서 발원했다면, 이방계 그리스도교는 안티오키아에서 시작되었다 해도 과언이 아니다. 40년경 그리스도의 추종자들이 처음으로 그리스도인이라고 불린 곳이 안티오키아였다고 한다(사도 11,26). 베드로와 바오로가 주축이 되어 세운 안티오키아 교회는 바오로 사도의 선교 여행(47-55년)의 전초기지이기도 하였다.

그리스도교는 안티오키아에서 시리아의 여러 도시로 전파되어 나갔으며, 헬라계 시리아인들뿐 아니라 70년과 135년 유다 항쟁 이후 예루살렘과 팔레스티나에서 쫓겨나 시리아로 이주해 온 많은 유다인들도 신자가 되었다. 한편 두 항쟁 이후 유다교와 결별하고 요르단 강 동편으로 이주한 유다계 그리스도인들은 안티오키아 동쪽 베로이아와 시리아와 아라비아 경계 지역에서 새롭게 공동체를 형성하고 선교활동을 벌였다.

시리아에서 안티오키아를 제외한 전 지역에서 시리아어가 사용되었다. 안티오키아에서도 주로 상류층만 그리스어를 썼으며 하층민들은 시리아어를 썼다. 시리아 전통이 그리스 전통과 융합되었으나 이 지역의 종교와 사회생활을 주도한 것은 시리아 전통이었다. 안티오키아 출신의 저자로는 2·3대 주교 이냐시우스(110년경), 6대 주교 테오필루스(180년경), 7대 주교 세라피온(200년경)이 잘 알려져 있다.

안티오키아가 당시 시리아의 사회·정치·경제생활의 중심지였다면 시리아 교회의 선교 중심지는 동부 시리아 오스로에네 왕국의 수도 에데사였다. 에데사는, 소아시아와 북부 메소포타미아 및 시리아 남부를 잇는 교통의 요충지에 자리 잡고 있었으며 헬레니즘의 영향권에서 벗어나 시리아 고유문화의 중심지로 발전하였다. 그리스도교가 에데사와 유프라테스 강 유역에 전파된 것은 2세기 중엽으로 아직 그 지역이 독립국가로 있을 때였다.[2] 에데사가 누린 정치적 행운은 다른 그리스도교 중심지와 큰 대조를 이루었다. 이를테면 안티오키아의 시리아인들은 그리스어로 작품 활동을 했던 반면, 216년 카라칼라 황제 시대 이전까지 로마 제국에 속하지 않았던 에데사에서는 주민들이 그리스어와 그리스 문학을 알지 못했다. 그 결과 에데사 교회는 그리스 철학이나 로마 교회의 영향 없이 독자적으로 그리스도교를 발전시킬 수 있었다. 그곳 주민들이 라틴어와 그리스어를 몰랐기 때문에 그리스도교 작품을 만들 때도 자연스레 시리아어를 사용하였다. 에데사 교회 문학은 정통 교회 입장뿐 아니라 유다계 그리스도교의 특징과 영지주의 경향도 담고 있었다. 에데사를 대표하는 작가로는 디아테사론을 저술한 타티아누스가 있다. 토마 복음, 토마 행전, 토마 유년기 복음서 등이 동부 시리아 전통을 대표한다.

그리스도교가 안티오키아에서는 그리스계 그리스도인을 통해 서쪽으로, 에데사에서는 시리아계 그리스도인들을 통해 동쪽으로 전파되어 결국은 안티오키아와 에데사 사이의 넓은 지역이 모두 복음화되었다. 대도시들은 안티오키아 교회의 선교를, 소도시와 촌락들은 에데사 교회의 선교를 받아들였을 법하다. 사모사타의 바오로와 제노비아를 중심으로 한 서부 시리아 교회 세력도 있었으며 시리아 토박이 그리스도인들도 꽤 있었던 것으로 보인다. 이처럼 시리아에서 그리스도교는 매우 급속도로 확산되어, 4세기 콘스탄티누스 시절에는 그리스도 교회가 시

2 그 지역 임금 압가루스와 예수님이 서신을 주고받았으며 토마 사도가 그곳에서 활동했다는 전승은(에우세비우스 『교회사』 1.13) 동부 시리아에 일찍부터 그리스도교가 유입되었음을 짐작하게 해 준다. 200년경 왕실이 개종한 뒤로 그리스도교는 이곳에서 거의 '국가 종교'가 되다시피 했다고 한다: 다스만, 『교회사 1』, 406 참조.

리아 전역에 스며들어 있었다.

3 이집트

3세기 초엽까지의 이집트 교회 역사는 기록으로 남은 것이 거의 없다. 기원전 331년 알렉산드로스 대왕이 세운 도시 알렉산드리아는 당시 가장 큰 헬레니즘 도시이자 학문의 중심지였을 뿐 아니라 최대 디아스포라 유다 공동체의 본거지이기도 했다. 최우선의 그리스도교 선교 대상이었을 법한 그곳의 초기 역사를 알게 해줄 정보가[3] 거의 남아 있지 않다. 그나마 남은 자료가 대부분 4세기 에우세비우스의 기록이며, 그것조차 1–2세기의 역사에 대해서는 자세히 다루지 않는다. 남은 자료로 유추해 볼 때 이집트 초기 그리스도교는 유다교적 특성이 강했던 것 같다. 알렉산드리아에 그리스도교를 들여온 이들이 팔레스티나 출신의 유다인들이었으며, 그들은 알렉산드리아의 유다인 구역에 살면서 회당을 공유하는 한편 가정 교회를 중심으로 예배를 드린 것으로 보인다. 따라서 초세기에는 알렉산드리아 유다교 공동체와 그리스도교 공동체 사이에 특별한 구분이 없었을 것이다. 알렉산드리아 회당과 교회는 서서히 갈라졌으며, 둘이 완전히 결별한 것은 트라야누스 황제 시대 디아스포라 유다인들의 반란 이후였다. 115–117년 이집트와 키레네의 유다인들이 그리스인들을 공격하며 시작된 이 반란은 키프로스와 메소포타미아 유다인들의 반란으로 이어졌다.[4] 디아스포라 반란이라고 불리는 이 반란은 디아스포라 유다인들에게 큰 후유증을 남겼으며 이집트의 유다인들과 그리스도인들이 갈라지는 계기로도 작용했다. 어떻든 2세기 초 이집트 유다인들의 반란 이전까지 이집트 그리스도교는 알렉산드리아 유다인 공동체와 긴밀하게 연결되어 있었다. 초기 이집트 교회의 활동 중심지가 1세기 유다인들의 생활 터전과 밀접하게 연관되어 있었던 것도 당연하다.

---

3 사도 2,10; 6,9; 에우세비우스 『교회사』 2.16.

4 Shanks (ed.), *Judaism and Rabbinic Christianity*, 158–159 참조.

1세기 알렉산드리아 유다교가 다양한 모습을 지녔던 것처럼,[5] 초기 알렉산드리아 교회 또한 종교·신학적 다양성이라는 특징을 지녔다.[6] 1-2세기 이집트 교회는 정통에서부터 플라톤 사상, 영지주의와 이단적 사상들까지 골고루 품고 있었다.[7] 2세기에는 혼합주의·영지주의 경향의 그리스도교가 이집트 전역에 퍼진 듯하지만 알렉산드리아 교회는 200년경에 확실히 모교회로 돌아섰다. 데메트리우스 주교(189-231년)가 영지주의 경향의 공동체를 모교회로 돌아서게 했다는 것이다.[8]

이집트 교회에서 특기할 만한 사항은 일찍부터(190년경) 알렉산드리아에 교리학교가 세워지고 이 학교를 중심으로 신학 수업과 토론이 활발하게 이루어졌다는 사실이다. 프톨레마이오스 1세(혹은 2세) 때부터 알렉산드리아에는 학문의 전당으로 유명한 두 도서관(Museion과 Serapeion)이 있었다. 팔레스티나의 종교와 그리스의 지성 문화가 융합되고 최초의 그리스도교 교리학교가 만들어질 토양이 갖춰져 있었던 셈이다. 알렉산드리아 교리학교는 사실상 세계 최초의 교리학교이며, 본디 주교의 감독 아래 개종자들의 세례를 준비시킬 목적으로 만들어졌다. 그러나 필론 사상과 영지주의적 사변, 신플라톤 철학의 본고장에 위치한 이 교리학교는 학문 탐구와 함께 성직자를 양성하는 일종의 신학교로 발전하였다. 학교 선생들은 특별한 건물 없이 고대 철학자들이 하던 방식대로 주로 집에서 강의하였다. 이 학교를 세운 판타이누스의 지도 덕분에 알렉산드리아 학교는 중요한 종교

---

5 이는 필론의 작품에서 전통적인 유다교 신앙뿐 아니라 다양한 철학·종교적 사조들이 두루 발견되는 데서 잘 드러난다.

6 Meinardus, *Two Thousand Years of Coptic Christianity*, 143.

7 초세기 이집트 교회가 영지주의와 이단 사상에 기울었다고 보는 견해도 있으나 이는 지나친 단순화다. 이런 오해가 생겨난 것은 그들의 역사가 잘 알려지지 않아서일 것이다. 이집트 교회가 처음에 유다인들을 중심으로 구성되었는데 유다계 그리스도인들이 교회에서 잊히면서 이집트 교회의 초기 역사 또한 어둠 속에 묻혀버렸다.

8 프랑크, 『고대 교회사 개론』, 164.

수업 기관으로 자리 잡았다. 여기에서 학생들은 클레멘스, 오리게네스, 아테나고라스, 디오니시우스, 소경 디디무스 같은 걸출한 신학자들에게 교육을 받았다. 특히 오리게네스는 신학의 아버지로 여겨졌으며 성경 주석 분야에서도 활발히 활동하였다. 이 학교는 신학 주제에만 머물지 않고 과학·수학·인문학도 가르쳤다. 질문과 응답 형식의 주석 방법이 여기서 시작되었다. 히에로니무스나 바실리우스 같은 학자들이 이 학교를 방문하여 이곳의 학자들과 교류하였다. 판타이누스(180년경-190년경), 클레멘스(190년경-192년), 오리게네스(193-215년), 소경 디디무스(348-398년) 등이 학교 교장을 지냈다.[9]

4 이탈리아 로마

동방에서 알렉산드리아와 안티오키아가 최초의 교회 중심지라면 서방 세계에서는 로마가 최초의 그리스도교 중심지다.[10] 오순절 때 베드로의 설교를 듣고(사도 2,10) 그리스도를 믿게 된 초창기 유다계 그리스도인들이 로마로 돌아오면서 이곳에 그리스도교가 전파되었을 법하다. 바오로가 황제 앞에서 재판을 받기 위해 수인 신분으로 로마에 이송되던 당시, 이미 그곳에 그리스도교 신자수가 상당했으며 그들 중 일부가 바오로를 맞이하러 아피우스 광장과 트레스 타베르내까지 나왔다고 한다(사도 28,15). 70년경에는 로마의 신자들이 네로 황제에 의해 박해를 받았다고 한다(타키투스 『연대기』 15,44). 이탈리아 선교는 신속하게 이루어졌으며, 로마는 아주 일찍부터 이탈리아뿐 아니라 전 세계 교회에서 우위를 차지하였다. 로마 공동체는 1세기 말 또는 늦어도 2세기 초부터 전 그리스도인에게 '실질적인 수위권'을 지녔고 특히 교의 문제에서 특별한 권위를 행사하였다.[11] 로마 공동체는

---

9 Wickert, "Alexandrian Theology", 38-39.

10 1-2세기 로마 교회의 역사는 Lampe, *From Paul to Valentinus: Christians at Rome in the First Two Centuries*을 보라.

11 von Harnack, *Die Mission und Ausbreitung des Christentums in den ersten drei Jahrhunderten*, 487.

베드로와 바오로가 세운 공동체로 여겨졌으며 곧바로 교회 신앙의 규범이 된 것이다. 2세기에 정통과 이단을 구분하기 시작할 때 기준이 된 것이 로마 교회의 신앙의 규범이었다. 사도신경과 주교들의 사도직 계승도 로마 관습에 근거를 두고 있다.

2세기 중엽 그리스도 교회는 로마를 중심으로 갈리아와 북아프리카까지 영역을 확대하였다. 로마 공동체가 교회의 중심이 되면서 각지의 영향력 있는 학자들과 교회 인사들이 로마를 방문하였다. 안티오키아의 이냐시우스, 스미르나의 폴리카르푸스, 리옹의 이레네우스, 헤게시푸스, 유스티누스 등 정통 교회 신앙을 따르는 사람들은 물론 시리아의 타티아누스, 마르키온과 영지주의자 발렌티누스도 로마를 방문하거나 거기서 활동하였다.[12]

로마 공동체는 다른 지역 공동체의 어려움을 외면하지 않고 물심양면으로 도와주면서 교회 일치의 구심점 역할도 수행하였다. 로마의 주요 작가로는 마르키온(140년경-150년), 발렌티누스(140년경-150년), 순교자 유스티누스(150년경-160년), 주교 히폴리투스(200년경-235년) 등이 있다.

5 그리스와 소아시아

바오로 사도의 선교 여행의 주요 대상이었던 그리스와 소아시아 교회는 일찍부터 크게 발전하였다. 소(小)플리니우스의 『편지』 10.96은 소아시아의 폰투스 비티니아 주민들 가운데 그리스도인들이 넘쳐났다고 증언하고 있다. 소아시아 다른 지방에서도 마찬가지 상황이었다. 이미 2세기 후반에 소아시아에서 주교회의를 열 정도가 되었고, 3세기에는 해마다 카파도키아에서 주교회의가 열렸다(키프리아누스 『편지』 75.4). 임박한 종말을 믿으며 엄격한 금욕을 실천한 몬타누스주의도 2세기 후반 소아시아 중앙 프리기아 지방에서 시작되어 인근 시리아까지 전파되었다. 로마의 히폴리투스와 리옹의 이레네우스도 소아시아 출신이다.

12 다스만, 『교회사 1』, 411.

6 북아프리카

로마 제국에 속한 북아프리카 교회의 기원도 이집트 교회처럼 거의 알려지지 않았지만 늦어도 180년경 이전에 북아프리카 선교가 이루어졌을 것이다. 테르툴리아누스에 따르면 로마에서 사용된 복음서가 북아프리카에 전해졌으며(『이단자들에 대한 처방』 36), 선교와 교회 조직이 로마 시민을 중심으로 이루어졌다. 북아프리카 교회는 초기 그리스도교 발전에 특별한 지평을 열었다. 당시에 로마를 포함한 서방과 동방의 교회들이 그리스어를 사용한 반면, 북아프리카에서는 라틴어를 사용하는 이른바 라틴 그리스도교를 형성하였다. 그리하여 최초의 라틴어 성경이 북아프리카에서 만들어졌다. 이 지역의 신학자로는 카르타고의 테르툴리아누스가 유명하다.

7 서방의 여러 지방

리옹은 아우구스투스 황제 때 갈리아의 수도로 정해졌으며 2세기에는 상업과 무역의 중심지로 발전하였다. 소아시아 출신 선교사들이 리옹에 교회를 세운 이래로 그곳에서부터 갈리아의 다른 지역으로 서서히 전교가 이루어졌다. 그곳 원주민들의 모국어는 켈트 방언이었지만 리옹 교회는 선교사들의 영향으로 그리스어를 사용하였다. 갈리아의 대표적 인물로는 원래 소아시아 출신이며 동방의 전통을 대변하던 이레네우스가 있었다. 리옹의 주교로 임명된(177년) 이레네우스는 소아시아와 갈리아를 잇는 다리 역할을 하였으며, 당대 정통 그리스도교를 대표하는 성서신학자로서 전승된 진리를 보전하는 데 전력을 다하였다. 그는 네 복음서만을 정경 복음서로 인정하고 영지주의자들을 이단으로 규정하면서 그들의 주장을 논박하는 일에 앞장섰다.

이레네우스의 『이단 논박』 1.10.2는 2세기에 게르마니아 지역에도 그리스도인 공동체가 있었음을 증언한다. 로마군의 본(Bonn) 주둔지에도 2-3세기부터 그리스도인들이 있었던 것 같다.

복음서

'복음서'는 그리스어 εὐαγγέλιον을 옮긴 것이다. 이 그리스 단어는 본디 '좋은 소식'을 뜻했지만 담은 내용과 무관하게 '새 소식' 혹은 '포고'를 가리키는 데 쓰였다. 이 단어가 그리스도교에서 사용되면서 새로운 의미를 띠게 되었다. 그리하여 1세기 중반 바오로 사도의 서간에서 이 단어는 '그리스도교 메시지와 그 선포'를 뜻하는 전문용어가 되었다.[1] 그러다가 2세기 중반부터 εὐαγγέλιον은 예수님에 관한 기록이나 문서를 가리키는 말로 정착되었다. 그때부터 이 단어를 '복음서'로 이해하게 된 것이다(순교자 유스티누스 『호교론 1』 66.3;[2] 『트리폰과의 대화』 10.2;[3] 100.1).[4] 이 단어의 개념은 그 뒤로 거의

1 예를 들어, "내가 이미 전한 복음을 여러분에게 상기시키고자 합니다. … 나도 전해 받았고 여러분에게 무엇보다 먼저 전해 준 복음은 이렇습니다. 곧 그리스도께서는 성경 말씀대로 우리의 죄 때문에 돌아가시고 묻히셨으며, 성경 말씀대로 사흗날에 되살아나시어, 케파에게, 또 이어서 열두 사도에게 나타나셨습니다"(1코린 15,1-5).

2 순교자 유스티누스 『호교론 1』 66.3: "사도들은, (주님께서) 그들에게 명하신 것을 자신들이 만든 '복음'(εὐαγγέλια)이라 부르는 회고록에서 다음과 같이 전하였습니다."

3 『트리폰과의 대화』 10.2: "이른바 '복음'(εὐαγγέλιον)에 전해지는 가르침들은 이토록 놀랍고 위대해서 아무도 그것들을 지킬 수 없다고 생각할 정도입니다."

4 『트리폰과의 대화』 100.1: "그리고 복음서(εὐαγγέλιον)에도 다음과 같이 기록되어 있습니다. '아버지께서 모든 것을 내게 넘겨주셨다. 그리고 아들이 아니면 아무도 아버지를 알 수 없고 아버지가 아니시라면 아무도 아들을 알 수 없다.'"

변하지 않았다. 곧 εὐαγγέλιον은 예수님의 기쁜 소식·메시지라는 뜻에서 '복음'이며, '예수님 가르침과 사건이 기록된 본문' 혹은 '복음이 기록된 본문'이라는 의미에서 '복음서'이다(Bauer).

1. 외경 복음서

≫ 외경 복음서에 관해서는 Ehrman/Pleše, *The Apocryphal Gospels: Texts and Translations*을 보라. 외경 복음서 37권을 수록한 이 책은 각 복음서의 원문과 영어 번역을 함께 제공하고 있어 매우 유용하다. 간단한 설명도 덧붙여져 있다.

초대 교회는 예수님의 생애와 가르침, 그분의 죽음과 부활에 관한 이야기들을 복음서로 기록하여 널리 알리려 애썼다. 이렇게 만들어진 복음서들 가운데 후대에 교회에서 공식적으로 인정된 책은 정경 복음서canonical gospels, 그렇지 못한 책은 외경 복음서apocryphal gospels다. 후자는 비-정경 복음서non-canonical gospels 혹은 정경 외 복음서extra-canonical gospels라고도 한다. 지금 소개하려는 것이 바로 이들, 정경에 속하지 못한 '외경 복음서'들이다.

'복음서'로 분류 가능한 삼십여 가지의 초기 그리스도교 작품들은 설화narrative, 어록, 대화, 강론 형식을 취하고 있다. 설화 형식의 복음서는 예수님의 유년기, 그분의 공생활, 가르침과 행적 그리고 수난과 부활 등을 이야기 형태로 서술한다. 어록집 형태인 토마 복음은 114가지 토막 말씀들을 담고 있다. 사도들의 편지는 부활하신 주님과 제자가 나눈 대화 형식의 편지다. 진리의 복음은 주님의 복음에 대한 강론에 해당한다.

내용 면에서 가장 눈에 띄는 점은 외경 복음서들이 대체로 정경 복음서에 없는 자료들을 담고 있다는 사실이다. 예수님 생애의 '잃어버린' 몇 년, 특히 유·소년 시절과 그분의 잉태와 관련된 숨겨진 이야기들, 부활발

구조	내용	작품
설화	예수님의 생애와 행적	에게르톤 복음, 파윰 단편, 옥시린쿠스 1224, 에비온파 복음, 히브리인들의 복음, 나자렛파 복음
	수난과 부활	베드로 복음, 니코데모 복음
	유년기	야고보 원복음, 토마 유년기 복음
어록	예수님의 말씀·어록	토마 복음, 이집트인들의 복음, 옥시린쿠스 840
대화	예수님과 제자들의 대화	사도들의 편지, 구세주와의 대화
강론	강론 형식의 성찰	진리의 복음

현 때 제자들과 나눈 이야기들, 그 밖에 네 복음서에는 담기지 않은 새로운 가르침 등이다.

외경 복음서들, 특히 유년기 복음서들은 얼핏 흥밋거리나 호기심 충족용으로 만들어진 것 같지만 그것들이 담고 있는 깊은 종교적 신념이나 관점을 간과해서는 안 된다. 에게르톤 복음처럼 완전히 '정통'ὀρθοδοξία 관점을 고수하는 것도 있고, 그와 다른 이른바 '이단'αἵρεσις의 관점, 곧 히브리인들의 복음처럼 유다계 그리스도교의 한 형태를 보여 주거나, 토마 복음처럼 초기 그리스도교 '영지주의자'들의 성향을 보여 주는 것도 있다. 이 복음서들을 통해 초대 그리스도교 공동체의 다양한 모습을 유추할 수 있다. 외경 복음서 본문들이 예수님에 대한 초대 그리스도인들의 다양한 믿음 형태를 오롯이 다 보여 주지는 못한다. 이는 정경 복음서도 마찬가지다. 외경 복음서가 정경 복음서와 함께 초대 교회의 관점이 얼마나 다채롭고 다양했는지를 가늠하게 해 줄 것이다.

초대 그리스도교의 구성: 유다계·영지주의·원-정통

학자들은 초대 그리스도교를 대략 유다계, 영지주의, 원-정통 그리스도교 세 범주로 나눈다.

먼저 유다계 그리스도교(Jewish christianity)는 베드로와 야고보를 위시한 예루살렘 공동체와 밀접한 관련이 있으며 유다인 출신의 그리스도인들을 가리킨다. 이들은 여전히 유다교 테두리 안에 있었으며 유다교 율법과 관습의 실천에도 적극적이었다. 사실 '유다계 그리스도교'라는 명칭은 학자들마다 조금씩 다른 의미로 사용한다. 여기서는 "예수님이 메시아임을 인정하면서 토라도 준수하는 유다인들"의 교회를 가리킨다. 예수님의 신성을 인정하는 사람들과 인정하지 않는 사람들을 모두 포괄한다.[1]

영지주의(Gnosticism)는[2] '그노시스'(Gnosis)를 구원의 필수 요소로 여긴 다양한 사상적·종교적 조류와 관습을 통칭하는 표현이다. '영지주의자'들은 대체로 구약성경과 그 하느님 관념에 대해 매우 부정적인 편이다. 헬레니즘과 다른 이방 종교의 영향력이 강하던 이집트와 시리아 지역에서 발전한 것으로 보인다. 영지주의자들이 구약성경 개념에 부정적이었다고는 하나 그것 또한 구약성경에 대한 지식을 전제로 한다. 영지주의를 유다교 분파에서 생겨난 것으로 보는 학자들도 드물지 않다. 유다교에 대해 잘 알면서 그를 부정하는 사람들에 의해 생겨났

1 Mimouni, *Le Judéo-christianisme ancien, Essais historiques*, 70. '6. 유다계 그리스도교 복음서'를 참조하라.

2 전통적으로 '영지주의'(Gnosticism)는 주류 그리스도교의 정체성 형성과 관련된 맥락에서 사용하는 용어다. 요즘은 '영지주의'를 하나의 독립된 종교나 역사적 실체로 보지 않는 추세다. 그리고 다양한 모습을 지닌 사상 조류를 일률적으로 '영지주의'라 하는 것에도 문제를 제기한다. 그러나 뚜렷한 대안이 없으므로 편의상 이 용어를 그대로 사용하기로 한다. 특별한 언급이 없을 경우 헤르메스주의(Hermetism), 플라톤-셋파(Sethianism), 만다이즘, 마니교 등을 망라한다: King, *What is Gnosticism?*, 1-18.

다는 것이다.[3]

마지막으로 원-정통 그리스도교(proto-orthodox)는 유다-그리스도교와 영지주의 사이의 완충지대에 있던 이른바 '올바른' 그리스도교로서 역사와 더불어 주류 그리스도교 또는 표준 그리스도교로 자리매김하였다. 이들은 바오로와 베드로 및 요한 전승을 중심으로 삼았으며, 사도들에게서 물려받은 교리의 전수, 정경의 결정, 교계 제도의 정비, 신앙의 규범 혹은 신경(Credo)의 형성 등을 주도하였다.[4] 이 원-정통 교회가 주류로 살아남아 가톨릭교회로 이어진다. 이들이 주류가 된 데는 그들의 강한 조직력이 큰 힘이 되었을 것이라고 한다. 다양한 공동체들끼리 긴밀한 유대가 없던 영지주의 집단이나 특성상 소수로 머물 수밖에 없었던 유다계 그리스도인들에 비해 이들은 강한 조직력과 체계 및 신학으로 무장할 수 있었다는 것이다.[5]

---

3 나그 함마디 문헌의 발견으로 영지주의와 유다교의 연관성이 생각보다 밀접할 것이라는 주장에 무게가 실렸다. 그러나 울프슨(Wolfson)은 영지주의 작품을 유다교에 불만을 품은 유다인들에게서 나온 '반유다주의 문학'으로 보는 것에 반대한다. 무엇보다 이것은 시대착오적 평가다. 모세의 율법에 반대하여 성경 본문을 재해석하였더라도 그 자체로 유다교를 부정하였다고 할 수는 없다. Wolfson, "Inscribed in the Book of the Living: Gospel of Truth and Jewish Christology", 238.

4 유다인과 이방인이 그리스도 안에서 한 몸을 이루는 보편 교회에 대한 갈망은 바오로 사도에 의해 이미 표현되었고(사도 15장), 에페소서(80-100년)에 명백히 드러난다(2,14-16). 그리하여 2세기경 여러 이방계 그리스도인들을 중심으로 이른바 '대교회'(Great Church)가 형성되었다. 대교회는 정통 그리스도교를 가리키는 말이다. '대교회'는 바오로 전승(루카-사도행전 포함), 베드로 전승(마르코 복음), 마태오 전승의 상속자라 할 수 있다. 대교회는 베드로와 바오로의 유산을 받들어 집대성한 사도들의 교회로서 요한 전승의 유산도 수집하고 간직하였다. 정통 그리스도교 형성 당시의 주요 인물들로는 로마의 클레멘스, 안티오키아의 이냐시우스, 순교자 유스티누스가 꼽힌다. 정통 그리스도교라는 정체성이 확립되면서 유다교를 향한 적대감도 동시에 자라났음은 부인하기 어렵다. Marguerat, "Juifs et chrétiens: la séparation", 217-218.

5 Perkins, "Gnosticism", 465-470 참조.

2. 작품 선정

≫ 외경 복음서 작품 선정과 관련해서는 Schröter, "Apocryphal and Canonical Gospels within the Development of the New Testament Canon", 24-46; Koester, "Apocryphal and Canonical Gospels", 105-130을 보라.

2세기 말 이레네우스가 '오직 네 복음서만'이 영감 받은 복음서라고 선포한 이래로(『이단 논박』 3.11.8), 다른 복음서들은 모두 의심의 눈길을 받게 되었다. 그러나 그 전에는 그리스도인들이 예수님에 관한 정보를 얻기 위해 여러 본문과 전승을 두루 사용하였던 것이 사실이다. 일례로 시리아의 로수스 교회에서는 예배 때 베드로 복음을 봉독하기도 하였다(에우세비우스 『교회사』 6.12.1-6). 2세기 교인들 가운데, 모든 기록 본문을 예수님의 직제자들에게서 시작된 원-구두 전승을 변경한 것이라 여기고 거부한 이들도 있었다(에우세비우스 『교회사』 3.39.3-4). 이레네우스 이전에는 지역이나 공동체에 따라 각 복음서를 대하는 시각이 달랐으며, 외경 복음서들을 현재의 정경과 비슷한 무게로 받아들였을 가능성이 있다. 이레네우스 이후에 외경 복음서들이 교회에서 공적으로 사용되지는 않았지만 사적으로는 여전히 읽혔고, 중세까지 영향력을 행사하였다. 특히 토마 유년기 복음과 야고보 원복음, 니코데모 복음 등은 대중에게 인기가 있어서 중세 미술에 큰 발자취를 남겼다.

그러나 초대 교회 때 만들어진 외경 복음서들 가운데 상당수가 소실되고 겨우 이름만 남은 경우가 많다. 그러다 19세기 이후 이루어진 고고학적 발굴 덕분에 세상에 다시 모습을 드러낸 작품들이 있다. 그 가운데 콥트어 토마 복음처럼 복음서 전문全文이 전해지는 경우도 있고, 베드로 복음, 에게르톤 복음처럼 단편만 발견된 경우도 있다. 교부들의 인용문으로만 전해지는 복음서들도 있다. 유다계 그리스도교 공동체가 사용한 히브리인들의 복음, 에비온파 복음, 나자렛파 복음 등이 이에 해당한다.

여기서는 대략 첫 두 세기 동안 기록된 복음서들에 특별한 비중을 두고자 한다. 초세기 본문들은 예수님을 직접 안 사람들의 기억을 바탕으로 쓰였을 가능성이 있다. 특히 베드로 복음과 에게르톤 복음은 그리스도교 공동체가 형성되고 네 복음서가 기록되어 유포되던 시기(30-130년)와 거의 같은 시기에 만들어졌을 것으로 추정된다. 따라서 그리스도교가 형성되기 시작하던 무렵 사람들의 시각을 제시할 것이라는 점에서 의의가 크다. 반면 2세기 말 이후에 쓰인 복음서들은 특별한 경우에만 다루기로 한다. 실제 예수님의 활동이나 가르침과는 무관한 전설적·신화적 내용들을 담은 경우가 많기 때문이다.

그렇다면 외경 복음서들이 2세기 말 이전에 기록되었는지를 어떻게 알 수 있는가? 두 가지 증거가 2세기 말 이전의 기록 여부를 판가름한다. 곧 필사본 증거와 초대 교회 인용문이다. 필사본 증거는[5] 작품의 최종 연대를 결정한다. 1-2세기에 만들어진 고대 필사본에 보존된 본문은 당연히 필사본 자체보다 먼저 만들어진 것이다. 단 필사본의 연대 추정에서 생길 수 있는 오류는 감안해야 하므로 필사본 생성 연대가 대략 225년경 이전으로 추정되는 경우 2세기 이전 작품으로 간주하기로 한다. 사본 고증을 토대로 베드로 복음, 토마 복음, 에게르톤 복음은 정경 복음서와 마찬가지로 2세기 그

5 고문서학(Paleography)은 필사본의 생성 연대와 장소를 판단하기 위해 사본의 크기와 재질과 무늬, 사용된 잉크의 종류, 사본의 외적 구조, 필적(ductus) 곧 낱글자들의 모양과 글자들의 조합 형태, 정서법, 구두점, 합자 또는 연자(連字) 기호, 약자나 약어 표시, 사본 장식과 그림, 간기와 여백주 등을 분석한다. 이러한 고문서 분석법을 통해 필사자의 출신 지역과 교육 수준을 가늠할 수도 있다. 대부분의 외경 필사본은 소문자로 기록되어 있는데, 이는 언셜체(uncial, 기원후 3-8세기에 그리스어·라틴어 필사에 쓰인 대문자보다 둥근 경향이 있는 옛 글자체)에서 소문자체로 넘어가기 시작한 830년 이후에 기록되었다는 뜻이다. 그러나 외경 필사본 중에도 언셜체로 기록된 경우가 있으며, 원래 기록된 것을 지우고 그 위에 다시 덧입혀 쓴 재록(palempsest) 사본도 있다: Dain, *Les manuscrits*, 62-63; 126-127.

리스도교 공동체에서 유통되고 있었음을 짐작할 수 있다(표 참조).

복음서 사본(130-230년경)[6]

복음	사본(대략적 연대)
베드로 복음	P. Oxy. 4009(2세기)
	P. Oxy. 2949(2세기 말에서 3세기 초)
에게르톤 복음	P. Egerton 2 + P. Köln 255(2세기)
토마 복음	P. Oxy. 1(2세기 말에서 3세기 초)

둘째, 복음서 본문들이 저자명이나 형성 시기와 함께 다른 초대 교회 작품에 인용된 경우다. 어떤 복음서가 1-2세기에 기록되었을 작품에 인용되거나 언급된 경우, 원천 자료는 그것을 담은 본문보다 먼저 만들어졌을 것이다. 전거들 가운데 이레네우스, 클레멘스, 오리게네스, 에피파니우스, 에우세비우스 등 초대 교부들의 문헌이 비중이 크다. 예를 들어, 『클레멘스의 둘째 편지』(150년)는 예수님의 말씀들과 더불어 비-정경 자료들을 소개한다. 순교자 유스티누스는 야고보 원복음과 빌라도 행전(= 니코데모 복음)을 언급한다. 그리고 사도들의 편지는 비-정경 자료들과 토마 유년기 복음을 전한다.

2세기 중반 작품에 인용·암시된 외경 복음서

순교자 유스티누스(150년)[7]	야고보 원복음(?), 빌라도 행전
사도들의 편지 4장(160년)	토마 유년기 복음

6 Metzger, *The Text of the New Testament*, 247-255; Koester, "Apocryphal and Canonical Gospels", 105.

7 유스티누스도 야고보 원복음과 마찬가지로, 예수님이 동굴에서 탄생했으며 마리아가 다윗 가문 출신이라고 전한다(『트리폰과의 대화』 43.1; 45.4; 100.3). 『호교론 1』에서 빌라도 행전(= 니코데모 복음)을 언급한다(35.8-9; 48.2-3).

2세기 말엽 작품에 인용된 외경 복음서

알렉산드리아의 클레멘스[8]	마르코의 비밀 복음
	이집트인들의 복음
	히브리인들의 복음
안티오키아의 세라피온[9]	베드로 복음
타티아누스[10]	토마 복음(?)
헤게시푸스[11]	히브리인들의 복음
	나자렛파 복음
이레네우스[12]	에비온파 복음

2세기경에는 적어도 10여 개의 비-정경 복음서가 있었으며 아직 정경과 비-정경의 구분이 이루어지지 않았으므로 두 부류를 구분 없이 사용하기도 한 듯하다.

필사본이나 교부의 인용 예를 살펴보는 것만으로 1-2세기에 유통된

8 마르코의 비밀 복음: 『마르 사바 편지』 folio 1 verso 23 - folio 2 recto 11; 이집트인들의 복음: 『잡록』 3.92-93; 히브리인들의 복음: 『잡록』 2.9.45.5.

9 에우세비우스는, 로수스의 신자들이 베드로 복음을 읽고 있더라는 세라피온의 말을 전한다(『교회사』 6.12.3-6).

10 타티아누스가 토마 복음을 사용했을 법하지만 확실하지는 않다(Quispel, "L'Évangile selon Thomas et le Diatessaron", 87-117).

11 에우세비우스는, 헤게시푸스가 히브리인들의 복음과 시리아어 복음을 인용한 예가 있다고 전한다(『교회사』 4.22.8). 아마 첫째 작품은 히브리인들의 복음과 동일한 작품으로 생각되며 둘째 작품은 아람어나 시리아어로 기록된 나자렛파 복음일 가능성이 크다.

12 이레네우스는 에비온파 사람들이 마태오 복음을 사용하되 동정 탄생 부분을 삭제했다고 전한다. 그러므로 그들이 사용한 '마태오 복음'이란 아마도 마태오 복음을 임의로 개정하여 만든 '에비온파 복음'이었을 것이다.

복음서들을 전부 다 알 수는 없다. 후대 필사본이 발견되어 초세기에 만들어진 복음서의 내용을 알게 된 경우도 있다. 베드로 복음은 2세기경의 필사본 단편만으로는 전체 내용을 알 수 없다가 8-9세기에 만들어진 필사본이 발견되면서 그 내용이 알려졌다. 이보다 더 중요한 것은 나그 함마디 문헌의 발견이다. 이 문헌 가운데 토마 복음과 구세주와의 대화, 진리의 복음, 야고보의 비전이 비교적 이른 시기의 작품으로 여겨진다.

필사본과 인용문의 증거를 토대로 다음 작품들이 2세기 말엽 이전에 기록된 것으로 판단된다.

토마 복음
베드로 복음
에게르톤 복음
에비온파 복음
히브리인들의 복음
나자렛파 복음
이집트인들의 복음
마르코의 비밀 복음[13]

이 작품들 말고도 더 다룰 것이다. '야고보 원복음'과 '토마 유년기 복음'의 경우, 본문 자체는 후대의 손질을 거쳤지만 2세기 말 이전에 형성되었을 법한 전승을 담고 있다. 2세기 저자들이 이 작품에 담긴 이야기를 언급하기도 하므로 이 두 복음서도 여기서 다룬다.

'빌라도 행전'이라고도 알려진 '니코데모 복음'도 다루기로 한다. 유스티누스가 빌라도 행전을 언급하는 것으로 미루어 볼 때 이 복음서에 담긴

13 이 작품의 진위와 고대성 여부가 확실치 않으므로 여기서는 다루지 않는다.

내용들이 적어도 2세기부터 알려졌을 가능성이 있어서다.

'사도들의 편지'는 초세기 필사본이나 인용문 증거가 없으므로 내용 연구를 통해서만 연대를 추정할 수 있다. 확실한 것은 사도들의 편지가 신약성경이 만들어진 뒤에, 최소한 콥트어 필사본이 만들어진 4-5세기 이전에 만들어졌을 거라는 점이다. 그러나 본문이 여러 가지 다양한 전승들을 자유롭게 사용하고 복음서 내용을 교회 규칙에 맞춘 점, 그리고 사도신경의 입지를 확고히 하고 영지주의자들과 대적하고 있는 점들을 미루어 볼 때, 이 작품 배경이 2세기 중반에서 말기 사이 교회임을 짐작할 수 있다. 따라서 2세기 작품으로 간주하고 여기서 다룰 것이다.

'진리의 복음'은 이레네우스가 언급한 작품과 같은 것인지 불분명하지만, 대개 2세기 작품으로 여겨지므로 다루기로 한다. 토마 복음과 비교해 볼 내용도 많고 유다교와 그리스도교의 유산을 고루 간직하고 있다. 다양한 철학·신학적 사조의 영향을 받은 초세기 영지주의를 이해하는 데 도움이 될 것이다.

몇 가지 '복음서 단편들'(옥시린쿠스 840; 옥시린쿠스 1224; 파윰 단편)은 2세기 이후에 만들어진 필사본에 담겨 있으나 본문에 초기 기원을 암시하는 사항이 많고 이를 반대할 확고한 증거가 없다. 2세기에 쓰였을 가능성이 있어 다루기로 한다. '프리어 로기온'도 마찬가지다. 이 본문을 담은 사본 Codex Washingtonianus가 4-5세기 것으로 추정되지만, 본문이 2세기 교회를 반영하기에 여기에 싣는다.

1. 유년기 복음서

≫ 유년기 복음서에 대해서는 Cullmann, "Infancy Gospels", 414-420; Hock, *The Infancy Gospels of James and Thomas: with Introduction, Notes, and Original Text Featuring the New Scholars Version Translation*; Davies/Siecienski, *The Infancy Gospels of Jesus: Apocryphal Tales from the Childhoods of Mary and Jesus-Annotated & Explained*을 보라.

예수님의 출생과 어린 시절 이야기를 다루는 복음서들을 통틀어 '유년기 복음서'Infancy Gospels라 부른다. 이 범주에 속하는 복음서들은 대개 마태오와 루카 복음서에 나오는 내용들을 보충하고 확장해서 만들어졌다. 가장 중요한 유년기 복음서로는 야고보 원복음과 토마 유년기 복음이 꼽힌다.

유년기 복음서는 예수 그리스도에 대한 관심의 확장에서 비롯되었다. 그분의 가르침과 생애, 죽음과 부활에 대한 관심을 넘어 그분의 탄생과 유년시절로까지 그 관심이 확대된 것이다. 사실 유년기 복음서의 시작은 마태오 복음서와 루카 복음서였다. 복음서들 가운데 가장 먼저 만들어진 마르코 복음서가 성인 예수님으로 시작하는 반면, 마태오와 루카는 예수님의 탄생 이야기로 시작한다. 특히 루카 복음서는 12살 소년 시절의 예수님 일화도 전한다. 유년기 복음서의 출현은 이런 문학사적 배경에서 바라보아야 한다. 유년기 복음서들은 마르코 복음을 여러 방향에서 개정·확장한 마태오와 루카의 전통을 이어받은 것이라 말할 수 있다.

예수님의 출생과 성장에 대한 관심이 낳은 유년기 복음서들은 부모인 마리아와 요셉, 더 나아가 마리아의 부모 시대까지 거슬러 올라가, 마리아의 탄생을 보여 주기도 한다. 아이 예수님의 기적 일화나 학교생활을 전하는 이야기도 있다. 이런 이야기들이 역사적 사실은 아니겠지만 그렇다고 순전히 재미만을 위해서 만들어진 것은 아니다. 당시 그리스도인들에게 가장 큰 물음이었을, '예수 그리스도는 누구이신가?'라는 질문에 대한 답들이 이야기 형식으로 만들어졌다고 보아야 한다. 예를 들어 토마 유년기 복음서에 나오는 기적 사화들은 예수님이 하느님의 아들이심을 강조하면서, 구원자로서의 역할을 앞당겨 보여 준다. 야고보 원복음에 나오는 마리아의 기적적 잉태도 예수님의 신성을 부각시키는 역할을 한다. 예수님이 인간일 따름이라는 항간의 반박에 맞서 그분이 하나님의 아들이심을 보여주려는 것이다.

유년기 복음서들은 2세기 중후반부터 기록되고 유포되었을 것으로 추정되는데 야고보와 토마의 유년기 복음서가 그 중 가장 먼저 생겼을 것이다. 그 외 유년기 복음서들은 이 두 복음서를 취합·확장하고 다른 자료를 덧붙여 새롭게 편집한 것들로 보인다. 중세 이후 유년기 복음서들이 많이 만들어지고 널리 읽히자 교회는 경계를 풀지 않았고, 다마수스 1세와 인노켄티우스 1세 교황은 유년기 복음서들을 단죄하기에 이른다. 6세기 겔라시우스 교령도 마찬가지 태도를 취한다. 하지만 교회의 대응에도 불구하고 유년기 복음서의 인기는 수그러들지 않았다. 특히 동방 교회에서는 유년기 복음서들이 정경처럼 읽히기도 했다. 실제로 중세와 르네상스 시대에는 성경보다 외경이 문학가와 예술가들에게 더 인기가 있었다고 해도 지나치지 않다. 초대 교회 미술과 중세 미술은 유년기 복음서에 나오는 내용들, 예를 들어 성전에서 휘장을 짜는 마리아, 동굴 탄생, 소년 예수님의 기적 예화 등에 몰두했으며 르네상스 화가들도 이런 전통을 그대로 이어나갔다.[1]

1 Cullmann, "Infancy Gospels", 418-419.

야고보 원복음

The protoevangelium of James

≫ 야고보 원복음에 대한 정보 곧 사본, 현대어 번역서, 주석서, 연구서, 논문 등은 Vanden Eykel, "Protevangelium of James"에서 얻을 수 있다. 서론적 내용은 Cullmann, "Infancy Gospels", 421-425; Ehrman/Pleše, *The Apocryphal Gospels: Texts and Translations*, 31-38; Vuong, *The Protevangelium of James*을 보라.

1. 기원

야고보 원복음은 예수님 탄생 이전에 일어난 사건을 다루어 대개 '원proto복음'Protoevangelium이라 불린다. 저자가 자신을 야고보라 소개하기에 16세기부터 야고보의 원복음이라 불렸다. 신약성경에서 예수님의 형제라 불리는 그 야고보다(갈라 1,19).[1] 이 책을 담은 고대 필사본들은 이것을 '마리아의 탄생' 또는 '성 마리아, 하느님 어머니의 탄생 이야기'라 부른다.[2] 이 복음서는 만들어진 이후 동서방 교회에서 두루 읽혔지만 5세기 초 교회가 단죄한 이후부터 서방에서는 인기가 줄었다. 그러나 동방에서는 그 뒤로도 줄곧 인기가 시들지 않았다. 신약 외경 가운데 고대 후기 및 중세의 신학, 문화, 예술에 야고보 원복음만큼 영향을 미친 책도 없을 것이다.[3] 마리아의 부모 세대로부터 시작해서 예수님을 낳은 뒤 피신할 때까지 이야기를 담은 이 복음서는 마리아 전기의 선구자격이라 말할 수 있다.

이 책은 이미 3세기 초 오리게네스가 알았고, 아마도 2세기 말 알렉산드리아의 클레멘스도 알았던 것으로 보인다. 유스티누스도 동굴 탄생 이야기와 마리아가 다윗의 자손이라는 내용을 담은 것(『트리폰과의 대화』 43.1; 45.4;

1 야고보 원복음에서 야고보는 요셉이 첫 번째 혼인에서 얻은 아들이다.

2 야고보 원복음의 다양한 제목에 대해서는, Vuong, *The Protevangelium of James*, 12-13을 보라.

3 Ehrman/Pleše, *The Apocryphal Gospels: Texts and Translations*, 31.

100.3)으로 보아 이미 150년경에 이 복음서가 읽히고 있었던 것 같다.[4] 현존하는 본문은 후대의 가필과 수정을 거쳤을 터다.[5]

저자가 팔레스티나의 지리와 유다교 관습을 잘 모르는 점으로 미루어 유다인 출신이 아니었을 것으로 보인다. 요아킴에게 자식이 없다고 성전에서 예물을 봉헌하지 못하게 한다는 이야기나 마리아를 성전에서 양육하는 이야기를 유다인이 지어냈을 법하지 않다.

이 책은 내용이 흥미로울 뿐 아니라 문학 기법도 뛰어나다. 저자가 운문과 산문 형식을 넘나들며 이야기를 아름답게 전하고 있어 이 복음서가 만들어진 이래 줄곧 엄청난 인기를 끌었다. 인기에 걸맞게 그리스어 본문 말고도, 시리아어, 라틴어, 콥트어, 아르메니아어, 그루지야어, 슬라브어, 아랍어 역본들이 단편 또는 전편으로 전해진다.[6]

2. 구조와 내용

야고보 원복음의 이야기는 마태오와 루카 복음의 유년기 사화를 바탕으로 마리아와 요셉의 약혼, 마리아의 출생 이야기까지 거슬러 올라간다. 예

---

4 유스티누스와 원복음 저자가 공통된 전승을 알고 있었을 수도 있다. 야고보 원복음을 담은 가장 오래된 필사본(Bodmer V)은 3세기 또는 4세기 것으로 추정된다: Cullmann, "Infancy Gospels", 421. 그 밖에 다른 필사본에 대한 정보는 Ehrman/Pleše, *The Apocryphal Gospels: Texts and Translations*, 36-37을 참조하라.

5 Cullmann, "Infancy Gospels", 424. 쿨만은 여기서 후대의 가필·확장 부분을 자세히 다루고 있다. 애초에 이 작품은 1-20장으로 구성되었을 것이고 즈카르야의 죽음을 다루는 22-24장은 후대에 삽입되었을 것이라고 한다.

6 Cullmann, "Infancy Gospels", 421-422.

수님의 탄생 이야기도 담겼지만 그 초점은 주로 예수님의 어머니 마리아에게 맞춰진다.

야고보 원복음의 구성은 이렇다.

1. 마리아의 탄생(1-5)
2. 마리아의 성장(6-7)
3. 마리아와 요셉의 약혼(8-9)
4. 예수님의 성령 잉태(10-12)
5. 요셉과 마리아의 시험(13-16)
6. 예수님의 탄생(17-20)
7. 현자들의 아기 예수님 방문(21)
8. 즈카르야의 죽음(22-24)
9. 결어(25)

마태오와 루카 복음에 담긴 유년기 사화에 크게 의존하지만 두 복음서에 없는 내용들이 추가되었다. 예를 들어, 요아킴과 안나 이야기, 예수님의 이복형제들, 마리아가 성전 휘장을 짠 일, 예수님의 탄생 순간, 출산 후 동정 검사 등이다.

3. 신학과 의미

야고보 원복음 전체가 마리아에 초점이 맞춰져 있다. 마태오와 루카 복음도 마리아와 요셉에게 관심을 보이지만 이는 예수님과 이스라엘 및 다윗 가문과의 관계를 보여 주려는 의도에서였다. 여기서는 마리아와 요셉 특히 마리아가 그 이상의 역할을 한다. 이런 맥락에서 야고보 원복음은 마리아의 잉태에서부터 출생과 성장, 약혼과 예수님 출산 및 출산 후 동정 이야기까지 자세히 전하고 있다.

야고보 원복음이 마리아의 이야기를 하는 데는 신학적 이유가 있다. 첫째, 요셉이 예수님의 친부가 아니라는 사실과 예수님이 다윗의 후손이라는 믿음을 결부시키는 문제다. 마태오와 루카 복음은 양아버지 요셉을 통해 예수님을 다윗 가문에 연결한다. 그런데 요셉의 친자가 아닌 예수님을 다윗의 후손이라 볼 수 있느냐는 문제를 제기한 사람들이 있었을 터다. 그리하여 야고보 원복음에서는 마리아가 다윗 가문 후손으로 소개된다(10장). 이 전승은 이미 2세기 중반의 순교자 유스티누스도 알고 있었다.[7]

둘째, 동정 출산에 대한 유다인들의 반격에 답해야 하는 문제도 있었다. 유다인들 사이에서는 예수님이 판테라라는 로마 군인과 마리아의 불법적 관계에서 태어난 아들이라는 소문이 있었다(오리게네스 『켈수스 논박』 1,32-33; 69). 야고보 원복음은 이에 대응하여 마리아의 동정 출산을 특별한 방식으로 부각시킨다.

셋째, 마리아의 평생 동정성과 예수님에게 형제가 있다는 전승을 조화시키는 문제였다. 야고보 원복음은 요셉을 아들이 있는 연로한 홀아비로 설정하여 이 문제를 해결한다. 복음서에서 예수님의 형제들로 소개된 사람들은 요셉이 첫 혼인에서 얻은 아들들이라는 것이다.

후대 마리아론의 기틀이 이 복음서에 마련되어 있다는 점은 주목할 가치를 지닌다. '성모의 원죄 없으신 잉태' 교리까지는 아니지만 마리아의 '기적적' 출생 이야기를 다룬 것은 큰 의미가 있다. 마리아가 성전에서 흠없이 자랐음을 강조하는 것도 마찬가지다. 아울러 예수님의 동정 출산은 마리아의 평생 동정 개념을 예비한 것으로 이해할 수 있다. 4세기 히에로니무스는 야고보 원복음을 반박하면서 예수님의 형제들이란 이복형제가 아니라 사촌

7 유스티누스 『트리폰과의 대화』 43,1; 45,4; 100,3.

들이었다고 주장하는데, 교황들도 그의 의견을 수용하여 이 복음서를 단죄하였다.[8] 단죄된 뒤에도 동방 교회에서는 야고보 원복음이 여전히 높이 평가되었다. 그리스 교부들과 시리아·콥트·아르메니아 교부들은, 이 복음서가 동정의 이상理想을 고양시킨다는 점을 특히 높이 샀다. 한 가지 주목할 것은, 야고보 원복음이 만들어진 2세기 무렵에 마리아 신심이 이미 가닥을 잡았다는 사실이다. 야고보 원복음이 동·서방 교회에서 정경으로 인정되지는 않았고 서방에서는 단죄까지 되었지만, 마리아론의 발달에 미친 영향만큼은 인정해야 한다. 가톨릭 신심과 예술에 남긴 자취는 말할 것도 없다[9]

4. 야고보 원복음

본문 번역은 Hock, *The Infancy Gospels of James and Thomas: with Introduction, Notes, and Original Text featuring the New Scholars Version Translation*, 32-76에 나오는 그리스어 비평본을 토대로 옮겼다. 장절 구분도 이 비평본을 따랐다. 호크의 비평본은 de Strycker, "Die griechischen Handschriften des Protevangeliums Iacobi", 577-612를 바탕으로 von Tischendorf, *Evangelia Apocrypha*, 1-50을 참조하여 만든 것이라고 한다. 대부분의 학자들이 데 스트리커의 본문을 표준으로 사용한다. 호크와 데 스트리커의 본문은 장 구분은 같으나 절 구분은 다르다. 훼손된 본문을 복구하기 어려운 경우는 [···]로 표시하였다.

---

8 Ehrman/Pleše, *The Apocryphal Gospels: Texts and Translations*, 31-32 참조. 히에로니무스는 마리아뿐 아니라 요셉도 동정이었다고 한다.

9 Cullmann, "Infancy Gospels", 424-425.

1. 1 이스라엘의 열두 지파의 기록에 따르면, 요아킴은 매우 부유하였다.
2 그는 주님께 예물을 두 배로 바치면서 3 마음속으로 생각하곤 하였
다. '여분의 예물은 모든 백성을 위한 것이 되고, 주 하느님께 바치는
용서의 예물은 내 죄를 보속하기 위한 것이 되리라.'

4 위대한 주님의 날이 다가왔고 이스라엘 자손들은 예물을 바치
고 있었다. 5 그때 루벨이[10] 요아킴 앞에 서며 말하였다. "당신의 예물
을 먼저 바칠 수는 없소. 당신은 아직 이스라엘에 자손을 만들어 주지
않았으니 말이오."

6 그러자 요아킴은 몹시 비통해하며 백성의 열두 지파의 기록에
눈길을 돌리면서 마음속으로 생각하였다. '나만 홀로 이스라엘에 자
손을 만들어 주지 않았는지, 이스라엘의 열두 지파를 살펴보자.' 7 그
가 다 찾아보니 모든 의인들이 이스라엘에 자손을 일으켰다는 것을 알
수 있었다. 8 하지만 요아킴은 아브라함 성조를 기억하였다. 주 하느님
께서 그의 마지막 날에 아들 이사악을 주셨던 것이다.[11]

9 그러나 요아킴은 마음이 몹시 슬퍼져서 아내를 보지도 않고 광
야로 가서는 거기에 천막을 쳤다. 10 그리고 사십 일 밤 사십일 낮 동안
단식하였다. 11 요아킴은 마음속으로 말하였다. '나의 주 하느님께서 나
를 찾아오실 때까지 빵을 구하러든 마실 것을 구하러든 내려가지 않겠
다. 기도가 나에게 빵과 음료가 될 것이다.'

2. 1 그의 아내 안나는 두 배의 비탄으로 탄식하고 두 배로 가슴을 치면

10 에어만 등은 '르우벤'으로 읽는다. 6.13도 마찬가지다. Ehrman/Pleše, *The Apocryphal Gospels: Texts and Translations*, 41-42, 46-47 참조.

11 창세 17,19.

서 말하였다. "과부 신세가 되어 가슴을 치고, 자식이 없어 가슴을 치
네!"
2 위대한 주님의 날이 다가왔다. 3 여종 유티네가 그녀에게 말하였
다. "언제까지 자신을[12] 비하하시렵니까? 보십시오. 위대한 주님의 날
이 다가왔습니다. 그러니 슬퍼하시면 안 됩니다. 4 대신 이 머리띠를 받
으십시오. 머리띠 주인이 제게 준 것입니다. 저는 이것을 맬 수 없습니
다. 제가 마님의 여종일 뿐이며 여기에는 왕가의 문장이 있기 때문입
니다."[13]
5 안나가 말하였다. "내게서 물러 가거라. 내가 만든 것도 아니지
않느냐. 주 하느님께서 나를 몹시도 비천하게 만드시는구나. 어쩌면 간
교한 자가 네게 이것을 주어 네 죄를 내게 나눠주려고 네가 온 것인지
도 모르겠다."
6 여종 유티네가 말하였다. "마님께서 제 말을 듣지 않으신다고 제
가 어찌 마님을 저주하겠습니까? 주 하느님께서 이스라엘에서 마님께
자손을 주지 않으시려고 마님의 태를 닫으신 것입니다."
7 그러자 안나는 몹시 비통해졌다. 그러나 안나는 탄식의 옷을 벗
고 머리를 감은 뒤 혼인 예복으로[14] 갈아입었다. 8 아홉 시경에 안나는
정원으로 산책하러 내려갔다. 그리고 월계수를 보자 그 아래에 앉았
다. 9 잠시 쉰 뒤 안나는 주님을 향해 탄원하였다. "제 조상들의 하느

12 직역: '영혼.'

13 지혜서에 따르면 머리띠는 왕관과 더불어 의인들이 받게 될 상급이다. "그러나 의인들은 영원히 산다. … 그러므로 그들은 주님의 손에서 영화로운 왕관을 받고 아름다운 머리띠를 받을 것이다"(지혜 5,15-16).

14 마태 22,11-13(ἔνδυμα γάμου) 참조. 예복이란 그 옷을 입은 사람의 영적·도덕적 존엄성을 드러내는 은유적 표현이다.

님! 어머니 사라를 축복하시어 그녀에게 아들 이사악을 주신 것처럼[15]
저를 축복하시고 저의 탄원을 들어주소서."

3. 1 안나가 하늘을 올려다보자 월계수에 있는 참새 둥지가 보였다. 2 안
나는 탄식하며 혼자 말하였다.[16]
"불쌍한 나! 누가 나를 낳았단 말인가? 어떤 태가 나를 만들었단
말인가? 3 이스라엘 자손들 앞에 저주받은 여인으로 태어나다니! 나는
비난받았네. 그들은 나를 비웃고 내 주 하느님의 성전에서 내쫓았네.
4 불쌍한 나! 저는 무엇과 같을까요?[17] 저는 하늘의 새들과 같지
않습니다. 하늘의 새들도, 당신 앞에서 새끼를 낳을 수 있기 때문입니
다, 주님.
5 불쌍한 나! 저는 무엇과 같을까요? 저는 말 없는 짐승들과 같지
않습니다. 말 없는 짐승들도, 당신 앞에서 새끼를 낳을 수 있기 때문입
니다, 주님.
6 불쌍한 나! 저는 무엇과 같을까요? 저는 들짐승들과도 같지 않습
니다. 들짐승들도, 당신 앞에서 새끼를 낳을 수 있기 때문입니다, 주님.
7 불쌍한 나! 저는 무엇과 같을까요? 저는 이 물들과도 같지 않습
니다. 이 물들도, 당신 앞에서 물들을 만들어 낼 수 있기 때문입니다,
주님.
8 불쌍한 나! 저는 무엇과 같을까요? 저는 이 땅과도 같지 않습니

---

15 창세 18,10-11.

16 아래 이어지는 안나의 탄식 대목에서는 수사학적·시적 기교가 돋보인다. 특히 똑같은 단어(οἴμοι 불쌍한 나)로 시작하여 똑같은 단어(κύριε 주님)로 끝나면서 전체적으로 대구를 이루고 있다.

17 직역: '같아졌나요?'로 옮긴 그리스어 ὡμοιώθην이 아오리스트 수동형이다. 이하 마찬가지다.

다. 이 땅도, 때에 맞춰 소출을 내고 당신을 찬미하기 때문입니다, 주님."

4. 1 주님의 천사가 곁에 서서 말하였다. "안나야, 안나야! 주 하느님께서
네 탄원을 들어주셨다. 네가 잉태하여 아이를 낳을 것이다. 그리하여
온 세상이 네 자손에 관해 말할 것이다."

2 그러자 안나가 말하였다. "주 하느님께서 살아 계신 한, 사내아
이든 계집아이든 제가 아이를 낳는다면, 그 아이를 저의 주 하느님께
예물로 바칠 것입니다. 그리고 그 아이는 평생 하느님을 섬기며 살아
갈 것입니다."

3 그때 두 천사가 와서 그녀에게 말하였다. "보라, 네 남편 요아킴
이 가축 떼를 몰며 오고 있다." 4 사실 주님의 천사가 요아킴에게 가서
말했었다. "요아킴아, 요아킴아! 주 하느님께서 네 탄원을 들어주셨다.
아래로 내려가라. 네 아내 안나가 아이를 가졌다."

5 그러자 요아킴은 곧바로 내려가서 목동들을 불러 모아 그들에
게 말하였다. "여기 얼룩이나 흠이 없는 양 열 마리를 데려오시오. 양
열 마리는 주 하느님께 바칠 것이오. 6 그리고 얼룩 없는 암소 열두 마
리도 데려오시오. 암소 열두 마리는 사제들과 원로단을[18] 위해 내놓을
것이오. 7 그리고 염소 백 마리도 데려오시오. 염소 백 마리는 온 백성
을 위해 내놓을 것이오."

8 그리하여 요아킴은 가축 떼와 함께 도착했다. 그때 안나는 문
가에 서 있었다. 9 그녀는 요아킴이 가축 떼를 몰고 오는 것을 보고 곧
바로 달려갔다. 그녀는 그의 목에 매달리며 말하였다. "이제 주 하느
님께서 저를 크게 축복하셨다는 것을 알아요. 보세요. 과부가 이제

18 아우구스투스 황제 시대 이후 유다인들은 원로단(γερουσία) 형태로 한정된 자치권을 누렸다. 원로단이란 특히 예루살렘의 산헤드린을 가리킨다(1마카 12,6; 2마카 1,10).

는 과부가 아니랍니다. 보세요, 아이 못 낳는 여인이 뱃속에 아이를
가졌어요."

10 요아킴은 첫 날 자기 집에서 쉬었다.

5. 1 다음날 그는 예물들을 가지고 가며 마음속으로 생각하였다. '주 하느
님께서 나에게 자비로우시다면 사제의 패가 그것을 증명해 보여 줄 것
이다.' 2 요아킴은 자신의 예물들을 바쳤다. 그리고 사제가 주님의 제단
에 올라갈 때까지 사제의 패를 유심히 지켜보았다. 그런데 패에서 죄
의 표지가 보이지 않았다. 3 그리하여 요아킴은 말하였다. "이제 주 하
느님께서 내게 자비로우시고 내 모든 죄를 용서해 주셨음을 알았다."
4 그는 의롭게 되어 주님의 성전에서 내려와 자기 집으로 돌아왔다.

5 그리고 그녀의 달이 다 찼다. 그리고 안나는 아홉째 달에 아이
를 낳았다. 6 그녀가 산파에게 말하였다. "내가 무엇을 낳았나요?" 7 산
파가 말하였다. "여자아이요." 8 그러자 안나가 말하였다. "오늘 내 영혼
이 큰 영광을 입었도다." 그러자 산파는 아이를 침대에 눕혔다.

9 날이 차자 안나는 자신의 피 묻은 몸을 씻고 아이에게 젖을 주
었다. 그리고 아이의 이름을 마리아라 지었다.

6. 1 아이는 나날이 튼튼하게 자랐다. 2 아이가 여섯째 달이 되었을 때 아
이 어머니는 아이가 설 수 있는지 시험해 보려고 바닥에 내려놓았다.
그러자 아이가 일곱 발자국을 걸어 어머니 품에까지 왔다. 3 아이의 어
머니가 아이를 안아들며 말하였다. "나의 주 하느님이 살아 계시는 한,
내가 너를 주님 성전에 데려다 주기 전까지 너는 이 땅을 밟지 않을 것
이다."

4 그리고 그녀는 자기 침실 안에 성소를 만들어 속된 것이나 부정
한 것은 절대 그곳을 지나가지 못하게 하였다. 5 그리고 흠 없는 히브리
인들의 딸들을 불러다 아이와 놀아주게 하였다.

6 아이의 첫 돌이 되어 요아킴은 큰 잔치를 벌이고 수석 사제들
과[19] 사제들과 율법 학자들과 원로단과 이스라엘의 온 백성을 초대하
였다. 7 그리고 요아킴이 아이를 사제들에게 내보이자 그들이 아이를
축복하며 말하였다. “저희 조상들의 하느님, 이 아이를 축복해 주소
서. 그리고 이 아이에게 모든 세대에 영원히 회자될 이름을 주소서.”
8 그리고 온 백성이 말하였다. “그대로 이루어지소서. 아멘.”

9 그리고 요아킴은 아이를 수석 사제들에게 보여주었다. 그들은
아이를 축복하며 말하였다. “가장 높은 하늘의 하느님! 이 아이를 눈
여겨보소서. 그리고 이 아이에게 다시없을 마지막 축복을 내리소서.”

10 아이의 어머니는 아이를 자기 침실의 성소로 데려가서 젖을 주
었다. 11 그리고 안나는 주 하느님께 다음과 같이 찬가를 불렀다. “나의
주 하느님께 거룩한 찬송을 드리네. 나를 찾아주시어 내 적들의 비방
을 내게서 걷어 내 주셨네. 12 나의 주 하느님께서 내게 당신 정의의 열
매, 당신 앞에 오직 하나이나 여러 개인 열매를 주셨네. 13 누가 안나가
젖을 물리고 있다고 루벨의 아들들에게 선포하겠나! 들으시오, 들으시
오, 이스라엘의 열두 지파여! 안나가 젖을 물리고 있소!”

14 안나는 아이를 성소의 잠자리에 눕혀 쉬게 하였다. 그러고는 밖
으로 나와 사람들의 시중을 들었다. 15 만찬이 끝나자 사람들은 기분이
좋아져서 자리를 뜨며 이스라엘의 하느님께 영광을 드렸다.

7. 1 아이의 달수가 점점 늘어나서 두 살이 되자 요아킴이 말하였다. “아
이를 주님의 성전에 데려가 우리가 약속한 바를 이행하도록 합시다. 그
러지 않으면 주님께서 우리에게 재앙을 보내시고 우리 예물이 받아들

---

19 신약성경과 요세푸스의 저서에서 ‘대사제’의 복수인 ἀρχιερεῖς는 최고 의회 회원들, 곧 전·현직 대사제와 대사제 가문에 속하는 모든 성인 남자를 통칭하는 말로 쓰인다. 여기서는 『성경』을 따라 ‘수석 사제들’로 옮긴다.

여지지 않을지도 모르오."
2 안나가 말하였다. "아이가 아버지나 어미를 찾지 않도록 세 살까
지만 기다리도록 해요." 3 요아킴이 말하였다. "그럽시다."
4 아이가 세 살이 되자 요아킴이 말하였다. "흠 없는 히브리인들
의 딸들을 부릅시다. 5 그리고 저마다 등잔을 높이 들고 등을 켜두라
고 합시다. 그래서 아이가 뒤돌아보거나 아이의 마음이 주님의 성전에
서 멀어지는 일이 없게 합시다." 6 그들이 주님의 성전에 올라갈 때까지
그들은 그렇게 하였다.
7 사제가 아이를 받아들고 아이에게 입을 맞추며 축복하였다.
"주 하느님께서 네 이름을 모든 세대 가운데 크게 하셨다. 8 마지막 날
들에 주님께서는 너로 인해[20] 이스라엘 자손들에게 속량을[21] 보여 주
실 것이다."
9 사제는 아이를 제단의 셋째 계단에 앉혔다. 그리고 주 하느님께
서 아이에게 은총을 내리셨다. 10 아이가 두 발로 춤을 추자 온 이스라
엘 집안이 그 아이를 사랑하였다.

8. 1 아이의 부모는 아이가 그들을 돌아보지 않았기 때문에 놀라워하고
찬송하였다. 그리고 주 하느님께 영광을 드리면서 그곳을 떠났다. 2 마
리아는 주님의 성전에서 비둘기처럼 보살핌을 받으며 천사의 손에서
양식을 받아먹었다.
3 그녀가 열두 살이 되었을 때, 사제들의 회의가 열리고 이런 말들
이 오갔다. "보십시오, 마리아가 주님의 성전에서 열두 살이 되었습니

---

20 또는 '너를 통하여'(ἐπὶ σοί). 전치사 ἐπί는 여격과 쓰였을 때 장소의 의미로 '…에, … 위에'를 뜻하기도 하나 원인을 나타내어 '…로 인해, … 때문에'를 의미하기도 한다.

21 또는 '몸값.'

다. 4 우리 주 하느님의 성소가 더럽혀지지 않으려면[22] 그 아이를 어떻
게 해야 하겠습니까?" 5 그들은 대사제에게 말하였다. "당신이 주님의
제단에 서셨으니 가서 그녀를 위해 기도해주십시오. 그러면 우리는 주
하느님께서 당신에게 보여 주시는 대로 행하겠습니다."

6 대사제는 종 열두 개를 들고 지성소로 들어가 그녀를 위해 기도
하였다. 7 그러자 주님의 천사가 나타나 말하였다. "즈카르야야, 즈카르
야야, 가서 백성 가운데 홀아비들을 불러 모아라. 그리고 저마다 지팡
이를 가져오게 하여라. 8 주 하느님께서 표징을 보여주시는 이가 있다
면 여자아이는 그의 아내가 될 것이다." 그리하여 전령들이 유다 주변
의 모든 지역으로 갔다. 그리고 주님의 나팔이 울려 퍼지니 모두가 달
려 나왔다.

9. 1 요셉도 목수들이 쓰는 도끼를 내려놓고 집회에 나갔다. 2 한데 모인
사람들은 저마다 지팡이를 들고 대사제에게 나아갔다. 3 대사제는 지
팡이들을 모아 성전에 가지고 들어가 기도하기 시작하였다. 4 기도를
마치자 대사제는 지팡이들을 들고 나와 사람들에게 돌려주었다. 5 그
런데 그들에게서 아무런 표징이 나타나지 않았다. 마지막으로 요셉이
지팡이를 받아들었다. 6 그런데 보라, 지팡이에서 비둘기가 나와 요셉
의 머리 위에 내려앉았다. 7 그러자 대사제가 말하였다. "요셉아, 요셉
아! 네가 주님의 동정녀를 책임지고 맞아들일 임무를 받았다."[23]

8 요셉은 반대하며 말하였다. "저는 아들들이 있고 이미 늙었는

---

22 구약성경에서 달거리 기간과 아이 낳은 뒤 일정 기간 동안의 여자는 부정하게 여겨진다(레위 12,2.5; 에제 18,6; 22,10; 36,17).

23 처음으로 마리아를 '동정녀', 그것도 '주님의 동정녀'라 칭한다. 요셉은 마리아를 돌보고 보호할 임무를 받는다.

데[24] 그녀는 어립니다. 그러니 제가 이스라엘 자손들에게 조롱거리가 되지 않겠습니까?"

9 대사제가 말하였다. "요셉아, 너의 주 하느님을 두려워하고 하느님께서 다탄과 아비람과 코라에게 하신 일을 기억하여라. 그들이 반역하자 땅이 갈라져 그들을 모두 삼켜버리지 않았느냐?[25] 10 그러니 이제 요셉아, 이런 일이 네 집안에 닥치지 않도록 조심하여라."

11 두려워진 요셉은 그녀를 보호할 책임을 맡고 그녀를 받아들였다. 그리고 그녀에게 말하였다. "마리아야, 내가 너를 주님의 성전에서 받아들였다. 이제 너를 내 집에 데려다 놓겠다. 지금은 내가 건물을 지으러 떠나야 하기 때문이다. 그러나 너에게 돌아오겠다. 주님께서 너를 지켜주실 것이다."

10. 1 사제들의 의회가 열리고 사람들이 이렇게 말하였다. "주님의 성전에 휘장을 만듭시다."

2 대사제가 말하였다. "다윗의 지파에서 흠 없는 처녀들을 불러
오시오." 3 그리하여 시종들이 그들을 찾으러 나갔다. 그리고 일곱 처
녀를 찾았다. 4 대사제는 마리아라는 아이가 다윗 가문 출신이며[26] 하

---

24 야고보 원복음은 요셉을 전처소생의 아들들이 있는 늙은 홀아비로 그린다. 마태 1,18-19; 루카 2,5과 비교하라. 정경 복음서에서는 요셉이 혼인 적령기의 성인 남자임을 암시한다.

25 민수 16,1-35 특히 31-32을 보라.

26 이 복음서는 마리아를 통해 구세주를 다윗 가문과 연결시킨다. 마태오(1,1-17)나 루카(3,23-38)가 요셉을 다윗의 후손으로 소개하는 것과는 다르다. 마리아가 하느님 앞에 흠 없는(ἀμίαντος) 아이로 소개되는 것도 눈길을 끈다. 바빌로니아 탈무드에 마리아를 연상시키는 구절이 있는데 여기서 그녀는 군주와 지배자들의 후손으로 소개된다. 구약의 이방인 예언자 발라암에 관한 이 대목에서 그 어머니를 이야기하는 구절이다. "사람들은 이렇게 말한다: 그녀(곧 발라암의 어머니)는 군주

느님 앞에 흠 없다는 것을 기억하였다. [5] 그래서 시종들이 가서 그녀
를 데려 왔다.

[6] 그리고 그들은 주님의 성전에 처녀들을 데리고 들어왔다. [7] 그러
자 대사제가 말하였다. "금실, 흰실, 아마실, 은실, 보라실, 주홍실, 진
자주실을 누가 짤지 정하도록 제비를 뽑아라."

[8] 마리아에게는 진자주와 주홍실이 배당되었다. 그녀는 그것을
받아들고 집으로 돌아왔다. [9] 바로 그때 즈카르야가 말을 못하게 되었
다.[27] 그래서 즈카르야가 다시 말을 할 때까지 사무엘이 그를 대신하게
되었다. 마리아는 주홍실로 휘장을 짰다.

11. [1] 마리아는 항아리를 들고 물을 길으러 나갔다. [2] 그때 한 목소리가 그
녀에게 말하였다. "은총이 가득한 이여, 기뻐하여라. 주님께서 너와 함
께 계신다.[28] 너는 여인들 가운데에서 가장 복되다."[29] [3] 마리아는 어디
서 목소리가 들려오는지 보려고 좌우로 두리번거렸다. [4] 그리고 두려워
떨면서 집으로 돌아갔다. 마리아는 항아리를 내려놓은 다음 자주실
을 집어 들고 의자에 앉아 그것으로 휘장을 짜기 시작하였다.

[5] 그때 천사가 그녀 앞에 서서 말하였다. "두려워하지 마라, 마리

와 지배자들의 후손이었으나 목수들과 간음을 저질렀다"(*b. Sanhedrin* 106a). 탈무드가 예수님(으로 추정되는 인물)에 대해 부정적인 입장인 만큼 그 어머니에 대해서도 마찬가지다. 여기서 중요한 것은 그 어머니가 군주와 지배자의 후손으로 소개된다는 점이다. 탈무드 저자가 마리아를 다윗의 후손으로 간주하는 전승을 알고 있었을 것임을 암시한다.

27 루카 1,20-22. 아내 엘리사벳이 잉태하게 되리라는 천사의 말을 믿지 않아 즈카르야가 얼마간 말을 못하게 된 사건을 가리킨다. 이런 식으로 야고보 원복음은 마리아와 즈카르야를 매우 특별한 관계로 그리고 있다.

28 루카 1,28과 똑같다.

29 루카 1,42. 루카 복음에서 마리아의 방문을 받은 엘리사벳이 한 말과 똑같다.

아야. 너는 만인의 주님 눈에 들었다.[30] 너는 그분의 말씀으로 잉태하
게 될 것이다."[31]

6 그 말을 듣고 마리아가 마음속으로 생각하였다. '내가 살아 계
신 주 하느님에 의해 잉태하고 다른 모든 여인들처럼 아이를 낳는다는
말씀일까?'

7 주님의 천사가 말하였다. "그렇지 않다, 마리아야. 하느님의 힘
이 너를 뒤덮을 것이다.[32] 그러므로 태어날 아기는 거룩하신 분, 지극
히 높으신 분의 아드님이라 불리실 것이다.[33] 8 너는 아기의 이름을 예
수라 하여라.[34] 그분께서 당신 백성을 죄에서 구원하실 것이다."[35]

9 그러자 마리아가 말하였다. "보십시오, 주님의 여종이 그분 앞에
있습니다. 말씀하신 대로 저에게 이루어지기를 바랍니다."[36]

12. 1 그리고 그녀는 자주와 주홍 휘장을 완성하여 대사제에게 가져갔다.
2 대사제는 그것을 받아들고 그녀를 축복하며 말하였다. "마리아야,
주 하느님께서 네 이름을 크게 하셨으니 너는 이 땅의 모든 세대들 가
운데서 가장 복될 것이다."[37]

3 마리아는 기뻐하며 친척 엘리사벳의 집으로 갔다. 4 그리고 문
을 두드렸다. 4 그 소리를 들은 엘리사벳은 주홍실을 던지고 문으로 달

30 또는 '… 앞에서 총애를 얻다.'

31 루카 1,30-31.

32 루카 1,35.

33 루카 1,32.35.

34 루카 1,31.

35 마태 1,21.

36 루카 1,38.

37 루카 1,42.48.

려 나와 문을 열어주었다. 5 그리고 그녀를 축복하며 말하였다. "제 주
님의 어머니께서 저에게 오시다니 어찌 된 일입니까? 보십시오, 제 안
에 있는 아기도 뛰놀며 당신을 축복했습니다."[38]

6 마리아는 가브리엘 천사가 이야기한 신비를 잊고 하늘을 올려
다보며 말하였다. "제가 누구입니까, 주님! 이 땅의 모든 세대가 저를
행복하다고 하다니요!"[39]

7 마리아는 석 달을 엘리사벳의 곁에 머물렀다.[40] 8 그녀의 배는
나날이 불러갔다. 그래서 마리아는 두려워하며 집으로 돌아와 이스라
엘 자손들한테서 몸을 숨겼다. 9 이 신비한 일이 그녀에게 일어난 것은
그녀가 열여섯 살 때였다.

13. 1 여섯째 달이 되었을 때 요셉은 건축 일을 마치고 돌아왔다. 집 안으
로 들어왔을 때 요셉은 그녀의 배가 불러 있는 것을 알아채었다. 2 그
러자 그는 자기의 얼굴을 치며 바닥에 깔린 자루에 몸을 던졌다. 그리
고 비통하게 울면서 말하였다. "내가 무슨 낯으로 주 하느님을 뵐까!
주 하느님의 성전에서 처녀를 데려다가 지키지를 못했으니, 그녀를 두
고 도대체 뭐라고 기도할까? 4 누가 나를 이 일에 끌어들였단 말인가?
누가 내 집에서 이런 악행을 저질렀단 말인가? 누가 내게서 처녀를 채
어가 더럽혔단 말인가? 5 혹시 아담의 이야기가 내게 재현된 것이 아닌
가? 아담이 영광을 드리고 있던 그때 뱀이 와서 홀로 있는 하와를 발
견하고 그녀를 속이고 더럽힌[41] 것과 똑같은 일이 내게도 일어났구나."

---

38 루카 1,43-44.

39 루카 1,48.

40 루카 1,56.

41 창세 3,1-20. 유다교와 그리스도교 전승 안에 카인이 뱀과 하와의 사이에서 태어난 아이라는 전승이 있었다. 요한의 비전 24를 참조하라.

6 그리고 요셉은 자루에서 일어나 그녀를 불러 이야기하였다. "하
느님께서 소중히 여기시는 네가 왜 이런 일을 하였느냐? 7 너의 주 하
느님을 잊었느냐? 어찌다 네가 네 영혼을 비천하게 만들었느냐? 지성
소에서 자라고 천사의 손에서 양식을 받아먹은 네가 아니냐?" 8 그녀
는 비통하게 울면서 말하였다. "저는 정결하고 남자를 모릅니다." 9 요
셉이 그녀에게 말하였다. "그러면 네 뱃속에 있는 아기는 어디서 왔느
냐?" 10 그녀가 답하였다. "저의 주 하느님께서 살아계시는 한, 이 아이
가 어디에서 제게 왔는지 모릅니다."[42]

14. 1 요셉은 몹시 두려워져서 그녀와 대화를 그만두었다. 그리고 그녀를
어떻게 해야 할지 곰곰이 생각하였다. 2 요셉은 마음속으로 생각하였
다. '그녀의 잘못을 덮어 두자니 주님의 율법을 어기는 일이 될 것이다.
3 그녀의 일을 이스라엘 자손들에게 알리자니 혹시 뱃속에 있는 아이
가 천사가 보낸 아이가 아닐까 두렵구나. 그러다 무죄한 피를 넘겨 사
형 선고라도 받게 하면?[43] 4 그러니 그녀를 어떻게 하면 좋을까? 그녀
를 사람들 몰래 내보내야겠다.'

5 그리고 밤이 되었다. 그때 꿈에 주님의 천사가 요셉에게 나타나
말하였다. "이 소녀를 두고 두려워하지 마라. 사실 그녀의 몸에 있는 아
기는 성령으로 말미암은 것이다. 6 그녀가 너에게 아들을 낳아 줄 터이
니 그 이름을 예수라고 하여라. 그분께서 당신 백성을 죄에서 구원하

---

42 13-16장은 마리아의 잉태가 성령으로 인한 것이 사실인지 시험하는 일화다. 사제들이 두 사람을 성전에 소환한 뒤 질책의 물을 마시게 한다. 두 사람은 이 시험을 통과하여 마리아의 잉태가 성령으로 인한 것임을 증명한다.

43 '무죄한 피를 넘겨 준다'(παραδίδωμι αἷμα ἀθῷον)는 마태 27,4("죄 없는 분을 팔아넘겨")에, '사형 선고'(κρίμα θανάτου)는 루카 24,20("그분을 넘겨, 사형 선고를 받아 십자가에 못 박히시게 하였습니다")에 나온다.

실 것이다."[44] 7 요셉은 잠에서 깨어 이스라엘의 하느님, 그에게 이 같은
은총을 베풀어주신 분께 영광을 드렸다. 그리고 그는 그 소녀를 보호
하였다.

15. 1 한편 율법 학자 한나스가 그에게 와서 말하였다. "요셉, 무슨 일로 우
리 모임에 참석하지 않았소?" 2 그가 대답하였다. "여행으로 피곤해서
하루 동안 쉬었습니다." 3 한나스는 돌아서다가 마리아의 배가 불러 있
는 것을 보았다.

4 그는 급히 대사제에게 가서 말하였다. "보십시오. 당신이 보증하
시는 요셉이 몹시도 큰 잘못을 저질렀습니다." 5 대사제가 물었다. "무
슨 잘못이오?" 6 그가 대답하였다. "요셉이 주님의 성전에서 데려간 처
녀를 더럽혔습니다. 그녀와 몰래 관계를 맺고는[45] 이스라엘의 자손들
에게 알리지 않았습니다." 7 대사제가 그에게 물었다. "요셉이 그런 짓
을 했단 말이오?" 8 그가 대사제에게 대답하였다. "시종들을 보내보십
시오. 그 처녀가 배가 불러 있다는 걸 알게 될 것입니다." 9 시종들이
가보니 그가 말한 대로였다. 그들은 마리아를 요셉과 함께 법정에 데
려왔다.

10 대사제가 그녀에게 말하였다. "마리아야, 왜 이런 일을 하였느
냐? 왜 너 자신을[46] 비천하게 만들었느냐? 11 너의 주 하느님을 잊었느
냐? 12 지성소에서 자라고 천사들의 손에서 양식을 받아먹은 네가 아
니더냐? 그들의 찬가를 듣고 그들 앞에서 춤을 춘 네가 도대체 왜 이
런 짓을 저질렀느냐?" 13 그녀는 비통하게 울면서 말하였다. "주 하느님

44 마태 1,20-21.

45 또는 '그녀와의 관계를 숨기고.'

46 또는, '영혼.'

께서 살아 계시는 한, 저는 그분 앞에서 정결하며 남자를 모릅니다."
[14] 대사제가 말하였다. "요셉아, 너는 왜 이런 일을 저질렀느냐?"
[15] 요셉이 말하였다. "주님께서 살아 계시는 한, 저는 그녀와 상관없이
정결합니다." [16] 대사제가 말하였다. "거짓 증언하지 말고 진실을 말하
여라. 너는 그녀와 관계 맺은 일을 숨기고 이스라엘 자손들에게 알리
지도 않았다. [17] 그리고 강한 손 아래로[47] 네 머리를 숙여 너의 씨가 축
복받게 하지도 않았다." [18] 그러자 요셉은 입을 다물었다.

16. [1] 대사제가 말하였다. "주님의 성전에서 데려간 처녀를 다시 넘겨다오."
[2] 그러자 요셉은 눈물을 흘리며 […]
[3] 대사제가 말하였다. "너희에게 주님의 질책의 물을 마시게 하겠
다. 그것이 너희 죄를 너희 눈앞에 밝히 드러낼 것이다."
[4] 대사제가 물을 들어 요셉에게 마시게 한 다음 그를 광야로 내보
냈다. 그런데 그가 아무 탈 없이 건강하게 돌아왔다. [5] 그러자 소녀에
게도 물을 마시게 하고 광야로 내보냈다. 그녀도 아무 탈 없이 건강하
게 돌아왔다. [6] 그들의 죄가 드러나지 않자 온 백성이 놀랐다. [7] 그래서
대사제가 말하였다. "주 하느님께서 너희의 죄를 드러내지 않으셨으니
나도 너희를 심판하지 않겠다." 그러고는 대사제는 그들을 돌려보냈다.
[8] 요셉은 기쁨에 차서 마리아를 데리고 집으로 돌아왔다. 그리고 이스
라엘의 하느님께 영광을 드렸다.

17. [1] 한편 아우구스투스 임금에게서 호적을 등록하라는 명령이 유다의
베들레헴에 사는 모든 사람들에게 내려왔다.[48] [2] 그래서 요셉이 말하

47 1베드 5,6에 등장하는 표현이다.

48 루카 2,1.

였다. "내 아들들을 호적에 등록해야겠구나. 그런데 이 소녀는 어떻게
할까? 그녀를 뭐라고 등록하지? 3 내 부인으로? 부끄러울 텐데. 아니면
딸로? 이스라엘 자손들이 그녀가 내 딸이 아니라는 걸 아는데. 4 주님
의 날이 그분께서 원하시는 대로 이루어지게 하리라."

5 그는 나귀에 안장을 얹고는 그녀를 위에 앉혔다. 그의 아들이
앞에서 끌고 사무엘은 뒤따라갔다. 6 셋째 이정표에 가까웠을 때 요셉
이 뒤돌아보니 마리아의 안색이 어두웠다. 7 그는 마음속으로 생각하
였다. '뱃속에 아기가 그녀를 힘들게 하는가 보군.' 8 요셉이 다시 뒤돌
아봤을 때는 그녀가 웃고 있었다. 그래서 요셉이 말하였다. "마리아, 무
슨 일이냐? 네 얼굴이 어떤 때는 웃고 있고, 어떤 때는 시무룩해 보이
니 말이다."

9 그녀가 그에게 대답하였다. "요셉님! 제 눈에 두 백성이 보이는
데 하나는 울고 괴로워하며, 다른 하나는 기뻐하고 용약합니다."

10 여정이 절반가량 지났을 때 마리아가 그에게 말하였다. "요셉
님, 저를 당나귀에서 내려주세요. 뱃속의 아기가 나오려고 합니다."

11 요셉은 그녀를 당나귀에서 내려놓고 그녀에게 말하였다. "너를
어디로 데려가야 네 수치를 숨길 수 있을까? 여기는 한적한 광야이니
말이다."[49]

18. 1 그는 거기에서 동굴을[50] 발견하고 그녀를 데려다 놓았다. 그리고 그
의 아들들을 곁에 세워두었다. 2 그리고 히브리 여자 산파를 구하려고
베들레헴 마을로 갔다.

---

49 예수님이 베들레헴에서 탄생했다고 전하는 정경 복음서(마태 2,1) 이야기에서 벗어난다.

50 루카 2,7에는 예수님이 구유에서, 마태 2,11에는 '집'에서 태어난 것으로 묘사한다.

3 그런데 나[51] 요셉은 계속 걷는데도 제자리걸음만 하고 있었다.
4 그러다가 하늘을 올려다보니 하늘이 멈춰 있었다. 내가 공중을 바라
보니 공중이 놀라워하고 하늘의 새들도 움직임이 없었다. 5 내가 땅을
내려다보니 접시가 놓여 있고 일꾼들이 접시에 손을 댄 채 식탁에 기
대고 있었다. 6 그러나 음식을 씹던 사람들이 씹지 않고, 음식을 집던
사람들이 집어 올리지 않으며, 입으로 음식을 가져가던 사람들이 입
으로 가져가지 않았다. 7 대신 모든 사람의 얼굴이 위를 향하며 올려다
보고 있었다.

8 그리고 목자를 따라가는 양들이 자리에 멈춰 서 있는 것이 보
였다. 9 목자는 그들을 치려고 손을 올린 채였고 그의 손은 허공에 멈
춰 있었다. 10 나는 강을 내려다보았다. 새끼 염소들이 보였다.[52] 그들은
주둥이를 물에 대기는 했으나 마시지는 않고 있었다. 11 그러다가 한순
간에 모든 것이 원래대로 돌아갔다.[53]

19. 1 여자들이 산에서 내려오는 것을 보았는데, 한 사람이 내게 말하였다.
"어르신, 어디로 가십니까?" 2 나는 말하였다. "히브리 여자 산파를 찾
고 있소." 3 그녀가 내게 물었다. "어르신은 이스라엘 출신입니까?" 4 나
는 그녀에게 대답하였다. "그렇소." 5 그녀가 말하였다. "그러면 동굴에

---

51 여기서부터 당분간 1인칭으로 서술된다. 원천이 다른 이야기가 삽입되어서일 터이다.

52 "새끼 염소"로 옮긴 ἔριφος는 '아이'라는 뜻도 있다. 문맥에 맞춰 '염소'로 옮겼다.

53 18장은 요셉이 히브리 여인 산파를 찾으러 가다가 보게 된 환시를 묘사한다. 그를 둘러싼 모든 것, 하늘에서 시작하여 땅에 있는 모든 사람과 짐승들도 하던 일을 멈추고 시간이 정지되어 있는 것을 본다. 이는 예수님의 탄생으로 새로운 시간, 새로운 시대가 시작되었음을 암시한다.

서 아기를 낳는다는 여자는 누구입니까?" 6 나는 대답하였다. "나와 혼
인할 사람이오." 7 그녀가 나에게 말하였다. "당신의 부인이 아닌가요?"
8 그래서 나는 그녀에게 말하였다. "그녀는 주님의 성전에서 자란 마
리아요. 나는 그녀를 제비뽑기하여 아내로 맞이하였소. 9 하지만 아직
나의 아내가 되지는 않았소. 그녀는 성령으로 말미암아 잉태하였소."
10 그 산파가 말하였다. "그 말이 사실입니까?" 11 요셉이 그녀에게 말하
였다.[54] "와서 보시오."[55]

12 그리하여 산파가 그를 따라나섰다. 13 그들이 동굴에 도착했을
때 짙은 구름이 동굴을 뒤덮고 있었다. 14 산파가 말하였다. "오늘 내
영혼이 영광을 입었습니다. 오늘 내 눈이 놀라운 일을 보았고 이스라
엘에는 구원이 내렸습니다!"

15 그러자 갑자기 동굴에서 구름이 걷히고 동굴 안에 눈으로 볼
수 없을 정도의 큰 빛이 퍼졌다. 16 잠시 뒤 그 빛이 걷히고 아기가 보였
다. 아기는 어머니 마리아에게 다가가 가슴에 손을 얹었다. 17 산파가
소리치며 말하였다. "오늘은 나에게 참으로 엄청난 날이구나! 내가 새
로운 이 광경을 목격하다니!"

18 동굴에서 나간 산파는 살로메를 만나서 말하였다. "살로메, 살
로메! 당신께 말해 줄 새로운 광경이 있어요. 동정녀가 아이를 낳았어
요. 동정녀의 몸이 할 수 없는 일이지요."

19 살로메가 말하였다. "내 주 하느님께서 살아 계시는 한, 내 손
가락을 넣어 그녀의 몸을 검사해 보기 전에는 동정녀가 아이를 낳았
다는 것을 믿을 수 없습니다."

---

54 다시 3인칭으로 서술된다.

55 '와서 보라'는 표현은 특히 요한 복음서에 자주 쓰인다. 요한 1,39; 1,46; 4,29; 11,34 참조.

20\. [1] 그래서 산파가 마리아에게 와서 말하였다. "마리아, 검사 받을 자세를 취하세요. 당신을 두고 작지 않은 논쟁이 벌어졌어요."

[2] 마리아는 이 말을 듣고 자세를 취했다. 살로메는 자기 손가락을
그녀의 몸속에 넣었다. [3] 살로메는 큰 소리로 외치며 말하였다. "살아
계신 하느님을 시험했으니 내 죄악과 내 불신에 화가 미치리라! [4] 보라,
내 손이 불타며 내게서 떨어져 나가고 있구나!"

[5] 살로메는 주님 앞에 무릎을 꿇고 말하였다. "제 조상들의 하느
님! 제가 아브라함과 이사악과 야곱의 후손이라는 점을 기억해주소서.
[6] 저를 이스라엘의 자손들에게 본보기로 삼지 마소서. 대신 저를 가난
한 이들에게 넘기소서. [7] 주님, 당신께서는 제가 당신 이름으로 사람들
을 치유하고 당신에게서 상급을 받았다는 것을 아십니다."

[8] 그때 주님의 천사가 나타나 그녀에게 말하였다. "살로메야, 살로
메야! 모든 이들의 주님께서 너의 청을 들어주셨다. [9] 네 손을 그 아기
에게 뻗어 그를 안아라. 그러면 너에게 구원과 기쁨이 일어날 것이다."

[10] 살로메가 아기에게 다가가 아기를 안으며 말하였다. "이분께서
이스라엘에 임금으로 태어나셨으니 이분께 경배 드리리라." [11] 살로메
는 곧바로 나았고 의롭게 되어 동굴 밖으로 나왔다.

[12] 그때 한 목소리가 말하였다. "살로메야, 살로메야! 아이가 예루살렘에 갈 때까지는 네가 목격한 놀라운 일을 알리지 마라."

21\. [1] 마침 요셉은 유다로 떠날 채비가 끝났지만, 유다의 베들레헴에서는
큰 소동이 일어났다. [2] 박사들이 와서 다음과 같이 말하였던 것이다.[56]
"유다인들의 임금으로 태어나신 분이 어디 계십니까? 우리는 동방에서

56 동방 박사들의 방문 이야기는 마태 2,1-16을 보라. 별을 묘사하는 구절 등 몇 가지 세부 사항을 빼고는 마태오 복음에 비교적 충실하다.

그분의 별을 보고 그분께 경배하러 왔습니다."[57]
3 헤로데가 이 말을 듣고 마음이 혼란하여 시종들을 박사들에게
보냈다. 4 그리고 수석 사제들도 관저에 소집하여 그들에게 물어보았
다. "그리스도에 관해 어떻게 기록되어 있소? 그는 어디서 태어나오?"[58]
5 그들이 그에게 대답하였다. "유다 베들레헴입니다. 실제로 그렇
게 기록되어 있습니다."[59] 6 헤로데는 그들을 돌려보냈다.
7 그러고는 헤로데는 박사들에게 질문하였다. "새로 태어난 임금
에 관해 무슨 표징을 보았소?" 8 박사들이 말하였다. "저희는 이 별들
사이에서 대단히 큰 별이 빛나면서 다른 별들의 빛을 가리는 것을 보
았습니다. 다른 별들은 보이지 않을 정도가 되었습니다. 이로써 저희
는 이스라엘에 임금이 태어났다는 것을 알게 되었고 그분께 경배하러
온 것입니다."[60]
9 헤로데가 그들에게 말하였다. "가서 그 아기를 찾아보시오. 그리
고 찾거든 나에게 알려 주시오. 나도 가서 경배해야겠소."[61]
10 박사들은 거기서 나왔다. 동방에서 본 별이 그들을 앞서 가다
가 그들이 동굴 안에 이르자 아기의 머리 위에 멈추었다.[62] 11 박사들
은 어머니 마리아와 함께 있는 아기를 보고, 그들의 주머니에서 황금
과 유향과 몰약을 예물로 내어 놓았다.[63]
12 그들은 유다에 들어가지 말라는 천사의 지시를 받고 다른 길로

---

57 마태 2,2.

58 마태 2,4.

59 마태 2,5.

60 정경에는 나오지 않는 대목이다.

61 마태 2,8.

62 마태 2,9.

63 마태 2,11.

자기 고장에 돌아갔다.[64]

22. [1] 그때 헤로데는 박사들에게 속은 것을 알고 분노하였다. [2] 그리하여 처형꾼들을 보내어 두 살 이하의 아기들을 모조리 죽이라고 하였다.[65]

[3] 마리아는 아기들이 처형된다는 소식을 들었다. [4] 두려워진 그녀는 아기를 베로 감싼 뒤 소 구유에 넣었다.[66]

[5] 엘리사벳은 헤로데가 요한을 찾고 있다는 말을 듣고 아이를 데리고 산으로 올라갔다. [6] 그리고 아이를 어디에 숨겨둘지 둘러보았지만 숨길만한 곳이 없었다. [7] 그러자 엘리사벳은 괴로워하며 큰 소리로 말하였다. "하느님의 산이여, 아기와 함께 어미인 나를 받아다오." 엘리사벳은 공포 때문에 더 올라갈 수가 없었던 것이다. [8] 그런데 갑자기 산이 갈라지더니 그녀를 받아들였다. 그리고 그 산이 그녀에게 빛을 비춰 주었다. 주님의 천사가 그들과 함께 있으면서 그들을 보호하고 있었던 것이다.

23. [1] 헤로데는 요한을 찾고 있었다. [2] 그래서 시종들을 제단에 있는 즈카르야에게 보내어 다음과 같이 말하게 하였다. "당신 아들을 어디에 숨겼소?"

[3] 즈카르야가 그들에게 대답하였다. "나는 하느님의 전례를 맡아 그분의 성전에서 봉직하고 있소. 내 아들이 어디 있는지 내가 어떻게 알겠소?"

---

64 마태 2,12.

65 마태 2,16-17.

66 정경 복음서는 두 살 이하의 사내아이들을 모두 처형시키라는 헤로데의 명령이 실행되었다는 이야기만 간단히 서술하지만(마태 2,16-17) 여기서는 22-24장에 걸쳐 마리아, 엘리사벳, 즈카르야의 이야기를 소설처럼 확장하였다.

4 헤로데의 시종들이 돌아와서 이 모든 일을 보고하였다. 헤로데는 화가 나서 말하였다. "그의 아들이 이스라엘의 임금이 될 것이란 말인가?" 5 헤로데는 다시 시종들을 보내어 그에게 말하게 하였다. "사실을 말하시오. 당신 아들이 어디에 있소? 당신의 피가[67] 내 손에 달려 있다는 것을 모르오?"

6 시종들이 즈카르야에게 와서 헤로데의 말을 전하였다. 7 즈카르야가 답하였다. "나는 하느님의 증인이오.[68] 내 피를 가지시오. 8 내 영은 주님께서 받으실 것이오. 당신이 주님의 성전 입구에 무고한 피를 흘리기 때문이오."

9 즈카르야는 새벽녘에 살해되었다. 이스라엘의 자손들은 그가 살해되었다는 것을 알지 못하였다.

24. 1 문안 시간이 되자 사제들이 찾아 왔다. 그런데 보통 때와 달리 즈카르야의 축복이 그들을 맞이하지 않았다. 2 사제들은 즈카르야를 기다리며 서 있었다. 기도로 그에게 인사하고 지극히 높으신 하느님께 영광을 드리기 위해서였다.

3 그런데 시간이 지체되자 모두 다 두려움에 휩싸였다. 4 그들 가운데 한 사람이 용기를 내어 성소에 들어가 보니 주님의 제단 옆에 피가 말라붙어 있었다. 5 그리고 한 목소리가 들려왔다. "즈카르야는 살해되었다. 그의 피는 불의를 저지른 자가 올 때까지 지워지지 않을 것이다."

6 이 말들을 들은 그는 두려움에 싸였다. 그는 성소에서 나와 자신이 보고 들은 것을 사제들에게 보고하였다. 7 그들은 무슨 일이 일어

67 구약성경에서 피는 생명이 담긴 곳으로 여겨진다.

68 또는, '나는 하느님의 순교자요.'

났는지 보려고 용기를 내어 안으로 들어갔다. 8 그러자 성전 천장이 울
부짖었다. 그들은 모두 자기 옷을 위에서 아래로 찢었다. 9 그런데 즈카
르야의 시체는 보이지 않고 그의 피가 돌처럼 굳어 있는 것만 보였다.
10 그들은 두려움에 휩싸인 채 그곳을 빠져나왔다. 그리고 백성에게 즈
카르야가 살해되었음을 알렸다. 11 소식을 들은 백성의 모든 지파들이
그를 애도하며 사흘 낮 사흘 밤 동안 가슴을 쳤다.

12 사흘이 지나자 사제들은 즈카르야의 자리에 누구를 세울지 의
논하였다. 그런데 제비가 시메온에게 떨어졌다. 사실 이 사람은 그리
스도를 직접[69] 보기 전까지 죽음을 맞지 않으리라는 성령의 응답을 들
은 이였다.[70]

25. 1 이 이야기를 쓴 나 야고보는 헤로데의 죽음으로 예루살렘에 소동이
일어났을 때 2 광야로 갔다. 그리고 예루살렘에 소동이 멈출 때까지 그
곳에 있었다. 3 그리고 나에게 이 이야기를 쓸 수 있도록 지혜를 주신
주 하느님께 영광을 드렸다.

4 은총이 주님을 두려워하는 모든 이와 함께할 것입니다. 아멘.

마리아의 탄생: 야고보의 묵시록
평화가 이 글을 쓴 사람과 이 글을 읽은 사람과 함께하기를 빕니다.[71]

69 직역: '육으로 된 그리스도를' 또는, '그리스도의 육신을.'

70 시메온의 이름과 이어지는 예언은 루카 2,25-26에 나온다.

71 25장은 결문에 해당하며, 저자의 이름과 책 제목이 나온다.

토마 유년기 복음

The Infancy Gospel of Thomas

≫ 토마 유년기 복음서에 대한 정보는 Burke, "Infancy Gospel of Thomas"에서 얻을 수 있다. 이 복음서에 대한 소개는 Hock, *The Infancy Gospels of James and Thomas: with Introduction, Notes, and Original Text Featuring the New Scholars Version Translation*; Cullmann, "Infancy Gospels", 439-443; Ehrman/Pleše, *The Apocryphal Gospels: Texts and Translations*, 3-8을 보라.

1. 기원

토마 유년기 복음은 소년 예수님을 다룬 가장 오래된 이야기들 가운데 하나다. 열두 살 때까지의 어린 시절을 다룬 작품으로 동·서방 교회 곳곳에서 인기를 끌었다. 이 복음서에서 어린 예수님은 기적 행사자와 교사의 요소를 겸비한 신동으로 묘사된다. 소년 예수님이 그리스어 알파벳을 우의적으로 해석하는 대목을 영지주의적 사변의 출발점으로 보기도 한다.

저자는 자신을 "이스라엘 사람 토마"라 소개한다(토마 유년기 1,1). 정경 복음서에서 '쌍둥이'라고 불리는 예수님의 제자 토마스일 것이다(마태 10,3; 마르 3,18; 루카 6,15; 요한 11,16; 14,5; 20,24-28; 21,2).[1] 그러나 이 복음서는 원래 차명 또는 익명으로 된 작품이었을 것이다.[2] 현존 최고最古의 필사본인 시리아어 사본(Cod.*Brit.Mus.Add.* 14484; Göttingen ms.*Syr.* 10: 5-6세기)을 비롯한 상당수의

---

1 토마 복음이나 토마 행전에서는 그가 예수님의 쌍둥이 형제로 소개되기도 한다. 토마의 이름을 단 이 작품들은 토마 사도의 권위가 특히 부각된 동부 시리아 전승을 반영한다. 토마스는 아람어/시리아어 토마(쌍둥이라는 뜻)의 그리스식 표현이다. 여기서는 본디 이름에 가깝게 토마로 옮긴다.

2 제로(Gero)에 따르면, 토마 유년기 복음서 저자가 토마로 제시된 것은 10세기경 슬라브어 역본이 대본(Vorlage)으로 삼은 그리스어 본문이 만들어지기 전이었다: Gero, "The Infancy Gospel of Thomas: A Study of the Textual and Literary Problems", 57-59.

필사본들이 저자를 토마로 소개하지 않는다. 게다가 저자가 자신을 이스라엘 사람으로 소개하지만, 본문(토마 유년기 19.1)에 예루살렘 외에는 팔레스티나 지역이 언급되지도 않고, 파스카 축제나 안식일처럼 널리 알려진 관습 말고는 유다인 특유의 생활 관습이 언급되지도 않는다. 저자가 유다인이 아니었을 가능성이 커지는 지점이다. 그리고 이 작품이 본디 그리스어로 저술되었을 것으로 보여 저자가 코이네 그리스어를 쓰던 이방계 그리스도인이었을 법하다. 이 작품의 예상 독자도 이방계 그리스도인이다(토마 유년기 1.1).

토마 유년기 복음의 현존 최고 필사본이 시리아어로 쓰인 까닭에 본디 시리아어로 쓰였을 것으로 여겨지기도 했지만 이 작품은 원래 그리스어로 저술되었을 것으로 추정된다. 지금 전해지는 14편 정도의 그리스어 필사본은 모두 14세기에서 16세기 것이지만 본문의 그리스어가 번역 투가 아니며 자연스럽고 시리아어에서 옮겨졌을 법한 문구들도 발견되지 않는다.

토마 유년기 복음의 전승사는 매우 복잡하여 처음 만들어졌을 당시의 원문을 재구성하기는 어렵다. 이 복음서의 작성연대도 정확히 알 수 없다. 소년 예수의 성전 일화(토마 유년기 19.1-12)의 모태가 된 루카 복음(2,41-52)이 기록된 80년경 이후, 그리고 현존 최고의 필사본이 만들어진 5-6세기 이전에 저술되었다는 점은 분명하다. 대부분의 학자들은 이 복음서가 2세기경에 기록되기 시작하였을 것으로 본다. 알파와 베타라는 글자를 두고 예수님과 스승이 나눈 대화가(토마 유년기 6.19-20; 14.3) 2세기 중반의 작품인 사도들의 편지(4)에도 나오고,[3] 6장의 일화가 이미 2세기 영지주의 집단인 마르

3 사도들의 편지 1-6장은 콥트어 역본에는 소실되었고, 에티오피아 역본에만 전한다. 에티오피아어 본문(Duensing, *Epistula Apostolorum*)을 참조하여 4장의 내용을 소개하면 이렇다. 요셉과 마리아가 어린 주 예수 그리스도가 글자를 배울 수 있도록 학교에 보냈을 때 일어난 일이다. 예수님을 가르치던 선생이 자기가 가르쳐 준 대로 "알파를 말해 보아라" 하자, 예수님은 "당신이 먼저 베타가 무엇인지 말해 보시오" 하고 대답했다.

쿠스파 사람들[4] 사이에서 회자되었다는 이레네우스의 말을(『이단 논박』 1.20.1) 고려한 추정이다. 이 복음서의 골자는 2세기에 만들어지고 후대의 손질을 거쳐 지금 형태가 되었을 것이다.[5]

어린 예수님의 일상과 신동의 부모와 스승들이 겪어야 했던 일들과 심경을 생생하게 표현하고 있는 토마 유년기 복음은 재미있는 소재와 익살로 독자들에게 큰 인기를 얻었다. 토마 유년기 복음은 그리스어와 시리아어 말고도 라틴어, 에티오피아어, 조르지아어, 슬라브어 등 여러 언어로 번역되어 폭넓은 독자들에게 읽혔다. 토마 유년기 복음은 야고보 원복음과 함께 후대 다양한 유년기 복음서들의 토대가 되었다.

2. 구조와 내용

이 복음서의 구조는 크게 서문, 본문, 결문(영광송) 세 부분으로 나뉜다. 본문은 여러 가지 독자적 일화들을 예수님의 나이순으로 느슨하게 붙여놓은 형태다. 다섯 살(2.1), 여섯 살(11.1), 여덟 살(12.4), 아홉 살(18.1), 열두 살(19.1)이 그 기준이다.

서문에서 저자 및 저술 목적을 소개한다(1). 본문은 초능력을 지닌 말썽꾸러기 다섯 살 예수님의 일화로 막을 열어, 친구들과의 놀이(초자연적 능력으로 때로는 친구들에게 해를 끼치기도 하고 때로는 친구들을 치료하기도 한다), 학교에서의 일화, 아버지의 목공 작업과 관련된 일화들이 나오고, 열두 살 소년 예수님의 성전 일화로 끝을 맺는다(2-19). 짤막한 영광송으로 마감한다(20).

4 마술사로 알려진 이집트인 마르쿠스를 추종하던 2세기 영지주의 분파다.

5 이에 대한 자세한 내용은 Ehrman/Pleše, *The Apocryphal Gospels: Texts and Translations*, 3-6을 참조하라.

1. 서문
2. 본문(2-19)
    다섯 살 예수님(2-10)
    여섯 살 예수님(11)
    여덟 살 예수님(12-17)
    아홉 살 예수님(18)
    열두 살 예수님(19)
3. 결문: 영광송(20)

3. 정경 복음서와의 관계

토마 유년기 복음은 전체적으로 정경 복음서에 나오지 않는 내용을 다루므로, 정경 복음서 구절을 직접 인용하는 경우는 거의 없다. 그러나 몇 가지 세부 사항들 곧 한나스(3.1)와[6] 자캐오(6.1; 참조: 루카 19,2)의 이름, 백 배의 수확(12.2; 마태 13,8), 요셉의 직업이 목수인 점(13.1; 참조: 마태 13,55), 예수님이 살려낸 아이에게 먹을 것을 주는 내용(17.3; 참조: 마르 5,43) 등은 정경 복음서를 참조했을 것이다. 하느님을 '나를 보내신 분'으로 제시하고(6.6; 참조: 요한 4,34; 5,24), 예수님이 행한 일을 마리아가 마음에 간직한다는 표현(11.4; 참조:

---

6 토마 유년기 복음 3.1에서 한나스는 율법학자로 소개된다. 한나스의 아들이 예수가 모아놓은 물을 흩어버리자 예수가 그 아이를 시들어 버리게 만든다. 그러자 한나스와 그 아내가 요셉을 찾아가 "당신 아이는 이런 짓이나 일삼는 아이요" 하며 비난한다. 요한 18,3에 따르면 체포된 예수님을 제일 먼저 신문한 사람이 한나스였다. 그 뒤에 카야파와 빌라도가 예수님을 신문한다(요한 18,12-38). 토마 유년기 복음 3.1이 미래 사건의 복선 구실을 한 셈이다.

루카 2,19.51)도 정경에 매우 가깝다. 그리고 19장(1-12)의 열두 살 소년 예수님의 성전 이야기도 분명 루카 복음(2,41-52)에서 따왔을 것이다. 그러나 이 일화에서 율법 학자들과 바리사이파 사람들이 마리아에게 예수님의 어머니인지 묻고 그를 축복하는 대목(8-10)은, 루카 복음에는 없는 장면이다. 저자 고유의 사료에서 따왔거나 루카 복음서의 다른 구절을 참조하여 덧붙인 것 같다.[7]

4. 신학

토마 유년기 복음서는 어린 예수가 행한 갖가지 기적 이야기들과 정경에 나오지 않는 재미있는 일화들을 담고 있다. 어린 신동이 행한 기적들은 나중에 공생활 중에 행하실 기적들을 미리 보여 주는 기능이 있다. 성인 예수님이 보여 주실 행적의 복선이 되는 셈이다. 가르치는 스승으로서의 면모도 어린 시절에 예표로 제시된다. 루카 복음서에 담긴 열두 살 예수님의 지혜로운 모습이 토마 유년기에서는 약간 과장스럽게 묘사된다. 소년 예수는 이미 모든 지혜를 지니고 있어 이해하기 어려운 말들로 선생들을 당황시킨다. 특히 6장은 예수가 영지주의적 계시자와 비슷한 양상을 띠기도 한다. 소년 예수가 영지주의적 사변을 선포하고,[8] 모든 신적 지혜를 충만하게 소유한 인물로도 그려진다. 어린 예수가, 학교에서 만난 선생이 어디서 왔는지 알고 있으며, 글자를 배우기도 전에 글자의 숨은 의미(알레고리 곧 우의)를

7 Hock, *The Infancy Gospels of James and Thomas: with Introduction, Notes, and Original Text Featuring the New Scholars Version Translation*, 97-98.

8 토마 유년기 6,22-23에서 소년 예수님이 그리스어 알파벳 알파를 설명하는 대목을 보라.

이미 알고 있다(7.1).

다섯 살부터 열두 살까지의 어린 예수님을 다룬 이 복음서의 의도는 소년 예수가 비범한 존재였음을 보여 주는 것이다. 예수님이 어릴 때부터 평범한 인간과 달랐음을 드러내는 이 이야기들은 예수님의 기원 및 정체성 문제와 관련 있다. 예수님이 누구신가라는 물음에 저자가 내놓은 답이 토마 유년기 복음인 셈이다. 저자는 소년 예수의 기적을 목격한 사람들의 입을 빌려 고백한다. "이 아이는 어디서 왔단 말인가? 하는 말마다 곧바로 이루어지다니!"(4.3), "참으로 이 아이는 하느님이었거나, 하느님의 천사였나 봅니다. 그가 하는 모든 말이 곧바로 현실이 되니 말입니다"(17.4), "이 아이는 하늘에서 온 아이인가 봅니다. 이 아이가 많은 영혼을 죽음에서 구했고, 또 평생 동안 사람을 구할 테니 말입니다"(18.3). 예수님이 사람을 죽음에서 구할 수 있는 이, 하늘에서 온 이, 하느님이거나 하느님의 천사, 말씀을 곧바로 현실로 만들 수 있는 존재라는 것이다. 특히 말씀을 현실로 만드는 능력은(4.3; 5.3; 17.4) 창세기의 하느님을 연상시킨다. 예수님이 하느님의 창조 활동과 연결되는 것이다.[9] 사람을 죽음에 이르게도 하고, 죽은 사람을 다시 살려내기도 하는 일화들은 예수님이 생명을 주관하는 분임을 암시한다. 사람들이 예수님을 '많은 영혼을 죽음에서 구한' 분이라 고백한 것도 같은 의미로 읽힌다.

예수님의 선재를 암시하는 장면들도 있다. 소년 예수가 학교 선생이 태어날 때 자신도 존재했었다고 말하는 대목이다. 예수는 말한다. "당신이 태어났을 때에도 저는 존재했습니다. 당신이 완전한 선생이 되길 바란다면 제 말을 들으십시오. 저와 저를 여러분에게 보내신 분 말고는 아무도 알지 못하는 지혜를 당신에게 가르쳐 주겠습니다. 사실 당신이야말로 제 제자가 되

9 다섯 살 예수가 진흙으로 참새를 빚어 생명체로 만든 일화도 단순히 재미만을 위한 이야기가 아니며 창세기의 하느님, 특히 진흙으로 인간을 만드신 하느님을 떠올리게 한다.

어야 합니다. 저는 당신이 몇 살인지 그리고 얼마나 살지 알고 있습니다"(6.6-7). "저는 정말로 여러분과 여러분의 아버지들이 언제 태어났는지 알고 있습니다. 여러분에게 놀라운 일을 말씀드리겠습니다. 세상이 창조되었을 때 저는 존재했고, 저를 여러분에게 보내신 분도 존재하셨습니다"(6.10: ὅτε δὴ ὁ κόσμος ἐκτίσθη, ἐγώ εἰμὶ καὶ ὁ πέμψας με πρὸς ὑμᾶς).

이 표현들은 예수님의 신성과 선재를 부각시키고 있다. 자신을 이 세상에 보내신 분과 자신이 세상이 창조될 때 존재했고 또 현재까지 존재하고 있다는 어린 예수의 언명은, 분명 인성보다는 신성 쪽에 무게를 두는 표현이다. 그러나 이 표현은 이미 요한 복음에서도 나타난다(1,1-2). 더욱이 소년 예수님이 다른 아이와 어깨를 부딪치는 장면(4.1), 요셉이 예수님의 귀를 잡아당기고(5.4), 선생이 예수님의 머리를 때리는 장면(6.16; 14.4) 등은 예수님의 육체성과 인성을 드러낸다. 이 복음서가 예수님의 인성을 무시한 채 신성만을 부각시키는 것은 아니라는 의미다. 아이 예수를 악동으로 그린 것도 인성적 측면을 드러내기 위한 방편인 것 같다.[10] 예수님은 하느님이면서 인간이라는 것이다.

저자가 바라본 예수님의 모습은 복음서 끝에 나오는 고백에서 드러난다. "우리는 이 같은 영광δόξα과 이 같은 덕ἀρετή과 지혜σοφία를 본 적도 들은 적도 없습니다!"(19.10)

10 이 점에서 가현주의 그리스도론과 차별성이 드러난다. 토마 유년기 복음은 예수님의 인성 자체를 무시하지 않는다.

5. 토마 유년기 복음

본문 번역은 Hock, *The Infancy Gospels of James and Thomas: with Introduction, Notes, and Original Text featuring the New Scholars Version Translation*, 104-142에 나오는 그리스어 비평본을 토대로 하였다. 장절 구분도 이 책을 따랐다. 그리스어 본문은 티센도르프가 A와 B 두 판본으로 나누는데 호크는 상대적으로 긴 형태인 A판본(von Tischendorf, *Evangelia Apocrypha*, 140-157)을 토대로 하되, 새롭게 발견된 사본 증거들을 참조하여 새 비평본을 만들었다고 한다. B판본은 A판본의 6장에서 엿보이는 영지주의 색채를 완화하려 해당 부분을 축소시킨 것 같다. 그러므로 A판본이 원문에 더 가까울 것이다. 이 작품의 필사본들에 대한 논의는 Gero, "The Infancy Gospel of Thomas: A Study of the Textual and Literary Problems", 48-56; Hock, *The Infancy Gospels of James and Thomas: with Introduction, Notes, and Original Text Featuring the New Scholars Version Translation*, 99-101을 보라.

ഗ ഗ

1. [1] 나, 이스라엘 사람 토마는 우리 주 예수 그리스도께서 우리 지역에 태어나시어 행하신 어린 시절의 놀라운 행적을 이방인 출신 형제 여러분 모두에게 알리기 위해 보고합니다. 그 시작은 이렇습니다.

2. [1] 어린 예수가 다섯 살이었을 때 개천 여울목에서 놀고 있었다. [2] 예수는 흐르는 물을 연못으로 모아들여 곧바로 깨끗하게 만들었다. 그는 이 모든 것을 오직 말 한 마디로 명하였다. [3] 그리고는 진흙을 부드럽게

만들어[11] 그것으로 참새 열두 마리를 빚었다. 그런데 그가 이 일을 한 날이 안식일이었다. 다른 많은 아이들도 그와 함께 놀고 있었다.

4 어떤 유다인이 예수가 안식일에 놀면서 한 일을 보고 곧장 예수의 아버지 요셉에게 가서 일러주었다. "여보시오, 당신 아이가 개천에 있소. 그런데 그 아이가 진흙으로 새 열두 마리를 빚었소. 안식일을 더럽힌 거요."

5 그러자 요셉이 그곳에 가서 아이를 보고 소리치며 말하였다. "왜 안식일에 해서는 안 되는 이런 일을 하느냐?"

6 그러자 예수님이 손뼉을 치며 참새들에게 소리 높여 말하였다. "가라, 날아가라. 그리고 지금 살아 있는 것들은 나를 기억하라." 그러자 참새들이 날아올라 큰 소리로 지저귀며 떠나갔다.

7 유다인들은 이것을 보고 놀랐다. 그러고는 그곳을 떠나 자기네 지도자들에게 가서 예수가 한 일을 본 대로 전하였다.

3. 1 율법 학자 한나스의[12] 아들이 예수와 함께 거기에 있었다. 그가 버드나무 가지를 집어 예수가 모아놓은 물을 흩어버렸다. 2 예수가 그것을 보고 화가 나서 그에게 말하였다. "야, 불손하고 불경한 바보야, 도대체 연못과 물이 너에게 무슨 나쁜 일을 했단 말이냐? 자 봐라, 너도 나무처럼 시들어 버릴 것이다. 그리고 너는 더 이상 잎도 뿌리도 열매도 내지 못할 것이다."

3 그러자 곧바로 그 아이는 완전히 시들어 버렸다. 예수는 거기서 물러나 요셉의 집으로 갔다. 4 시들어 버린 아이의 부모는 아이가 너무 어린나이임을 슬퍼하면서 아이를 안아들고 요셉을 찾아왔다. 그리고

---

11 또는 '부드러운 진흙을 만들어.'

12 요한 18,12-24 참조. 이에 따르면 한나스는 예수님을 신문한 최초의 유다인 지도자다.

그를 향해 "당신 아이는 이런 짓을 일삼는 아이요!" 하며 비난하였다.

4. [1] 얼마 뒤 예수가 동네를 지나가고 있을 때 한 아이가 달려오다가 어깨
에 부딪혔다. 그러자 기분이 상한 예수가 아이에게 말하였다. "너는 가
던 길을 더 가지 못할 거야." [2] 그러자 갑자기 그 아이가 쓰러져 죽었다.
[3] 이 일을 지켜본 사람들이 말하였다. "이 아이는 어디서 왔단 말
인가?[13] 하는 말마다 곧바로 이루어지다니!"[14]
[4] 죽은 아이의 부모가 요셉에게 찾아와서 비난하며 말하였다. "당
신이 이런 아이를 가졌으니 당신은 이 동네에서 우리와 함께 살 수 없
소. 아니면 그 아이에게 축복만 하고 저주는 내리지 말라고 가르치든
지 하시오. 우리 아이들을 죽이고 있지 않소."

5. [1] 요셉은 아이를 따로 불러 나무라며 말하였다. "왜 이런 짓을 하느냐?
이 사람들이 고통을 겪으며 우리를 미워하고 힘들게 하지 않느냐?"
[2] 그러자 예수가 말하였다. "저는 제가 한 모든 말들이 제 말이 아니라
는 것을 압니다. 그래도 아버지를 위해 입을 다물겠어요. 하지만 저들
은 자기네 벌을 짊어질 거예요." 그러자 그를 비난하던 사람들이 곧바
로 눈이 멀어 버렸다.
[3] 이것을 본 사람들은 몹시 두려워하고 당황하며 예수에 대해 이

13 직역: "어디서 생겨났지."

14 직역: "아이가 하는 모든 말이 곧 현실이다." 아이가 하는 말마다 곧바로 현실로 이어진다는 말이다. 성경에서 하느님의 말씀은 창조의 말씀이다. 예수님이 하는 말이 그대로 이루어진다는 것은 말씀하신 대로 이루시는 하느님 창조 업적을 연상시키는 표현이다. 창세 1,3, "하느님께서 말씀하시기를 '빛이 생겨라' 하시자 빛이 생겼다."를 참조하라. 토마 유년기 복음서 4.3; 5.3; 17.4은 시편 32,9 "그분께서 말씀하시자 이루어졌다"; 이사 14,24 "만군의 주님께서 맹세하여 말씀하셨다. '내가 생각한 것은 그대로 실현되고 내가 결정한 것은 그대로 성사되리라.'"를 연상시킨다.

렇게 말하였다.[15] “그 아이가 하는 모든 말이, 좋은 것이든 나쁜 것이
든, 모두 현실이 되었으며 기적도 일어났습니다.” 4 요셉은 예수가 한
일을 알고 몹시 화가 났다. 그래서 아이의 귀를 잡고 쭉 잡아당겼다.
5 그러자 아이는 마음이 상해서 그에게 말하였다. “찾되 찾지 못하는
건 아버지한테 이제 충분해요. 게다가 아버지는 현명하게 처신하지도
못하셨어요. 6 제가 아버지 자식이라는 걸 모르시나요? 저를 슬프게
하지 마세요.”

6. 1 자캐오라는 이름의 선생이 예수가 요셉에게 하는 모든 말을 듣고 놀
라며 마음속으로 생각하였다. ‘이토록 어린 아이가 저런 말을 하다니!’
2 그가 요셉을 불러 말하였다. “당신은 참 영리한 아이를 두었소. 그 아
이는 좋은 머리를 가졌소. 아이가 글을 배울 수 있도록 아이를 내게
맡기시오. 내가 모든 지식을 가르쳐 아이가 제멋대로 되지 않게 만들
겠소.”

3 그러자 요셉이 대답하며 그에게 말하였다. “하느님이 아니시라
면 아무도 그 아이를 순종시킬 수 없소. 이 아이가 작은 십자가라고
생각지 마시오, 형제여.”

4 예수가 요셉이 하는 말을 듣고 웃으면서 자캐오에게 말하였다.
“사실입니다, 선생님. 제 아버지가 선생님께 하신 말씀은 모두 사실입
니다. 5 제가 이 사람들의 주님입니다. 지금은 제가 당신 곁에 있습니
다. 저는 여러분들 가운데 태어났으며 지금 여러분과 함께 있습니다.[16]
6 저는 여러분이 어디에서 왔는지, 여러분이 살아갈 햇수가 얼마나 될
지 압니다. 선생님, 진실로 당신께 말합니다. 당신이 태어났을 때에도

---

15 여기서는 ‘말하다’ 동사가 미완료형으로 사용되었다. 단 한 번 그렇게 말한 것이 아니라 지속적으로 그렇게 말하고 다녔다는 뜻이다.

16 요한 1,14.

저는 존재했습니다.[17] 당신이 완전한 선생이 되길 바란다면 제 말을 들으십시오. 저와 저를 여러분에게 보내신 분 말고는 아무도 알지 못하는 지혜를 당신에게 가르쳐 주겠습니다. [7] 사실 당신이야말로 제 제자가 되어야 합니다. 저는 당신이 몇 살인지 그리고 얼마나 살지 알고 있습니다. [8] 제 아버지가 말한 제 십자가를 당신이 보게 되는 바로 그때에 당신은 제가 말한 모든 것이 사실임을 믿게 될 것입니다."

[9] 곁에 있던 유다인들이 예수님의 말을 듣고 놀라며 말하였다. "참 이상하고 놀라운 일이다. 이 아이는 다섯 살밖에 되지 않았는데 어떻게 이런 말을 하지? 우리는 이 꼬마처럼 말하는 사람을 본[18] 적이 없다."

[10] 그러자 예수가 그들에게 대답하며 말하였다. "많이 놀라셨습니까? 그보다는 제가 여러분에게 한 말을 잘 새겨들으십시오. 저는 정말로 여러분과 여러분의 아버지들이 언제 태어났는지 알고 있습니다. 여러분에게 놀라운 일을 말씀드리겠습니다. 세상이 창조되었을 때 저는 존재했고,[19] 저를 여러분에게 보내신 분도 존재하셨습니다."[20]

[11] 유다인들은 아이가 하는 말을 듣고 화가 났지만 아이에게 아무 말도 할 수 없었다. [12] 그러자 아이는 그들에게 뛰어가며 말하였다. "제가 여러분을 놀렸습니다. 여러분이 하찮은 일에 놀라고 생각이 짧다는 것을 알기 때문입니다."

[13] 그들이 아이의 조언에 설득당한 것 같았기에, 선생이 요셉에게 말하였다. "아이를 학교에 데려오시오. 내가 아이에게 글을 가르치겠소."

---

17 직역: '저는 존재합니다.' 요한 1,15 참조.

18 직역: '들은 적이 없다.'

19 직역: '나는 존재합니다.'

20 요한 1,1-2.

[14] 요셉은 아이의 손을 잡고 아이를 교실로 데려갔다. [15] 선생은 아
이에게 알파벳을 써 주고 연습을 시키면서 알파를 여러 번 불러주었
다. 그런데 아이는 침묵을 지키면서 한참 동안 따라하지 않았다. [16] 선
생은 화가 나서 아이의 머리를 쥐어박았다. 아이는 아픔을 가만히 받
아들이더니 그에게 말하였다. "저는 당신에게 가르침을 받을 것이 아
니라 당신을 가르쳐야 합니다. 당신이 제게 가르치는 글자들은 이미
알고 있는 것이니까요. 당신이 받을 벌은 큽니다. 소리로 영광과 지혜
를 낳지 않는 이 글자들은 당신에게 청동 주전자나 요란한 꽹과리와[21]
같습니다. [17] 어느 누구의 영혼도 제 지혜가 얼마 만한지 이해하지 못
합니다." [18] 아이는 화가 가라앉자 글자를 알파부터 오메가까지 빠르
게 읊었다.

[19] 그러고는 선생을 빤히 쳐다보며 말하였다. "당신은 알파의 본
성도 모르면서 어떻게 베타를 가르치십니까? [20] 위선자여, 안다면 당신
이 먼저 알파를 가르쳐 주십시오. 그러면 제가 베타에 대해서도 당신
말을 믿겠습니다." [21] 그러고 나서 아이는 선생에게 첫 글자에 대해 질
문하기 시작하였다. 그러나 선생은 아무 대답도 하지 못하였다.

[22] 많은 이들이 듣고 있는 동안 아이가 자캐오에게 말하였다. "선
생님, 잘 들어보고 첫 글자의 배치와 모양을 깨달으십시오. [23] 자, 바로
이렇습니다. 두 직선의 끝이 가운데로 뾰족하게 모여서 만나 위로 올
라가고 춤을 춥니다. 세 모퉁이를 이루고 두 모퉁이를 이루며 싸우지
는 않습니다. 나란한 두 선은 같은 종류, 같은 무게입니다. 알파는 같
은 규격의 선들을 갖습니다."

---

21 1코린 13,1 참조.

7. 1 자캐오 선생은 첫 글자의 우의에 대한 아이의 이러저러한 설명을 듣
고, 그 변론과 가르침에 당황하였다. 2 그리고 거기 있는 사람들에게
말하였다. "불쌍한 나! 비참한 나는 몹시 당황하였소. 이 아이를 데려
오다니 나 자신에게 부끄러울 따름이오. 3 그러니 요셉 형제, 이 아이
를 데려가기 바라오. 나는 이 아이의 예리한 눈길과 정확한 말을 견딜
수가 없소. 4 이 아이는 흙에서 나온 아이가 아니오. 이 아이는 불마저
길들일 수 있소. 어쩌면 이 아이는 세상 창조 이전에 태어났을 거요.[22]
5 어떤 태가 이 아이를 담을 수 있었는지, 그리고 어떤 어미가 이 아이
에게 젖을 먹일 수 있었는지 모르겠소. 6 불쌍한 나! 친구여. 내가 정신
이 나갔던 것 같소. 7 내가 나 자신을 속였소. 나는 몹시도 불행하오.
제자 한 명을 얻으려다가 도리어 스승을 얻었다는 게 드러났소. 8 친구
들이여, 부끄러움에 대해 생각하고 있소. 나이 많은 내가 아이에게 졌
으니 말이오. 9 나는 절망했으며 이 아이 때문에 죽을 것 같소. 지금
이 순간 아이의 얼굴을 바라볼 수가 없소. 10 모두들 내가 조그만 아이
에게 졌다고 말하는데, 내가 무슨 말을 할 수 있겠소? 그 아이가 첫 글
자의 선들에 대해 말한 내용에 대해 내가 뭐라고 말할 수 있겠소? 모
르겠소, 친구들이여. 사실 나는 이 아이의 시작과 끝을 알지 못하오.
11 그러니 자네에게 청하오, 요셉 형제여. 이 아이를 집으로 데려가시
오. 이 아이는 참으로 대단하오! 하느님인지 천사인지, 혹은 누구라고
말해야 할지 모르겠소."

8. 1 유다인들이 자캐오에게 충고하자 아이가 크게 웃으며 말하였다. "이
제 열매를 맺지 못하던 이들은 열매를 맺고 눈먼 이들은 앞을 보며 귀
머거리들은 마음의 눈으로 듣도록 하십시오. 2 저는 위에서 내려왔습

22 요한 1,1-2.

니다.[23] 아래에 있는 사람들을 구하여 위로 불러올리기 위해서였습니다. 이는 저를 여러분에게 보내신 분께서 제게 명하신 대로입니다."[24]

[3] 아이가 이 말을 마치자 곧바로 그의 저주로 쓰러진 모든 이들이 성하게 되었다. [4] 그때 이후로는 아무도 감히 그의 화를 돋우지 못하였다. 저주를 받아 불구가 될까 염려되었기 때문이다.

9. [1] 며칠 뒤 예수가 지붕 위에서 놀고 있었다. 그런데 함께 놀던 아이들 중 하나가 지붕에서 떨어져 죽었다. 이것을 본 다른 아이들은 도망가고 예수 홀로 남아 있었다.[25] [2] 죽은 아이의 부모가 와서 예수를 나무랐다. "말썽쟁이야. 네가 우리 아이를 밀었지?"

[3] 예수가 대답하였다. "저는 그 아이를 밀지 않았습니다. 자기 혼자 떨어졌습니다. 조심성 없이 굴며 지붕에서 뛰어내리다가 죽었습니다."

[4] 예수는 지붕에서 뛰어내려 아이의 시체 옆에 섰다. 그리고 큰 소리로 말하였다. "제논아 — 그 아이의 이름이다 — 일어나서 말해보아라. 내가 너를 밀었니?"

[5] 그러자 순식간에 그 아이가 일어나 말하였다. "아닙니다, 주님. 당신은 저를 민 게 아니라 다시 일으켰습니다."

[6] 이것을 본 사람들은 몹시 놀랐다. 그 아이의 부모는 그날 일어난 기적을 두고 하느님을 찬양하였다. 그리고 예수에게 절을 하였다.

10. [1] 며칠 뒤 어떤 젊은이가 이웃집에서 장작을 패고 있었다. 그런데 도끼

---

23 요한 8,23.

24 토마 유년기 8.1-2는 마태 11,5; 요한 7,29; 8,23; 9,39 등을 연상시킨다.

25 토마 유년기 9; 16; 17; 18장은 어린 예수님이 죽은 사람을 살려 내는 기적을 다룬다.

가 떨어져 젊은이의 발이 잘려 나갔다. 그는 피를 많이 흘려 죽어가고 있었다.

[2] 사람들이 술렁거리며 몰려들었다. 어린 예수도 그곳으로 뛰어갔다. 그리고 군중을 밀치고 들어가 젊은이의 다친 발을 세게 쥐었다. 그러자 그가 곧바로 나았다.

[3] 예수가 젊은이에게 말하였다. "이제 일어나 장작을 패십시오. 그리고 나를 기억하십시오."

[4] 군중은 이것을 보고 아이에게 절을 하며 말하였다. "참으로 하느님의 영이 이 아이 안에 머무시는구나!"

11. [1] 아이가 여섯 살 때였다. 그 어머니가 아이를 보내어 집에 물을 길어오게 하였다. 그런데 아이가 사람들 사이에서 항아리를 놓쳐버렸다.
[2] 그리고 양동이는 부딪쳐 깨졌다. [3] 예수는 두르고 있던 옷을 펼쳐서는 거기에 물을 담아 어머니에게 가져갔다.

[4] 아이 어머니는 일어난 기적을 보고 그에게 입을 맞추었다. 그리고 자기가 지켜본, 아이가 행하는 신비한 일들을 마음속에 간직하였다.[26]

12. [1] 파종기가 되어 아이는 아버지와 함께 그들의 밭에 씨를 뿌리러 나갔다. 아버지가 씨를 뿌리는 동안 아이 예수도 씨 한 항아리를 뿌렸다.
[2] 그런데 수확한 곡식을 타작하자 백 항아리가 되었다.[27] [3] 예수는 동네의 모든 가난한 이들을 타작마당으로 불러 모아 그들에게 씨를 나누어 주었다. 요셉은 남은 씨를 가지고 갔다. [4] 예수가 이 기적을 행했

---

26 마리아가 자신에게 일어난 일을 마음속에 간직한다는 표현은 루카 2,19.51을 연상시킨다.

27 직역: "백 항아리로 만들었다."

을 때는 여덟 살이었다.

13. 1 아이의 아버지는 목수였는데, 그 당시에는 쟁기와 지게를 만들곤 하
였다. 어느 날 어떤 부자가 요셉에게 침상을 만들어 달라고 주문하였
다. 2 그런데 가로대라는 재목 중 하나의 길이가 나머지보다 짧아서 요
셉은 어떻게 해야 할지 몰랐다. 아이 예수가 아버지 요셉에게 말하였
다. "두 재목을 바닥에 내려놓으세요. 그리고 한쪽 끝을 맞추어보세
요."

3 요셉은 아이가 말한 대로 하였다. 예수는 반대편에 서서 짧은
재목을 잡고 늘려서 다른 것과 똑같게 만들었다.

4 그의 아버지 요셉은 이것을 보고 깜짝 놀랐다. 그리고 아이를
안아 입을 맞추면서 말하였다. "나는 행복하다. 하느님께서 이 아이를
내게 주셨으니!"

14. 1 요셉은 아이가 열성이 있고 나이도 든 데다 영특한 것을 보고 다시
다른 선생에게 데려가 맡겼다. 아이를 글자도 모르는 채로 남기고 싶지
않았기 때문이다. 2 그러자 선생은 요셉에게 말하였다. "아이에게 먼저
그리스 글자를 가르치고 그 다음에 히브리 글자를 가르치겠소." 사실
선생은 아이의 예전 일을 알고 있었기에 아이를 두려워하였다. 그 선
생도 알파벳을 쓰고 아이에게 긴 시간 동안 가르쳤다. 그러나 아이는
아무 대답도 하지 않았다.

3 예수가 그에게 말하였다. "정말로 당신이 선생이라면 그리고 글
을 잘 안다면, 알파의 의미를 제게 말해 보십시오. 그러면 제가 당신에
게 베타의 의미를 말하겠습니다."

4 그러자 선생은 기분이 상하여 아이의 머리를 쥐어박았다. 예수
는 화가 나서 그를 저주하기 시작했다. 그러자 선생은 곧바로 정신을
잃고 바닥에 쓰러졌다.

[5] 아이는 요셉의 집으로 돌아갔다. 요셉은 슬퍼져서 아이 어머니에게 당부하였다. "아이를 문 밖으로 내보내지 말아요. 그의 화를 돋우는 사람들은 죽어 버리니 말이오!"

15. [1] 얼마 뒤 요셉의 가까운 친구인 다른 선생이 그에게 말하였다. "아이를 우리 학교로 보내게. 어쩌면 내가 아이를 구슬러 글을 가르칠 수 있을지 모르겠네."

[2] 요셉이 대답하였다. "형제여, 용기가 있으면 아이를 데려가게." 선생은 두려움과 큰 걱정 속에서 아이를 데려갔다. 아이는 기분 좋게 따라갔다.

[3] 아이는 자신 있게 교실로 들어가 책 한 권이 책상 위에 놓여 있는 것을 보았다. 그리고 그것을 집어 들기는 했지만 안에 쓰인 글을 읽지는 않았다. 아이는 입을 열어 성령으로 말하면서 거기 있는 사람들에게 율법을 가르쳤다.

[4] 많은 군중이 함께 와서 그의 말을 들으며 서 있었다. 그리고 아이의 성숙한 가르침과 말솜씨를 보고 놀랐다. 그가 어린 아이이면서 그런 말을 하였기 때문이다.[28]

[5] 요셉이 이 소식을 듣고 두려움에 싸였다. 요셉은 그 선생도 경험이 부족하지 않을까 걱정하면서 학교로 달려갔다.

[6] 선생이 요셉에게 말하였다. "형제여, 내가 이 아이를 제자로 받아들였지만 이 아이에게는 이미 은총과 지혜가 충만하다는 걸[29] 자네가 알기를 바라네. 형제여, 청하건대 아이를 자네 집으로 데려 가게나."

[7] 아이가 이 말을 듣고는 그를 향해 웃으면서 말하였다. "당신이

28 루카 4,16-22 참조.

29 루카 2,52.

옳게 말하고 옳게 증언했으니, 당신 덕분에 전에 다쳤던 사람도 나을 것입니다." 그러자 다른 선생이 나왔다. 요셉은 아이를 데리고 자기 집으로 돌아갔다.

16. [1] 요셉은 집에 나무를 해오라며 그의 아들 야고보를 보냈다. 어린 예수도 그를 따라갔다. 야고보가 땔감을 모으고 있는데 독사가 야고보의 손을 물었다. [2] 야고보는 바닥에 사지를 뻗고 죽어가고 있었다. 예수가 다가가 상처 위에 후 불었다. 그러자 즉시 고통이 멈추었다. 그 짐승은 터져버렸다. 야고보는 곧바로 성해졌다.

17. [1] 이 일이 있은 뒤, 요셉의 이웃집 아기가 병을 앓다가 죽었다. 그 어머니는 몹시 울었다. 예수는 큰 비극과 소동이 벌어졌다는 얘기를 듣고 재빨리 그곳으로 달려갔다.[30]

[2] 예수는 아이가 죽어 있는 것을 보고 아이의 가슴에 손을 대고 말하였다. "네게 말하니 아가야, 죽지 말고 살아라. 그리고 네 엄마와 함께 있어라."

[3] 그러자 곧바로 아기가 위를 쳐다보며 웃었다. 예수는 그 여인에게 말하였다. "아기를 안아다 젖을 먹이십시오. 그리고 나를 기억하십시오."

[4] 거기 있던 군중은 이것을 보고 놀라서 말하였다. "참으로 이 아이는 하느님이었거나, 하느님의 천사였나 봅니다. 그가 하는 모든 말이 곧바로 현실이 되니 말입니다." 예수는 그곳을 빠져나와 다른 아이들과 함께 놀았다.

---

30 17장은 야이로의 딸을 살린 일화나(마태 9,18-19.23-26; 마르 5,22-24.35-43; 루카 8,41-42.49-56), 나인의 과부의 아들을 살려낸 이야기를 연상시킨다(루카 7,11-17).

18. [1] 일 년 뒤 어떤 사람이 건물을 짓던 중에 높은 곳에서 떨어져 죽었다. 그리하여 큰 소동이 벌어졌고, 예수는 몸을 일으켜 그곳까지 갔다. [2] 죽은 사람이 누워 있는 것을 보자 예수는 그의 손을 잡고 말하였다. "제가 당신께 말합니다. 사람이여, 일어나서[31] 당신의 일을 하십시오." 그러자 곧바로 그 사람이 일어나 그에게 절하였다.

[3] 군중은 이것을 보고 놀라서 말하였다. "이 아이는 하늘에서 온 아이인가 봅니다. 이 아이가 많은 영혼을 죽음에서 구했고, 또 평생 동안 사람을 구할 테니 말입니다."

19. [1] 그가 열두 살이었을 때 그의 부모는 관습에 따라 순례자 일행과 함께 예루살렘에 파스카 축제를 지내러 갔다.[32] [2] 그들은 파스카가 끝나자 다시 집으로 향하였다. 그들이 집으로 돌아가는 동안 소년 예수는 예루살렘으로 되올라갔다. 그러나 그의 부모는 그가 일행 가운데에 있으려니 하고 생각하였다. [3] 꼬박 하루를 여행하다가 그들은 친척들 사이에서 아이를 찾아보았지만 찾아내지 못하였다. 그들은 슬퍼하며 다시 도성으로 돌아가 그를 찾아다녔다.[33]

[4] 사흘 뒤 그들은 성전에서 그를 찾아냈다. 그는 율법교사들 가운데에 앉아 율법에 관해 듣기도 하고 그들에게 묻기도 하고 있었다. [5] 모두가 아이의 말을 귀 기울여 들으며 놀라워하고 있었다. 아이인데도 백성의 교사들과 원로들을 가르치며 율법의 핵심과 예언서의 비유

31 마르 5,41(아이의 손을 잡으시고 말씀하셨다. … '소녀야, 내가 너에게 말한다. 일어나라!'); 루카 7,14(젊은이야, 내가 너에게 말한다. 일어나라)과 비슷하다.

32 19장 소년 예수님의 성전 일화는 루카 2,41-52의 이야기를 근거로 만들어졌을 것이다. 다만 율법 학자들과 바리사이들이 마리아에게 예수님의 어머니인지 묻고 축복하는 장면(19.8-10)은 루카 복음에 나오지 않는다.

33 루카 2,41-45.

들을 참으로 잘 설명하고 있었기 때문이다.[34]

[6] 그의 어머니 마리아가 아이에게 다가가 말하였다. "얘야, 왜 우리에게 이렇게 하였느냐? 우리가 너를 애타게 찾았단다."[35]

[7] 그러자 예수가 그들에게 말하였다. "왜 저를 찾으십니까? 저는 제 아버지의 집에 있어야 하는 줄을 모르십니까?"[36]

[8] 율법 학자들과 바리사이들이 말하였다. "당신이 이 아이의 어머니입니까?" [9] 그녀가 대답하였다. "예 그렇습니다."

[10] 그러자 그들이 그녀에게 말하였다. "당신은 여인들 가운데에서 가장 행복하십니다. 하느님께서 당신 태의 열매를 축복하셨습니다.[37] 우리는 이 같은 영광과 이 같은 덕과 지혜를 본 적도 들은 적도 없습니다!"

[11] 예수는 자리에서 일어나 어머니를 따라갔다. 그리고 부모에게 순종하며 지냈다. 그의 어머니는 일어난 모든 일을 간직하였다. [12] 예수는 지혜와 키가 자랐고 은총도[38] 더하여 갔다.[39]

[13] 그분께 영광이 영원무궁토록 아멘.

---

34 루카 2,46-47.

35 루카 2,48.

36 루카 2,49.

37 루카 1,42.

38 또는 '총애.'

39 루카 2,51-52.

2. 어록 복음서

어록 모음집은 이름 그대로 예수님의 토막 말씀logion들을 모아 놓은 책이다. 말씀 위주의 책이라 예수님의 행적과 생애는 거의 다루지 않는다. 토마 복음, 이집트인들의 복음, 구세주와의 대화, 옥시린쿠스 840 등이 이 범주에 속한다. 구세주와의 대화는[1] 초대 교회 문헌에 언급된 적이 없고 훼손된 부분이 많아서 제외한다. 옥시린쿠스 840은 단편 복음들 항목에서 다룬다. 여기서는 토마 복음과 이집트인들의 복음을 소개하기로 한다.

---

1 '구세주와의 대화'는 예수님과 세 제자, 곧 유다, 마태오, 마리아가 나눈 대화 형식의 어록집으로(나그 함마디 Codex III,5), 말씀 전승의 역사를 추적하는 데 주요 증거로 다뤄지곤 한다. 이 작품은 짤막한 토막 말씀 모음에서 긴 계시 말씀과 대화 형식으로 발전해나가는 중간 단계를 보여 준다. 이 대화집의 최종 편집 시기는 2세기 중후반으로 추정되지만 그보다 더 이전으로 소급되는 원천 말씀들도 담고 있다.

마태오, 루카, 요한 그리고 토마 복음과 병행구가 많이 발견된다. 특히 토마 복음과 유사한 내용이 많아서 이 대화집이 토마 복음의 말씀 전승을 직접 계승했다는 가설이 나올 정도다. 예를 들어 '구세주와의 대화'에서도 토마 복음의 둘째 말씀처럼 구원이 '찾고-발견하고-놀라고-다스리고-(휴식하는)' 과정으로 그려진다(히브리인들의 복음에서도 마찬가지다).

자세한 내용은 Attridge, "Dialogue of the Savior", 230-238을 참조하라.

토마 복음

The Gospel of Thomas

≫ 토마 복음서에 대해서는 Blatz, "The Coptic Gospel of Thomas", 110-116; Ehrman/Pleše, *The Apocryphal Gospels: Texts and Translations*, 303-309을 보라. 토마 복음서 주석서로는 Gathercole, *The Gospel of Thomas: Introduction and Commentary*; Gagné, *The Gospel According to Thomas: Introduction, Translation and Commentary*이 유용하다. Miroshnikov, *The Gospel of Thomas and Plato: A Study of the Impact of Platonism on the "Fifth Gospel"*은 토마 복음을 플라톤 철학의 렌즈를 통해 바라보고 해석한다. Grondin, *Grondin's Interlinear Coptic/English Translation of the Gospel of Thomas*는 토마 복음서 콥트어 본문과 영어 본문을 한 줄씩 번갈아 제공하여 둘을 대조해 가면서 읽을 수 있다. Skinner, "Gospel of Thomas"는 토마 복음서와 관련한 유용한 정보들을 가득 담고 있다. 사본 정보와 웹사이트 및 비디오 자료는 물론 토마 복음서 관련 주요 서적과 논문들이 주제별로 일목요연하게 정리되어 있다. 이를 통해 토마 복음 연구 현황도 파악할 수 있다.

토마 복음은 예수님의 114가지 '비밀 말씀' 모음집이다. 토마 복음은 19세기 말까지 교부들의 저술을 통해 간접적으로만 알려져 있었으며 그 실체는 알지 못했다. 토마 복음을 언급한 고대 본문으로는 오리게네스의 『루카 복음 강해』 1; 예루살렘의 키릴루스 『교리 교육』 4.36; 6.31 등이 있다. 겔라시우스 교령과 니케포루스의 스티코메트리아에도 토마 복음이 언급되어 있는데, 이것이 토마 복음을 가리키는지 토마 유년기 복음을 가리키는지는 분명하지 않다. 히폴리투스 『이단 논박』 5.2는 토마 복음을 증언하는 게 분명하다. 여기 인용된 "나를 찾는 사람은 어린이들에게서 찾으리라"는 구절이 토마 복음 말씀(1; 4; 37)을 연상시키기 때문이다.

이처럼 교부들의 저술을 통해 간접적으로만 알려져 있던 토마 복음은, 1897년과 1903년 이집트 옥시린쿠스에서 두 고고학자 그렌펠B.P. Grenfell과 헌트A.S. Hunt에 의해 그리스어 사본 단편들이 발견되면서 세상에 모습을 드러내었다. 두 학자가 발견한 사본들 가운데 예수님 말씀이 담긴 단편들도 셋 있었는데 이 단편들은 발견된 지명을 따라 각각 P. Oxy. 1, P. Oxy. 654, P. Oxy. 655이라 명명되었다. 이 단편들에 담긴 말씀들 가운데는 기존에 알려져 있지 않던 것들도 있었다. 이 말씀들의 원천이 무엇인지는 알지 못하다가 반세기가 지난 1945년 이집트 나그 함마디에서 콥트어 토마 복음이 발견되면서 앞서 발견된 세 단편이 토마 복음서의 일부라는 것이 알려지게 되었다. 나그 함마디 필사본(나그 함마디 Codex II,2)에 담긴 콥트어 토마 복음은 그리스어에서[1] 번역된 것으로 현존하는 토마 복음서 본문들 가운데 유일하게 온전한 전문으로 전해진다.

나그 함마디 콥트어 본문이 발견된 다음부터 토마 복음은 사람들에게 널리 알려지고 학자들의 본격적인 관심을 끌게 되었다. 사실 나그 함마디 문헌들 가운데 토마 복음만큼 잘 알려진 작품도 없을 것이다. 토마 복음의 형성 시기와 기원, 역사의 예수님과의 관계, 공관 복음서와의 관계, 영지주의와의 관계 등을 두고 학자들 사이에 뜨거운 논쟁이 있었다. 의견 차가 심하고 각 입장마다 장단점이 있다. 토마 복음 연구와 관련하여 이루어진 주요 논쟁들은 이러하다.[2]

1945년 콥트어 토마 복음이 발견된 뒤 학자들은 많은 관심과 호기심을 드러냈다. 번역판이 출간되자 학자들은 대부분 이 문서가 영지주의 작품이며 정경 복음서에 의존한다는 생각을 굳히는 분위기였다.[3] 그러다 1960

1 토마 복음은 원래 그리스어로 기록되었으리라는 의견이 강하다. 실제로 P. Oxy. 1, 654와 655가 콥트어 토마 복음과 동일하지는 않지만 이에 가까운 그리스어 단편을 담고 있다. 그러나 시리아 교회에서 토마 사도가 차지한 비중을 볼 때 본디 이 복음서가 시리아어로 기록되었을 가능성도 적지 않다.

2 토마 복음서 연구의 역사는 Perrin, "Recent Trends in Gospel of Thomas Research (1991-2006). Part I: The Historical Jesus and the Synoptic Gospels", 183-206을 보라. Part I에 이어지는 Perrin/Skionner, "Recent Trends in Gospel of Thomas Research (1989-2011). Part II: Genre, Theology and Relationship to the Gospel of John", 65-86에서는 토마 복음서의 장르, 신학(금욕주의, 플라톤 철학, 신비주의 등), 요한 복음서와의 관계 등과 관련한 연구들을 소개한다.

3 Grant/Freedman, *The Secret Sayings of Jesus: according to the gospel of Thomas*; Gärter, *The Theology of the Gospel of Thomas*.

콥트어

'콥트'와 '이집트'라는 단어는 같은 의미이며 이집트와 나일 강 유역을 가리키는 데 사용되었던 그리스어 아이깁토스(αἴγυπτος)에서 유래하였다. 이집트에서 가장 숭앙을 받은 신들 가운데 하나인 프타(Ptah)의 성전을 뜻하는 '호트-카-프타'(ḥwt-kꜣ-ptḥ)가 음성학적 변천을 겪어 그리스어로 αἴγυπτος가 되고(https://en.wiktionary.org/wiki/), 다시 접두사와 접미사가 생략되어 어근인 gypt만 남아 현대 유럽어로 이집트(Egypt) 또는 콥트(Copt)가 되었다.

콥트어는 고대 이집트 상형 문자에서 시작하여 성용(聖用, hieratic) 문자와 대중(demotic) 표기법을 거쳐 진화한 마지막 단계의 고대 이집트어를 가리킨다. 상형 문자나 성용 문자는 일반 대중들이 일상생활에서 쉽게 사용할 수 없었으므로 그림의 형식이 훨씬 줄어든 대중 표기법이 등장했지만, 이 역시 너무 복잡하고 일상생활의 용도에 적합하지 않았다. 그러던 중 이집트에 그리스어와 그리스도교가 들어와 확산되면서 대중 표기법이 그리스도교 문서를 기록하는 데에도 역부족임이 드러났다. 그리하여 이집트 학자들과 필사가들은 이집트어 본문을 그리스어 알파벳으로 전사하는 새로운 체계를 만들어 내기 시작했다. 그리스어 알파벳으로 표시할 수 없는 것은 대중 표기법에서 따왔다(방언에 따라 첨가한 알파벳 수가 다르다. 콥트어에 첨가된 알파벳에는, ϥ ϥ ϫ ϯ ϧ ϩ ϣ ϣ̈ ϩ 등이 있다). 따라서 콥트어란 '그리스어 알파벳으로 전사한 형태의 후기 이집트 토속어로서, 대중 표기법에서 유래한 몇 가지 문자가 첨가된 언어'라 정의할 수 있다.

그리스 문자로 전사된 최초의 이집트 문서는 기원전 150년경의 것이다. 이것을 진정한 의미의 콥트어라고 할 수는 없지만, 후대 콥트어로 발전할 지표 구실을 했을 법하다. 콥트어가 널리 사용되면서 대중 표기법을 완전히 대체한 것은 기원후 2세기 후반 이집트 내에 그리스도교가 확산되면서부터다. 따라서 진정한 의미에서 콥트어는 2세기 후반부터 시작되었다고 할 수 있다.

콥트어는 고대 이집트의 여러 방언을 반영하고 있으며, 이를 토대로 보하이르, 사히드, 파윰, 마쉬무르, 아크밈, 리코폴리스 방언 등으로 세분된다. 현재 교회 전례에서 사용되는 것은 보하이르 방언이다.

콥트어는 7세기 아랍 침공 뒤에도 살아남아 공무상 용도 또는 공문서 작성에 공식 언어로 계속 사용되었다. 706년 아랍 총독의 칙령으로 모든 공무를 아랍어로 대체하면서 필사가들도 콥트어와 아랍어를 함께 사용하였다. 그 뒤에도 13세기까지 콥트어는 일상 언어와 전례 언어로 존속되었으나 지금은 사어(死語)로 취급된다.

◀ 토마 복음 콥트어 사본

» 콥트어 전반에 대해서는 다음을 참조하라. https://cdm15831.contentdm.oclc.org/digital/collection/cce/id/520

년대 중반에 들어 로빈슨J.M. Robinson과 쾨스터H. Koester가 등장하면서 토마 복음에 관한 논의에 다시 불이 당겨졌다. 로빈슨이 토마 복음을 Q와 유사한 시대에 만들어진 어록집으로 분류하면서 영지주의와 관련된 흥미로운 작품 이상의 위치로 끌어올렸다.[4] 토마 복음이 역사적 자료로서 충분히 가치가 있으며 역사의 예수님에게까지 소급되는 내용을 담았다는 것이다. 이로써 Q뿐 아니라 토마 복음의 연구도 한층 활기를 띠었다. 쾨스터도 토마 복음을 초기 그리스도교 전승의 선봉장이자 그 중심에 있었다면서, 이 복음서가 140년경에 만들어졌으리라는 일반적 믿음을 깨고[5] 이보다 훨씬 먼저 만들어졌을 것이라 주장하였다.[6] 그를 위시한 쾨스터 학파의 연구 결과물들은 Koester, *Ancient Christian Gospels: their history and development*에 담겨 있다. 로빈슨과 쾨스터 이후에도 학자들은 토마 복음이 역사의 예수님 연구 자료로서 가치가 있는가 하는 문제와 토마 복음과 공관 복음서의 관계 문제로 열띤 논의를 이어갔다.

1. 토마 복음과 역사의 예수님

1991년 크로산J.D. Crossan과 마이어J.P. Meier는 토마 복음의 역사적 가치를 두고 첨예하게 대립하였다. 크로산은 토마 복음서 말씀들 가운데 일부는

4 Robinson, "LOGOI SOPHON: On the Gattung of Q", 71-113.

5 토마 복음 그리스어 본문을 담은 옥시린쿠스 단편 사본(P. Oxy. 654)에 근거한 연대 추정의 결과다: Grenfell/Hunt, *The Oxyrhynchus Papyri Part IV*, 1; *The Oxyrhynchus Papyri Part I*, 2 참조.

6 Koester, "Gnomai Diaphoroi: The Origins and Nature of Diversification in the History of Early Christianity", 114-157.

50년대까지 거슬러 올라간다고 보았다. 62년 야고보 사도의 죽음 뒤 토마 사도가 에데사로 갔으며 거기서 6-70년대에 만든 토마 복음 일차 자료에다 이차 자료를 추가했다고 주장한다.[7] 이처럼 크로산이 토마 복음의 친저성을 옹호한 반면, 마이어는 토마 복음을 2세기 영지주의 작품으로 결론 내렸다. 토마 복음에 담긴 예수님 말씀들은 신비주의·금욕주의·범신론·다신론의 렌즈를 통해서만 이해될 수 있다는 것이다. 아울러 토마 복음이 공관 복음서에 의존하므로 역사의 예수님 연구에 독자적 사료가 되지 못한다는 입장을 밝혔다.[8] 라이트N.T. Wright와 알리슨D.C. Allison도[9] 토마 복음이 예수님을 증거하는 역사적 자료로는 가치가 없다고 보았다.

패터슨S.J. Patterson은 토마 복음이 공관 복음서보다 먼저 생겨났다는 주장에는 반대하지만 이 복음서의 몇몇 말씀들은 역사의 예수님 연구에 도움이 된다고 여긴다. 토마 복음서에서 묵시주의적 말씀들을 걸러내고 예수님을 지혜의 스승으로 그리는 말씀들을 선별하였다. 이 지혜의 말씀들이 역사의 예수님을 반영한다는 것이다.[10]

카에스틀리J.-D. Kaestli는 크로산과 마이어 둘 다 비판한다. 마이어에 대해서는 그가 토마 복음의 영지주의적 특성을 과장하여 너무 후대 작품으로 미뤘다고 비판하였다. 토마 복음에서 발견되는 영지주의 흔적은 후대 편집의 산물이지만 그 골격은 그렇지 않다는 것이다. 그리고 크로산의 경우

---

7 Crossan, *The Historical Jesus: The Life of a Mediterranean Jewish Peasant*, 427-428.

8 Meier, *A Marginal Jew: Rethinking the Historical Jesus*, 126-127.139.

9 Wright, *Christian Origins and the Question of God 1: The New Testament and the People of God*, 435-443; Allison, *Jesus of Nazareth: Millenarian Prophet*, 17.

10 Patterson, *The God of Jesus: The Historical Jesus and the Search for Meaning*, 22-23.

자기 취향에 의해 예수님을 현자의 모습으로만 부각시켰다고 비판하였다.[11]

유럽 학자들 중에도 토마 복음이 역사적 자료로서 가치가 있다고 본 이들이 있다.[12] 죄클러T. Zöckler는 쾨스터-패터슨-크로산의 노선을 유지하면서 토마 복음에서 두 단계의 편집층을 구분하였다. 곧 토마 복음에는 예수님 활동 당시에 유래한 초기의 독자적 말씀들과 후대에 추가된 말씀들이 한데 얽혀 있다는 것이다.

다른 한편 슈뢰터J. Schröter와 드코닉A.D. DeConick은, 토마 복음이 나온 시점을 2세기경으로 잡는다. 토마 복음은, 예수님 전승에서 전기적 요소를 제거하고 그분의 말씀과 가르침만 중점적으로 전하고자 했던 배경에서 나온 산물이라는 것이다.[13] 결국 역사의 예수님과 그리스도교 기원을 재구성하는 데는 토마 복음이 별로 유용하지 않으리라는 결론이 나온다.

사실 토마 복음을 역사의 예수 연구 자료로 사용할지를 결정하는 일은 아직도 어려운 과제로 남아 있다. 토마 복음이 초기의 독자적 예수님 전승을 담고 있다고 생각한 학자들이 토마 복음에서 초기 말씀을 골라내어 그 진정성을 입증하기란 쉬운 일이 아니었다. 토마 복음의 1세기 기원설을 부정하면서 예수님에 관한 증거 자료로서 가치가 없다고 여기는 사람들도 자신들의 주장을 입증하기는 어려웠다. 그래서 토마 복음의 역사적 가치를

---

11 카에스틀리는 토마 복음서도 공관복음서와 마찬가지로 복잡한 전승과 편집의 결과물이며 초기 전승과 이차 전승을 모두 담고 있다면서 각 토막 말씀을 개별적으로 검토해야 한다고 하였다. 토마 복음을 영지주의로 일반화해서는 안 되며 그 안에 역사적 가치가 있는 말씀들이 담겨 있다는 것이다. Kaestli, "L'utilisation de l'Évangile de Thomas dans la recherche actuelle sur les paroles de Jésus", 373-395.

12 Nordsieck, *Das Thomas-Evangelium*; Zöckler, *Jesu Lehren im Thomasevangelium*.

13 Schröter, *Erinnerung an Jesu Worte. Studien zur Rezeption der Logienüberlieferung in Markus, Q und Thomas*; DeConick, *Recovering the Original Gospel of Thomas: A History of the Gospel and its Growth*.

인정하든 안 하든 실제로는 토마 복음을 역사의 예수님 연구에 거의 이용하지 않았다. 토마 복음이 성경 연구에 도움이 되고 실제 예수님 말씀과 관련된 내용을 담았을 가능성은 있으나 역사의 예수님을 재구성하는 데에는 큰 도움이 되지 않으리라는 입장이 일반적이다.[14]

2. 정경 복음서와의 관계

그리스도교 기원의 재구성과 관련하여 토마 복음의 역할이 학자들 사이에 문제가 되면서, 토마 복음의 형성 시기 산정이 중요한 주제로 떠올랐다. 생성 연대 산정은 토마 복음의 저자가 공관 복음서를 알고 있었느냐와 깊이 연결되어 있다. 토마 복음을 1세기 작품으로 보는 학자들은 당연히 이 복음서가 독자적인 예수님 말씀을 담고 있다는 입장일 것이고, 반대로 2세기 중반의 작품으로 보는 학자들은 토마 복음이 정경 복음서의 영향을 받았다고 주장할 터다.

토마 복음과 공관 복음서의 관계는 토마 복음이 역사의 예수님과 초기 그리스도교에 대한 정보를 제공할 가능성과 긴밀히 연관되어 있다. 호슬리R.A. Horsley, 카메론R. Cameron등은 토마 복음이 공관 복음서와는 상관없이 독자적으로 형성되었다는 견해다.[15] 카메론은 토마 복음이 마르코

14 Becker, *Jesus of Nazareth*; Stanton, *The Gospels and Jesus*; Broadhead, "The Thomas-Jesus Connection", 2059-2080. 패터슨은 여전히 토마 복음이 역사의 예수 연구에 도움이 된다는 입장이다. 비평적 분석법을 제대로 활용하면 된다는 것이다: Patterson, "The Gospel of Thomas and the Historical Jesus", 233-249.

15 Horsley, "Logoi Prophētōn? Reflections on the Genre of Q", 201.205; Cameron, "The Gospel of Thomas and Christian Origins", 392.

복음이나 Q보다도 먼저 만들어졌다고까지 여긴다.[16] 맥린B.H. McLean도 마찬가지여서 토마 복음과 Q가 공관 복음서나 바오로 전승과 무관한 독자적 전통이며, 이들과 나란히 긴장 관계에 있던 초기 예수님 전승 형태를 증언한다고 주장한다.[17] 퀴스펠G. Quispel은 토마 복음이 1세기 중반의 유다계 그리스도교 전승층에 100년경 헤르메스주의Hermetism 관련 자료가 첨가된 다음 140년경에 최종 편집되었다고 한다.[18] 헤드릭C.W. Hedrick도 기본적으로 토마 복음이 정경 복음서와 상관없이 독자적으로 형성된 문서라는 의견을 공유한다.[19]

피거M. Fieger는 다른 북미 학자들과 달리 토마 복음의 개별 말씀들에 주의를 기울이기보다는 말씀 전체를 하나의 작품으로 보고 접근한다. 그는 토마 복음에 공관 복음서 자료들이 존재한다는 점을 들어 토마 복음을 2세기 작품으로 제시한다. 피거에게는 토마 복음이 공관 복음서에 의존한다는 것이 명백했다.[20]

우드J.H. Wood는 토마 복음이 순교자 유스티누스, 타티아누스의 디아테사론 등 2세기 그리스도교 문학과 비슷하다고 주장한다.[21] 곧 토마 복음

---

16 Cameron, "Mythmaking and Intertextuality in Early Christianity", 43.

17 McLean, "On the Gospel of Thomas and Q", 345.

18 Quispel, "Review of Voice of the Mystics, by A.D. DeConick", 438.

19 Hedrick, "An Anecdotal Argument for the Independence of the Gospel of Thomas from the Synoptic Gospels", 116. 학자들이 토마 복음의 독자성을 입증하는 데 사용한 말씀은 47, 72, 81, 82, 86 등이다.

20 Fieger, *Das Thomasevangelium: Einleitung, Kommentar und Systematik*, 6. 터켓도 토마 복음 안에서 마태오 복음과 루카 복음의 특성을 발견해 내고는 토마 복음이 기본적으로 공관 복음서에 의존한다는 입장을 표명했다: Tuckett, "Q and Thomas: Evidence of a Primitive 'Wisdom Gospel'? A Response to H. Koester", 346-360.

21 Wood, "The New Testament Gospels and the Gospel of Thomas: A New

헤르메스주의(Hermetism)

헤르메스주의는 2-3세기 이집트에서 생겨난 신비주의적 종교·철학 전통으로서, 헤르메스 트리스메기스투스의 저작물에 바탕을 두고 있어 헤르메스주의라는 이름이 붙었다. '헤르메스 트리스메기스투스'(Hermes Trismegistus)는 그리스 신 헤르메스와 이집트 신 토트가 융합된 형태로 '세 배로 위대한 헤르메스'라는 뜻이다. 헤르메스 신의 이미지와 이름을 지혜와 죽음의 신 토트(Thoth 모든 지식의 아버지이자 수호자)에 연결시켜 두 신의 특성이 결합된 Hermes Trismegistus가 된 것이다. 이집트에 비밀 공동체를 형성한 헤르메스 추종자들은 헤르메스-토트 전통뿐 아니라 유다교 전통에서도 다양한 요소들을 흡수하였다. 당시 이집트에는 유다인들이 많았기에 이들을 통해 유다교 요소들을 받아들였을 법하다. 이즈음의 작품에는 헤르메스가 이집트 신이나 그리스 신으로서보다는 유다교 묵시 문학에 자주 나오는 신비한 예언가로서 등장한다. 헤르메스주의자들은 지식·인식(γνῶσις)을 중시하였으며 지식만이 인간의 영을 해방한다고 보았다. 따라서 그들 가르침의 목표는 지식, 곧 하느님에 관한 지식을 통해 인간이 신처럼 되는 것(deification)이다. 헤르메스주의 작품 중 헤르메스 트리스메기스투스의 계시로 알려져 있는 '포이만드레스'(Poimandres '인간의 목자')가 가장 중요하다(Corpus Hermeticum이라고도 한다). 이 작품은 대략 2세기초 혹은 그 이전에 만들어진 것으로 추정된다. 플라톤, 스토아, 신피타고라스주의와 동방 종교의 요소들이 혼합되어 있다. 이 책은 포이만드레스의 안내로 이뤄지는 환시를 묘사하는데, 우주와 인간의 창조, 타락 이후 영이 물질과 결합하는 과정, 지식을 통한 구원의 방법 등을 다룬다. 또한 우주론과 점성학적 가르침들을 담고 있으며 인간의 영혼이 일곱 천계를 지나 신께 상승해 가는 과정을 묘사하기도 한다(Mead [tr.], *The Corpus Hermeticum: Initiation Into Hermetics, The Hermetica Of Hermes Trismegistus*).

헤르메스주의는 영지주의에 포함되기도, 영지주의와 구분되기도 한다. 지식·인식을 구원의 필수요소로 보는 점은 공통이고 신관에서는 서로 차이가 난다. 영지주의는 대개 물질 세계를 다스리는 신과 그 세력을 악한 것으로 보지만, 헤르메스주의는 그렇지 않다. 천상적 계시자가 인간을 계몽하러 반드시 이 세상에 내려와야 한다고 보지도 않는다. 두 조류 모두 인류의 기원이 양분되어 있음을 강조한다. 깨우친 영혼은 욕정의 유대를 끊어버리고 육체적인 것과 멸하는 것을 뛰어넘어 상승하지만 깨우치지 못한 영혼은 그렇게 하지 못한다는 것이다. 나그 함마디 문헌 가운데 '여덟 번째와 아홉 번째에 관한 담화'(Codex VI,6)가 헤르메스주의를 표방하는 게 분명하다.

» 헤르메스주의와 그 작품에 대해서는 Cross, *The Oxford Dictionary of the Christian Church*, 761; Perkins, "Gnosticism", 469을 보라.

에서 여러 공관 복음서를 융합하여 이용하는 조화 복음서의 성격이 드러난다는 것이다. 그리고 토마 복음이 어느 한 복음서가 아닌 정경 복음서 모두와 병행하는 것은, 토마 복음이 네 복음서 모음을 이미 손에 넣었다는 증거라고 한다. 페터슨S. Petersen은 '대부분의 독일 주석가들은 … 토마 복음이 공관 복음서에 의존한다는 전제 아래, 그 작성 시기를 비교적 늦은 시기로 추정한다'고 요약하고 있다.[22]

토마 복음의 기원을 두고 첨예하게 대립하던 학자들은 점차 중용의 길을 모색하기 시작했다. 우로R. Uro는 성급한 일반화를 경계하면서 개별 말씀이 저마다 기원이 다를 수 있다는 의견을 제시한다. 편집자가 구두 전승이나 기록 문서들을 자유롭게 사용했으리라는 추측이다.[23] 반대로 페린N. Perrin은 토마 복음을 2세기 말에 기록된 문학적 단일체로 본다. 그는 토마

Direction", 595.

22 Petersen, *Adolf Jülicher und die Parabeln des Thomasevangeliums, Gleichnisreden Jesu 1899-1999*, 184.

23 Uro, *Thomas: Seeking the Historical Context of the Gospel of Thomas*, 129.

복음 개별 말씀들이 여러 표제어catchword로 긴밀히 연결되어 있다고 주장한다. 그리고 이러한 표제어에 따른 말씀들의 연결은 오직 시리아어로만 설명 가능하다고 하였다. 콥트어 토마 복음은 시리아어 대본Vorlage의[24] 내용과 순서를 그대로 간직하고 있다는 것이다. 또한 토마 복음이 디아테사론에 의존하여 2세기 말 시리아의 에데사에서 기록되었을 것이라 추정한다. 디아테사론의 흔적을 수없이 드러내고 그 순서를 따른다는 게 그 근거다. 페린은 그리스어 옥시린쿠스 파피루스 본문과 콥트어 본문 사이에 나타나는 큰 차이점들을 지적하면서 그 차이가 콥트어 본문이 시리아어 대본에 의존하기 때문에 생겨난 것이라고 설명한다. 아울러 토마 복음이 에데사에서 생겨났다는 것 자체가 시리아어로 기록되었다는 증거라고 본다. 토마 복음은 2세기 후반의 시리아 신학이나 문학과도 잘 부합할 뿐더러 시리아어 대본을 상정할 때 말씀logion들의 이상한 배열순서도 설명된다는 것이다.[25] 이처럼 토마 복음이 2세기 후반에야 만들어졌다면 정경 복음서와 상관없이 독자적으로 형성된 것이라는 가설을 정면으로 부인하는 셈이 된다. 에반스C.A. Evans가 페린의 의견에 찬동하였다.[26]

드코닉A.D. DeConick은, 토마 복음을 여러 공동체가 핵심 전승에 다른 자료를 첨가·축적한 결과물로 여긴다.[27] 곧 30-50년경 형성된 핵심 전승에

24 독일어 Vorlage란 본문 비평에서 번역 '원천' 또는 '원본'을 가리키는데, 우리말로는 '대본'으로 옮긴다. 특정 번역본(version, 다른 언어로 번역된 문학 작품)의 대본이 무엇이었는지 정확히 알 수 없는 경우가 허다하며, 이럴 때는 종종 그 번역본의 후대 필사본들에 나타나는 특성을 근거로 가설적 원천을 추정한다. 이를 테면 토마 복음의 콥트어 필사본에 나타나는 문법적 특성과 언어적 특성을 고려해 볼 때 이 필사본의 대본은 그리스어나 시리아어 본문이었으리라는 추정이 가능하다.

25 Perrin, *Thomas and Tatian: The Relationship between the Gospel of Thomas and the Diatessaron*, 184-196; "Thomas: The Fifth Gospel?", 78-79.

26 Evans, *Fabricating Jesus: How Modern Scholars Distort the Gospel*.

27 DeConick, *Recovering the Original Gospel of Thomas: A History of the Gospel*

다 지도층의 혼란·재림의 지연·헤르메스주의·금욕주의 등 여러 가지 복합 요소들이 후대에 첨가되었다는 것이다. 최초의 핵심 내용(본문)은 종말론적 색채가 강했으며, 에비온파 복음처럼 유다계 그리스도교와[28] 연관된 전승과 가장 유사하다고 본다.[29]

이상으로 토마 복음의 기원, 토마 복음과 다른 정경 복음서와의 관계를 두고 학자들이 논의하고 연구한 결과를 정리해 보았다. 결국 토마 복음의 생성 시기와 원문의 기록 언어, 역사적 자료로서의 가치, 공관 복음서와의 관계 등은 아직 결론 내릴 수 없다. 정경 복음서와의 병행구를 직접 비교하고 토마 복음과 특히 공관 복음서와의 관계를 나름대로 조명해 보도록 하겠다.

토마 복음 말씀은 공관 복음서와의 근접성 정도에 따라 크게 셋으로 분류 가능하다. 첫째, 공관 복음서와 형식과 내용이 매우 비슷한 말씀들. 둘째, 공관 복음서와 형식과 내용에서 유사점과 상이점이 공존하는 말씀들. 셋째, 공관 복음서와 병행구가 발견되지 않는 말씀들이다.

토마 복음은 다른 어떤 작품들보다 세 공관 복음서와 유사한 점이 많다. 공관 복음서 병행구는 마르코, 마태오, 루카 순으로 표시하되 어느 한 복음서와 특히 친밀한 경우는 그 복음서를 맨 앞에 표시한다.[30]

---

and its Growth, 60-61.

28 유다계 그리스도인들에 관한 정보는 사도 10,1—11,18; 15장을 참조하라.

29 DeConick, *Recovering the Original Gospel of Thomas: A History of the Gospel and its Growth*, 153.

30 예를 들어 '말씀 16.1-2 분열을 주러 왔다'의 경우 '루카 12,51-53; 마태 10,34-35; 참조: 마르 13,12'로 표시한다. 루카 병행구와 가장 가깝고 마태오는 그 다음이며 마르코와는 비교적 거리가 멀기 때문이다.

2.1. 공관 복음서와 매우 비슷한 말씀들

공관 복음서 병행구와 형식과 내용이 매우 비슷한 말씀들이다. 이 말씀들은 토마 복음이 공관 복음서에 의존한다는 주장에 무게를 싣는다.[31] 토마 복음이 공관 복음서를 알고 있었고 또 이를 마음껏 활용했다 하더라도 기록된 문서를 보면서 그대로 인용한 것 같지는 않다. 공관 복음서와 똑같지는 않기 때문이다. 저자 또는 편집자가 기억에 의존하여 썼거나 공관 복음서 전승을 수정·변경한 듯하다.

토마 복음		정경 복음서
8.1 지혜로운 어부의 비유		마태 13,47-48
8.2 들을 귀 있는 사람은 들어라	21.5; 24.2; 63.2; 65.3; 96.2	마르 4,9.23; 마태 11,15; 13,9; 루카 8,8; 14,35
9 씨 뿌리는 사람의 비유		마르 4,2-8; 마태 13,3-8; 루카 8,4-8
20 겨자씨의 비유		마르 4,30-32; 마태 13,31-32; 루카 13,18-19
26 티끌과 들보의 비유	P. Oxy. 1	마태 7,3-5; 루카 6,41-42
32 높은 산 위에 세운 도시		마태 5,14
34 눈먼 이의 인도		마태 15,14; 루카 6,39
35 힘센 자의 집을 털려면		마르 3,27; 마태 12,29;

31 토마 복음이 공관 복음과 같은 전승을 나름의 원칙에 따라 사용했을 수 있다.

토마 복음		정경 복음서
41 가진 이는 더 받고	참조: 70	마르 4,25; 마태 13,12; 25,29; 루카 8,18; 19,26
44 성령을 모독하면		마태 12,31-32; 루카 12,10; 마르 3,28-29
45 열매의 비유		루카 6,43-45; 마태 7,16-18; 12,33-35
54 행복하여라, 가난한 사람들		루카 6,20; 마태 5,3
57 밀과 가라지		마태 13,24-30
65 포도밭 소작인의 비유		마르 12,1-8; 루카 20,9-15; 마태 21,33-39
73 수확할 일꾼		마태 9,37-38; 루카 10,2
86 사람의 아들		마태 8,20; 루카 9,58
89 잔 안쪽과 바깥쪽		루카 11,39-40; 마태 23,25-26
90 나에게 오라		마태 11,28-30
93 거룩한 것과 진주		마태 7,6
94 구하면 찾으리라		마태 7,7-8; 루카 11,9-10; 참조: 요한 14,13-14; 15,16; 16,24
96 누룩의 비유		마태 13,33; 루카 13,20-21

2.2. 공관 복음서와 형식과 내용에서 유사점과 상이점이 공존하는 경우

공관 복음서에 나오지만 첫째 부류의 말씀들에 비해 공관 복음서 말씀과 다소 거리가 있다. 비슷한 내용을 토마 특유의 언어로 진술하거나 공관 복음서와는 사뭇 다른 맥락으로 쓴 경우들이다. 또한 공관 복음서에서는 서로 다른 맥락에서 사용된 말씀들이 한 로기온 안에 융합되거나, 공관 복음서 병행구들이 조화된 경우도 여기에 해당한다.

이 부류만 주목한다면 토마 복음이 공관 복음서 또는 공관 복음서가 채택한 것과 비슷한 전승을 기억에 의존하여 사용하였고, 거기에 자신만의 독자 전승을 가미하고 자신의 언어로 윤색하여 문서화했다는 결론이 나올 법하다. 이 부류의 말씀들을 두고 공관 복음서가 토마 복음에 의존한다는 주장을 하기는 어려울 것이다. 이 부류의 말씀들은 어느 한 복음서의 특정 구절과 유사하다기보다는 편집자가 서로 관련 없는 여러 구절을 융합시키거나 조화시킨 양상을 띠기 때문이다. 마치 네 정경 복음서들을 잘 아는 저자 또는 편집자가 이것들을 마음껏 활용하여 지금의 토마 복음 형태로 구성한 듯 보이는 것이다.

- **형식과 내용은 공관 복음서와 비슷하나 토마 복음 특유의 언어·맥락·색채로 편집된 경우**

예를 들어, "나는 세상에 불을 질렀다. 그리고 나는 이제 그것이 타오를 때까지 지키고 있다"(토마 10); "나는 세상에 불을 지르러 왔다. 그 불이 이미 타올랐으면 얼마나 좋으랴?"(루카 12,49)

"아침부터 저녁까지, 저녁부터 아침까지 무엇을 몸에 걸칠까 걱정하지 마라"(토마 36); "그러므로 내가 너희에게 말한다. 목숨을 부지하려고 무엇을 먹을까, 무엇을 마실까, 또 몸을 보호하려고 무엇을 입을까 걱정하지 마라. 목숨이 음식보다 소중하고 몸이 옷보다 소중하지 않으냐?"(마태 6,25)

토마 복음		정경 복음서
10 세상에 불을		루카 12,49
25 형제들을 사랑하라		마르 12,31; 마태 19,19; 22,39; 루카 10,27; 참조: 요한 15,17
36 무엇을 입을까 걱정하지 마라	P. Oxy. 655	마태 6,25-31; 루카 12,22-29
40 아버지 바깥에 심어진 나무		마태 15,13
48 평화의 힘	106	마태 17,20; 21,21; 마르 11,23; 루카 17,6
51 새로운 세상은 이미 와 있다	3.1; 113	루카 17,20-21; 참조: 마태 17,12; 루카 4,21
63 부자의 비유		루카 12,16-20
64 잔치의 비유		루카 14,16-24; 마태 22,1-10
66 내버린 돌의 비유		마르 12,10; 마태 21,42; 루카 20,17
68 행복하다, 박해받는 이들		마태 5,11; 루카 6,22
69.1 행복하다, 박해받는 이들 69.2 행복하다, 굶주리는 이들		참조: 마태 5,10 마태 5,6; 루카 6,21
72 예수님은 분배자가 아니다		루카 12,13-14
95 갚을 수 없는 이에게 주어라		루카 6,34-35; 마태 5,42
107 잃어버린 큰 양 한 마리	참조: 8	루카 15,3-7; 마태 18,12-13

• 일부는 공관 복음서와 병행하고 나머지는 토마 복음 특유의 표현으로 쓰여 공관 복음서와는 전혀 다른 뜻으로 이해되는 경우

예를 들면, "첫째인 많은 사람이 꼴찌가 되고 그들은 오직 하나가 될 것이다"(토마 4,2); "첫째가 꼴찌 되고 꼴찌가 첫째 되는 이들이 많을 것이다"(마르 10,31).

토마 복음		정경 복음서
3.1 하늘 나라는 너희 안과 바깥에 3.2 너희 자신을 알게 되면	51; 113	루카 17,20-25
4.1 노인과 아기		참조: 마태 11,25; 루카 10,21
4.2 첫째와 꼴찌	P. Oxy. 654	마르 10,31; 마태 19,27-30; 20,16; 루카 13,30
5.1 너희 앞에 있는 것을 알아보라	91.2	
5.2 가려진 것은 드러난다	6.3	마르 4,22; 마태 10,26; 루카 8,17; 12,2
11.1 하늘과 그 위에 있는 것은 사라진다	111.1-2	마르 13,31; 마태 5,18; 24,35; 루카 16,17; 21,33
11.2-4 살아 있는 이는 죽지 않고	111.1-2	
13.1-2 예수님은 누구신가		참조: 마태 16,13-20; 마르 8,27-30; 루카 9,18-22
13.3-5 토마의 특권		참조: 요한 4,13-14
16.1-2 분열을 주러 왔다	참조: 10	루카 12,51-53; 마태 10,34-35; 참조: 마르 13,12
16.3 혼자인 이로 서다		

토마 복음		정경 복음서
22.1 하늘 나라에 들어가는 사람은 아기들과 같은 자		마르 10,14-15; 루카 18,16-17; 마태 19,14; 참조: 마태 18,3-4
22.3-4 남자도 여자도 아니게 되어야	114.2	
31.1 예언자	P. Oxy. 1	루카 4,23-24; 마르 6,4; 마태 13,57; 요한 4,44
31.2 의사		
61.1 둘 가운데 한 사람만 살 것이다		루카 17,34-35; 마태 24,40-41
61.2-4 나는 나누임이 없으신 분에게서 나왔고 아버지에게 모든 것을 받았다		참조: 마태 11,27; 루카 10,22; 요한 3,35; 13,3
61.5-6 갈라지면 어둠으로 가득 찬다		
62.1 내 신비에 합당한 이들에게 신비를 알려 준다		참조: 마르 4,10-12; 마태 13,10-11; 루카 8,9-10
62.2 오른손이 하는 일을 왼손이 모르게		마태 6,3
78.1 들에 나간 이유		마태 11,7-9; 루카 7,24-25
78.2 그들은 진리를 알지 못한다		
91.1 예수님이 누군지 묻다		참조: 마태 11,2-6; 루카 7,18-23
91.2 너희 앞에 있는 분(것)은 알아보지 못하고 때를 시험할 줄도 모른다	5.1	마태 16,1-3; 루카 12,54-56
92.1 구하라 찾을 것이다	94	마태 7,7-8; 루카 11,9; 참조: 마르 11,24; 마태 21,22; 요한 14,13-14
92.2 너희는 구하지 않는구나		

토마 복음		정경 복음서
99.1-2 예수님의 참된 어머니와 형제 99.3 그들은 하늘 나라에 들어간다		마르 3,32-35; 루카 8,19-21; 마태 12,46-50
100.1-2 황제의 것은 황제에게 100.3 내 것은 내게		마르 12,14-17; 마태 22,17-21; 루카 20,21-25
101.1 부모를 미워하지 않으면 101.2 부모를 사랑하지 않으면 101.3 참된 어머니	55	루카 14,26; 마태 10,37
104.1.3 기도와 단식 104.2 내가 무슨 죄를 지었단 말인가	참조: 6.1; 14; 27	마르 2,18-20; 마태 9,14-15; 루카 5,33-35
109.1 밭에 숨겨진 보물을 발견한 사람 109.2 이자를 받고 돈을 빌려준다		마태 13,44

- **둘 이상의 공관 복음서 구절들을 융합하여 한 로기온으로 묶은 듯한 경우**[32]

예를 들면, "네 귀로 들은 것을 지붕 위에서 다른 이의 귀에 대고 선포하여라. 사실 아무도 등불을 켜서 함지 아래 놓지 않고 은밀한 곳에 숨겨 두지도 않는다. 대신 그것을 등경 위에 놓아 드나드는 이들이 모두 그 빛을 보게 할 것이다"(토마 33); "너희가 귓속말로 들은 것을 지붕 위에서 선포하여라"(마태 10,27) + "아무도 등불을 켜서 숨겨 두거나 함지 속에 놓지 않는다. 등경 위에 놓아, 들어오는 이들이 빛을 보게 한다"(루카 11,33).

32 Wood, "The New Testament Gospels and the Gospel of Thomas: A New Direction", 595. 공관 복음서 구절들을 융합·종합하는 것은 조화 복음서 디아테사론의 두드러진 특징이다.

토마 복음		정경 복음서
6.1 단식과 기도와 자선, 음식 규정	14.1; 27; 104	참조: 루카 11,1-4; 마태 6,2-18
6.2 너희가 혐오하는 일을 하지 마라		참조: 마태 7,12 루카 6,31
6.3 숨겨진 것은 드러난다		마르 4,22; 마태 10,26; 루카 8,17; 12,2
14.1 단식과 기도와 자선	6.1; 27; 104	참조: 마태 6,2-18; 루카 11,1-4
14.2 너희를 받아 주면		루카 10,8-10; 마태 10,5-14; 마르 6,10-11
14.3 입으로 들어 가는 것은 너희를 더럽히지 않는다		마태 15,11; 마르 7,15.18
33.1 지붕 위에서 선포하라		마태 10,27; 루카 12,2-3
33.2 등불의 비유		루카 11,33; 8,16; 마태 5,15; 마르 4,21-22
38.1 너희가 듣고 싶어 했던 말들		참조: 마태 13,17; 루카 10,23-24
38.2 나를 찾아도 찾을 수 없는 날들이 온다		참조: 루카 17,22; 요한 7,34.36
39.1 바리사이와 율법 학자	102	루카 11,52; 마태 23,13
39.2 뱀과 비둘기		마태 10,16
46 아기가 요한보다 높다	참조: 22.1	마태 11,11+18,3; 루카 7,28+18,17; 마르 10,15

토마 복음		정경 복음서
47.1 한 번에 두 말을 타지 못한다 47.2 두 주인을 섬기지 못한다 47.3-4 새 술은 새 부대에		 루카 16,13; 마태 6,24 마르 2,21-22; 마태 9,16-17; 루카 5,36-39
55.1-2 부모와 형제를 미워하고 십자가를 져야		루카 14,26-27; 마태 10,37-38; 참조: 루카 9,23-24; 마르 8,34; 마태 16,24
76.1 진주와 상인 76.2 좀이 슬지 않는 곳간을 추구하라		마태 13,45-46 마태 6,19-20; 루카 12,33
79.1 참으로 복된 이 79.2 아이를 가져 본 적이 없는 모태가 복되다 말할 날		루카 11,27-28 루카 23,29; 참조: 마르 13,17; 마태 24,19; 루카 21,23

2.3. 공관 복음서에 병행구가 없는 말씀들

이 부류의 말씀들은 정경 복음서와 거리가 있다. 이런 종류의 말씀들에는 이해하기 힘든 내용들이 더러 섞여 있고, 지식을 통한 구원, 성性을 뛰어넘어 태초의 인간 상태로 회귀하는 이야기 등 공관 복음서에 낯선 주제들이 발견된다. 대개 헤르메스주의·금욕주의·영지주의의 시각으로 읽히고 해석되는 내용들이다. 이 같은 성향의 말씀들 가운데 다수가 이집트인들의 복음이 사용한 것과 같은 전승에서 유래한 것으로 보인다. 말씀 22; 37; 61;

106; 114 등이 여기에 해당한다.[33] 히브리인들의 복음에서 병행구를 찾을 수 있는 '구하고-찾고-놀라고-다스리고-휴식하는' 과정(말씀 2),[34] 야고보 사도가 교회 지도자로서 누린 위치(말씀 12) 등은 유다계 그리스도교에서 유래한 것으로 보인다.[35]

토마 복음		참조: 정경 복음서	기타문헌
머리말: 토마가 기록한 예수님의 비밀 말씀	P. Oxy. 654		용사 토마의 책 138.4; 토마 유년기 1장
1 말씀들의 해석을 찾은 사람은 죽음을 맛보지 않는다	1; 18.3; 19.3; 참조: 85 P. Oxy. 654		
2 찾는 자가 모든 것을 다스릴 것이다			히브리인들의 복음 (클레멘스 『잡록』 2.9.45.5; 5.14.96.3); 구세주와의 대화 9-10; 20
7 사람과 사자			
12 지도자, 의인 야고보			히브리인들의 복음 (히에로니무스 『위인들』 2)
15 너희의 아버지			

33 그랜트(Grant)는 토마 복음이 히폴리투스의『이단 논박』5에 묘사된 나아센파의 사상과 매우 유사함을 지적하면서 토마 복음을 나아센파의 작품이라 결론 내린다: Grant, "The Gnostic Gospels", 4. 나아센파 사상과 토마 복음의 대조는 Grant/Freedman, *The Secret Sayings of Jesus: according to the gospel of Thomas*을 보라.

34 "찾는 사람은 찾아낼 때까지 찾기를 멈추지 마라. 그가 찾아내면 당황할 것이다. 그리고 당황하면 놀라며 모든 것을 다스릴 것이다."

35 퀴스펠(Quispel)은 토마 복음이 금욕분파의 작품이며, 자료의 상당수가 히브리인들의 복음 등 유다계 그리스도교 복음서 전승에서 유래한다는 점을 강조한다. 토마 복음이 팔레스티나 유형과 내용의 말씀들을 보존하고 있으며 이 말씀들은 네 정경 복음서에 간직된 예수님의 말씀과 동등한 역사적 가치를 지닌다는 것이다: Quispel, "The Gospel of Thomas and the New Testament", 189-207.

토마 복음		참조: 정경 복음서	기타문헌
17 보고 들은 적이 없는 것을 주겠다		마태 13,16-17; 루카 10,23-24	1코린 2,9; 1클레 34,8; 2클레 11,7; 베드로 행전 39
18 시작과 끝			
18,3 아는 이는 죽음을 맛보지 않는다	1; 19,3; 참조: 85		
19,1 선재			
19,3 아는 이는 죽음을 맛보지 않는다	1; 18,3; 참조: 85		
21,1 제자들은			
21,2 옷을 벗고	참조: 37,2		베드로 행전 38 필립보 행전 140
21,3 경계하라	103	마태 24,42-44; 루카 12,39-40	
21,4 지식 있는 이가 너희 가운데 있게		마르 4,29	
21,5 들을 귀 있는 사람은 들어라	8,2; 21,5; 24,2; 63,2; 65,3; 96,2		
23 소수의 뽑힌 자들은 '하나인 사람'으로 서게 된다	16; 49; 75; 106; 참조: 22,3		
27 세상을 단식하고 안식일을 지켜라			
28 술 취한 사람들			
28,1 육신으로 나타나		요한 1,14	
29 육신과 영혼	87; 112		
30 세 신			
37 하느님의 아들이 나타나는 때는 너희가 옷을 벗을 때	21		이집트인들의 복음 (클레멘스 『잡록』 3,92,2-93,1); 구세주와의 대화 85

토마 복음		참조: 정경 복음서	기타문헌
42 지나가라			
43 당신은 누구		마태 12,33; 루카 6,43-44	
49 혼자이며 뽑힌 이들의 행복	23; 75		
50 빛에서 나온 하느님의 아들들	83; 84		
52 살아 계신 분과 죽은 예언자들			
53 참된 할례			로마 2,25-29; 필리 3,3; 콜로 2,11-14; 1코린 7,17-19; 갈라 6,15
56 세상을 알게 된 사람	참조: 80; 111		
58 고통을 겪은 자의 행복			1베드 3,14; 야고 1,12
59 살아 있는 동안 살아 계신 분을 보라	38.2	요한 7,33-34; 8,21; 13,33; 14,8-11	
60 사마리아인과 양	11		
61 예수님은 누구신가			
67 모든 것을 알고도	67		
70 너희가 가진 것이 너희를 구한다	41		
71 집을 뒤집어 엎을 터이다		마르 14,58; 15,29; 마태 26,61; 요한 2,19	사도 6,14
74 사람들이 많은 곳과 없는 곳			
75 혼자인 이들이 신방에 들어간다	23; 49; 106	마태 25,10	구세주와의 대화 50

토마 복음		참조: 정경 복음서	기타문헌
77.1 나는 빛이며 모든 것이다. 모든 것이 내게서 나왔다 77.2 나는 어디에나 있다		루카 2,32; 요한 1,3-4.9; 8,12; 9,5; 12,46	1코린 8,6 시편 139,8
80 세상을 안 사람	56; 111		
81 부유해진 사람이 임금이 되어야	참조: 110		구세주와의 대화 20; 1코린 4,8
82 내게 가까운 사람과 먼 사람		마르 12,34	오리게네스 『예레미야서 강해』 20.3
83 그분의 모상			2코린 4,4-6
84 너희의 모상			
85 아담			창세 1,26-28; 3,17-19
87 육체와 영혼	112; 참조: 29		
88 천사와 예언자			
97 항아리를 든 여인의 비유			
98 암살자의 비유			
102 바리사이		마태 23,13; 루카 11,52	루키아누스 『티몬』 14 『무지한 서적 수집가』 30
103 도둑이 어디로 들어올지 아는 사람	21.3	루카 12,39; 마태 24,43	1테살 5,2; 2베드 3,10; 묵시 3,3; 16,15
105 창녀의 아들			
106.1 둘을 하나로 만들면	48; 참조: 22.3; 23; 49; 75	마태 17,20	이집트인들의 복음 (클레멘스 『잡록』 3.92.2-93.1)
106.2 산더러 옮겨져라 하면	48	마태 17,20; 21,21; 마르 11,23	

토마 복음		참조: 정경 복음서	기타문헌
108 내 입에서 나오는 것을 마시면	참조: 13.3	요한 4,13-15; 7,37-39	묵시 22,17
110 세상을 발견한 사람	참조: 81		
111.1 하늘과 땅이 말려들 것이다		마르 13,31; 마태 5,18; 24,34-35; 루카 21,32-33	이사 34,4; 시편 102,25-27 묵시 6,12-14
111.2 살아 있는 이는 죽음을 맛보지 않을 것이다	11.1		
111.3 세상은 자신을 발견한 사람에게 합당하지 않다	참조: 56; 80		
112 영혼과 육신	87		
114 여자는 남자가 되어야 하늘 나라에	22.3-4		이집트인들의 복음 (클레멘스 『테오도투스 발췌록』 67.2); 갈라 3,28-29

지금까지 분석한 것을 종합하면, 토마 복음은 하나가 아닌 다수의 원천에서 유래했음을 알 수 있다. 정경 복음서(또는 그와 공통된 전승)뿐 아니라 다른 외경 작품 및 당대 철학서와 공통된 전승들을 담고 있다. 그리고 현재의 콥트어 역본 형태로 완성되기까지 수차례 수정과 편집을 거친 것으로 보인다.[36]

36 Guillaumont/Puech/Quispel/Till, *The Gospel according to Thomas. Text edited and translated*, 199-200.

3. 집필 시기

토마 복음서 콥트어 사본(나그 함마디 Codex II)이 4세기 것으로 추정되므로 그 대본은 4세기 이전에 만들어졌을 것이다. 그리스어 사본(P. Oxy. 654)이 2세기 말-3세기 초 것이니 최초 본문은 2세기 말 이전에 만들어졌을 것이다. 사본학적 증거 외에 작품에 드러난 역사적 상황·지리적 배경·신학적 입장 등을 고려하여 토마 복음을 언제, 어디서, 어떤 공동체가 집필 또는 편집했을지 유추할 수 있다.

먼저 토마 복음의 최종 편집 시기는 2세기 중엽이 유력하다. 핵심 내용은 1세기 중후반에 만들어졌으며 예수님의 실제 말씀들을 담았을 가능성이 있지만 본문에서 드러나는 헤르메스주의나 영지주의 관점은 2세기 초반 이전 것으로 보기 어렵다. 더구나 네 복음서와 병행하는 말씀들에서 디아테사론 류의 조화 복음서와 비슷한 특성이 나타나는데, 조화 복음서가 발전한 시기는 2세기 중반 이후다. 따라서 토마 복음이 현재 모습으로 편집된 것도 2세기 중반 이후일 것이다.[37] 결국 토마 복음의 일부 말씀들은 1세기에 형성되었고 예수님에게서 유래한 말씀일 가능성이 있으나 2세기 중반 다른 복음서 전승들과 헤르메스주의나 신비주의, 금욕주의, 영지주의 등 여러 가지 요소가 추가되어 현재 모습으로 가닥을 잡고 편집되었을 것이다. 이렇게 볼 때만 토마 복음 안에 초기의 예수님 전승뿐 아니라 후대의 다양한 요소들이 두루 공존하는 현상을 설명할 수 있다.

---

37 Wood, "The New Testament Gospels and the Gospel of Thomas: A New Direction", 595. 공관 복음서 구절들을 융합·종합하는 것은 조화 복음서 디아테사론의 두드러진 특징이다.

4. 집필 또는 편집 장소

토마 복음이 유래한 곳은 초기 그리스도교 중심지 가운데 하나인 에데사나 동부 시리아가 유력하다.[38] 우선 토마 복음 서언에서 저자 또는 편집자로 내세운 '디디무스 유다 토마'라는 특이한 이름이 다른 시리아 문학에서 발견된다. 신약성경에서 유다라는 이름을 가진 사람 중에 토마는 없다. 그러나 시리아 교회 전승에서는 토마('쌍둥이'라는 뜻의 시리아어 ܬܐܘܡܐ) 또는 토마 디디무스('쌍둥이'라는 뜻의 그리스어 Δίδυμος)라는 사도가 유다와 동일시된다. 그래서 요한 14,22 "이스카리옷이 아닌 다른 유다"의 시리아어 역본에는 '유다 토마'라 되어 있다. 3세기 에데사에서 만들어졌을 법한 예수님과 압가루스의 교환 서신(에우세비우스 『교회사』 1.13)과 토마 행전에서도 '유다 토마'라는 이름이 나온다.

토마의 이름 형태뿐 아니라 토마 사도의 교회 내 서열에서도 시리아 배경이 드러난다.[39] 토마 복음 말씀 13에 예수님께서 토마 사도만 따로 불러 비밀 말씀을 전하시는 내용이 나온다. 예수님의 비밀 가르침을 전수받는다는 것은 '지식'을 중시하는 토마 공동체에게 엄청난 의미였으며, 이는 곧 공동체의 지도자가 됨을 뜻하였다. 사실 토마 사도는 초대 시리아 교회에서 사도이자 예수님의 쌍둥이 형제로 특별한 존경을 받았으며, 페르시아와 인도 등지에서도 중요한 인물로 공경되었다. 또한 오리게네스, 에우세비우스, 마르 에프렘 등도 토마를 동방의 사도로 소개한다.[40]

---

38 토마 복음이 이집트에서 만들어졌다고 보는 학자들도 있다. 이집트에서 생겨난 히브리인들의 복음과 이집트인들의 복음에서 토마 복음의 병행구(22; 37; 61; 106; 114)가 발견된다는 점이 이들 주장을 뒷받침한다.

39 Blatz, "The Coptic Gospel of Thomas", 112-113 참조.

40 Koester, *Introduction to the Gospel according to Thomas*, 40.

무엇보다 토마 복음이 추구하는 신학이 시리아 교회 신학과 잘 부합한다.[41] '아기'에게 부여된 역할(말씀 46)과 최초의 창조 상태로의 회귀, 성 구별과 차이의 제거 등을 다루는 말씀들(말씀 22; 114)에 담긴 이미지와 비유들이 시리아 배경을 드러내고 있다.[42]

당시 시리아 그리스도교는 예루살렘 전통에 깊이 뿌리박고 예루살렘 모교회와 긴밀한 유대를 맺고 있었다. 초대 동부 시리아 공동체에서는 대체로 바오로 전승이나 해석학이 발전하지 않았다. 그러므로 시리아 문학에서는 바오로와 로마 교회가 발전시킨 십자가 신학이나 대속 사상을 별로 취급하지 않았다.[43] 초대 시리아 그리스도교의 특징으로는 다음과 같은 것

---

41 DeConick, *The Original Gospel of Thomas in Translation: with a commentary and new English translation of the complete gospel*를 참조하라.

42 시리아 문학에 속하는 토마 행전, 『차명-마카리우스』(*Pseudo-Makarius*) 및 『계단들의 책』(*Liber Graduum*)과의 병행구를 눈여겨 볼 만하다: Baker, "Pseudo-Macarius and the Gospel of Thomas", 215-225; "The Gospel of Thomas and the Syriac Liber Graduum", 49-55; Quispel, "The Syrian Thomas and Syrian Macarius", 226-235. 세 작품에서 공통적으로 금욕주의와 성 구별의 소멸 그리고 최초의 원 상태로의 회귀 사상 등이 엿보인다. 이런 금욕주의 전통은 아프라하트에게 이어진다. 사실 성 구별의 소멸 주제는 시리아 문학에 국한되지 않고 2-3세기 여러 그리스도교 작품에서 종종 발견된다. 이집트인들의 복음, 마리아의 복음, 바오로 행전과 테클라 행전, 안드레아 행전, 요한 행전, 베드로 행전(특히 38장), 필립보 행전(특히 140장) 등은 물론 다른 여러 영지주의 문헌들(필립보 복음 70.9-22, 영혼에 대한 주석 127.22-24; 삼부작 논고 1.5.132)에서 공통적으로 성적 금욕주의(Encratism)가 두드러진다. 2-3세기 그리스도인들의 보편 정서가 금욕주의 성향이었다고 해도 될 정도다: Hogan, *No Longer Male and Female: Interpreting Galatians 3.28 in Early Christianity*, 47-84. 금욕주의와 금욕분파에 대해서는 이집트인들의 복음과 보충설명 '극단적 금욕분파'를 참조하라.

43 이 사실만으로도 시리아 문학이 서방인의 눈에 '이상하게' 보였을 것이다. 그러나 시리아 그리스도교는 예루살렘 전통을 계승한 것이지 정통에서 벗어난 이단이 아니었다.

을 꼽을 수 있다.

먼저 초대(1-3세기) 동부 시리아 그리스도교에서는 교회에 입문하려는 이에게 독신과 금욕 생활을 요구한다.[44] 나그 함마디 문헌, 외경 행전들, 차명-클레멘스나 교부들의 기록에서 혼인보다 독신을 더 높게 친 금욕적 시리아 교회 형태를 쉽게 접할 수 있다. 이들은 세례와 매일의 목욕과 성생활의 포기가 성적 욕망을 잠재우고 영혼을 타락 이전의 하느님 모상으로 회복시킨다고 믿었다. 그러다가 시리아 교회가 로마 교회의 신학과 관습의 영향을 받으면서 독신의 요구가 완화되어 교회 특정 계층에게만 독신을 요구하고 혼인한 사람도 교회에 온전히 입문할 수 있게 되었다. 둘째, 초대 시리아 교회 문학에서 인간은 예수님의 대속 행위를 통해서가 아니라 예수님이 계시한 의로운 삶을 스스로 살아냄으로써 잃어버린 낙원을 되찾는다. 그리스도인은 영혼에 잠복해 있는 욕망과 정욕을 극복하는 데 집중하면서 가능한 한 자기 절제에 힘써야 한다. 그리고 '단일성'이라는 타락 이전의 상태를 회복하려면 혼인을 포기해야 한다. 이렇게 될 때 성 구별과 차이는 없어지고 마침내 예수님과 일치할 수 있다.[45] 이 모든 측면이 토마 복음에 들어 있다. 그렇다면 토마 복음이 동부 시리아에서 유래했을 가능성이 상당히 크다.

토마 복음을 만들고 사용한 공동체와 관련해서는, 영지주의 집단에서 유래했을 법한 말씀들과 함께 정통 그리스도교 전승에서 나왔을 말씀들도 많다는 사실을 유념해야 한다. 토마 복음서 내용이 전체적으로 일관성 있지는 않으며, 영지주의 성향을 띤 말씀들도 정통 그리스도교에서 용인될

44 Vööbus, *Celibacy, a Requirement for Admission to Baptism in the Early Syrian Church*, 19.

45 Quispel, "The Syrian Thomas and Syrian Macarius", 226-235: Koltun-Fromm, "Sexuality and Holiness: Semitic Christian and Jewish Conceptualizations of Sexual Behavior", 375-395 참조.

수 없을 만큼 심하지는 않다.[46] 따라서 토마 복음을 반드시 영지주의와 결부시킬 필요는 없다. 더욱이 요즘은 대부분의 학자들이 영지주의를 하나의 독립된 종교 운동으로 보지 않는다. 지식 또는 인식Gnosis을 구원의 필수 요소로 보고 영적인 것만 추구하며 세상과 인간 실존을 부정적으로 바라보는 허무주의적 사상들을 일괄해서 영지주의라 부른다. 실제로 영지주의란 하나의 독립된 역사적 실체 또는 종교로서 존재하지 않았다.[47] 발렌티누스파, 마르키온파, 셋파, 시몬파, 바실리데스파, 나아센파, 카포크라테파 등은 공동체의 특성과 삶의 양식에서뿐 아니라 신학적 입장까지 달랐으며, 그들이 공유한 종교 운동, 이른바 '영지주의' 또는 '영지교'란 존재하지 않았다는 것이다. 편의상 이들을 영지주의라 통칭하지만 영지주의를 독자적인 이단 종교, 하나의 구체적인 종교로 인식해서는 안 된다. 영지주의는, 헬레니즘 시대 다원주의 환경에서 탄생하여 5세기까지 번성한 여러 종교적 또는 준철학적 운동들을 아우르는 개념으로 받아들여야 한다.[48]

이러한 사항과 더불어 토마 복음에서 여러 전승층이 발견된다는 사실을 염두에 둔다면 이 복음서를 특정 사상조류로 단순화할 수 없을 것이다. 토마 복음의 기본 토대는 1세기 중후반 정통 그리스도교 집단에서 형성되었으며, 2세기에 이르러 영지주의 계열의 신학 성향과 입장을 표방하는 공동체에서 여러 전승을 취합·가필하고 수정하여 오늘날의 모습으로 만들었다고 보는 게 가장 합리적인 듯하다.[49]

---

46 히긴스는 토마 복음에서 비영지주의 말씀들을 따로 구별해 놓았다: Higgins, "The Non-Gnostic Sayings in the Gospel of Thomas", 292-306.

47 King, *What is Gnosticism?*, 1-2.

48 Perkins, "Gnosticism", 465.

49 토마 복음 공동체에 관해서는 Kazen, "Sectarian Gospels for Some Christians? Intention and Mirror Reading in the Light of Extra-canonical Texts", 561-578을 참조하라.

5. 특성과 신학

토마 복음은 정경 복음서와는 달리 말씀만으로 되어 있으며 예수님의 114가지 '비밀 말씀들'을 담고 있다. 예수님의 행적을 다루지 않아 기적 이야기나 수난 사화가 없고, 예수님의 죽음과 부활도 저자의 관심 밖인 것처럼 보인다. 사실 저자는 한 번도 예수님의 죽음이나 부활 문제를 거론하지 않는다. 토마 복음에서 중요한 것은 예수님이 전달한 비밀 가르침이다. 실제로 이 복음서는 114가지 말씀의 의미를 배우는 사람은 누구나 죽음을 맛보지 않으리라는 말로 시작한다. 토마 복음에 담긴 여러 전승층을 감안하면서 여기서 드러나는 다양한 신학적 측면들을 다루기로 한다.

5.1. 하느님과 하느님 나라

토마 복음에서는 하느님을 가리킬 때 아버지ⲡⲉⲓⲱⲧ 칭호를 가장 많이 사용하며,[50] 주님(ⲡϫⲟⲉⲓⲥ 말씀 73), 살아 계신 분(ⲡⲉⲧⲟⲛϩ 37), 하느님(ⲡⲛⲟⲩⲧⲉ 100), 하나ⲟⲩⲁ이시고 나누임이 없으신 분(ⲡⲉⲧϣⲏϣ 61)이라고도 한다. '하느님'·'주님'·'아버지' 칭호가 등장하는 말씀은 대부분 공관 복음서와 병행한다. 성부·성자·성령의(말씀 44) 공식도 등장한다.

대다수의 영지주의 문헌과 달리 토마 복음에서는 최상신Supreme God과 창조주Demiurgus의 엄격한 구분이 나타나지 않는다. 최상신의 의지

50 하느님은 예수님이 '나의 아버지'(ⲡⲁⲉⲓⲱⲧ)라 부르는 분이시며(61; 99), '아버지'(27; 40; 44; 57; 69; 79; 83; 96; 97; 98; 113), '살아 계신 아버지'(ⲡⲉⲓⲱⲧ ⲉⲧⲟⲛϩ 3; 50)로도 불리신다. 그리고 아버지의 징표는 움직임이며(ⲕⲓⲙ) 안식(ⲁⲛⲁⲡⲁⲩⲥⲓⲥ)이시다(50).

와 무관하게 단독으로 이 세상을 만든 악한 신 개념이 없다.[51] 최상신에서 시작된 신들(또는 에온들)의 유출 과정에서 생겨난 신들의 조합(신들의 체계, 또는 천상계)이 보통 '모든 것'τὸ πᾶν[52] 또는 '플레로마'(πλήρωμα 충만)라 불리는데, 토마 복음에 '모든 것'ⲡⲧⲏⲣϥ̄이라는 용어는 나오지만(말씀 77) 이것이 정확히 플레로마를 가리키는 것 같지는 않다. 그리고 신들의 유출 과정을 묘사하는 대목도 없다. 그러므로 다른 영지주의 작품에서 흔히 볼 수 있는 천상계의 신화를 토마 복음에서 전제했다고 확실히 말할 수 없다. 이 복음서는 그저 '아버지의 나라'ⲧⲙⲛ̄ⲧⲉⲣⲟ ⲙ̄ⲡⲉⲓⲱⲧ 또는 '(하늘) 나라'ⲧⲙⲛ̄ⲧⲉⲣⲟ라고만 언급하고 있다.

토마 복음에서 '아버지의 나라' 또는 '(하늘) 나라'가 중심 개념에 속하지만 공관 복음서의 미래지향적 종말론은 거의 찾아볼 수 없다.[53] 하늘 나라에 '들어가고'(말씀 22; 114) 하늘 나라를 '찾는다'(말씀 27; 49)는 표현이 있고 미래와 연결되기는 한다.[54] 그러나 이 진술들은 대개 제자들이 '하늘 나라'에서 왔다는(49) 진술과 밀접한 관련이 있다. 곧 제자들의 본향은 하늘 나라

---

51 영지주의 문헌은 대부분 최상신과 창조주를 엄격히 구분한다. 최상신은 어둠과 악의 감각 세계와는 전혀 관계가 없는 초월적 존재이며, 이 최상신에서 신들(또는 에온들)이 흘러나왔다. 이러한 신들의 세계에서 서열상 최하위인 소피아가 최상신을 향한 동경으로 최상신의 동의도 없이 몰래 만들어 낸 기괴한 소생이 바로 창조주다. 그리고 이 창조주가 천상 세계에서 쫓겨나 물질로 된 지상 세계를 창조하고 지배한다(요한의 비전).

52 '모든 것'(τὸ πᾶν, ⲡⲧⲏⲣϥ̄)은 성경에서 주로 하느님 또는 우주나 우주만물, 모든 피조물을 가리킨다. 그러나 발렌티누스파 작품에서는 이 단어가 플레로마 전체를 가리키는 전문 용어이기도 한다(삼부작 논고 1.51.34; 진리의 증언 9.36.28). Sagnard, *La gnose valentinienne et le témoignage de Saint Irénée*, 651을 참조하라.

53 다만 '하늘과 하늘에 있는 것이 사라지리라'는 말씀 11의 표현과 '하늘과 땅이 너희 앞에서 한데 말려들어갈 것이다'라는 말씀 111의 표현은 비교적 미래지향적 요소가 강하다.

54 '찾다'와 '들어가다'에 해당하는 동사가 모두 미래형이다.

이며 지식을 통해 원래 있던 하늘 나라로 되돌아간다는 의미로 쓰였다. 토마 복음에 종말론이 있다면, 그것은 이른바 '실현된 종말론'이다. 그래서 하늘 나라는 '너희 안에 있고, 너희 바깥에' 있으며(말씀 3.1), 기다리던 것은 '이미 왔고'(말씀 51) '땅 위에 펼쳐져 있는데 사람들이 그것을 보지 못할 뿐'(말씀 113)이라고 한다. 그리고 '하늘 나라'는 하늘이나 땅 밑과 같은 특정한 장소를 가리키는 것도 아니고(말씀 3) '기다린다고 오는 것도 아니'(말씀 113)라고 한다. 이처럼 토마 복음의 '하늘 나라'는 현재적 특성만이 중요해 보이며 영적 측면이 강조된다. 미래에 있을 심판에 대해서 거론하지 않는 것도 같은 이유다. 토마 복음은 지금 여기서 깨달아 하늘 나라의 일원으로 되돌아가야 함을 강조한다. 본향으로 되돌아가는 것이 구원이기 때문이다.[55]

5.2. 그리스도론

토마 복음에는 묵시론적 묘사나 사람의 아들 말씀은 그다지 찾아볼 수 없다.[56] 다윗의 아들이라든가 그리스도라는 칭호도 눈에 띄지 않는다. 무엇보다 예수님의 수난이나 부활에는 관심이 없으며 죄의 용서나 대속 개념을 찾아볼 수 없다. 실제로 토마 복음에서 예수님의 중요한 역할은 인간의 처음과 끝, 기원과 운명을 알려주는 것, 곧 계시자로서의 역할이다(말씀 3; 18; 49;

---

55 이런 식의 종말론은 요한 복음과 비슷하다. 요한 복음은 죽은 이들의 부활과 심판을 포함한 '마지막'은 이미 실현되었으며 하느님께서 공동체 안에 현존하신다는 믿음을 부각시킨다(5,24-26). 사실 초대 그리스도교 문학 전반에서 종말론의 변천을 목격할 수 있다. 바오로의 임박한 종말론(1테살 4,15-17)에서 공관 복음서의 묵시론적 기대(마르 13장; 마태 24장)를 지나 요한 복음의 종말론의 와해에 이르기까지, 초대 그리스도교 종말론은 역사와 함께 심도 깊은 변화를 겪었다.

56 말씀 86은 예외적으로 사람의 아들에 관해 이야기하지만 묵시론과는 상관이 없다.

50). 아울러 예수님은 계시자로서 제자들에게 자기와 제자들의 기원의 비밀을 알려주고 설명한다(말씀 13; 28; 61; 62). 예수님이 자신의 신비를 알려주는 것은 오직 그 신비에 합당한 이들에게만이다(말씀 62).

예수님은 살아 계신 분ⲓ̅ⲥ̅ ⲉⲧⲟⲛϩ이자(머리말), 살아 계신 분의 아들 ⲡϣⲏⲣⲉ ⲙ̅ⲡⲉⲧⲟⲛϩ로(말씀 37) 제시되기도 한다. 또한 아버지와 함께하는 분, '나누임이 없으신 분'에게서 나왔으며(말씀 61) 빛ⲡⲟⲩⲟⲉⲓⲛ이고 모든 것이며 어디에나 계신다(말씀 77). 모든 것이 그분에게서 나와 그분에게 돌아간다(말씀 77). 말씀 77은 그리스도론과 관련해 중요한 정보를 준다.[57] 유다교 문헌에서는 하느님을 '모든 것'이고 어디에나 계시는 분으로 소개한다.[58] 따라서 예수님이 '모든 것'이고 어디나 현존한다는 말씀 77은 예수님의 신성을 암시하는 것으로 이해할 수 있다.

5.3. 세계관·인간관

토마 복음에 천상의 영적 세계와 지상의 물질 세계, 그리고 영적 인간과 물질적 인간을 양분하는 이분법이 나타난다. 이 세상과 아버지의 나라, 이 세상 사람들과 뽑힌 사람들 사이의 구분이 그것이다.

하늘 나라와 영의 반대편에 있는 세상과 육신은 부정적 평가를 받는다(말씀 27; 29; 56; 80; 87; 112). 세상은 경계의 대상이며(말씀 21) 세상을 멀리하지 않으면 하늘 나라를 찾지 못할 것이다(말씀 27). 세상은 주검에 지나지 않

---

57 말씀 77: 예수님께서 말씀하셨다. "나는 그것들 모두 위에 있는 빛이다. 나는 모든 것이다. 모든 것이 바로 내게서 나왔고 또 모든 것이 내게로 왔다. 나무를 쪼개 보아라. 내가 거기 있다. 돌을 들어 보아라. 거기서 나를 찾을 것이다."

58 집회 43,27; 필론 『우의적 율법』 1.44; 3.4; 『카인의 추방과 그의 후손』 6; 14; 『언어의 혼란』 136.

아 세상을 발견하고 자기 자신을 발견한 사람에게 이 세상은 합당하지 않다(말씀 56; 80; 111). 또한 세상을 발견한 사람은 세상을 버려야 한다(말씀 110).

이 세상 사람들은 술에 취하고 마음의 눈이 멀어, 빈손으로 세상에 와서 빈손으로 떠나야 한다는 것을 모르고(말씀 28), 진리를 알지 못한다(말씀 78). 율법 학자들과 바리사이들은 지식ΓΝΟϹΙϹ의 열쇠를 받아서 숨겨 두고는 자기들도 들어가지 않고 들어가고자 하는 사람들도 못 들어가게 한다(말씀 39; 102). 반면에 '들을 귀 있는 사람', 선택되어 혼자ΜΟΝΑΧΟϹ가 된 사람들(말씀 8; 23; 49; 75; 107), 남자도 여자도 아닌 '어린이'같이 '오직 하나'가(ΟΥΑ 또는 ΟΥΑ ΟΥΩΤ 22; 114) 된 사람들은 예수님의 말씀을 이해하고(말씀 1) 그분의 참된 모습을 알아보며(말씀 13), 자신이 아버지의 선택된 자녀임을 깨닫고(말씀 3; 50), 빛의 세상에 속해 있다는 것을 안다(말씀 50). 아버지와 아들처럼 이들 또한 살아 있는 자들이며 죽음을 맛보지 않고(말씀 1; 18; 19; 111), 하늘 나라에 들어갈 것이다(말씀 22; 75).

5.4. 구원론

토마 복음 구원론의 가장 큰 특징은 구원이[59] '앎', '지식', '인식'γνῶσις과[60] 직

59 토마 복음에 '구원'이라는 단어가 직접 사용되지는 않는다. 대신 구원의 의미로 흔히 '하늘 나라에 들어가다'(ΒΩΚ ΕϨΟΥΝ ΕΤΜΝ̄ΤΕΡΟ)라는 표현을 사용한다. 그 밖에 '죽음을 맛보지 않는다'(ϪΙ ϮΠΕ ΑΝ Μ̄ΜΟΥ), '죽음을 보지 않는다'(ΝΑΥ ΑΝ ΕΜΟΥ), '…한 사람에게는 세상이 합당하지 않다'(ΠΚΟϹΜΟϹ Μ̄ΠϢΑ Μ̄ΜΟϤ ΑΝ), '하늘 나라를 알다'(ϹΟΥΩΝ ΤΜΝ̄ΤΕΡΟ) 등의 표현이 있다. '하늘 나라를 발견하다'(ϨΕ ΕΤΜΝ̄ΤΕΡΟ), '아버지를 뵙다'(ΝΑΥ ΕΠΕΙΩΤ), '살아 계신 분의 아들을 보다'(ΝΑΥ ΕΠϢΗΡΕ Μ̄ΠΕΤΟΝϨ) 등도 마찬가지다.

60 여기서 그노시스란 천상적 계시자의 비밀 가르침을 받은 사람들만 얻을 수 있는 '계시된 지식'이다. 따라서 이성으로 도달할 수 있는, 인간과 자연 세계에 대한 진

결된다는 점이다(말씀 1; 3; 18; 19; 46; 69). 그리하여 '알다' 동사 COOYN이 구원론의 범주로 사용된다. 따라서 '알게 되면 죽음을 맛보지 않을 것이다'라는(말씀 18; 19) 공식이 성립하며, '(하늘) 나라를 알다' 또는 '아버지를 알다'(말씀 46; 69)라는 표현이 구원과 동일한 의미로 사용된다. 아울러 '자신을 아는 것'과 '세상을 아는 것'이 구원의 조건임을 암시하기도 한다(말씀 3; 56; 67; 80; 111). 곧 '아는 것'은 구원의 조건이자 구원 그 자체다.

한편 '지식' 또는 '알다'와 관련하여 '찾다'ϣιne n̄ca-, '발견하다'(ϭιne 또는 ϩe e-), '보다'nay e- 등의 동사도 구원의 맥락에서 중요하다(말씀 2; 27; 49; 59; 92; 94; 110; 111). 가령 말씀 27에서 '하늘 나라를 발견하다'ϩe etmn̄tepo와 '아버지를 뵙다'nay epeιωt라는 표현이 구원의 의미로 쓰였다. 곧 "너희가 세상을 단식하지 않는다면 하늘 나라를 찾지 못할 것이다. 너희가 안식일을 안식일로 지내지 않는다면 아버지를 보지 못할 것이다"(말씀 27). 그러므로 찾을 때까지 찾기를 그만두지 말아야 하고(말씀 2), 찾는 자는 찾을 것이며(말씀 92; 94), 예수님의 말씀의 의미를 발견하고(말씀 1) 자신의 기원과 끝을 아는 사람은 죽지 않고 하늘 나라를 발견할 것이다(말씀 3; 18; 19; 49).[61]

곧 자기 자신을 아는 사람은 자신이 하느님의 아들임을 깨닫고 자신들

리를 이해하는 것이 아니다. 이러한 '계시된 지식'을 얻은 사람들만이 자신의 기원과 운명을 알고 자신이 떠나온 곳으로 되돌아갈 수 있다. 계시 바깥에 있는 사람들은 참된 신적 세계에 대한 무지의 굴레에 매여 있으며 지식을 얻은 영혼이 천상의 본향으로 돌아갈 운명이라는 것도 알지 못한다(Perkins, "Gnosticism", 467).

61 토마 복음에서도 공관 복음서와 마찬가지로 자기 자신과 세상, 그리고 하느님을 아는 것뿐 아니라 하느님의 뜻을 실천하는 것도 강조한다. "아버지의 말씀을 듣고 그것을 진실하게 지킨 이들이 행복하다"(79). "여기 있는 사람들, 곧 내 아버지의 뜻을 실행하는 이들이 내 형제들이고 내 어머니다. 내 아버지의 나라에 들어갈 사람들은 바로 이들이다"(99). 이 말씀들은 공관 복음서에서 병행구들을 찾을 수 있으며, 보통 토마 복음 말씀 가운데 이른 시기의(1세기) 것이다. 반면에 '지식'을 강조하는 말씀들은 보통 공관 복음서와 병행하지 않으며 비교적 늦은 시기에(2세기) 만들어진 말씀으로 여겨진다.

이 생겨난 빛의 나라, 하늘 나라로 되돌아간다(말씀 3; 49-50). 세상을 안 사람에게는 이 세상이 합당하지 않기 때문이다.

토마 복음에서 구원은 인간의 성性이 구분되기 이전의 태초의 상태로 되돌아가는 것으로 표현되기도 한다(말씀 16; 18; 22; 23; 37; 114). 그래서 어린이 같은 사람이 하늘 나라에 들어간다(말씀 22)고 말한다. 여기서 '아기' 등은 단순히 겸손이나 순수함을 상징하는 말이 아니다. 토마 복음에서 '어린아이'(말씀 4; 37), '어린이'(말씀 21), '아기'(말씀 22)는[62] 아직 성이 구별되지 않은 사람을 가리킨다. 그러므로 '어린이'와 같은 사람이 된다는 것은 성의 구별이 없는 사람 또는 성을 초월한 사람이 된다는 뜻이다.[63] 곧 토마 복음에서는 '아기'처럼 성의 구별이 없고 남자는 남자가 아니며 여자는 여자가 아닌 사람이 하늘 나라에 들어간다(말씀 22).

아울러 '혼자'(ⲙⲟⲛⲁⲭⲟⲥ 말씀 16; 49; 75), '하나'(ⲟⲩⲁ 말씀 22; 106), '오직 하나'ⲟⲩⲁ ⲟⲩⲱⲧ인 사람이(말씀 4; 22; 23) 하늘 나라에 들어간다는 것도 비슷한 의미다. 여기서 혼자 또는 하나인 사람은 성 구별을 의도적으로 극복하여 태초의 단일성을 회복한 사람으로 이해된다. '시작에 서 있다'(말씀 18), '옷을 벗다'(말씀 21; 37), '둘을 하나로 만들다'(말씀 22; 106), '남자와 여자를 오직 하나인 사람으로 만들다'(말씀 22), 여자가 자신을 '남자로 만들다'(말씀 114) 등도 마찬가지다.

이 용어들이 단순히 성性과 관련되지만은 않았을 것이다. 성을 초월하여 하나의 온전한 인간Integrity 그 자체로 완전한 인간completeness이 된다는 의미이기도 하다. 토마 복음은 온전한 태초의 원형적 인간을 가리키는 '어린이'와 그 관련어들, '혼자인 사람'과 그 관련어들을 써서 인간이 성을 넘어 태초의 단일성을 회복할 때라야 하늘 나라에 들어갈 수 있음을 강변한다.

---

62 '어린아이'(ⲕⲟⲩⲉⲓ ⲛ̄ϣⲏⲣⲉ ϣⲏⲙ 4; 37), '어린이'(ϣⲏⲣⲉ ϣⲏⲙ 21), '아기'(ⲕⲟⲩⲉⲓ 22).

63 Kee, "'Becoming a Child' in the Gospel of Thomas", 310-313.

이러한 인간 이해는 토마 복음의 하느님 이해와 무관하지 않다. 곧 하느님께서 '하나'이시고 '나누임이 없으신 분'이신 것처럼 그분께 뽑힌 이들도 태초의 인간처럼 온전히 '하나'인 사람이 되어야 한다는 것이다.

사실 성 구별의 소멸 주제는 2-3세기 여러 그리스도교 작품에서 폭넓게 발견된다.[64] 이집트인들의 복음, 베드로 행전 38,[65] 요한 행전,[66] 필립보 행전 140[67] 등은 물론, 필립보 복음 70.9-22,[68] 삼부작 논고 132[69] 등 다른

---

64 Hogan, *No Longer Male and Female: Interpreting Galatians 3.28 in Early Christianity*, 47-84 참조. 초기 그리스도교 금욕주의의 배경에 관해서는 van der Horst, "Celibacy in Early Judaism", 390-402도 참조하라.

65 베드로 행전 38장(순교록 9)은 특히 토마 복음 말씀 22와 매우 비슷하다. "주님께서는 이에 관해 신비로이 말씀하십니다. '만약 너희가 오른쪽 것을 왼쪽 것으로, 왼쪽 것을 오른쪽 것으로, 위쪽 것을 아래쪽 것으로, 뒤쪽 것을 앞쪽 것으로 만들지 않는다면, (하느님) 나라를 알지 못할 것이다.'"

66 요한 행전은 150-160년경에 만들어졌을 법하다. 작품이 만들어진 장소는 분명치 않으나 소아시아 남서부 지역이 주 후보지다. 배경 전승이 토마 행전과 비슷하고 일부 내용이 시리아어 특성을 내비치는 것으로 보아 동부 시리아 지역에서 생겨났을 가능성도 있다. 이 작품은 시리아와 소아시아 지역의 그리스도교 분파의 전승에 속해 있었으며 그들이 마니교 신자들에게 전해 주었음 직하다.

67 필립보 행전은 아마도 4세기 중반 소아시아 지역 어느 금욕주의 분파에서 만들어졌을 것이다. 의복, 이름, 먹고 마시는 관습, 혼인의 포기, 방랑 생활 등이 342년 캥크레애 공의회에서 단죄 받은 소아시아 지역 금욕분파 운동의 생활 양식과 매우 비슷하다: de Santos Otero, "Later Acts of Apostles", 468-473. 필립보 행전 140은 토마 복음 말씀 22와 병행한다. "사실 주님께서 내게 말씀하셨다. '너희 아래쪽에 있는 것을 위쪽에 있는 것으로, 그리고 왼쪽에 있는 것을 오른쪽에 있는 것으로 만들지 않는다면, 내 나라에 들어가지 못할 것이다'"(필립보 행전 140).

68 "여자가 남자에게서 분리되지 않았다면, 남자와 함께 죽지 않을 것이다. 그와의 분리가 죽음의 시작이 되었다. 이 때문에 그리스도께서 오셨다. 처음에 일어난 분리를 원래대로 복원하고 둘을 결합하여 분리로 인해 죽은 자들에게 생명을 주고 그들을 결합시키기 위해서였다."

69 "… 사실 끝은 오직 하나(ⲟⲩⲉⲉⲓ ⲛ̄ⲟⲩⲱⲧ)의 실존을 얻게 될 것이다. 처음(시작)이 오직 하나였던 것과 마찬가지다. 그곳에는 남자도 여자도 없고 노예도 자유인

여러 영지주의 문헌들에서도 공통적으로 성 구별의 해소 개념이 두드러진다. 이 같은 개념은 비단 영지주의 집단만이 아니라 당시에 두루 퍼진 종교·철학적 분위기를 반영한다. 세상과 육체에서 해방되어 신과 일치하고자 하는 염원인 것이다. 이러한 염원에는 성적 욕망과 출산에 대한 부정적 태도, 음식의 절제, 욕정의 지배를 받지 않는 단순한 생활양식의 추구 등이 뒤따랐다. 이러한 영성적 태도는 2-3세기의 보편적 정서였다고 한다.[70]

토마 복음의 구원관을 종합하면, 예수님의 비밀 말씀의 의미를 발견해야 죽지 않는다(말씀 1). 남녀의 구별을 없애고 단일성을 회복할 때 하느님의 아들을 만날 것이며(말씀 37) 살아 있는 동안 하느님을 뵈어야 죽지 않을 것이다(말씀 59). 금욕을 통한 하느님 체험이 그들을 최초의 영광스런 상태로 완전하게 변형시켜 그들은 더 이상 죽지 않게 될 것이다.[71]

도 없으며 … 천사도 사람도 없고, 모든 것(ⲡⲧⲏⲣϥ̄) 안에 모든 것(ⲡⲧⲏⲣϥ̄)이신 그리스도만이 계신다(그리스도께서는 모든 것 안에 모든 것이시다). …"

70 2-3세기의 종교·철학적 분위기는 Chadwick, *The Early Church*, 174-183 특히 175-176을 참조하라. 초세기 그리스도인들에게 하느님을 직접 체험하기 위한 첫걸음은 욕정이 없는 상태에 도달하는 것이며, 육체를 완벽하게 통제할 수 있어야 낙원으로 들어가는 필요조건이 충족되었다. 토마 복음이 '세상을 단식'하고(말씀 27) 여러 가지 유혹과 세상에 속한 것들에서 자신을 보호하고 멀리할 것을(말씀 21; 64; 110) 가르치며 금욕과 홀로인 삶을 지향하는 것이 그래서다(말씀 16; 21; 22; 23; 27; 37; 49; 64; 75; 106; 114). 영구한 독신 생활(ⲙⲟⲛⲁⲭⲟⲥ)을 통해 성(性)을 뛰어넘고 아담이 누리던 영광의 지위를 회복하라는 것이다.

71 동방 그리스도 교회는 전통적으로, 성령께서 영혼 안에 머묾으로써 우리 영혼이 점차 영광스런 최초의 모상으로 변형된다고 가르친다. 우리가 변화될 수 있는 것은, 태초에 우리가 가졌던 영광스런 모상이 아담의 선택으로 감소되었을 뿐 완전히 상실된 것이 아니기 때문이라고 한다. 동방 그리스도교는 자기를 아는 것, 육신의 포기, 영적 투쟁과 정욕의 정화, 덕의 길, 지식(gnosis)과 하느님 직관(theoria)을 촉구한다. 토마 복음을 동방 그리스도교의 맥락에서 읽으면 이해하기 쉽다. 동방 그리스도교에 관해서는 Špidlík, *La spiritualité de l'Orient chrétien. Manuel systématique*를 보라.

이러한 구원론은 종말의 지연으로 생겨난 '실현된 종말론'의 결과물이다. 예수님의 제자들과 목격증인들이 하나둘 세상을 떠나고 임박한 재림과 종말에 대한 기대가 어긋나면서 구원과 종말에 대한 생각도 변화를 겪었다. 그래서 이제 '기다리던 것'은 이미 와 있으며 하늘 나라는 이 세상에 펼쳐져 있다고 한다. 최후 심판에서 살아남기 위한 이야기를 하는 대신, '처음'으로 돌아가 타락 이전의 인간의 지위를 회복해야 함을 강변한다. 이는 '혼자'의 삶을 고양하는 금욕주의 전통과 맥을 같이하며, 자신에 대한 지식을 찾는 헤르메스주의적 과정과도 맞물려 있다(말씀 3; 67; 111). 종말의 지연으로 임박한 종말에 희망을 걸기보다는, 태초의 원형적 인간을 추구하는 유다교 신비주의 전통과 금욕주의, 헤르메스주의적 자아 탐구 개념이 섞인 새로운 구원론을 발전시킨 것이다(말씀 3; 5; 7; 19; 24; 37; 38; 50; 56; 59; 67; 80; 83; 84; 108; 111).[72] 이 모든 요소들이 합해져 토마 복음의 구원론이 만들어졌다.

6. 토마 복음

콥트어 대본: Lambdin(tr.)/Layton(ed.), "The Gospel according to Thomas", 52-92의 비평본을 토대로 콥트어(사히드 방언)에서 우리말로 번역하였다. 토막 말씀마다 번호를 붙였으며, 말씀에 따라 절을 구분한 경우도 있다. 말씀 앞에 나오는 숫자는 '장' 번호가 아니라 토막 말씀 번호다. 본문에서 [ ]에 든 내용은 훼손된 필사본을 문맥에 맞게 복원한 경우고, ( )에 있는 내용은 우리말 표현을 위해, 혹은 문장 이해를 돕기 위해 임의로 덧붙인 경우

72 DeConick, *Recovering the Original Gospel of Thomas: A History of the Gospel and its Growth*, 87-88을 참조하라. 드코닉은 실현된 종말론이 발전한 시기를 80-120년으로 잡는다.

다. 〈 〉에 든 내용은 Layton이 문맥에 맞게 첨가한 것이다. 훼손된 본문을 복구하기 어려운 경우는 [⋯]로 표시하였다.

so cs

머리말 이것들은 살아 계신 예수님께서 말씀하시고 디디무스 유다 토마가 기록한 비밀 말씀들이다.

1. 그리고 그분께서 말씀하셨다. "이 말씀들의 해석(의미)을 찾은 사람은 죽음을 맛보지 않을 것이다."

2. 예수님께서 말씀하셨다. "찾는 사람은 찾아낼 때까지 찾기를 멈추지 마라. 그가 찾아내면 당황할 것이다. 그리고 당황하면 놀랄 것이며 모든 것을[73] 다스릴 것이다."[74]

3. 1 예수님께서 말씀하셨다. "너희를 이끄는 자들이 너희에게 '보라, 하늘 나라는[75] 하늘에 있다'고 하면, 하늘의 새들이 너희를 앞지를 것이다. 그들이 너희에게 '그것은 바다에 있다'고 하면, 물고기들이 너희를

---

73 "모든 것"(ⲠⲦⲎⲢϤ)은 '전부, 전체'를 뜻하며 '만물' 또는 '모든 피조물'을 가리킨다. 전 우주 또는 온 세상, 존재하는 모든 것을 일컫기도 한다. ⲠⲦⲎⲢϤ에 해당하는 그리스어는 τὸ πᾶν이다. 한편 '모든 것을 다스린다', '모든 것 위에 군림한다', '모든 것 위에 임금이 된다'는 뜻의 ⲢⲢⲞ ⲈϪⲘ ⲠⲦⲎⲢϤ와 비슷한 구절이, 에우세비우스 『복음의 준비』 8.10.10; 13.12.4(ὁ ὢν ἐπὶ πάντων θεός 모든 것 위에 계시는 하느님); 로마 9,5(ὁ Χριστὸς ⋯ ὁ ὢν ἐπὶ πάντων θεός)에도 나온다. 토마 복음 말씀 2에서는 하느님이나 그리스도에 사용되는 '모든 것을 다스린다'는 표현이 '구하고 찾은 사람'에게 적용되었다.

74 '놀람'과 '경탄'은 철학의 시작이다. 히브리인들의 복음(알렉산드리아의 클레멘스 『잡록』 2.9.45.5; 5.14.96.3) 해당 구절과 그에 달린 각주를 보라.

75 콥트어 본문에는 그저 '나라'라고만 되어 있다. 문맥상 '하늘 나라'로 옮겼다. 이하에서도 마찬가지다.

앞지를 것이다. 그러나 하늘 나라는 너희 안에 있고 또 너희 바깥에 있다.

[2] 너희가 너희 자신을 알게 될 때 너희는 알려질 것이다. 그리고 너희가 살아 계신 아버지의 자녀라는 것을 깨닫게 될 것이다. 그러나 너희가 너희 자신을 알지 못하면 너희는 가난 속에 있으며 가난 자체이기도 하다."[76]

4. [1] 예수님께서 말씀하셨다. "나이 든 노인이 이레 된 어린아이에게 생명의 처소에[77] 관해 묻는 것을 지체하지 않을 것이며 그는 살 것이다. [2] 첫째인 많은 사람이 꼴찌가 되고[78] 그들은 오직 하나가 될 것이다."[79]

---

76 토마 복음에서 '가난'은 말씀 54를 제외하고는 줄곧 부정적 의미로 쓰인다. 하늘 나라와 영은 '부유'하나 세상과 육신은 '빈곤'하다는 것이다(말씀 29; 81; 110). 특히 말씀 110은 세상에 관한 '지식'을 얻게 된 사람을 부유한 이로 표현한다. 자신을 알지 못하는 것이 '가난'으로 표현되는 말씀 3과 대조를 이룬다. 지혜로운 어부는 '크고 보기 좋은' 물고기만 남겨두고 나머지 '작은' 물고기들은 버리며(말씀 8), 목자는 아흔아홉 마리 양을 놔두고 잃어버린 '큰' 양 한 마리를 찾아 나선다고 하는 것(말씀 107)도 비슷한 의미로 읽힌다.

77 필론은 『꿈』 1.61-67에서 '처소'(τόπος)에 관해 설명한다. 그는 τόπος를 세 가지 의미로 이해한다. 첫째 물질적 형상으로 채워진 공간, 둘째 하느님이 비물질적 권능으로 채우고 계신 신적 로고스의 공간, 셋째 하느님 자신이다. 특히 『꿈』 1.63-64에서 하느님이 '처소'이기도 한 이유를 설명한다. 하느님께서는 스스로 모든 것을 담고 계시나 하느님 자신 이외에 아무것에게도 담기지 않으시며, 오직 스스로가 스스로를 담는 분이시므로 담는 주체와 담기는 객체의 구분이 없다. 따라서 하느님은 당신이 스스로의 처소이시며 그저 '하느님은 처소이시다'라고 말할 수 있다는 것이다(αὐτὸς ὁ θεὸς καλεῖται τόπος). 바실리우스 『성령』 62; 히폴리투스 『이단 논박』 6.32; 진리의 복음 40.32; 42.35-40; 삼부작 논고 60.5를 참조하라.

78 마르 10,31; 마태 19,27-30; 20,16; 루카 13,30. 토마 복음은 첫째가 꼴찌가 된다는 말씀을 독특하게 해석한다.

79 쾨스터는 '오직 하나'가 된다는 것을 신성한 기원과 일치를 이룬 모든 사람과 하나가 되는 것으로 해석한다: Koester, *Introduction to the Gospel according to*

5. [1] 예수님께서 말씀하셨다. "바로 네 앞에 있는 것을 알아보아라. 그러
면 네게 가려진 것이 분명히 드러날 것이다. [2] 사실 가려진 것 가운데
드러나지 않을 것은 없다."

6. [1] 그분의 제자들이 그분께 여쭈었다. "우리가 단식하기를 바라십니까?
우리는 어떻게 기도하고 자선을 베풀어야 합니까? 그리고 무슨 음식
규정을 지켜야 합니까?" [2] 예수님께서 말씀하셨다. "거짓말하지 마라.
그리고 너희가 혐오하는 짓을 하지 마라. 모든 것은 하늘 앞에 밝히 드
러나기 때문이다. [3] 사실 숨겨진 것 가운데 드러나지 않을 것은 아무것
도 없고, 가려진 것 가운데 벗겨지지 않은 채로 남을 것은 아무것도 없
다."

7. 예수님께서 말씀하셨다. "사람에게 먹혀서 사람이 될 사자는 복되다.[80]
그러나 그 사자에게 먹힐 사람은 저주받았다. 그 사자는 사람이 될 것
이다."[81]

8. [1] 그리고 그분께서 말씀하셨다. "그 사람은 바다에 그물을 쳤다가 바다
에서 작은 물고기들로 가득 찬 그물을 끌어올린 지혜로운 어부와 같
다.[82] 지혜로운 어부는 그 가운데서 크고 보기 좋은 물고기 한 마리를
발견하였다. 그는 작은 물고기들은 모두 바다로 되돌려 보내고 힘들이
지 않고 큰 물고기 한 마리만 골랐다. [2] 들을 귀 있는 사람은 들어라."[83]

9. 예수님께서 말씀하셨다. "자, 씨 뿌리는 사람이 나가 씨를 한 웅큼 쥐

Thomas, 43.

80 직역: '사람이 먹어서 사람이 될 사자는 복되다.'

81 기요몽 등은 '그 사람은 사자가 될 것이다'라 고쳐 읽는다: Guillaumont/Puech/Quispel/Till, *The Gospel according to Thomas. Text edited and translated.*

82 또는 '그 사람은 바다에 그물을 쳤다가 … 지혜로운 어부에 비길 수 있다.' 마태 13,47-48 참조.

83 마르 4,9.23; 마태 11,15; 13,9.43; 루카 8,8; 14,35.

고 뿌렸다. 어떤 것들은 길에 떨어져 새들이 와서 거두어갔다. 어떤 것들은 바위에 떨어져 땅에 뿌리를 내리지 못하고 이삭을 피우지 못하였다. 어떤 것들은 가시덤불 속에 떨어져 덤불이 씨의 숨을 막아 버리고 벌레가 그것들을 먹어 치워버렸다. 그리고 어떤 것들은 좋은 땅에 떨어져 좋은 열매를 맺고 예순 말[84] 백스무 말을 내었다."[85]

10. 예수님께서 말씀하셨다. "나는 세상에 불을 질렀다. 그리고 나는 이제 그것이 타오를 때까지 지키고 있다."[86]

11. [1] 예수님께서 말씀하셨다. "이 하늘은 사라질 것이다. 그리고 하늘에 있는 것도 사라질 것이다.[87] [2] 죽은 이는 살아 있지 않고, 산 이는 죽지 않을 것이다. [3] 한때 너희는 죽은 것을 먹어 그것을 산 것으로 만들었다. 너희가 빛 속에 있을 때는 무엇을 하겠느냐? [4] 너희가 하나였던 날 너희는 둘이 되었다. 그러나 너희가 둘이 될 때는 무엇을 하겠느냐?"

12. [1] 예수님의 제자들이 말하였다. "저희는 당신께서 저희 곁을 떠나시리라는 것을 압니다. 누가 저희의 지도자가 되겠습니까?" [2] 예수님께서 그들에게 말씀하셨다. "너희가 어디서 왔든지 의인 야고보에게 가야 할 것이다. 하늘과 땅이 바로 그를 위해 생겨났다."

13. [1] 예수님께서 제자들에게 말씀하셨다. "내가 누구와 비슷한지 빗대어 말해보아라."[88] [2] 시몬 베드로가 그분께 말하였다. "당신은 의로운 천

---

84 콥트어 ⲥⲟⲧⲉ는 무게나 부피 단위인 것은 분명하나 그 분량은 확실하지 않다.

85 말씀 9에 나오는 비유는 마르 4,2-8; 마태 13,3-8; 루카 8,4-8 등과 병행한다. 토마 유년기 12.1-2; 1클레 24.5도 참조하라.

86 루카 12,49 참조.

87 마르 13,31; 마태 5,18; 24,35; 루카 16,17; 21,33.

88 말씀 13.1-2에서 예수님을 누군가에 빗대어 말하는 것은 마태 16,13-20; 마르 8,27-30; 루카 9,18-22과 비슷하다.

사와 비슷합니다.” 마태오가 그분께 말하였다. “당신은 현명한 철학자
와[89] 비슷합니다.” 토마가 그분께 말하였다. “스승님, 당신이 누구와 비
슷한지 제 입으로는 도무지 말할 수 없습니다.”[90] 3 예수님께서 말씀하
셨다. “나는 너의 스승이 아니다. 내가 직접 크기를 잰 샘에서 솟아오
르는 물을 네가 이미 마시고 취하였기 때문이다.” 4 그분께서는 토마
를 데리고 물러나시어 그에게 세 가지 일을 일러 주셨다. 5 토마가 동
료들에게 돌아오자 그들이 그에게 물었다. “예수님께서 자네에게 무
슨 말씀을 하셨나?” 토마가 그들에게 말하였다. “그분께서 내게 하신
말씀 가운데 하나라도 자네들에게 이야기하면, 자네들이 내게 돌을
집어 던질 것일세. 그러나 그 돌들에서 불이 나와 자네들을 태워 버
릴 것이네.[91]

14. 1 예수님께서 그들에게 말씀하셨다. “너희가 단식을 한다면 자신에게
죄를 하나 짓는 셈이다. 너희가 기도를 한다면 너희는 심판을 받을 것
이다. 자선을 베푼다면 너희 영혼에 해악을 끼치는 셈이다.[92] 2 어떤

---

89 철학자(ⲫⲓⲗⲟⲥⲟⲫⲟⲥ)는 글자 그대로 ‘지혜를 사랑하는 사람’이다. 예수님을 지혜의 스승으로 제시하는 전통과 관련 있다.

90 직역: ‘당신이 누구와 비슷한지 말하는 것을 제 입이 견디지 못할 것입니다.’

91 원문에는 동사 ⲣⲱϩⲕ이 사용되었지만, 기요몽 등을 따라 ‘태우다’라는 뜻의 ⲣⲱⲕϩ로 바꾸어 읽었다: Guillaumont/Puech/Quispel/Till, *The Gospel according to Thomas. Text edited and translated*. 토마 복음을 제외한 다른 곳에서는 ⲣⲱϩⲕ라는 단어를 찾아볼 수 없다. ⲛ̄ⲥ 접속법 3인칭 복수는 ⲛ̄ϥ 3인칭 단수로 바꾸었다.

92 말씀 14에서 전형적인 영지주의 윤리를 엿볼 수 있다. 단식과 기도, 자선 행위까지 비난하면서 그 근거로 서로 상관없는 두 구절 곧 루카 10,8-9과 마태 15,11을 끌어들여 어떤 음식이든 먹어도 된다는 논리를 편다. 영지주의자에게 중요한 것은 영혼이다. 육체는 영혼이 지상에 머무는 동안 갇혀 있는 감옥일 뿐이라는 것이다. 그들이 육체를 경시하는 것은 두 가지 모습으로 나타난다. 극단적 금욕주의와 극단적 쾌락주의다. 육체의 요구를 무시하고 이겨내거나, 요구를 모두 들어주라는 것이다. 둘 다 육체의 경시라는 동전의 양면이다.

땅에 들어가든지 동네를 돌아다니다가 사람들이 너희를 받아주거든,
너희에게 차려주는 것을 먹고, 그들 가운데 병자들을 고쳐 주어라.[93]
3 너희 입으로 들어가는 것은 너희를 더럽히지 않을 것이다. 오히려 너
희 입에서 나오는 것이 너희를 더럽힐 것이다."[94]

15. 예수님께서 말씀하셨다. "너희가 여자에게서 태어나지 않은 사람을 보거든 땅에 엎드려 그에게 절하여라. 바로 그 사람이 너희의 아버지다."

16. 1 예수님께서 말씀하셨다. "아마도 사람들은 내가 세상에 평화를 주
러 왔다고 생각할 것이다. 그들은 내가 땅에 분열과 불과 칼과 전쟁을
주러 왔다는 것을 모른다. 2 사실 한 집에 다섯이 있으면 세 사람이 두
사람에게 맞서고 두 사람이 세 사람에게 맞설 것이다. 아버지가 아들
에게 아들이 아버지에게 맞설 것이다. 3 그리고 저마다 혼자[95] 설 것이
다."[96]

17. 예수님께서 말씀하셨다. "내가 너희에게, 눈으로 본 적이 없고 귀로 들은 적이 없으며 손으로 만져본 적이 없고 사람의 마음에 떠오른 적도

---

93 루카 10,8-9과 가장 가깝다. 마태 10,5-14; 마르 6,10-11 참조.

94 마태 15,11; 마르 7,15.18.

95 구세주와의 대화 120.26을 참조하라. '혼자'로 옮긴 ⲙⲟⲛⲁⲭⲟⲥ(모나코스)는 시리아어 ܝܚܝܕܝܐ(이히도요)의 그리스어 번역으로, 본디 혼자인 사람, 독신인 사람을 뜻하는 말이었으며 나중에 수도승을 가리킬 때 사용되었다. 이 단어는 토마 복음에서 혼인 및 물질 세계와의 관계를 완전히 거부하는 금욕주의 의미로 쓰인다. 태초의 원형적·영적 인간이 ⲙⲟⲛⲁⲭⲟⲥ로 불린다. Létourneau, *Le Dialogue du Sauveur*, 124-126; DeConick, *Seek to See Him. Ascent and Vision Mysticism in the Gospel of Thomas*, 4-5.88-89를 보라. 한편 토마 복음에서 '서다'(ⲱϩⲉ ⲉⲣⲁⲧ⸗)는 이상적인 예수님 추종자의 상태를 가리키는 표현이다. '혼자(ⲙⲟⲛⲁⲭⲟⲥ) 서다(16), 시작에(ϩⲛ̄ ⲡⲁⲣⲭⲏ) 서다(18), 오직 하나인(ⲟⲩⲁ ⲟⲩⲱⲧ) 자로 서다(23)'는 표현은 모두 태초의 상태·원형적 인간으로 회복됨을 뜻한다.

96 루카 12,51-53; 마태 10,34-35; 참조: 마르 13,12. 예수님이 세상을 분열하러 왔다는 공관 복음서 구절을 ⲙⲟⲛⲁⲭⲟⲥ 개념과 연결하였다.

없는 것을 주겠다."[97]

18. [1] 제자들이 예수님께 말하였다. "우리의 끝은 어떠할지 말씀해 주십시오." [2] 예수님께서 말씀하셨다. "너희가 시작은 찾아냈느냐? 그래서 끝을 찾고 있는 것이냐?[98] 시작이 있는 곳에 끝도 있을 것이다. [3] 시작에 설 사람은 행복하다. 그는 끝을 알 것이고 죽음을 맛보지 않을 것이다."

19. [1] 예수님께서 말씀하셨다. "자신이 존재하기 전에 이미 존재한 사람은 행복하다. 너희가 내 제자가 되어 내 말들을 듣는다면 이 돌들이 너희에게 시중들 것이다. [2] 낙원에 너희를 위한 나무가 다섯 그루 있다. 그 나무들은 여름에도 겨울에도 흔들리지 않고 그 잎이 떨어지지도 않는다.[99] [3] 그것들을 알게 되는 이는 죽음을 맛보지 않을 것이다."

20. [1] 제자들이 예수님께 말하였다. "하늘 나라는 무엇과 같은지 말씀해 주십시오." [2] 그분께서 그들에게 말씀하셨다. "하늘 나라는 겨자씨와 같다. 겨자씨는 어떤 씨앗보다도 작다. 그러나 잘 갈아놓은 땅에 떨어지면 큰 가지들을 내고 자라서 하늘의 새들의 은신처가 된다."[100]

21. [1] 마리아가 예수님께 말하였다. "당신의 제자들은 누구와 같습니까?" [2] 그분께서 말씀하셨다. "그들은 자기 소유가 아닌 밭에 자리 잡고 사는 어린이들과 같다. 밭주인들이 오면 '우리 밭을 돌려주고 떠나라'고[101] 말

97 마태 13,16-17; 루카 10,23-24을 참조하라.

98 또는, '너희는 끝을 찾으려고 시작을 밝혀냈단 말이냐?'

99 직역: '그 나무들은 여름에도 겨울에도 흔들리지 않는다. 그 잎들이 떨어지지 않기를.'

100 마르 4,30-32; 마태 13,31-32; 루카 13,18-19.

101 기요몽 등이나 램딘은 이 문장을 '우리의 밭을 도로 돌려받읍시다'라 번역한다: Guillaumont/Puech/Quispel/Till, *The Gospel according to Thomas. Text edited and translated*; Lambdin(tr.)/Layton(ed.), "The Gospel according to Thomas". 콥트

할 것이다. 그러면 어린이들은 그것을 주인들에게 돌려주고 떠나려 그들 앞에서 옷을 벗고[102] 밭을 내어 준다. [3] 이 때문에 나는 말한다. 집 주인이 도둑이 올 것을 안다면 도둑이 올 때까지 깨어 있으면서 그가 재물을 훔치러 자신의 왕국인 집을 뚫고 들어오도록 내버려 두지 않을 것이다.[103] 너희는 세상을 조심하여라.[104] 너희는 강한 힘으로 허리에 띠를 두르고 도둑이 너희에게 다가올 길을 찾지 못하게 만들어라. 그러지 않으면 너희가 예상하는 곁핍이 현실이 될 것이다. [4] 지식 있는 사람이 너희 가운데 있기를! 그는 열매가 익자 재빨리 낫을 들고 와 수확하였다.[105] [5] 들을 귀 있는 사람은 들어라."

22. [1] 예수님께서 젖을 빨고 있는 아기들을 보시고 제자들에게 말씀하셨다. "젖을 빨고 있는 이 아기들은 하늘 나라에 들어가는 사람들과 같다."[106] [2] 그들이 그분께 말하였다. "그렇다면 우리는 아기가 되어야 하

어 본문은 명령문으로 되어 있다. 단순히 '우리 밭을 돌려주시오'라 해도 된다.

102 영혼과 육체를 이분하는 사고에서 육체는 종종 '옷'으로 비유된다. 그리하여 영혼이 육체의 옷을 입는다고 표현하며, 거꾸로 옷을 벗는다는 것은 영혼이 육체를 벗어난다는 의미다. 옷은 육체와 그것이 의미하는 모든 것, 곧 성(性)을 포함한 모든 욕정을 표상한다. 그러므로 옷을 벗고(ⲕⲁⲕ 또는 ⲕⲉⲕ) 짓밟는다는 것은(말씀 21; 37), 육체와 모든 욕정을 벗어 버리며 성의 구분마저 소멸시킴을 의미한다.

103 참조: 마태 24,42-44; 루카 12,39-40.

104 직역: '세상 앞에 지켜 서라' 또는 '세상 앞에 깨어 있어라.'

105 참조: 마르 4,29.

106 여기서 '아기'는 단순히 겸손이나 순수함을 상징하는 말이 아니다. 토마 복음에서 '어린아이'(ⲕⲟⲩⲉⲓ ⲛ̄ϣⲏⲣⲉ ϣⲏⲙ 4; 37), '어린이'(ϣⲏⲣⲉ ϣⲏⲙ 21), '아기'(ⲕⲟⲩⲉⲓ 22)는 아직 성의 구분이 이루어지지 않은 사람을 가리키는 말이다. 그러므로 성의 구분이 없는 '어린이'와 같은 사람이 된다는 것은 성을 초월한 사람이 된다는 뜻이다. 다시 말해 '어린이'는 '남자는 남자가 아니며 여자는 여자가 아니게 된 사람'(22), '하나'(ⲟⲩⲁ 22; 106) '오직 하나'(ⲟⲩⲁ ⲟⲩⲱⲧ 4; 22; 23), '혼자'인(ⲙⲟⲛⲁⲭⲟⲥ) 사람(16; 49; 75)과 비슷한 범주로 사용된다. 키(Kee)는 토마 복음에서 '어린

늘 나라에 들어가겠습니까?" 3 예수님께서 그들에게 말씀하셨다. "너희가 둘을 하나로 만들고 안을 바깥처럼 만들고 바깥을 안처럼 만들고 머리를 바닥처럼[107] 만들고, 남자와 여자를 오직 하나로 만들어 남자를 남자가 아니게 하고 여자를 여자가 아니게[108] 한다면,[109] 그리고

이가 되다'라는 표현과, '하늘 나라에 들어가다', 그리고 '성 구별이 없는 상태가 되다'라는 표현이 모두 비슷한 의미로 사용된다는 점을 강조한다(Kee, "'Becoming a Child' in the Gospel of Thomas", 310-313).

107 또는, '위를 아래처럼.'

108 '남자를 남자가 아니게 하고 여자를 여자가 아니게 한다'는 표현은 갈라 3,26-28; 1코린 12,13과 관련 있다. 세례를 통해 유다인과 그리스인, 자유인과 노예, 남자와 여자 사이의 사회적 차이와 구별이 없어지고 그리스도 안에 일치를 이룬다는 이른바 세례 신학이 깃든 표현이다. 그러나 이 표현을 토마 복음에서는 달리 해석한다. 여기서는 사회적 구분의 제거라기보다는 '성' 구별의 해소를 통해 인간 원형을 회복한다는 의미다.

109 '하나'인 사람, '남자도 여자도 아닌 사람'은 태초의 원형적 인간을(창세 1,27) 가리키는 말이다. 일찍이 필론은 창세 1,27의 인간을 원형적·이상적 인간으로 보는 전승을 전한다. 그는 창세 1,27과 2,7의 인간 창조 대목을 구분하면서 전자를 이상적 인간 또는 인간 원형의 창조로, 후자를 천상적 유형의 모방인 물질적 아담의 창조로 보았다. 그에 따르면, 창세 1,27의 이상적 인간은 하느님의 모상대로 만들어졌으며, 물질과는 상관이 없고 이성과 영으로 살아간다. 반면 창세 2,7의 지상적 인간은 이상적 인간의 모사품에 지나지 않고, 흙으로 만들어진 물질적 인간으로서 육과 쾌락으로 살아간다. 『우의적 율법』 1.31에서는, "인간은 두 종류가 있다. 하나는 천상적 인간이고, 다른 하나는 지상적 인간이다. 천상적 인간은 하느님의 모상에 따라 만들어졌으므로, 썩을 수 있는 지상적 실체를 자기 몫으로 갖지 않는다. 하지만 지상적 인간은 먼지처럼 흩날리는 재료로 만들어졌고, 그(모세)는 이 재료를 '흙'이라 불렀다. 그러므로 그는 천상적 인간은 빚어 만든 게 아니고 하느님 모상에 따라 새겨 만든 것이라 말한다. 그리고 흙으로 빚어 만든 것은 창조자에게서 나온 것이기는 하지만 그분에게서 직접 유래한 자손은 아니다"라 하였다. 『누가 신적인 것들의 상속자인가』 57에서는, "사람은 두 종류가 있는데, 하나는 이성과 신성한 영으로 살아가고, 다른 하나는 육의 쾌락과 피로 살아간다. 마지막 종류는 흙으로 빚어 만든 사람이고, 첫 번째는 신적 모상과 거의 흡사하게 새겨 만든 사람이다"라고

너희가 눈 대신 눈들을, 그리고 손 대신 손을, 그리고 발 대신 발을, 모상 대신 모상을 만든다면, 그때 너희는 하늘 나라에 들어갈 것이다."

23. [1] 예수님께서 말씀하셨다. "나는 너희를 뽑되, 천 명 가운데서 하나를, 만 명 가운데서 둘을 뽑을 것이다. [2] 그들은 오직 하나인 자로 설 것이다."

24. [1] 그분의 제자들이 말하였다. "당신께서 머무르시는 곳을 저희에게 보여 주십시오. 저희가 그곳을 찾아야 하기 때문입니다." [2] 그분께서 그들에게 말씀하셨다. "들을 귀 있는 사람은 들어라. [3] 빛은 빛의 사람 안에 있다. 그는 세상 전체를 비춘다. 그가 빛을 내지 않을 때는 어둠이다."[110]

25. 예수님께서 말씀하셨다. "네 형제를 네 영혼처럼 사랑하여라.[111] 그를 네 눈의 눈동자처럼 지켜주어라."

26. 예수님께서 말씀하셨다. "너는 네 형제의 눈 속에 있는 티는 보면서, 네 눈 속에 있는 들보는 보지 못한다. 네 눈에서 들보를 빼낼 때, 그때야 네 형제의 눈에서 티를 보고 빼낼 수 있을 것이다."[112]

하였다. 그 밖에 『세상의 창조』 134; 『우의적 율법』 1.53. 88-95; 2.4; 『창세기에 대한 질문과 응답』 1.4.8; 2.56도 참조하라.

인류에 대한 이러한 이분법이 토마 복음에서도 그대로 드러난다. 보통 사람들이 육으로 살아가는 사람들이라면, 하나인 사람, 남자도 여자도 아닌 어린이 같은 사람은 태초의 이상적 인간으로 회귀한 사람이다. 필론이나 토마 복음이 지향하는 원형적 인간은 양성겸유라기보다는 무성(無性)의 인간으로 보는 것이 더 맞다. 그래서 헤르메스주의 작품 '포이만드레스'(Poimandres)에 등장하는 양성겸유의 원형적 인간(Urmensch)보다는 성이 분화되지 않은 단일체로서의 인간에 더 가까울 것이다.

110 또는 '그 (빛)은 세상 전체를 비춘다. 그것이 빛나지 않을 때는 어둠이다.'

111 마르 12,31; 마태 19,19; 22,39; 루카 10,27.

112 마태 7,3-5; 루카 6,41-42.

27. 〈예수님께서 말씀하셨다.〉 "너희가 세상을 단식하지[113] 않는다면 하늘 나라를 찾지 못할 것이다. 너희가 안식일을 안식일로 지내지 않는다면 아버지를 보지 못할 것이다."

28. [1] 예수님께서 말씀하셨다. "나는 세상 한가운데 발을 내딛고 그들에게
육신으로 나타났다.[114] [2] 나는 그들이 모두 술에 취하였으나 그들 가운
데 누구도 목말라하지 않는 것을 보았다. 나의 영혼은 사람들의 아들
들 때문에 고통스러워하였다. 그들 마음의 눈이 멀어 보지 못하기 때
문이다. [3] 그들은 빈손으로 이 세상에 왔고 또 빈손으로 세상을 떠나
려 하고 있다. 지금 그들은 술에 취해 있다. 그들이 술에서 깨어나는[115]
그때 회개할 것이다."[116]

29. [1] 예수님께서 말씀하셨다. "만약 육신이 영 때문에 생겨났다면 놀라운

---

113 콥트어 본문은 '단식하다'는 뜻의 그리스어를 빌려 ⲚⲎⲤⲦⲈⲨⲈ를 쓴다. '세상을 단식'한다는 것은 세상을 끊고 멀리한다는 의미다. 토마 복음에서 예수님은 대체로 '단식'을 부정하는 것으로 그려진다(14; 104). 특히 말씀 14에서는 단식이 '죄'라고 말하기도 한다. 토마 복음 말씀 27은 단식해야 할 것은 음식이 아니라 '세상' 자체라는 것을 강조하고 있다.

114 참조: 요한 1,14. 『성경』은 요한 1,14을 '말씀이 사람이 되시어'라 옮기지만, 직역하면 '말씀이 육(σάρξ)이 되시어'다. ⲤⲀⲢⲜ는 문맥에 따라 '육' 또는 '육신'으로 옮긴다.

115 또는 '그들이 포도주를 떨어낼 때라야.'

116 필론은 『술에 취하는 것』 154-160에서 '술에 취한 상태'(τὸ μεθύειν)를 무지(ἄγνοια)의 또 다른 표현으로 해석한다. '무지'를 영혼의 보고 듣는 기능이 마비되어 완전한 어둠 속에 빠져 있는 비이성적 상태로 묘사하면서, 지식이란 잠을 싫어하고 맑게 깨어 있는 상태를 사랑하며 지성을 일깨우고 자극하여 항상 듣고 배우는 것을 갈망하게 만든다고 설명한다. 이러한 맥락에서, 술에서 깨어난다는 것은 무지에서 지식으로 옮겨가는 것을 의미한다. 진리의 복음 22,17을 참조하라. "그는 인식합니다. 술에 취했다가 숙취에서 빠져나와 자기 자신에게로 되돌아온 사람처럼, …."

일이다. 영이 육신 때문에 생겨났다면 놀라운 일 중에서도 놀라운 일 이다. [2] 그러나 내가 놀라는 것은 어떻게 이 부유함이 이 가난 속에 살게 되었냐는 것이다."

30. 예수님께서 말씀하셨다. "신이 셋 있는 곳에서는 그들이 신들이다. 하나나 둘이 있는 곳에 나는 그와 함께 있다."

31. [1] 예수님께서 말씀하셨다. "어떤 예언자도 자기 고향에서는 환영을 받지 못한다.[117] [2] 어떤 의사도 자기를 아는 사람들은 치료하지 않는다."

32. 예수님께서 말씀하셨다. "높은 산 위에 세운 견고한 도성은 쓰러질 수도 없고 감추어질 수도 없다."[118]

33. [1] 예수님께서 말씀하셨다. "네 귀로 들은 것을 지붕 위에서 다른 이의 귀에 대고 선포하여라.[119] [2] 사실 아무도 등불을 켜서 함지 아래 놓지 않고 은밀한 곳에 숨겨 두지도 않는다. 대신 그것을 등경 위에 놓아 드나드는 이들이 모두 그 빛을 보게 할 것이다."[120]

34. 예수님께서 말씀하셨다. "눈먼 이가 눈먼 이를 인도하면 둘 다 구덩이에 빠진다."[121]

35. 예수님께서 말씀하셨다. "힘센 자의 손을 묶어 놓지 않고서는, 아무도 그 힘센 자의 집에 들어가 힘으로 뺏을 수 없다. 묶어 놓은 뒤에야 그 집을 털 것이다."[122]

36. 예수님께서 말씀하셨다. "아침부터 저녁까지, 저녁부터 아침까지 무엇

117 루카 4,23-24; 마르 6,4; 마태 13,57; 요한 4,44.

118 마태 5,14.

119 마태 10,27; 루카 12,2-3.

120 루카 11,33; 8,16; 마태 5,15; 마르 4,21-22.

121 마태 15,14; 루카 6,39.

122 마르 3,27; 마태 12,29.

을 몸에 걸칠까 걱정하지 마라."[123]

37. [1] 그분의 제자들이 말하였다. "언제 저희에게 나타나시렵니까? 그리고 언제 저희가 당신을 뵙게 될까요?" [2] 예수님께서 말씀하셨다. "너희가 부끄럼 없이[124] 옷을 다 벗고 너희 옷을 집어 어린아이들처럼 너희 발 아래 내려놓고 짓밟을 때, 그때라야 너희는 살아 계시는 분의 아들을 볼 것이고 두려움이 없을 것이다."

38. [1] 예수님께서 말씀하셨다. "너희는 내가 지금 너희에게 하는 말, 다른 사람에게서는 들을 수 없는 이 말을 몹시도 듣고 싶어 하였다.[125] [2] 너희가 나를 찾아도 나를 찾을 수 없는 날들이 올 것이다."[126]

39. [1] 예수님께서 말씀하셨다. "바리사이들과 율법 학자들은 지식의 열쇠들을 받아 그것들을 숨겨 두었다. 그리고 자기들도 들어가지 않고 또 들어가고 싶어 하는 이들도 들어가게 두지 않았다. [2] 그러나 너희는 뱀처럼 슬기롭고 비둘기처럼 순박하게 되어라."[127]

40. 예수님께서 말씀하셨다. "포도나무 한 그루가 아버지 바깥에 심겼다. 그것은 튼튼하게 자라지 못해 뿌리째 뽑혀 죽을 것이다."[128]

41. 예수님께서 말씀하셨다. "자기 손에 가진 것이 있는 이는 (더) 받고 가진 것이 없는 이는 자기가 가진 작은 것마저 빼앗길 것이다."[129]

42. 예수님께서 말씀하셨다. "그냥 지나가라."

---

123 마태 6,25; 루카 12,22.

124 또는 '너희 수치의 옷을 다 벗고.'

125 또는 "너희는 내가 지금 너희에게 하는 말을 몹시도 듣고 싶어 하였다. 너희가 이 말을 다른 사람에게서는 들을 수 없다."

126 마태 13,17; 루카 10,23-24과 루카 17,22을 융합한 것으로 보인다.

127 루카 11,52; 마태 23,13과 마태 10,16의 융합.

128 마태 15,13.

129 마르 4,25; 마태 13,12; 25,29; 루카 8,18; 19,26.

43. [1] 제자들이 그분께 말하였다. "저희에게 이런 말씀을 하시다니, 당신은 누구십니까?" [2] 〈예수님께서 그들에게 말씀하셨다.〉 "내가 너희에게 하는 말로도 내가 누구인지 모르겠느냐?[130] 너희는 유다인들과 똑같이 되었구나. 그들은 나무를 사랑하되 그 열매를 미워하고, 열매를 사랑하되 그 나무는 미워한다."

44. 예수님께서 말씀하셨다. "아버지를 모독하는 이는 용서받을 것이다. 아들을 모독하는 이도 용서받을 것이다. 그러나 성령을 모독하는 이는 땅에서도 하늘에서도 용서받지 못할 것이다."[131]

45. [1] 예수님께서 말씀하셨다. "가시덤불에서 포도를 거두지 못하고, 엉겅퀴에서 무화과를 따지도 못한다. 그것들(가시덤불과 엉겅퀴)은 열매를 맺지 못하기 때문이다. [2] 선한 사람은 곳간에서 선한 것을 내놓지만 악한 사람은 자기 마음의 악한 곳간에서 악한 것을 내놓고 악한 것을 말한다. 사실 그는 마음의 넘치는 것에서 악한 것을 내놓는다."[132]

46. [1] 예수님께서 말씀하셨다. "아담에서 세례자 요한에 이르기까지, 여자에게서 태어난 이들 가운데 그의 눈이 … 않을 정도로[133] 세례자 요한보다 더 큰 사람은 없다. [2] 그러나 나는 말한다. 너희 가운데 아기가[134] 되는 사람이 하늘 나라를 알 것이며, 그는 요한보다 더 커질 것이다."[135]

---

130 평서문으로 해석해도 된다.

131 마태 12,31-32; 루카 12,10; 마르 3,28-29.

132 루카 6,43-45; 마태 7,16-18; 12,33-35.

133 '요한을 쳐다봐도 될 정도로'일 듯하다. 기요몽 등은 ⲚⲞⲨⲞⲨⲰϬⲠ로 고쳐 '파열되지 않을 정도로'로 읽는다: Guillaumont/Puech/Quispel/Till, *The Gospel according to Thomas. Text edited and translated.*

134 또는 '작은 이.'

135 말씀 46.2는 조화 복음서의 양상이 뚜렷하다. 마태 18,3 "너희가 … 어린이처

47. [1] 예수님께서 말씀하셨다. "한 사람이 두 마리 말에 올라탈 수 없고, 활 시위 두 줄을 한 번에 당기지도 못한다. [2] 한 종이 두 주인을 섬기지 못한다. 한 사람은 존경하고 다른 한 사람은 무시할 것이다. [3] 아무도 묵은 포도주를 마시고 나서 곧바로 새 포도주를 마시고 싶어 하지 않는다. 그리고 새 포도주를 헌 부대에 넣는 사람은 없다. 부대가 터질 것이다. 묵은 포도주를 새 부대에 넣는 사람도 없다. 맛을 버릴 것이다. [4] 헌 천 조각을 새 옷에 대고 꿰매는 사람은 없다. 찢어질 것이기 때문이다."[136]

48. 예수님께서 말씀하셨다. "두 사람이 한 집에서 서로 평화롭게 지내면서[137] 산더러 '옮겨 가라' 하고 말한다면, 그대로 옮겨 갈 것이다."[138]

49. 예수님께서 말씀하셨다. "행복하여라, 혼자인 뽑힌 이들! 너희는 하늘 나라를 찾을 것이다. 너희는 거기서 왔으니 다시 거기로 돌아갈 것이다."

50. [1] 예수님께서 말씀하셨다. "그들이 너희에게 '너희는 어디서 왔느냐' 하고 물으면 그들에게 말해 주어라. '우리는 빛에서 왔소. 그곳은 빛이 스스로 생겨나 [자리 잡고] 서서 그들의 모상을 통해 모습을 드러낸 곳이오.'[139] [2] 그들이 너희에게 '여러분이 그분이십니까?' 하고 물으면 '우리

럼 되지 않으면 결코 하늘 나라에 들어가지 못한다"와 마태 11,11의 "하늘 나라에서는 가장 작은 이라도 그보다 더 크다"가 융합되었다(또는 루카 18,17과 7,28의 융합).

136 말씀 47도 조화 복음서의 양상을 띤다. 토마 복음 고유 전승에 마태 6,24; 루카 16,13과 마르 2,21-22; 마태 9,16-17; 루카 5,36-39이 융합되었다.

137 공관 복음서에서는 믿음의 힘을 말하는 반면, 토마 복음에서는 둘이 가지는 평화와 화합의 힘을 말한다.

138 마태 17,20; 21,21; 마르 11,23; 루카 17,6.

139 말씀 50에 나오는 물음은 죽은 뒤 영혼이 천계로 올라가기 전에 하늘 문들을 지키는 자들에게 받는 질문을 연상시킨다. 이는 영지주의 작품에 자주 등장하

는 그분의 아들이오. 또한 우리는 살아 계신 아버지의 선택된 사람들이오' 하고 말하여라. [3] 그들이 너희에게 '여러분 안에 계신 여러분 아버지의 징표는 무엇입니까?' 하고 물으면 그들에게 '움직임이시며 안식이시오' 하고 말하여라."[140]

51. [1] 제자들이 그분께 말하였다. "죽은 이들의 안식은 언제 이루어집니까?[141] 언제 새로운 세상이 옵니까?" [2] 그분께서 그들에게 말씀하셨다. "너희가 기다리는 것은 이미 왔다. 그런데도 너희는 그것을 깨닫지 못한다."[142]

52. [1] 제자들이 그분께 말하였다. "이스라엘에서 스물네 명의 예언자들이 말하였습니다. 그들 모두 당신 안에서 말하였습니다." [2] 그분께서 그들

는 소재다. 각 관문을 통과하기 위해서는 질문의 답을 알고 있어야 한다. 그노시스를 획득한 그들만 그 답을 알고 있다는 것이다. 송혜경, 『영지주의자들의 성서』, 콥트어 바오로 묵시록을 참조하라.

140 말씀 50에서는 하느님과 뽑힌 사람들의 관계를 묘사한다. 뽑힌 사람들 곧 구원받는 사람들의 정체성과 기원이 하느님과의 관계로 표현되어 있다. 예수님의 제자들은 빛에서 나왔으며 살아 계신 아버지께 뽑힌 사람, 그분의 아들들이다. 그리고 그들 안에 아버지께서 현존하신다. 하느님께서 인간의 근원이시기에 구원의 근원이 되기도 하시는 것이다.

141 구원의 맥락에 속하는 '하느님의 안식처에 들어간다'는 표현은 이미 신약성경에 등장한다. 원래는 시편 95,11의 "그들은 내 안식처에 들지 못하리라"는 구절을 그리스도교적 관점에서 재해석한 것이다. 히브 3,19; 4,1-3.9-11, 특히 히브 4,3 "믿음을 가진 우리는 안식처로 들어갑니다"와 4,9-11 "하느님의 백성에게는 아직도 참안식이 그대로 남아있습니다. 하느님께서 하시던 일을 마치고 쉬신 것처럼, 그분의 안식처에 들어가는 이도 자기가 하던 일을 마치고 쉬는 것입니다. … 우리 모두 저 안식처에 들어가도록 힘씁시다"를 참조하라. 여기서는 '안식 또는 안식처'로 κατάπαυσις가 쓰였다. 비슷한 의미로 ἀνάπαυσις가 있는데, 1클레 5.5에는 '다가올 (하느님) 나라와 영원한 생명의 안식'(ἀνάπαυσις τῆς μελλούσης βασιλείας καὶ ζωῆς αἰωνίου)이라 하였다.

142 루카 17,20-21; 참조: 마태 17,12; 루카 4,21.

에게 말씀하셨다. "너희는 바로 너희 앞에 살아 계신 분은 제쳐 두고 죽은 이들에 관해 이야기하는구나."

53. [1] 제자들이 그분께 말하였다. "할례는 유익합니까, 그렇지 않습니까?" [2] 그분께서 그들에게 말씀하셨다. "할례가 유익했다면 그들의 아버지가 그들을 어미 뱃속에서부터 할례 받은 상태로 낳았을 것이다. 그러나 더할 나위 없이 유익한 것은 영에서 이루어지는 참된 할례다."

54. 예수님께서 말씀하셨다. "행복하여라, 가난한 사람들! 하늘 나라가 너희 것이다."[143]

55. [1] 예수님께서 말씀하셨다. "자기 아버지와 어머니를 미워하지 않는 사람은 내 제자가 될 수 없을 것이다. 그리고 자기 형제와 자매를 미워하지 않고 [2] 나처럼 제 십자가를 지지 않는 사람은 나에게 합당하지 않을 것이다."[144]

56. 예수님께서 말씀하셨다. "세상을 알게 된 사람은 시체를 발견한 셈이다. 그리고 세상은 시체를 발견한 사람에게는 합당하지 않다."[145]

57. [1] 예수님께서 말씀하셨다. "아버지의 나라는 좋[은] 씨를 가지고 있는 사람과 같다. 밤사이에 그의 원수가 와서 좋은 씨에다 가라지 씨를 덧뿌렸다. 그러나 그 사람은 가라지를 뽑지 못하게 하였다. 사람들에게 '가라지를 뽑으러 가지 마시오. 가라지와 함께 밀까지 뽑을지도 모르오!'라 하였던 것이다. [2] 수확 날에는 가라지가 드러나 뽑히고 태워질 것이다."[146]

58. 예수님께서 말씀하셨다. "행복하여라, 고통을 겪은 사람! 그는 생명을

143 루카 6,20; 마태 5,3.

144 말씀 55는 루카 14,26-27과 마태 10,37-38을 적절히 조화시켜 놓은 듯하다.

145 이 말씀은 이 세상이 세상에 대한 지식을 알게 된 사람이 머물기에 합당하지 않음을 표현한다.

146 마태 13,24-30을 요약한 듯하다.

발견하였다."[147]

59. 예수님께서 말씀하셨다. "너희가 살아 있는 동안에 살아 계신 분을 바라보아라.[148] 그래야 죽지 않을 것이며, 그분을 보려고 해도 보지 못하는 일이 없을 것이다."

60. [1] 그들은 사마리아 사람이 양 한 마리를 메고 유다로 들어오는 것을 〈보았다〉. [2] 그분께서 제자들에게 말씀하셨다. "저 사람은 양 곁에 있구나." [3] 그들이 그분께 말하였다. "죽여서 먹으려는가봅니다." 그분께서 그들에게 말씀하셨다. "양이 살아 있는 동안에는 먹지 않을 것이다. 그러나 죽여서 시체가 되면 먹을 것이다." [4] 그들이 말하였다. "달리 할 수는 없을 것입니다." [5] 그분께서 그들에게 말씀하셨다. "너희도 안식처 안에 너희가 머무를 곳을 찾도록 하여라. 그래야 시체가 되어 그들에게 잡아먹히지 않을 것이다."

61. [1] 예수님께서 말씀하셨다. "두 사람이 침상 위에서 쉴 것이다. 그런데 한 사람은 죽고 한 사람은 살 것이다." [2] 살로메가 말하였다. "당신은 누구시길래 하나이신 분에게서 나오신 이처럼[149] 제 자리에[150] 오르시고 제 식탁에서 드십니까?" [3] 예수님께서 그녀에게 말씀하셨다. "나는 나누임이 없으신 분에게서 나온 이다. 나는 내 아버지의 것들을 받았다."[151] [...] [4] "저는 당신의 제자입니다." [...] [5] "이 때문에 나는 말한다.

---

147 또는 '행복하여라, 고통을 겪고 생명을 발견한 사람!'

148 '바라보다'로 옮긴 콥트어 ϭⲱϣⲧ ⲛ̄ⲥⲁ는 '바라보다', '관조하다'라는 뜻의 그리스어 θεωρεῖν, βλέπειν, ἐμβλέπειν, ἰδεῖν에 해당한다(Crum).

149 램딘(Lambdin)은 "하나이신 분에게서 나온 이처럼"(ϩⲱⲥ ⲉⲃⲟⲗ ϩⲛ̄ ⲟⲩⲁ) 없이 읽는다. 해당 문구가 훼손되었을 가능성이 있다.

150 콥트어 ϭⲗⲟϭ는 κλίνη에 해당하며 '침상'이나 '잠자리'를 가리킨다. 식사 때 앉는 자리를 가리키기도 한다. 비스듬히 누워 식사하는 당시 관습을 기억하라.

151 또는 '내 아버지의 사람들을 받았다.'

누군가 고립되면[152] 그 사람은 빛으로 가득할 것이다. 그러나 그가 갈라지면 어둠으로 가득할 것이다."

62. [1] 예수님께서 말씀하셨다. "나는 내 신비에 합[당한] 이들에게 [내] 신비를 말해 준다.[153] [2] 네 오른손이 하려는 일이 무엇인지 네 왼손이 모르게 하여라."[154]

63. [1] 예수님께서 말씀하셨다. "돈이 많은 부자가 있었다. 그는 '씨 뿌려서 거두고 심어 곳간을 소출로 채우는 데 돈을 써야지. 그렇게 해서 내가 아무 부족함이 없게 해야겠다!' 하고 말하였다. 그의 마음에 든 생각이 이러했다. 그러나 바로 그날 밤 그는 죽었다. [2] 귀 있는 사람은 들어라."[155]

64. [1] 예수님께서 말씀하셨다. "어떤 사람이 낯선 손님들을 맞아들이곤 했다. 그는 잔치를 준비하고 종에게 손님들을 초대하라고 시켰다. [2] 종은 첫째 사람에게 가서 말하였다. '제 주인님께서 당신을 초대하십니다.' 그러나 그가 말하였다. '장사꾼들에게 줘야 할 돈이 있소. 그들이 오늘 밤 내게 올 거요. 가서 그들에게 주문해야 하오. 미안하지만 만찬은 거절하오.' [3] 종은 다른 사람에게 가서 말하였다. '제 주인님께서 당신을 초대하십니다.' 그가 종에게 말하였다. '내가 집을 한 채 샀소. 그래서 하루 동안 나를 필요로 하오. 여유가 없소.' [4] 종은 다른 사람에게 가

152 '고립되다'라는 말을 기요몽 등은 '결합되다'(ϣⲟⲛϥ) 또는 '균질해지다'(ϣⲏϣ)로 바꾸어 읽는다: Guillaumont/Puech/Quispel/Till, *The Gospel according to Thomas. Text edited and translated*. 토마 복음에서는 '하나' 또는 '혼자'가 된다는 개념이 중요하며 '고립되다' 동사도 이 단어들과 같은 부류의 의미를 띠므로 문맥상 큰 무리가 없을 듯싶다.

153 참조: 마르 4,10-12; 마태 13,10-11; 루카 8,9-10.

154 마태 6,3.

155 루카 12,16-20.

서 말하였다. '제 주인님께서 당신을 초대하십니다.' 그가 종에게 말하
였다. '내 친구가 혼인을 하오. 그래서 내가 잔치를 베풀어야 하오. 못
가겠소.' [5] 종은 다른 사람에게 가서 말하였다. '제 주인님께서 당신을
초대하십니다.' 그가 종에게 말하였다. '내가 한 마을을 샀소. 세를 거
두러 가고 있소. 못 가겠소. 미안하지만 거절하오.' [6] 그 종은 돌아가서
자기 주인에게 말하였다. '주인님께서 잔치에 초대하신 사람들이 정중
히 거절을 했습니다.' [7] 주인이 종에게 말하였다. '길에 나가 네가 마주
치는 사람들을 데리고 오너라. 그들이 잔치에 참석할 것이다. 장사꾼
들과 상인들은 내 아버지의 처소에 들어오지 못할 것이다.'"[156]

65. [1] 그분께서 말씀하셨다. "어떤 착[한] 사람에게 포도밭이 있었다. 그는 그 밭을 소작인들에게 내어주었다. 그들에게 농사를 맡겨 거기서 소출을 거둘 요량이었다. 그는 종을 보내어 소작인들에게 포도밭 소출을 내놓으라고 하였다. 그들은 종을 붙잡아 매질하고 거의 죽이려고까지 하였다. 종은 돌아와 자기 주인에게 그대로 말하였다. [2] 그러자 주인이 말하였다. '아마도 종이 그들을 못 알아봤을 것이다.'[157] 그는 다른 종을 보냈다. 소작인들이 그 종도 매질하였다. [3] 그러자 주인은 자기 아들을 보내며 말하였다. '설마 내 아들이야 존중해 주겠지.' 소작인들은 그가 바로 포도밭의 상속자임을 알고는 그를 붙잡아 죽였다. 귀 있는 사람은 들어라."[158]

66. 예수님께서 말씀하셨다. "집짓는 이들이 내버린 돌을 보여 다오. 그것이야말로 모퉁이의 머릿돌이다."[159]

---

156 루카 14,16-24; 마태 22,1-10.

157 콥트어 원문은 "그가 그들을 못 알아봤을 것이다"로 되어 있다. 의미상 주어와 목적어를 바꾸어 "그들이 종을 못 알아봤을 것이다"로 옮길 수도 있다.

158 마르 12,1-8; 루카 20,9-15; 마태 21,33-39.

159 마르 12,10; 마태 21,42; 루카 20,17. 콥트어 본문에는 '머리돌' 없이 그저 '모퉁

67. 예수님께서 말씀하셨다. "모든 것을 알고도 스스로가 부족한 사람은[160] 모든 것이 부족하다."

68. [1] 예수님께서 말씀하셨다. "사람들이 너희를 미워하고 박해하면 너희는 행복하다![161] [2] 너희를 박해한 곳에서는 그들이 있을 곳을 찾지 못할 것이다."

69. [1] 예수님께서 말씀하셨다. "행복하여라, 마음으로 박해받은 사람들! 그들은 참으로 아버지를 알게 되었다.[162] [2] 행복하여라, 지금 굶주리는 사람들! 갈구하는 이의 배가 채워질 것이다."[163]

70. 예수님께서 말씀하셨다. "너희 안에 있는 것을 내놓는다면 너희가 가진 그것이 너희를 구할 것이다. 너희 안에 그것이 없다면, 너희 안에 없는 그것이 너희를 죽일 것이다."

71. 예수님께서 말씀하셨다. "내가 이 집을 뒤집어엎겠다. 그러면 아무도 그것을 다시 세울 수 없을 것이다."

72. [1] 어떤 사[람]이 그분께 말[하]였다. "제 형제들더러 저에게 아버지의 재산을 나누어 주라고 일러 주십시오."[164] [2] 그분께서 말씀하셨다. "사람아, 누가 나를 나누는 자로 만들었단 말이냐?" 그분께서는 제자들에게 돌아서시며 말씀하셨다. "나는 나누는 자가 아니지 않느냐?"

73. 예수님께서 말씀하셨다. "수확할 것은 많은데 일꾼은 적다. 주인님께 수확할 일꾼을 보내 주십사고 청하여라."[165]

이 돌'이라고 되어 있다.

160 자신에 관한 지식이 결여된 사람(?).

161 마태 5,11; 루카 6,22.

162 참조: 마태 5,10.

163 마태 5,6; 루카 6,21.

164 루카 12,13-14.

165 마태 9,37-38; 루카 10,2.

74. 그분께서 말씀하셨다. "주님, 물구유 둘레에는 많은 사람들이 있습니다. 그러나 우물에는[166] 아무도 없습니다."

75. 예수님께서 말씀하셨다. "많은 사람들이 문가에 서 있다. 그러나 신방에 들어갈 사람들은 혼자인 이들이다.[167]

76. [1] 예수님께서 말씀하셨다. "아버지의 나라는 팔 물건을 가지고 있다가 진주를 발견한 상인과 같다. 그 상인은 현명하였다. 그는 물건을 팔아 진주를 사서 자기 것으로 삼았다.[168] [2] 너희도 파괴되지 않고 영원히 남는 곳간을 찾아라. 그곳은 좀이 들어와 쏠지도 않고 벌레도 망가뜨리지 않는다."[169]

77. [1] 예수님께서 말씀하셨다. "나는 그것들 모두 위에 있는 빛이다. 나는 모든 것이다.[170] 모든 것이 바로 내게서 나왔고 또 모든 것이 내게로 왔다. [2] 나무를 쪼개 보아라. 내가 거기 있다. 돌을 들어 보아라. 거기서

---

166 램딘과 기요몽 등처럼 ϣⲱⲛⲉ(질병)을 ϣⲱⲧⲉ(우물)로 고쳐 읽었다: Lambdin(tr.)/Layton(ed.), "The Gospel according to Thomas"; Guillaumont/Puech/Quispel/Till, *The Gospel according to Thomas. Text edited and translated.*

167 발렌티누스파 사람들은 영혼의 회귀를 영혼이 천상의 짝과 재일치하는 것으로 묘사했으며, 이를 위해 '혼인' 의식을 치렀다. 이 맥락에서 '신방' 개념을 이해할 수 있다. 다른 분파 사람들은 영혼이 금욕을 통해 물질 세계에서 벗어나는 것을 강조했으며, 성(性)과 여성성은 어떤 대가를 치러서라도 거부해야 할 악으로 여겼다. 플라톤 사상의 영향을 받은 사람들은 영혼이 신을 관상하는 경지로 상승하는 의식을 실천하기도 하였다: Perkins, "Gnosticism", 467.

168 마태 13,45-46.

169 마태 6,19-20; 루카 12,33.

170 콥트어 ⲡⲧⲏⲣϥ(모든 것, 전부)에 해당하는 그리스어 πᾶs의 중성 단수형이 정관사와 더불어(τὸ πᾶν) 유다교 전승에서 이미 하느님을 가리키는 말로 사용되었다. 가령 집회 43,27에 하느님은 "전부"이시다는 표현이 나오고(τὸ πᾶν ἐστιν αὐτός), 필론도 하느님을 '한 분'이시자 '모든 것'이시라고(εἷs καὶ τὸ πᾶν αὐτός) 표현한다(『우의적 율법』 1,44).

나를 찾을 것이다."[171]

78. [1] 예수님께서 말씀하셨다. "너희는 무엇 때문에 들판으로 나갔더냐? 바람에 흔들리는 갈대를 보러? 너희 임금들이나 고관들처럼 고운 옷을 입은 사람을 보러?[172] [2] 그들은 고운 옷을 걸치고 있다. 그러나 그들은 진리를 알지 못할 것이다."

79. [1] 어떤 여자가 군중 속에서 그분께 말하였다. "당신을 배었던 모태와 당신께 젖을 먹인 가슴은 행복합니다."[173] 그분께서 그녀에게 말씀하셨다. "아버지의 말씀을 듣고 그것을 진실하게 지킨 이들이 행복하다.[174] [2] 사실 너희들이 '아이를 배어본 적이 없는 모태와 젖을 먹인 일이 없는 가슴이 행복하다'고 말할 날이 올 것이다."[175]

80. 예수님께서 말씀하셨다. "세상을 안 사람은 몸을 발견한 셈이다. 그러나 몸을 발견한 사람에게 세상은 합당치 않다."[176]

81. 예수님께서 말씀하셨다. "부유해진 사람이 임금이 되게 하라. 그리고

---

171 하느님은 어디에나 현존하신다는 표현이 필론에게서 발견된다(『우의적 율법』 3.4; 『카인의 추방과 그의 후손』 6.14; 『언어의 혼란』 136). 말씀 77은 하느님에게 사용되는 표현들, 곧 하느님은 모든 것이며 어디에나 현존하신다는 표현을 예수님에게 적용시킨다.

172 마태 11,7-9; 루카 7,24-25.

173 토마 복음의 다른 말씀에서는 '행복하여라' 구문에 그리스어 차용어 ⲙⲁⲕⲁⲣⲓⲟⲥ가 사용되었는데, 말씀 79에서는 콥트어 ⲛⲉⲉⲓⲁⲧ⸗가 사용되었다. 두 단어 사이에 차이는 없다. 토마 복음 편집자가 지금의 모습대로 존재한 토막 말씀들을 서로 다른 원천에서 수집했을 것이다.

174 루카 11,27-28.

175 루카 23,29; 참조: 마르 13,17; 마태 24,19; 루카 21,23.

176 말씀 56의 각주 참조. 기요몽 등은 ⲥⲱⲙⲁ(몸)를 말씀 56과 같이 ⲡⲧⲱⲙⲁ(시체)로 바꾼다: Guillaumont/Puech/Quispel/Till, *The Gospel according to Thomas. Text edited and translated*.

힘 있는 이는 포기시켜라."

82. 예수님께서 말씀하셨다. "내 가까이에 있는 사람은 불에서 가깝다. 그리고 내게서 멀리 있는 사람은 하늘 나라에서 멀다."[177]

83. [1] 예수님께서 말씀하셨다. "모상들은 사람 눈에 드러나 있다. 그러나 그것들 안에 있는 빛은 아버지 빛의 모상 안에 가려져 있다. [2] 그분은 드러나실 것이다. 그러나 그분의 모상은 그분 빛에 가려져 있다."

84. 예수님께서 말씀하셨다. "너희는 너희와 닮은 것을 보면 기뻐한다. 그러나 너희보다 먼저 생겨나 죽지도 않고 눈에 보이지도 않는 너희 모상들을 보면 얼마나 견디겠느냐?"[178]

85. 예수님께서 말씀하셨다. "아담은 막대한 힘과 막대한 풍요에서 생겨났다. 그러나 그는 너희에게 합당하지 않았다. 사실 그가 합당했다면 죽음을 맛보지 않았을 것이다."

86. 예수님께서 말씀하셨다. "[여우들도] 굴이 있고 새들도 보금자리가 있지만, 사람의 아들은 머리를 기대고 쉴 곳조차 없다."[179]

87. 예수님께서 말씀하셨다. "육체에 매달린 육체는 비참하다. 이 두 가지에 매달린 영혼도 비참하다."

88. 예수님께서 말씀하셨다. "천사들이 예언자들과 함께 너희에게 올 것이다. 그리고 그들은 너희가 (이미) 가진 것들을 너희에게 줄 것이다. 그

---

177 오리게네스 『예레미야서 강해』 20.3: "나는 어느 곳에선가 구원자께서 하신 말씀을 읽은 적이 있다. 구원자께서 말씀하신다. '내게 가까이 있는 사람은 불에 가까이 있고, 내게서 멀리 있는 사람은 (하느님) 나라에서 멀다.'"

178 어떤 영지주의자들은 하늘에서 자기의 신적 배필, 잃어버린 모상, 자신의 참 자아를 만나게 된다고 믿는다. 필립보 복음서에서 이런 개념이 엿보인다. '모상'(=인간의 '영')이 '천사'(=천상의 배필)와 결합하여 하나를 이루기를 염원하는 내용이다. "그날 그분께서 감사를 드리며 말씀하셨다. '완전한 빛을 성령께 결합하신 분이시여, 모상인 우리를 천사들과 결합시켜주소서!'"(58).

179 마태 8,20; 루카 9,58.

리고 너희는 손에 있는 것을 그들에게 주고 '그들은 언제 와서 자기 것을 받아갈 것인가?' 하고 자신에게 말한다."[180]

89. 예수님께서 말씀하셨다. "너희는 왜 잔의 겉을 씻느냐? 너희는 속을 만드신 분께서 겉도 만드신 분이라는 것을 깨닫지 못하느냐?"[181]

90. 예수님께서 말씀하셨다. "너희는 나에게 오너라. 내 멍에는 편하다. 나는 온유한 주인이다.[182] 너희를 위한 안식을 발견할 것이다."[183]

91. [1] 그들이 그분께 말하였다. "당신을 믿을 수 있게 당신이 누구신지 말씀해 주십시오."[184] [2] 그분께서 말씀하셨다. "너희는 하늘과 땅의 모습은 시험하면서 너희 앞에 있는 이는 알아보지 못하였다. 그리고 너희는 이 시대를 시험할 줄도 모른다."[185]

92. [1] 예수님께서 말씀하셨다. "찾아라, 찾을 것이다.[186] [2] 너희가 나에게 물은 것들을, 전에는 말해 주지 않았지만 지금은 말해 주고 싶구나. 그런데도 너희는 그것들을 찾으려 하지 않는다."

93. [1] 〈예수님께서 말씀하셨다.〉 "거룩한 것을 개들에게 주지 마라. 분뇨 더미에 차버릴지도 모른다. [2] 진주를 돼지들에게 던지지 마라. 그것을

---

180 진리의 복음 21,11-25 "누군가 지식을 얻게 되는 그때, 그는 본디 제 것이던 것을 받게 되는 것입니다. … 모든 것의 완전성은 아버지 안에 있으며, 모든 것이 그분께 올라가서 저마다 본디 제 것이던 것을 받아야 합니다"에 비추어 말씀 88을 읽는다면, 제자들이 예언자들과 천사들에게서 받을 것은 그들이 이미 갖고 있던 '지식'이다.

181 평서문으로 해석해도 된다. 곧 '…라 생각지 못하는구나.' 루카 11,39-40; 마태 23,25-26.

182 직역: '나의 주권은 온유하다.'

183 마태 11,28-30.

184 참조: 마태 11,2-6; 루카 7,18-23.

185 마태 16,3; 루카 12,56.

186 마태 7,7-8; 루카 11,9; 참조: 마르 11,24; 마태 21,22.

[…]로 만들지도 모른다."[187]

94. 예수님께서 [말씀하셨]다. "찾는 자는 찾을 것이다. [두드리는 이에게는] 열릴 것이다."[188]

95. [예수님께서 말씀하셨다.] "너희에게 돈이 있거든 그것을 이자를 받고 꾸어 주지 말고, 되돌려 받을 수 없는[189] 이에게 주어라."[190]

96. [1] 예수님께서 말씀하셨다. "아버지의 나라는 한 여자와 같다. 그 여자는 누룩을 조금 가져다가 반죽 속에 [집]어 넣어 큰 빵으로 만들었다.[191] [2] 귀 있는 사람은 들어라."

97. 예수님께서 말씀하셨다. "아[버]지의 나라는 음식으로 채워진 항아[리]를 이고 가는 여자와 같다. 그녀는 먼 길을 가고 있었는데 항아리의 손잡이가 부러져 음식이 여자 뒤 길바닥에 흘렀다. 그러나 그녀는 모르고 있었고 전혀 그 일을 눈치 채지 못하였다. 그녀가 집에 도착하여 항아리를 내려놓고서야 그것이 비어 있다는 것을 알았다."

98. 예수님께서 말씀하셨다. "아버지의 나라는 힘 있는 사람을 죽이고 싶어 하는 사람과 같다. 그는 자기 집에서 칼을 꺼내어 벽에 던져서 자기 손이 강한지 알아보았다. 그런 다음 그 힘 있는 사람을 죽였다."

99. [1] 제자들이 그분께 말하였다. "당신의 형제들과 어머님이 밖에 서 계십니다." [2] 그분께서 말씀하셨다. "여기 있는 사람들, 곧 내 아버지의 뜻을 실행하는 이들이 내 형제들이고 내 어머니다. [3] 내 아버지의 나라에

---

187 마태 7,6.

188 마태 7,7-8; 루카 11,9-10; 참조: 요한 14,13-14; 15,16; 16,24.

189 또는 '(이자를) 받을 수 없는.' '받다' 동사의 목적어로 쓰인 대명사는 '돈'일 수도 있고, '이자'일 수도 있다.

190 루카 6,34-35; 마태 5,42.

191 마태 13,33; 루카 13,20-21.

들어갈 사람들은 바로 이들이다."[192]

100. [1] 그들이 예수님께 금화를 보여 주며 말하였다. "황제의 부하들이 저희에게 세금을 요구합니다." [2] 그분께서 말씀하셨다. "황제의 것은 황제에게 주고 하느님의 것은 하느님께 드려라. [3] 그리고 내 것은 내게 달라."[193]

101. [1] 〈예수님께서 말씀하셨다.〉 "나처럼 자기 아버지와 어머니를 미워하지 않는 사람은 내 제자가 될 수 없을 것이다.[194] [2] 그리고 나처럼 자기 아버지와 어머니를 사랑하지 않는 사람도 내 제자가 될 수 없을 것이다. [3] 내 어머니는 [⋯] 했지만 참된 내 어머니는 나에게 생명을 주었기 때문이다."

102. 예수님께서 말씀하셨다. "바리사이들은 불행하다! 그들은 소 여물통에 누워 있는 개와 비슷하다. 자기들이 먹지도 않을 거면서 소들이 먹게 비켜 주지도 않는다."

103. 예수님께서 말씀하셨다. "도둑이 어디로 들어올지 아는 사람은 행복하다. 그는 도둑이 들어오기 전에 일어나서 가솔을 모으고 허리를 동여맬 것이다."

104. [1] 그들이 예수님께 말하였다. "자, 오늘은 기도하고 단식합시다." [2] 예수님께서 말씀하셨다. "내가 무슨 죄를 저질렀다는 말이냐? 아니면 내가 어떤 면에서 (죄에) 굴복했다는 말이냐?[195] [3] 신랑이 신방에서 나가면 그때에는 단식하고 기도해야 한다."[196]

---

192 99.1-2: 마르 3,32-35; 루카 8,19-21; 마태 12,46-50.

193 100.1-2: 마르 12,14-17; 마태 22,17-21; 루카 20,21-25.

194 루카 14,26; 마태 10,37.

195 나자렛파 복음에도 예수님이 죄가 없다는 개념이 등장한다(히에로니무스 『펠라기우스파 논박』 3.3).

196 직역: '사람들이 단식하고 기도하게 하라.'

105. 예수님께서 말씀하셨다. "아버지와 어머니를 아는 사람은 창녀의 아들이라 불릴 것이다."

106. [1] 예수님께서 말씀하셨다. "너희가 둘을 하나로 만들면 너희는 사람의 아들이 될 것이다. [2] 그리고 '산아, 옮겨 가라!' 하고 말한다면, 그대로 옮겨 갈 것이다."[197]

107. [1] 예수님께서 말씀하셨다. "하늘 나라는 양 백 마리를 가진 목동과 같다. 그 가운데 큰 양 한 마리가 길을 잃었다. 그는 아흔아홉 마리를 그대로 놓아둔 채 나머지 한 마리를 찾을 때까지 찾으러 다녔다. [2] 그리고 고생이 끝나자 그 양에게 '나는 아흔아홉보다 너를 더 아낀다!' 하고 말하였다."[198]

108. [1] 예수님께서 말씀하셨다. "내 입에서 나오는 것을 마시는 사람은 나와 같이 되고, 나는 그가 될 것이다. [2] 그리고 가려진 것들이 그에게 드러날 것이다."

109. [1] 예수님께서 말씀하셨다. "하늘 나라는 밭에 자기도 모르는 보물이 숨겨져 있는 사람과 같다. 그가 죽[으면서] 그것을 자기 아들에게 남겨 주었는데 그 아들도 보물에 대해 모르고 있었다. 그래서 그는 그 밭을 팔아 버렸다. 그리고 그것을 산 사람이 밭을 갈다가 보물을 발견하였다. [2] 그는 자기가 원하는 사람들에게 이자를 받고 돈을 꾸어 주기 시작하였다."

110. 예수님께서 말씀하셨다. "세상을 발견하여 부자가 된 사람은 세상을 포기하라."

111. [1] 예수님께서 말씀하셨다. "하늘과 땅이 너희 앞에서 한데 말려들어갈 것이다. [2] 그리고 살아 계신 분 덕분에 살아 있는 이는 죽음을 보지 않

---

197 마태 17,20. 말씀 48과 비교하라.

198 루카 15,3-7; 마태 18,12-13.

을 것이다." 3 예수님께서 "자기 자신을 발견한 사람에게 세상은 합당
하지 않다"고 말씀하시는 것은 아닐까?[199]

112. 예수님께서 말씀하셨다. "영혼에 매달린 육신은 불행하다! 육신에 매
달린 영혼도 불행하다!"

113. 1 제자들이 그분께 말하였다. "하늘 나라가 언제 오겠습니까?"[200] 2 〈예
수님께서 말씀하셨다.〉 "그것은 기다린다고 오는 게 아니다. '보라, 여
기에 있다', 또는 '저기에 있다' 하고 사람들이 말하지도 않을 것이다.
3 아버지의 나라는 땅 위에 이미 펼쳐져 있는데 사람들이 그것을 보
지 못할 뿐이다."[201]

114. 1 시몬 베드로가 그들에게 말하였다. "여자들은 생명에 합당하지 않
으니[202] 마리아를 우리한테서 내보냅시다." 2 예수님께서 말씀하셨다.
"자, 내가 몸소 그녀를 인도하여 남자로 만들겠다. 그러면 그녀는 남자
인 너희와 비슷한 살아 있는 영이 될 것이다. 3 자신을 남자로 만드는
여자는 모두 하늘 나라에 들어갈 것이다."

토마에 따른 복음.

---

199 말씀 56 각주 참조.

200 마르 13,4; 마태 24,3 참조.

201 루카 17,20-21.

202 곧 '생명을 누릴 자격이 없으니.'

이집트인들의 복음

The Gospel of the Egyptians

≫ 이집트인들의 복음에 대해서는 Schneemelcher, "The Gospel of the Egyptians", *New Testament Apocrypha vol. 1*, 209-215; Ehrman/Pleše, *The Apocryphal Gospels: Texts and Translations*, 223-229를 보라.

1. 기원

이집트인들의 복음이 2-3세기 그리스도교 저자들 사이에서 그 제목과 함께 여러 번 언급된 점으로 미루어 당시에 널리 이용되었을 것으로 추정된다. '이집트인들의 복음'이라는 제목으로부터 이 복음서가 이집트 교회에서 특별한 위치를 점했을 것임을 짐작할 수 있다. 이 복음서에 대한 교부들의 입장은 거의 부정적이다. 오리게네스는 성령의 힘으로 기록된 네 정경 복음서와 달리 사람이 기록한 이집트인들의 복음, 열두 사도의 복음, 바실리데스 복음, 토마 복음, 마티아 복음 등이 교회 안에 돌고 있었다고 전한다(『루카 복음 강해』 1.1). 이 진술만으로는 이집트인들의 복음서 내용과 특성을 알 수 없지만 당시에 이 작품이 배척해야 할 책으로 여겨졌음은 분명하다. 히폴리투스와 에피파니우스도 각각 영지주의 분파인 나아센파와 삼위일체 신학을 부정한 3세기의 사벨리우스파 사람들이 이 복음서를 사용했음을 암시한다(각각 『이단 논박』 5.7.8-9; 『구급상자』 62.2). 둘 다 이집트인들의 복음서를 인용하지는 않는다. 이집트인들의 복음서는 2세기 말 알렉산드리아의 교부 클레멘스의 작품에 인용문으로 전해진다. 클레멘스는 혼인과 성 문제를 다루는 『잡록』 제3권에서 율리우스 카시아누스 등 금욕분파 사람들이 이집트인들의 복음을 사용한다고 하였다. 그들이 이 복음서를 구체적으로 어떤 용도로 썼는지는 밝히지 않았다.

이집트인들의 복음이라는 명칭은 이 복음서를 사용한 지역명을 따라 붙여졌을 테니 이집트 교회, 적어도 이집트의 한 지역 공동체에서 사용되었을 것이다. 알렉산드리아의 클레멘스와 오리게네스가 이 복음서를 아는 것으로 보아서도 이집트에서 유통되었을 법하다. 어떤 학자들은 이 복음서를 이집트에서 읽힌 '히브리인들의 복음'과 구분하기 위해 '이집트인들의 복음'이라는 명칭이 붙게 되었다고 주장한다. '히브리인들의 복음'이 이집트에 사는 유다계 그리스도인들을 위한 복음서라면, '이집트인들의 복음'은 이집트 지역의 이방계 그리스도인들을 위한 복음서라는 것이다.[1] 이집트 바깥의 사람들이 이집트에서 널리 통용되는 복음서라는 이유로 이 복음서를 '이집트인들의 복음'이라 불렀으리라는 학자도 있다. 이 복음서는 나그 함마디에서 발견된 콥트어 이집트인들의 복음과는 다른 책이다.

클레멘스의 인용문은 예수님의 말씀들로 구성되어 있다. 예수님의 말씀들 대부분이 예수님과 살로메의[2] 대화에 속한다. 이 같은 '대화' 형식의 작문 기법은 토마 복음이나 구세주와의 대화에서도 찾아볼 수 있다. 말씀의 구조뿐 아니라 주제와 내용도 두 복음서와 비슷하다. '대화' 기법을 사용한 점, 성과 출산을 금하고 독특한 식습관을 제시하는 등 금욕분파의 특성이 두드러진 것을 보면 이집트인들의 복음은 영지주의 계열 작품일 가능성이 있다.

이 작품이 만들어진 시기는 클레멘스와 다른 영지주의자들이 이 작품을 사용하기 전인 2세기 초반에서 중반쯤일 것이다.

---

1 Bauer, *Orthodoxy and Heresy in Earliest Christianity*, 50-51.

2 정경 복음서에서 살로메는 예수님의 빈 무덤을 발견한 여자들 가운데 하나다(마르 15,40; 16,1). 살로메는 몇몇 초기 공동체에서 주요 인물로 부각되었을 것이다. 이집트인들의 복음에서 살로메의 질문은 예수님의 중요한 말씀들을 이끌어 내는 구실을 한다.

2. 다른 복음서와의 관계

클레멘스의 인용문은 모두 혼인과 출산을 반대하는 내용으로 읽히며 독신생활을 높이 사는 마태 19,10-12과도 유사하다. 특히 『잡록』 3.92.2-93.1에 인용된 말씀은 토마 복음 22와 37을 합친 듯하다. 곧 말씀 37의 "옷을 완전히 벗고, … 짓밟을 때"와 말씀 22의 "너희가 둘을 하나로 만들고, … 남자와 여자를 하나로 만들어 남자를 남자가 아니게 하고 여자를 여자가 아니게 하면"이 합쳐져 이집트인들의 복음 말씀이 된 것 같다. 그렇다고 이집트인들의 복음이 토마 복음에 의존한다는 뜻은 아니다. 두 복음서가 비슷한 전승을 이용했을 수도 있다. 당시 동방 그리스도교에서는 금욕주의가 보편적이었기 때문이다. 토마 복음 말씀 21; 114도 비슷한 경우다. 베드로 행전 38; 필립보 행전 140에도 비슷한 내용이 나온다.

3. 신학

남아 있는 본문이 적어 이집트인들의 복음서 전체의 신학은 알 수 없다. 남은 본문만으로 유추되는 이집트인들의 복음서 신학은 매우 분명하다. 곧 성적 금욕주의의 찬양이다.[3] 실제로 육신의 욕구와 성생활이 하느님 뜻에 위배된다고 묘사한다. 게다가 혼인과 출산마저 반대한 것으로 보인다.[4] 혼인

3 클레멘스가 이집트인들의 복음을 금욕분파 사람들이 성(性)과 출산을 반대한다는 예증으로 삼았기 때문에 그와 관련된 내용만 골라서 인용했을 가능성도 있다.

4 신약성경과 초기 그리스도교 공동체에서 혼인 자체를 부인하지는 않았지만

과 출산을 반대하고 채식을 장려하는 말씀들은 초기 그리스도교 시대 '극단적 금욕분파'Encratite를 연상시킨다. 알렉산드리아의 클레멘스가 이집트인들의 복음을 금욕분파와 연관시키기도 했다. 금욕 생활이야말로 출생과 소멸의 악순환을 깨트리며 남자와 여자의 성 구별을 극복하고 태초의 상태로 되돌아가는 방편으로 보는 시각 때문이다. 이러한 표현은 여자의 창조와 그에 따른 남녀의 구분으로 인간의 단일성이 깨어졌다는 생각을 전제한다. 태초의 상태, 곧 최초의 단일성으로 되돌아가는 것은 남자와 여자가 성적 결합을 그만둘 때에야 가능하다는 것이다.

'사람들이 수치의 옷을 짓밟아버리고 최초의 단일성으로 회복될 때, 남녀의 구별 없이 하나가 될 때에 비로소 모든 질문의 해답이 알려지리라'는 표현에서는(『잡록』 3.92.2-93.1), 금욕주의와 지식을 중시하는 헤르메스주의의 결합을 엿볼 수 있다. 비슷한 현상이 콥트어 토마 복음에서도 나타난다(말씀 21; 22; 37; 114). 이집트인들의 복음에서 구원이란 금욕을 통해 남녀 구별이 사라지고 태초의 단일성으로 돌아가 모든 문제의[5] 해답을 알게 되는 것이다. 영지주의자들에게는 '앎'이 곧 구원이므로 모든 질문의 해답이 알려진다는 것은 구원을 얻는다는 뜻이다. 그리고 그때 죽음이 마침내 그 힘을 잃게 된다고 한다.

교회는 하늘 나라에 비해 가족과 혈연의 가치를 상대적으로 제한했다. 그리고 복음에 충실한 금욕가들이나 동정녀들, 정숙한 과부들은 공동체에서 명망을 누렸다. 윔부시는 1코린 7장에서 영지주의적 금욕주의를 포함한 초대 그리스도인들의 금욕주의적 열망을 읽어낸다: Wimbush, "The Ascetic Impulse in Early Christianity: Some Methodological Challenges", 462-478. 그러나 교회는 혼인의 가치 자체를 부인하는 엄격한 금욕분파 사람들을 단죄하고 교회에서 내쫓기도 하였다: 다스만, 『교회사 1』, 361.

5 아마도 자기 자신과 세상, 그리고 하느님과 하느님 나라에 관한 '지식'과 관련되었을 터이다.

극단적 금욕분파(Encratite)

Encratite라는 이름은 ἐγκρατηταί 또는 ἐγκρατῖται에서 유래했다. 이 용어는 글자 그대로 '절제하는 사람들'이란 뜻으로 음주·육식·혼인을 멀리한 사람들을 가리킨다. 이런 생활 태도를 갖게 된 것은, 물질 자체를 악한 것으로 보는 세계관에서 비롯되었다. 사실 ἐγκρατηταί라는 이름은 특정 분파를 가리킨다기보다는, 부정적 물질관에 근거하여 극도의 금욕주의를 추구한 초기 그리스도교의 여러 분파를 아우르는 명칭이다.

실제로 금욕주의는 그리스도교보다 훨씬 역사가 길다. 피타고라스 학파, 에세네파, 인도의 금욕 수행자들이 이와 비슷한 성향을 보인다. 알렉산드리아의 클레멘스는 특히 인도의 금욕 수행자들이 금욕분파의 선구자였다고 한다(『잡록』 1.15).

바오로 사도도 혼인과 육식을 금하던 사람들에 관해 언급하지만(1티모 4,1-5)[1] ἐγκρατηταί라 불리는 그리스도교 분파를 처음 언급한 사람은 이레네우스다(『이단 논박』 1.28). 그는 이들의 기원을 초기 영지주의자 사투리누스와 마르키온에게서 찾는다. 이레네우스는, 그들이 혼인을 거부함으로써 암묵적으로 인간을 여자와 남자로 만든 창조주를 고발하고, 육식과 음주를 삼감으로써 만물을 창조한 창조주에게 감사할 줄 모른다고 비난한다. 이어서 타티아누스가 첫 인간인 아담은 구원되지 않았다는 생각을 그들에게 심었다고 한다.

이레네우스 다음으로 알렉산드리아의 클레멘스가 이 분파를 언급한다(『교육자』 2.2.33; 『잡록』 1.15; 7.17). 『잡록』 제3권 전체가 잘못된 금욕(ἐγκράτεια)을 고발하는 데 할애되어 있다. 이집트인들의 복음서 인용문도 여기에 담겨 있다. 히폴리투스는 그들을, "하느님과 그리스도와 관련된 것은 교회와 같은 방식으로 고

1 "그들은 혼인을 금지하고, 또 믿어서 진리를 알게 된 이들이 감사히 받아 먹도록 하느님께서 창조하신 어떤 음식들을 끊으라고 요구합니다"(1티모 4,3).

백하지만 생활방식은 차이를 보이며, 교만에 가득 차서 육식을 삼가고 물만 마시며 혼인을 금하고, 그리스도인들보다는 견유학파 사람들을 더 높이 친다"고 전한다(『이단 논박』 8.13). 이 구절을 보건대 그들은 정통 교회의 교의는 따르되 실천 면에서 조금 다른 길을 걸은 것 같다.[2] 에피파니우스는 당시 금욕분파 사람들이 소아시아 전역, 피시디아, 프리기아, 팜필리아와 킬리키아, 갈라티아 등지에 널리 분포했을 뿐 아니라, 시리아의 안티오키아에도 흩어져 있었다고 한다.[3]

금욕분파 사람들은 왕성한 작품 활동을 벌였는데, 이 분파의 입장을 옹호한 최초의 작가는 타티아누스였던 것으로 추정된다.[4] 타티아누스와 거의 동시대 사람인 율리우스 카시아누스(160-180년경)는 『금욕』이라는 작품을 저술하였다.[5] 신약 외경 가운데 이집트인들의 복음, 토마 복음, 필립보 복음, 베드로 행전, 안드레아 행전, 토마 행전 등이 이 금욕분파의 시각을 보인다.

» https://en.wikisource.org/wiki/Catholic_Encyclopedia_(1913)/Encratites

---

2 이 분파는 세베루스라는 사람에 의해 더욱 강화되어(에우세비우스 『교회사』 5.29), 그의 이름을 따서 세베루스주의자라 불리게 되었다. 세베루스계 금욕분파 사람들은 율법서, 예언서, 복음서 등을 받아들였지만 사도행전과 바오로 서간은 거부하였다. 그들은 혼인을 혐오하며 여자를 사탄의 업적으로 선포하고 포도주를 뱀의 독이라 불렀다(에피파니우스 『구급상자』 14).

3 그들은 수많은 소규모 분파로 갈라졌는데 그들 가운데 사도파(Apostolici)는 사유재산을 엄격히 금하였고 '물 성찬례파'(ὑδροπαραστάται, Hydroparastatae)는 성찬례 때 포도주 대신 물을 사용하는 것으로 유명하다(에피파니우스 『구급상자』 61.1). 테오도시우스 황제는 382년 ἐγκρατηταί라는 이름을 건 사람들 모두를 사형에 처한다고 발표하였다. 그 뒤에도 이들은 여기저기서 명맥을 유지하다가 5세기 중엽 마니교에 흡수된 것으로 보인다.

4 클레멘스가 『잡록』 3.12에서 타티아누스의 『구원자에 따른 완덕』을 인용하고 논박한다.

5 알렉산드리아의 클레멘스 『잡록』 1.21; 에우세비우스 『복음의 준비』 10.12를 참조하라.

4. 이집트인들의 복음

본문은 그리스어로 된 알렉산드리아의 클레멘스 『잡록』과 『테오도투스 발췌록』에서 직접 우리말로 옮겼다. 쌍따옴표(“ ”)로 표시한 인용문이 이집트인들의 복음서 본문에 해당한다.

ဢ ဣ

『**잡록**』 3.45.3

“언제까지 죽음이 힘을 가지겠습니까?” 하고 묻는 살로메에게 주님께서 “너희 여인네들이 출산을 그만둘 때까지”라고 말씀하신 것은, 삶이 나쁜 것이라거나 창조가 악한 것이라는 의미에서가 아니라 자연의 이치를 가르치신 것이다. 생성에는 반드시 소멸이 따르기 때문이다.[6]

『**잡록**』 3.63.1

듣기 좋은 말로 이른바 ‘금욕’을 주장하기 위해 하느님의 창조에 반대하는 사람들은, 전에 언급한 적 있는 살로메에게 하신 주님의 말씀들도 — 이것은 이집트인들의 복음에 실려 있다 — 인용한다. 사실 그들은 주님께서 “나는 여자의 일들을 파멸시키려고 왔다”고 직접 말씀하셨다고 주장한다. 여기서 ‘여자’란 ‘욕구’를, ‘일들’이란 ‘생성과 소멸’을[7] 말한다.

6　이집트인들의 복음은 죽음의 탓을 성과 출산에 돌리면서 성생활과 혼인과 출산을 단죄한다.

7　또는, ‘출생과 죽음.’

『잡록』 3.64.1

마침 그 말씀이 대파국에 관한 설명이었기 때문에 살로메는 "언제까지 사람들이 죽어야 합니까?" 하고 말하였다. 성경은 사람을 이중적 의미로 부른다. 가시적 인간과 영혼, 다시 말해 구원되는 인간과 그렇지 않은 인간. 그리고 죄는 영혼의 죽음이라 한다. 그러므로 주님께서 유심히 바라보시며 대답하신다. "여자들이 출산을 멈출 때까지", 곧 욕구가 힘을 발휘하지 않는 날까지 그러할 것이다.

『잡록』 3.66.1-2

[1] 참된 복음의 규칙을 따르지 않는 사람들은 왜 주님께서 살로메에게 하신 다음 말씀을 예로 삼지 않았을까? [2] 그녀가 출산이 부적절하다는 듯이 "아이를 낳지 않길 참 잘했습니다!" 하고 말했을 때 주님께서는 다음과 같이 대답하셨다. "모든 식물을 먹어라. 그러나 쓴맛이 나는 것은 먹지 마라."[8]

『잡록』 3.92.2-93.1

[92.2] 바로 이 때문에 카시아누스가 말하였다:[9]

---

8 쓴맛이 나는 식물은 먹지 말라고 하신 말씀은 탈출 12,8; 민수 9,11을 연상시킨다. 파스카 때 누룩 없는 빵과 쓴나물을 곁들여 파스카 제물을 먹으라고 한 규정이다. 쓴나물은 이스라엘 백성이 이집트에서 노예 살이할 때 겪었던 비통함을(탈출 1,14) 상징한다. 쓴맛이 나는 식물을 먹지 말라는 것은 유다인들과의 차별성을 드러내는 듯하다.

9 알렉산드리아의 클레멘스는 이집트인들의 복음을 금욕분파(Encratite) 및 거기 속한 율리우스 카시아누스와(2세기 말) 연결하였다. 카시아누스의 작품 가운데 『주석』과 『금욕 또는 독신』이 알려져 있다. 클레멘스는 『금욕 또는 독신』을 인용하여 세상과 물질을 폄하하면서 혼인과 출산을 거부한 영지주의자들의 교의를 반박한다(『잡록』 3.13-14). 또한 카시아누스는 타티아누스처럼 금욕을 주장한 인물이며

살로메가 자신이 한 질문들의[10] 답이 언제 알려질지 물었을 때 주님께서 말씀하셨다. "너희가 수치의 옷을 짓밟게 될 때,[11] 그리고 둘이 하나가 되고 남자와 여자가 더는 남자도 아니고 여자도 아니게 될 때다."[12]

93.1 우선 이 말이[13] 우리에게 전수된 네 복음서에서는 발견되지 않고, 이집트인들의 복음에서 발견된다.[14] 카시아누스는, 열정은 남자의 충동을, 여자는 욕구를 암시한다는 것을 모르는 것 같다.[15]

가현설의 창시자라(ὁ τῆς δοκήσεως ἐξάρχων) 소개하지만(『잡록』 7.17.108), 가현설의 역사는 훨씬 오래되었다. 카시아누스가 수장으로 있던 금욕분파가 가현설을 편 것은 사실이다(『잡록』 3.17.102). 카시아누스는 170년경 이집트에서 가르쳤을 것이다: Quasten, *Patrology 1: The beginnings of patristic literature*, 274-275.

10 살로메의 질문 내용은, '하느님 나라가 언제 오는가?'이다(2클레 12.1-2 참조).

11 토마 복음 말씀 21; 37.

12 토마 복음 말씀 22; 114. 필론이 전하는 유다교 전승들에서 창세 1,27은 이상적 인간 또는 인간 원형의 창조이고, 창세 2,7은 천상적 유형의 모방인 물질적 아담의 창조이다(『우의적 율법』 1.31 등). 이러한 전승들에서는 원형인 천상적 인간이 먼저 오고 지상적 인간이 두 번째로 온다.

13 주님께서 살로메에게 답으로 주셨다는 인용문을 가리킨다.

14 클레멘스는 이집트인들의 복음을 정경 복음서와 동급으로 여기지는 않는다. 그렇다고 이 복음서를 완전히 배척하지도 않는다: 클레멘스 『잡록』 3.45.3; 3.63.1; 3.64.1 참조.

15 『잡록』 3.92.2-93.1에 담긴, 이집트인들의 복음 인용문과 비슷한 내용이 『클레멘스의 둘째 편지』 12.1-6에도 나오나 단어가 다르다. 2클레의 예수님 말씀은 이집트인들의 복음 또는 이 복음서가 사용한 것과 같은 전승에서 나온 듯하다. "하느님 현현의 날이 언제인지 알지 못하니, 매 시간 사랑과 정의 안에서 하느님 나라를 고대합시다. 누군가가 그분의 나라가 언제 오는지 물었을 때 주님께서 직접 답하시며 말씀하셨습니다. '둘이 하나가 되고, 바깥이 안처럼 되고 남자가 여자와 더불어 남자도 아니고 여자도 아니게 될 때다'"(2클레 12.1-2).

『테오도투스 발췌록』 67.2

그리고 구원자께서 살로메에게 "여자들이 출산을 하는 한 죽음도 지속된다" 하고 말씀하신 것은, 출산을 깎아내리려 말씀하신 것이 아니다. 믿는 이들의 구원을 위해 그것이 필요하기 때문이다.

3. 수난 복음서

베드로 복음

The Gospel of Peter

≫ 베드로 복음서에 대해서는 Bernhard, *Other Early Christian Gospels: A Critical Edition of the Surviving Greek Manuscripts*, 49-53; Maurer/Schneemelcher, "The Gospel of Peter", 216-222; Ehrman/Pleše, "The Gospel of Peter", *The Apocryphal Gospels: Texts and Translations*, 371-377을 보라.

베드로 복음은 초세기 교회 문학 작품에서 자주 언급된 편이다. 그러나 한 군데를 빼고는 복음서의 내용에 관한 설명이 없고, 인용문도 전해지지 않는다. 가령 오리게네스는 『마태오 복음 주해』(10.17)에서, '베드로 복음' 또는 '야고보의 책'에 근거해서 예수님에게 요셉의 전처소생인 형제들이 있었다고 말하는 사람들이 있다고 밝히고 있다.[1] 그런데 오리게네스가 실제로 베드로 복음을 알았는지 그리고 그것이 지금 다루려는 베드로 복음서와 같은 것인지는 분명하지 않다. 에우세비우스는 교회에서 정경으로 받아들이지 않은 작품의 하나로 베드로 복음을 언급하면서 그 내용은 소개하지 않는다(『교회사』 3.3.2; 3.25.6).[2]

베드로 복음과 관련해서는 안티오키아의 세라피온의 편지(2세기 말) 인용문이 가장 중요하다. 에우세비우스의 『교회사』에 전해지는 이 인용문에서 세라피온은, 베드로 복음이 2세기 일부 그리스도교회에서(예를 들어 시리아의 로수스) 성경으로 받아들이고 또 그렇게 사용되었음을 암시한다(『교회사』 6.12.3-6). 교부들은 이 복음서 내용의 일부가 문제시 된다고 판단하여 사용을 금지하였다. 그리하여 베드로 복음서는 이름 빼고는 실제로 모든 것이 잊혔다. 그러다가 19세기 말 이집트에서 베드로 복음서 단편 P. Cairo 10759이 발견되면서 다시 관심을 끌게 되었다.

베드로 복음서의 전체 내용은 알 수 없지만, 예수님의 행적을 담은 설화narrative 복음서인 것은 분명하다. P. Cairo 10759는 예수님의 수난 사화

---

1 야고보 원복음 9장 참조.

2 히에로니무스 『위인들』 1과 겔라시우스 교령도 베드로 복음을 외경으로 소개한다.

및 부활과 발현 사화의 시작 부분을 담고 있다. 베드로 복음이 수난 사화로만 이루어진 것인지 아니면 앞에 다른 이야기들을 하다가 수난 사화로 마무리한 것인지를 두고 학자들 사이에 논의가 활발히 이루어졌다. 그런데 또 다른 단편 P. Oxy. 4009가 발견되면서 새로운 빛을 던져 주었다. 이 단편에 담긴 예수님과 제자의 대화가 공생활 기간에 일어났을 법하였기 때문이다.[3] 그렇다면 베드로 복음은 본디 수난 사화뿐 아니라, 공생활 내용도 포함했을 것이다. 베드로 복음서 저자가 이야기를 정경에서 따온 것인지 아니면 정경과 다른 원천에서 따온 것인지는 아직 의견이 분분하다.

1. 사본 정보

1886-7년 이집트 아크밈 근처, 한 중세 수도자의 무덤에서 양피지 코덱스가 발견되었는데, 그것은 나중에 예수님의 제자 베드로를 일인칭으로 한 복음서의 일부임이 밝혀졌다. 이 양피지 코덱스는 6세기 후반 사본으로 판명되었으며 P. Cairo 10759로 명명되었다. 19세기 말 옥시린쿠스 파피루스들에서 베드로 복음 단편이 두 개 더 발견되어, 각각 P. Oxy. 2949와 P. Oxy. 4009로 명명되었다. 두 단편 모두 2세기 사본으로 추정된다. 특히 베드로가 예수님과 나눈 대화를 일인칭으로 기술한 P. Oxy. 4009는 초대 교회 때 설교인 『클레멘스의 둘째 편지』 5.2-4와 내용이 같다.

3 이 단편의 병행구인 마태 10,16.28이 예수님이 열두 사도를 뽑아 파견하시며 건네시는 말씀이기 때문이다.

P. Oxy. 4009

언어	그리스어
재질	파피루스 코덱스
사본 추정 연대	2세기
발견 장소	이집트 옥시린쿠스
소장처	옥스퍼드 대학교 새클러Sackler 도서관
분류번호	P. Oxy. LX 4009

P. Cairo 10759

언어	그리스어
재질	양피지 코덱스
사본 추정 연대	6세기 후반
발견 장소	이집트 아크밈
소장처	이집트 알렉산드리아 박물관
분류번호	BAAM 0522

P. Oxy. 2949

언어	그리스어
재질	파피루스 두루마리(?)
사본 추정 연대	2세기 말에서 3세기 초
발견 장소	이집트 옥시린쿠스
소장처	옥스퍼드 대학교 새클러 도서관
분류번호	P. Oxy. XLI 2949

2. 구조와 내용

본문이 단편으로만 전하여 전체 내용은 알 수 없다. P. Oxy. 4009는 예수님의 공생활 기간에 나눈 예수님과 베드로의 대화를 전한다. 가장 긴 P. Cairo 10759는 예수님의 수난과 부활을 전하며 P. Oxy. 2949는 P. Cairo 10759와 내용이 겹친다.

아크밈 단편(P. Cairo 10759) 본문은 예수님 신문 과정에서 빌라도가 손을 씻는 장면으로 시작하여, 예수님의 사형선고와 죽음 및 부활 이야기가 그 뒤를 잇는다. 단편은 베드로와 안드레아와 레위가 바다를 향해 떠나는 장면에서 갑자기 끊어지는데, 이 대목은 아마도 부활한 그리스도의 발현 장면의 도입부일 것이다. 사본의 시작과 끝부분의 마감처리로 보아 이것이 필사가가 가진 전부였을 것이다. 단편 본문은 로빈슨이 열네 장으로 분류하고 이어 하르낙이 예순 절로 나누었다고 한다. 장절 번호는 이들의 분류를 따른다.

I. 예수님의 수난: 1.1-9.34
- 1. 헤로데의 명령: 1.1-2
- 2. 예수님 시신의 수습을 요청하다: 2.3-5
- 3. 조롱: 3.6-9
- 4. 십자가형 집행: 4.10-14
- 5. 십자가에 달리신 예수님: 5.15-20
- 6. 예수님을 무덤에 안치하다: 6.21-24
- 7. 무덤을 봉하다: 7.25-9.34
  - 유다인들의 탄식: 7.25-27
  - 원로들의 경비병 요청: 8.28-30
  - 봉인된 무덤: 8.31-33

결론: 9.34

II. 부활과 그 증인: 9.35-11.49

1. 부활: 9.35-10.42

열린 무덤: 9.35-37

무덤에서 세 사람이 나오다: 10.38-10.42

2. 빌라도에게 보고하다: 11.43-49

보고: 11.43-46

빌라도의 명령: 11.47-49

III. 무덤에 간 여인들: 12.50-14.60

1. 여인들이 무덤에 가다: 12.50-54

2. 빈 무덤: 13.55-57

3. 출발: 14.58-60

3. 정경 복음서와의 관계

베드로 복음과 정경 복음서의 관계를 정확히 규정하기는 어렵다. 쾨스터H. Koester는 베드로 복음서와 정경 복음서가 비슷한 시기에 만들어졌으며, 공통된 수난과 부활 전승을 저마다 독립적으로 발전시켰다는 입장이다.[4] 그러나 대부분의 학자들은 베드로 복음이 정경 복음서를 토대로 만든 이차 문헌이라 여긴다. 무엇보다 베드로 복음 저자는 네 복음서를 잘 알고 있었고 때에 따라 네 복음서를 적절히 조화시켜 사용한 듯하다. 예를 들어 6.21-24는 세 공관 복음서와 요한 복음을 적절히 섞고 새로운 자료를 첨

4 Koester, "Apocryphal and Canonical Gospels", 105-130.

가하여 지금 모습에 이른 것 같다.[5] 다른 대목의 상황도 별로 다르지 않다.

베드로 복음에는 정경 복음서와는 거리가 멀거나 정경에 전혀 등장하지 않는 생소한 장면들도 나온다. 베드로라는 화자의 보고 형식으로 이야기가 진행되는 것, 예수님이 헤로데의 명령으로 처형당하고 빌라도는 책임을 면한다는 대목, 십자가상에서 예수님이 '아무런 고통도 없는 것처럼 줄곧 입을 다물고 계셨다'는 진술(4.10), 무덤이 열리는 기적과 부활 장면을 상세히 서술한 것(9.37), 예수님이 거대한 천사 두 명의 도움을 받아 거인 모습으로 무덤에서 빠져 나오고 십자가가 그 뒤를 따르며 십자가에서 음성이 들려오는 대목(10.38-42) 등이 그 예다. 이 대목들만 두고 보면 베드로 복음을 정경과 상관없는 후대 작품으로 여겨질 것이다.

베드로 복음은 정경보다 후대의 전승을 반영하거나 최소한 이차적 손질을 거친 것이 분명하다. 그러나 기본 뼈대는 정경 복음서에 간직된 수난과 부활 사화의 초기 전승과 유사하다. 베드로 복음은 초기 자료와 이차 자료를 모두 포함하는 복합 본문으로 보는 것이 가장 적절하다. 곧 수난과 부활 사화의 초기 전승에 후대의 이차 자료를 덧붙여 지금의 모습으로 편집했을 것이다.

4. 작성 연대와 장소

정확한 작성 연대를 추정하기란 거의 불가능하다. 사본 증거를(P. Oxy. 2949) 볼 때 베드로 복음이 2세기 말에서 3세기 초에 이미 이집트에 퍼져 있었으며, 세라피온의 증언이 이 복음서를 가리키는 게 맞는다면 늦어도 190년경

5 해당 본문 참조.

이전에는 만들어졌을 것이다. 그러나 베드로 복음이 네 정경 복음서를 알고 있는 것으로 보아 2세기 초반 이전은 아닐 것이다. 더구나 저자가 예수님 시대의 팔레스티나 상황과 유다교 구조를 잘 알지 못하는 듯한데 이러한 특징은 초기 전승을 간직한 책에서 찾아보기 어려운 일이다. 예수님 죽음의 죗값을 정경 복음서보다 강하게 유다인들에게 돌리는(예를 들어 7.25) 데서 드러나는 반유다교 분위기로 판단하건대, 베드로 복음의 기본 틀은 대략 2세기 초(100-130년)에 마련되어[6] 최소한 2세기 중반을 넘기지는 않았을 것이다.

베드로 복음이 만들어진 장소는 정확히 알 수 없다. 그러나 안티오키아의 주교 세라피온이 시리아의 로수스 교회가 베드로 복음을 사용한다고 증언한 이래로 이 복음서는 줄곧 시리아 지역 교회와 연결되었다. 이 복음서의 반유다교적 성향이 사르디스의[7] 멜리토가 저술한 『파스카』 강론과 유사한 점을 들어 소아시아에서 생겨났을 것이라고 하나, 대체로 시리아에서

---

6 70년 항쟁이 실패로 돌아간 뒤 유다인들은 항쟁에 참여하지 않은 그리스도인들을 대놓고 적대시하면서 이들을 회당에서 내쫓았다. 그리고 85년 무렵 유다인들은 회당 예배에서 그리스도인들을(*notzerim* 나자렛 사람들) 공식적으로 저주하였다. 점차 유다교 회당에서 라삐들의 입지가 강화되고, 바리사이와 율법 학자들로 구성된 라삐 중심의 유다교가 표준 유다교로 자리매김하게 되는(70-135년) 과정에 그리스도인들 사이에서는 반유다교 분위기가 확산되었을 법하다: Sanders/Baumgarten, *Jewish and Christian Self-definition 2: Aspects of Judaism in the Greco-Roman period*; Marguerat, "Juifs et chrétiens: la séparation", 216. 사실 반유다주의 성향은 바오로 서간에서 이미 드러난다. 1테살 2,15에 따르면 유다인들이 예수님을 죽이고 예언자들을 죽였으며 바오로와 그 공동체까지 박해하였다. 사르디스의 주교 멜리토(190년 사망)의 『파스카』 96-97에도 유다인들이 주님을 십자가에 처형시켰음을 비난하는 글이 있다. 7. 복음서 단편 에게르톤 복음의 신학 부분과 각주를 참조하라.

7 고대 소아시아의 리디아 왕국의 수도이며 지금은 터키에 속한다. 요한 묵시록의 수신인인 일곱 교회 가운데 하나였다.

만들어지고 읽혔으리라는 데 의견이 모아지고 있다.[8]

5. 신학

베드로 복음은 전체적으로 정경 복음서의 사상과 거리가 멀지 않다. 다만 가현설을 연상시키는 대목이 있어 학자들 사이에서 논란이 되었다.[9] 곧 "그리고 그들은 죄인 두 사람을 더 데려와 주님을 그들 사이에 두고 십자가에 못 박았다. 그러나 그분께서는 아무런 고통도 없는 것처럼 줄곧 입을 다물고 계셨다"(4.10)라는 구절과, "그때 주님께서 큰 소리를 지르시며 말씀하셨다. '저의 힘이시여, 저의 힘이시여, 당신께서 저를 저버리셨습니다.' 이렇게 말씀하신 다음 그분께서는 위로 올림을 받으셨다"(5.19)라는 구절이다. 베드로 복음을 가현설과 연관시킨 것은 안티오키아의 세라피온이 처음이다. 이는 에우세비우스가 전한다. 세라피온이 로수스 공동체에서 베드로 복음서를 발견하고 처음에는 읽어도 된다고 했다고 한다. 그러다 이 복음서를 세밀히 검토해보니 '가현주의자들'의 이단적 견해들도 담겨 있더라는 것이다(『교회사』 6.12.3-6). 가현주의자들δοκηταί이라는 명칭은 '외관·외형·유사' 등을 뜻하는 δόκησις에서 유래한다. 그들이 그리스도는 사람처럼 '보였을' 뿐이라고, 그리고 수난을 겪은 것처럼 '보이거나' 그렇게 '여겨졌을'δοκέω 뿐이라고 가르쳤기 때문이다. 어떤 이들은 그리스도의 인성 전체를 부인하였고 어떤 이들은 그분의 육체의 현실성 혹은 탄생과 죽음의 현실성만을 부인하였다.[10]

---

8 Maurer/Schneemelcher, "The Gospel of Peter", 221.

9 이에 대해서는 Mara, *Évangile de Pierre*, 107-11, 132-40을 보라.

10 그들이 주장한 가현설(Docetism)의 기원은 분명하지 않으나 그리스도의 인성이 내포한 연약성이나 수난과 십자가 죽음이 그리스도의 신성을 믿는 이들에게 걸

가현주의와 가현주의자들

가현설은, 그리스도의 인성과 육화, 수난과 부활이 실제 현실이 아니라 단지 그렇게 '보였을' 뿐이라고 가르친다. 이런 경향이 실제로 존재했다는 것은 신약성경(1요한 4,2-3; 2요한 7절; 콜로 2,8-9)이 증언한다. "속이는 자들이 세상으로 많이 나왔습니다. 그들은 예수 그리스도께서 사람의 몸으로 오셨다고 고백하지 않는 자들입니다. 그런 자는 속이는 자며 '그리스도의 적'입니다"(2요한 7절). 가현주의는 2세기 영지주의자들 사이에서 더욱 발전한다. 그들은 대체로 천상의 그리스도가 외관만 몸을 갖춘 것처럼 보였을 뿐, 하늘로 돌아갈 때는 그 외관을 버렸다고 주장한다. 그리스도는 어떤 형태로든 죽음의 치욕을 피했다는 것이다. 가령 골고타에서 십자가에 못 박힌 이는 그리스도가 아니며 유다 이스카리옷이나 키레네 사람 시몬이었다고 한다(이레네우스 『이단 논박』 1.7.2; 1.24.4 참조). 2세기에 만들어진 외경 가운데 요한 행전, 이사야의 승천[1] 등에서 가현주의 경향이 엿보인다. 특히 요한 행전 93장과 101장에서 가현주의가 두드러진다. 93장은 사도 요한이 예수님 살아생전에 겪었던 일을 전한다.

"때때로 내가 그분을 잡으려 하니 흙과 살로 된 몸이 만져지기도 했습니다. 그러나 어떤 때 다시 그분을 만졌을 때는 그분의 실체가 물질이나 육이 아니었으며 아예 존재하지도 않는 것 같았습니다. … 또 나는 그분과 함께 걸을 때 종종 그분의 발자국이 땅에 찍히는지 보려고 애쓰곤 했습니다. 그분이 땅 위에 떠 계시는 것을 본 적이 있기 때문입니다. 그런데 한 번도 발자국을 본 적이 없습니다"(93).

101장은 십자가 사건이 일어나던 그 시각, 주님께서 요한에게 나타나시어 하

1 마리아와 요셉이 홀로 집에 있을 때 홀연히 한 아이가 그들에게 나타났으며 이렇게 해서 예수님이 세상에 들어왔다고 전한다. 바오로 행전에서는 '이단자'들이 메시아가 육 안에 내려왔으며 마리아에게서 태어났다는 것을 부인한다고 증언한다.

신 말씀이다.

"나는 그들이 나를 두고 말하게 될 고난들은 단 하나도 겪지 않았다. … 너는 내가 고난을 겪었다고 들었으나 나는 고난을 겪지 않았다. … 내가 찔렸다고 들었으나 찔리지 않았다. 십자가에 매달렸다고 들었으나 매달리지 않았다. 내게서 피가 흘렀다고 들었으나 흐르지 않았다"(101).

이처럼 가현주의는 2세기에도 여전히 교회에 영향력을 행사하였다. 심지어 알렉산드리아의 클레멘스와 오리게네스에게서도 가현주의로 오인될 수 있는 내용이 발견된다. 클레멘스는 그리스도는 음식을 들 필요가 전혀 없는 분이셨고, 음식을 드셨다면 그것은 필요해서가 아니라 제자들을 먹이시기 위해서였으며, 외관상 육체를 지니신 것으로 보였지만 순수한 혼령이셨다고 한다(『잡록』 6.9.71). 오리게네스가 그리스도의 입을 빌려, "나는 약한 자들을 위해 약한 자가 되었고, 배고픈 자들을 위해 배고픔을 느꼈으며, 목마른 이들을 위해 목마름을 느꼈다"(『마태오 복음 주해』 13.2)라고 한 말도 가현설과 유사한 입장으로 여겨지기도 했다. 그러나 두 교부의 사상 전반을 살펴본다면 이러한 판단이 섣부르다는 것을 알 수 있다. 교부들은 가현설을 단연코 거부한다. 이미 2세기 초부터 안티오키아의 이냐시우스와 폴리카르푸스는 예수님의 탄생과 삶과 죽음의 현실성을 부정하고 십자가 수난이 겉보기였을 따름이라고 주장하는 자들과 맞서 싸웠다. 예를 들면 이렇다.

"예수 그리스도는 참으로 육으로는 다윗의 자손이시며 하느님의 뜻으로는 하느님의 아들이시며 신적인 인간이시다. 참으로 동정녀에게서 나셨으며, … 요한에게서 세례를 받으셨고, 본시오 빌라도와 헤로데 치하에서 우리를 위하여 몸으로 사셨다. … 우리가 구원받을 수 있도록 우리를 위해 고통을 받으셨다. 그분께서는 참으로 고통을 받으셨고, 마찬가지로 참으로 부활하셨다. 이는 그분을 믿지 않는 자들이 '그분은 겉보기에만 고통을 받으시는 것처럼 보였을 뿐'이라 말하는 것과는 사뭇 다르다"(이냐시우스 『스미르나인들에게 보낸 편지』 1.1-2; 2).

"다윗의 자손이시며 마리아에게서 나신 예수 그리스도가 참으로 태어나고 먹고 마시셨으며 참으로 본시오 빌라도 치하에서 고통을 받으시고, 참으로 십자가에 못 박혀 하늘과 땅과 지옥에 대해 돌아가셨으며 또한 참으로 죽은 이들 가운데서 부활하신 분이라는 것 이외의 것을 가르치는 사람들의 말은 듣지 마시오"(이냐시우스 『트랄리스인들에게 보낸 편지』 9.1-2).

정통 교회는 예수님의 인성과 수난과 죽음의 현실성은 그리스도교 가르침의 근간이며, 부활은 영혼과 관련된 것이 아니라 육체를 변모시키시는 하느님의 창조 능력을 가리키는 말임을 분명히 하였다(Perkins, "Gnosticism", 465-470).

대표적 가현주의자(δοκηταί)로는, 알렉산드리아의 클레멘스가 그 창설자로 꼽고 있는 율리아누스 카시아누스(『잡록』 7.17.108) 외에 바실리데스와 마르키온이 있었다. 2세기 초 영지주의자 바실리데스는 유다인들이 예수님으로 착각한 다른 사람 가령 키레네 사람 시몬을 대신 못 박았다고 주장했다. 바실리데스에 따르면, 예수는 죽음을 겪지 않았으며 시몬이 예수님 모습으로 바뀌어 십자가형을 대신 당했다. 예수님은 그 시각 시몬의 모습을 하고 십자가 옆에 서서 웃고 계셨으며, 나중에 다시 당신을 보내신 분께 올라가셨다고 한다(이레네우스 『이단 논박』 1.24.4; 에피파니우스 『구급상자』 24.3.3-6 참조).

테오도레투스는 마르키온의 제자들과 발렌티누스의 제자들이 가현주의자들이라고 하였다(『서간집』 82). 테르툴리아누스에 따르면, 마르키온(85-160년)은 그리스도가 혼령일 따름이었다고 주장했다. 마르키온은, 티베리우스 황제 재임 15년째에 예수님께서 갑자기 셋째 하늘에서부터 카파르나움으로 내려오셨다고 한다. 그분께서 사람의 형상으로 보였으나 이는 겉보기만 그랬다고 한다. 마르키온은 가현주의를 가르치면서도 그리스도의 수난과 죽음은 받아들였다고 한다. 자기의 주장에 일관성이 없었다는 것이다(테르툴리아누스 『마르키온 논박』).

» 가현주의에 대해서는 Arendzen, "Docetae"을 참조하라.

베드로 복음 4.10과 5.19를 가현주의 관점으로 받아들여야 할지 조금 자세히 살펴보자.[11]

5.1. 베드로 복음 4.10

4. [10] 그리고 그들은 죄인 두 사람을 더 데려와 주님을 그들 사이에 두고 십자가에 못 박았다. 그러나 그분께서는 아무런 고통도 없는 것처럼 줄곧 입을 다물고 계셨다.

"아무런 고통도 없는 것처럼"(4.10)에 사용된 그리스어 단어 ὡς의 애매한 면 때문에 문장 전체의 뜻이 달라질 수 있다. ὡς의 일차적 의미는 '…처럼'이지만, 분사와 함께 사용될 때 '…하기 때문에'라는 의미로도 옮길 수 있다.[12] 베드로 복음 4.10이 바로 이런 애매한 경우다. 고통은 느꼈지만 그렇지 않은 것처럼 침묵을 지켰다는 표현일 수도, 실제로 고통을 느끼지 않았기에 침묵을 지켰다는 뜻일 수도 있다. 해답은 바로 앞 3.9의 조롱 장면에서 찾을 수 있다. 3.9은 예수님이 당한 모욕과 채찍질이 실제로 고통스러운 것임을 강변하고 있다. 예수님의 고통이 외형상의 고통에 지나지 않았다면, 예수님이 당한 모욕과 고통을, "거기 서 있던 사람들 가운데 어떤 사람들은 그분 눈에다 침을 뱉고 또 어떤 사람들은 그분 뺨을 때렸다. 어떤 사람들은 그분을 갈대로 찌르고 또 어떤 사람들은 그분을 채찍으로 치면서 말하였다"와 같이 생생하게 묘사하지는 않았을 것이다. 그랬다면 이것은 희극

림돌이 될 만한 문제였다는 점에서 그 유래를 찾을 수 있다.

11 베드로 복음과 가현주의에 대해서는 McCant, "The Gospel of Peter: Docetism Reconsidered", 258-273을 보라.

12 4.10에 달린 각주를 참조하라.

적 장면 연출에 지나지 않았을 것이다. 그러므로 문맥상 4.10이 고통의 현실을 부인하는 내용이 아님을 알 수 있다.

5.2. 베드로 복음 5.19

5. [19] 그때 주님께서 큰 소리를 지르시며 말씀하셨다. '저의 힘이시여, 저의 힘이시여, 당신께서 저를 저버리셨습니다.' (이렇게) 말씀하신 다음 그분께서는 위로 올림을 받으셨다.

19절에서 '힘'δύναμις은 하나의 '실체'로서 제시되었다. 이를 두고 어떤 학자들은 이 '힘'이 십자가 처형 당시 인간 예수를 떠난 천상의 그리스도를 가리키는 것이라 해석한다. 5.19가 인간 예수와 천상의 그리스도를 이분법적으로 설명하는 가현주의의 한 형태라는 것이다.

이보다 앞서 필론의 작품에 하느님과 감각 세계 사이의 중개자적 존재들, 곧 하느님의 '능력'δύναμις들이 자주 등장한다.[13] 필론은 하느님을 하위 세계와 접촉하지 않고 인간 이해의 범위를 넘어서시는 초월적 최상신으로 남겨두기 위하여 하느님의 본질과 하느님의 능력을 구분하였다. 하느님의 능력은 하느님과 감각 세계를 잇는 중개자적 존재라는 것이다. 그리고 그 가운데 로고스가 으뜸을 차지한다고 보았다. 로고스는 이미 필론에게 하나의 실체로 이해되었던 것 같다.[14] 이처럼 필론에게 하느님의 '능력'이 하느님과 감각 세계를 매개하는 중간자적 '실체'로서 이해되었다면, 그리고 그 가

---

13 중기 플라톤 사상가들은 초월적 최상의 원리와 감각 세계 사이에 중간 영역이 있다고 가정하였다. 필론도 같은 선상에서 중간자적 존재를 상정한다: 솅크, 『필론 입문』, 136-149 참조.

14 솅크, 『필론 입문』, 136-149 참조.

운데 로고스가 수위를 차지했다면, 베드로 복음 5.19의 하느님의 '힘'도 이와 비슷한 실체로 이해될 수 있을 것이다. '힘'을 천상의 그리스도를 가리키는 말로 읽을 수 있다는 의미다. 아울러 '힘이 나를 저버렸다'는 것은 천상의 그리스도가 지상의 예수님을 떠났다는 의미로 이해할 수 있을 것이다. 이는 가현주의자들의 전형적 해석에 해당한다.

그러나 베드로 복음 5.19의 δύναμις는 하느님을 에둘러 표현하는 것으로 받아들이는 게 더 자연스럽다. 사실 이 구절은 칠십인역 시편 21,2 "하느님, 저의 하느님, 제 말을 들으소서. 어찌하여 저를 버리셨나이까?"ὁ θεὸς ὁ θεός μου πρόσχες μοι ἵνα τί ἐγκατέλιπές με에서 따왔다. 그런데 직역 위주의 구약성경 그리스어 역본인 아퀼라가 하느님θεός을 힘ἰσχύς으로 번역하였다. 하느님을 힘으로 에둘러 표현한 셈이다. 그밖에 하느님을 '나의 힘'이라 표현한 예는 구약성경에서 쉽게 발견된다.

19절 후반부 "그분께서는 위로 올림을 받으셨다"로 옮긴 ἀνελήμφθη는[15] 승천의 의미로도 이해되지만(마르 16,19; 사도 1,2) 단순히 죽음을 가리키는 말로도 쓰인다(솔로몬의 시편 4,18). 파생 명사 ἀνάλημψις도 승천을 가리킬 수도 있고 죽음을 가리킬 수도 있다. 루카 9,51 "하늘에 올라가실ἀνάλημψις 때가 차자, 예수님께서는 예루살렘으로 가시려고 마음을 굳히셨다"에 사용된 ἀνάλημψις가 그 예다. 그러므로 베드로 복음 5.19의 ἀνελήμφθη를 반드시 천상 그리스도의 승천으로 해석할 필요는 없다. 세례 때 인간 예수에게 내려온 천상의 그리스도가 십자가상에서 그를 떠났다는 뜻은 아니라

15 이 동사는 여기서 과거에 단 한 번 일어난 사건이나 행동을 표현하는 아오리스트 형태이고, 수동형이라는 것이 중요하다. 스스로 하늘로 올라간 것이 아니라 하늘로 올림을 받았다는 것이다. 주님의 부활을 표현할 때 '일어났다'라는 아오리스트 능동형 대신 대개 '일으켜졌다'(ἠγέρθη)라는 아오리스트 수동형을 사용하는 것과 마찬가지다(마태 28,6-7; 마르 16,6; 루카 24,6). 이러한 용법을 보통 '신적 수동'이라 부른다. 참고로 베드로 복음 13.56에서는 '일어났다'(ἀνέστη 제2아오리스트 능동)가 사용되었다.

는 것이다.

결론적으로 베드로 복음은 예수님 수난과 부활의 현실성을 부인한다고 볼 수 없다. 더구나 앞뒤 문맥을 고려하여 해당 구절을 읽으면 정반대의 결론에 이른다. 예를 들어 56절에서 무덤을 찾은 여인들에게 한 "누구를 찾습니까? 십자가에 못 박히신 분을 찾는 것은 아니겠지요? 그분은 일어나 떠나셨습니다. 여러분이 못 믿겠다면, 몸을 굽혀 그분께서 누워 계시던 자리를 보십시오. 그분은 없습니다. 그분은 다시 일어나셔서 그분을 보내신 곳으로 되돌아가셨습니다"라는 말씀은 가현설과는 정반대의 입장이다. 십자가에 못 박히신 분이 실제로 부활하여 떠나온 곳으로 되돌아가고 여기 없다는 것은, 육체의 현실성과 더불어 수난과 부활의 현실성을 강조하는 표현이다. 결국, 베드로 복음의 4.10과 5.19는 가현주의 그리스도론의 증거가 되지 못한다. 이 구절들을 반드시 가현주의 경향으로 해석할 필요가 없다는 의미다.[16]

6. 베드로 복음

P. Oxy. 4009가 P. Cairo 10759보다 앞에 나오는 내용임이 확실하므로 맨 앞에 두었다. 본문이 짧아서 장절 구분은 하지 않았다. P. Oxy. 4009는 판독할 수 있는 내용이 적기는 하지만, Bernhard, *Other Early Christian Gospels: A Critical Edition of the Surviving Greek Manuscripts*, 54에 제시된 비평본을 토대로 그리스어에서 번역하였다. 번하드는 상당 부분을 병행구인 『클레멘스의 둘째 편지』 5.2-4를 토대로 재구성했다고 한다. 수난 복음 부

16 McCant, "The Gospel of Peter: Docetism Reconsidered", 269-270.

분은 Bernhard의 같은 책, 56-80에 제시된 그리스어 비평본(P. Cairo 10759)을 대본으로 삼았다. 이 비평본의 장절 구분을 그대로 따랐다. 본문의 장절 구분이 조금 특이하다. P. Cairo 10759의 비평본은 본문을 예순 절로 나눈 다음 내용에 따라 예순 절을 열네 장으로 구분하였다. 그래서 새로운 장을 시작할 때 1절부터 시작하지 않고 앞 장에 이어지게 하였다. 곧 1장 2절 다음에 이어지는 2장은 1절이 아닌 3절로 시작한다. 3장은 6절로 4장은 10절로 시작하며, 마지막 14장은 58절로 시작하여 60절로 끝난다.[17] 본문에서 [ ]에 든 내용은 훼손된 필사본을 문맥에 맞게 복원한 경우고, ( )에 있는 내용은 우리말 표현을 위해 임의로 덧붙인 경우다. 훼손된 본문을 복구하기 어려운 경우는 […]로 표시하였다.

P. Oxy. 4009

"[…] 추수 […] 하지만 너는 [비둘기]처럼 [순]박하고 [뱀]처럼 슬기로[워져라]. 너희들은 이리 떼 가운데 [있는 양들] 같을 것이다."[18] [나는[19] 그]분께 [말하였다]. "그러니 저희가 [갈갈이 찢어]진다면 (어쩌지요)?" 그분께서 [답하시며] 내게 말씀하셨다. "[이리 떼가 양]을 [찢]어놓은 다음에는 더 이상 그것에게 아무 짓도 [할 수] 없다. [그러니 나는] 너희에게 [말한다]. [너희를 죽인] 다음 그 이상 [아무것도 할] 수 없는

17 P. Oxy. 2949는 코덱스가 많이 훼손되어 내용을 판독하기 어려우나, '빌라도의 친구'라는 표현은 그런대로 선명해서 P. Cairo 10759의 비평본 2.3-5에 해당하는 내용임을 짐작할 수 있었다. P. Oxy. 2949의 내용을 P. Cairo 10759를 토대로 재구성할 수는 있겠지만, 굳이 여기에 재구성한 번역문을 싣지는 않았다.

18 루카 10,2-3; 마태 9,37-38; 10,16 참조.

19 병행구인 『클레멘스의 둘째 편지』 5.2-4에 따르면, 화자인 '나'는 베드로다.

[자들을] 두려워하지 [마라].[20] […]"

P. Cairo 10759(**아크밈 단편**)

1. [1] […] 그러나 유다인들 가운[데] 어느 누구도 손을 씻지 않았다. 헤로데는 물론 헤로데의 재판관들 가운데서도 한 명도 그렇게 하지 않았다. 그들이 손을 씻으려 하[지 않자] 빌라도가 자리에서 일어났다. [2] 그 때 헤로데 임금이 주님을 내보[내]라고 그들에게 명하면서 말하였다.[21] "여러분은, 내가 그에게 하라고 명한 대로 하시오."
2. [3] 빌라도의 친구이자 주님의 친구인 요셉이 거기에 있었다. 그들이 그분을 십자가에 못 박으려 하자 요셉은 빌라도에게 다가가 주님의 시신을 묻을 수 있도록 나중에 내어달라고 청하였다.[22] [4] 그리하여 빌라도는 헤로데에게 사람을 보내어 그분의 시신을 요청하였다. [5] 이에 헤로데가 말하였다. "빌라도 형제, 그를 요구하는 사람이 없으면 우리라도 그를 묻을 것이오. 안식일이 밝아오고 있기 때문이오. '처형된 사람 위로 해가 져서는 안 된다'고[23] 율법에 기록되어 있소."

   빌라도는 그들의 축제인 무교절 하루 전날 그분을 백성에게 넘겨주었다.[24]
3. [6] 주님을 붙잡은 사람들이 그분을 밀고 뛰어가면서 말하였다. "우리가 하느님의 아들을 끌고 갑시다. 우리에게 그자에 대한 권한이 있지 않

20 마태 10,28: "육신은 죽여도 영혼은 죽이지 못하는 자들을 두려워 하지 마라"; 루카 12,4-5.

21 역사적 현재.

22 마르 15,43; 루카 23,52.

23 신명 21,23; 여호 8,29; 요한 19,31.

24 마르 15,15; 마태 27,26; 루카 23,25; 요한 19,16.

소?"[25] 7 그러고는 그분에게 자주색 옷을[26] 입히고 재판석에 앉히며 말
하였다. "공정한 심판을 내려 보시오, 이스라엘의 임금이시여!" 8 그들
가운데 어떤 사람이 가시관을 가져와서 주님의 머리에 씌웠다.[27] 9 그
리고 거기 서 있던 사람들 가운데 어떤 사람들은 그분 눈에다 침을 뱉
고 또 어떤 사람들은 그분 뺨을 때렸다.[28] 어떤 사람들은 그분을 갈대
로 찌르고[29] 또 어떤 사람들은 그분을 채찍으로 치면서[30] 말하였다.
"우리, 하느님의 아들에게 이런 식으로 경의를 표합시다."

4. 10 그리고 그들은 죄인 두 사람을 더 데려와 주님을 그들 사이에 두고 십
자가에 못 박았다.[31] 그러나 그분께서는 아무런 고통도 없는 것처럼[32]

---

25 직역: 우리가 그에 대한 권한을 갖고 있으니. 요한 19,10-11 참조.

26 마르 15,17; 요한 19,2. 마태 27,28에는 진홍색 외투로 되어 있다.

27 마태 27,29; 마르 15,17; 루카 23,37; 요한 19,2.

28 마태 26,67; 마르 14,65; 요한 18,22.

29 마태 27,30; 마르 15,19; 요한 행전 97.2.1.

30 침을 뱉다, 뺨을 때리다, 갈대로 찌르다, 채찍으로 치다 등의 동사를 미완료형으로 써서 동작이 단 한 번에 그치지 않고 지속 또는 반복되었음을 표현한다. "채찍으로 치며"는 마태 27,26; 마르 15,15; 요한 19,1; 19,34 참조.

31 마태 27,38; 마르 15,27; 루카 23,33; 요한 19,18.

32 '아무런 고통도 없는 것처럼(ὡς μηδὲν πόνον ἔχων)'이라는 표현을 가현설의 흔적으로 이해하는 경우가 있다. ὡς의 첫째 의미는 '…처럼'이지만, 분사와 함께 사용되어 어떤 행위의 이유나 근거를 나타내기도 하는데 이 경우는 '…이므로, … 때문에' 등으로 번역된다(Bauer 898). 그렇다면 ὡς μηδὲν πόνον ἔχων 역시 '아무런 고통을 느끼지 않기에'로 번역할 수 있을 것이다. 사실 주님이 고통당하신 것을 부인하는 듯한 이 번역은 가현설을 연상시킨다. 그러나 베드로 복음은 전체적으로, 예수님과 주님(또는 그리스도)을 구분하지 않으며, 십자가 죽음을 당한 예수님이 부활한 주님이심을 분명히 밝힌다(13.56). 그리고 주님의 몸이 인간 고유의 몸이 아니라 이른바 '천상의 가벼운 육체'임을 암시하는 구절도 없다. 그러므로 이 구절을 단순히 주님이 실제로 고통을 느꼈는지 그렇지 않은지와 상관없이 단순히 '고통

줄곧 입을 다물고 계셨다. 11 그들은 십자가를 세우고 거기에 "이 사람
은 이스라엘의 임금"이라고[33] 기록하였다. 12 그리고 그들은 그분 앞에
그분의 옷을 놓고 찢은 뒤 그것들을 두고 제비를 뽑았다.[34] 13 그러자
죄수들 가운데 한 사람이 그들을 나무라며 말하였다. "우리야 우리가
저지른 나쁜 짓들 때문에 이런 고초를 당한다지만, 사(람)들의 구원
자가 되신 이분이야 여러분들에게 무슨 잘못을 저질렀단 말이오?"[35]
14 그러자 그들은 그분께 화가 나서 그분이 몹시 고통당하다 돌아가시
도록 다리를 부러뜨리지 말라고 명하였다.[36]

5. 15 정오가 되자 어둠이 유다 전역을 뒤덮었다.[37] 그러자 그들은 동요하
면서 그분이 아직 살아 계시는 동안에 해가 지지 않을까 걱정하였다.
사실 '처형된 사람 위로 해가 져서는 안 된다'고 기록되어 있었던 것이
다. 16 그리하여 그들 가운데 누군가가 말하였다. "그자에게 신 포도주
와 쓸개즙을 먹이시오." 그러자 그것들을 섞어서 그분께 마시게 하였
다.[38] 17 그렇게 그들은 모든 것을 다 이루고[39] 자기네 머리에 대고 자기
들의 죄를 끝까지 다 채웠다.[40] 18 많은 사람들이 "밤이라 넘어질지 모

을 느끼지 않는 것처럼' 또는 '고통이 없는 것처럼'으로 해석하면 될 것이다.

33 마태 27,37; 루카 23,38; 마르 15,26; 요한 19,19. 정경 복음서에는 '유다인들의 임금'으로 되어 있다.

34 요한 19,23-24; 루카 23,34; 마르 15,24; 마태 27,35; 칠십인역 시편 21,19.

35 루카 23,39-41. 루카 복음서에서는 이 말이 십자가에 달린 죄수가 다른 죄수에게 한 말이다.

36 요한 19,31-33.

37 루카 23,44; 마태 27,45; 마르 15,33.

38 칠십인역 시편 68,22; 마태 27,34.48; 마르 15,36; 루카 23,36; 요한 19,29.

39 요한 19,28.

40 참조: 마태 23,32-36; 창세 15,16; 1테살 2,16.

르겠다"고 생각하면서 등불을 들고 지나다녔다. 19 그때 주님께서 큰
소리를 지르시며 말씀하셨다. "저의 힘이시여,[41] 저의 힘이시여, 당신
께서 저를 저버리셨습니다."[42] 이렇게 말씀하신 다음 그분께서는 위로
올림을 받으셨다.[43] 20 바로 그때, 예루살렘 성전 휘장이 찢겨 두 갈래
로 갈라졌다.[44]

6. 21 그러자 그들은 주님의 손에서 못을 빼내고 그분을 땅바닥에 내렸다.
그러자 온 땅이 흔들리고 엄청난 공포가 밀려들었다.[45] 22 그때 태양이
비치고 아홉째 시각임이[46] 드러났다.[47] 23 그러자 유다인들은 다행이라
여기면서 그분의 몸을 묻도록 요셉에게 내어 주었다.[48] 그는 그분께서
행하신 좋은 일들을 보았었다.[49] 24 그는 주님을 모셔와 몸을 씻기고 아
마포로 감싼 다음 '요셉의 정원'이라[50] 불리는 자기 무덤에다 모셨다.[51]

7. 25 그때 유다인들과 원로들과 사제들은 자기들이 스스로에게 얼마나

---

41 여기서 '힘'은 하느님을 에두르는 표현으로 볼 수 있다. 그리스어 구약성경 역본 중 직역을 강조한 아퀼라가 하느님(θεός)을 힘(ἰσχύς)으로 대체한 바 있다(칠십인역 시편 21,2). 앞의 해제를 참조하라.

42 칠십인역 시편 21,2; 마태 27,46; 마르 15,34; 참조: 루카 23,46.

43 ἀνελήμφθη라는 동사는 승천의 의미로도 죽음을 가리키는 말로도 이해할 수 있다. 두 가지 해석 모두에 열려 있다고 보아야 할 것이다. 해제를 참조하라.

44 마태 27,51; 마르 15,38; 루카 23,45.

45 마태 27,51.54.

46 오후 세 시.

47 마르 15,33; 마태 27,45; 루카 23,44.

48 마태 27,58; 마르 15,45; 요한 19,38.

49 요한 11,45 참조.

50 요한 19,41 참조.

51 마태 27,59-60; 마르 15,46; 루카 23,52-53; 요한 19,40-42.

끔찍한 짓을 저질렀는지 깨닫고 가슴을 치면서[52] 말하였다. "우리 죄들
에 화가 미치리라! 예루살렘의 종말과[53] 심판이 다가왔구나!"
[26] 나(베드로)와 동료들은[54] 비탄에 잠겼다. 우리는 마음에 상처를
입고 몸을 숨겼다.[55] 마치 우리가 범죄자나 성전에 불을 지를 사람이
기나 한 것처럼 그들이 우리를 찾아다니고 있었기 때문이다. [27] 우리는
이 모든 일을 두고 안식일까지 밤낮으로 슬퍼하고 울며[56] 앉아서 단식
하였다.

8. [28] 한편 율법 학자들과 바리사이들과 원로들이 한자리에 모였다. 온 백
성이 웅성대며 가슴을 치면서 "그분의 죽음으로 이처럼 위대한 표징들
이 일어났다면, 그분이 얼마나 의로운 분이신지[57] 깨달으시오"라고 하
는 말을 들었기 때문이다. [29] 원로들은 공포에 사로잡혀 빌라도에게 가
서 간청하며 말하였다.[58] [30] "우리에게 군사들을 내주시오. 사[흘] 동안
그의 무덤을 지켜야겠습니다. 그의 제자들이 와서 시신을 훔쳐가고 백
성들이 '그분은 죽은 이들 가운데에서 일어나셨다'라고 믿고 우리에게
해악을 저지르는 것을 막아야 합니다."[59] [31] 그러자 빌라도는 무덤을 지
키도록 군사들과 백인대장 페트로니우스를 그들에게 내주었다.[60] 원로

---

52 루카 23,48.

53 참조: 루카 19,41-44; 23,27-31.

54 직역: '나는 동료들과 함께.'

55 요한 20,19.

56 마르 16,10.

57 루카 23,47.

58 29-33절: 마태 27,62-66.

59 마태 27,64; 참조: 28,13.

60 나자렛파 복음(마태 27,65 이문: Codex Novi Testamenti 1424) 참조. 제자들이 예수님의 시신을 훔쳐간 것이라는 소문을 겨냥한 구절이다.

들과 율법 학자들은 이들과 함께 무덤으로 갔다. 32 백인대장과 군사
들과 함께 거기 있던 모든 사람들은 큰 돌을 굴려 무덤 입구를 막았
다. 33 그리고 입구를 일곱 번 봉인하고 그 가까이 천막을 친 뒤 그곳
을 지켰다.[61]

9. 34 다음날 새벽 안식일이 밝아오자, 봉인된 무덤을 보려고 예루살렘과
주변 지역에서 군중이 몰려왔다. 35 그런데 주일이[62] 시작되는 밤에 군
인들이 둘씩 짝을 지어 보초를 서고 있을 때 하늘에서 큰 소리가 났
다. 36 그들은 하늘이 열리고 두 사람이 찬란한 광채를 내며 그곳에서
내려와 무덤으로 다가오는 것을 보았다. 37 그러자 입구에 놓여 있던
돌이 저절로 굴러 한쪽으로 비켜서고 무덤이 열렸다. 그리고 두 젊은
이가 안으로 들어갔다.[63]

10. 38 이것을 보고 군인들은 백인대장과 원로들을 깨웠다. 그들도 그곳을
지키며 거기 있었던 것이다.[64] 39 그들이 본 것을 얘기하고 있을 때 무
덤에서 세 사람이 다시 나오는 것이 보였는데,[65] 두 사람이 다른 한 사
람을 떠받친 채였으며 십자가가 그들의 뒤를 따르고 있었다.[66] 40 두 사

61 마태 27,66.

62 '주일'(κυριακή)이라는 표현은 이미 묵시 1,10에 나온다. 『디다케』 14.1(주님의 주일마다 모여서 빵을 쪼개고 …); 이냐시우스 『마그네시아인들에게 보낸 편지』 9.1(더 이상 안식일을 지내지 말고 주일을 지키며 사시오)에서도 κυριακή는 이미 주님의 부활을 기념하는 요일을 가리킨다. 특히 『디다케』 14.1은 초대 그리스도교 공동체가 주일마다 함께 모여 성찬례를 지냈음을 보여 준다. 주일의 기원은 McCasland, "The Origin of the Lord's Day", 65-82을 보라.

63 35-37절: 마태 28,1-4.

64 10.38-42은 정경에 나오지 않는 장면이다. 부활한 주님이 하늘을 꿰뚫을 정도의 거인으로 묘사되고, 십자가가 걸어 다니며 말을 한다.

65 역사적 현재.

66 이사야의 승천 3.17 참조. 사도들의 편지 16장과 베드로 묵시록 1장은 예수님

람의 머리는 하늘까지 닿아 있고 그들이 팔에 모시고 가던 분의 머리는 하늘 위로 솟아 있었다.[67] [41] 그리고 그들은 하늘에서 나오는 소리를 들었다. 그 소리가 말하였다. "너는 잠들어 있는 이들에게 말씀을 선포했느냐?"[68] [42] 그러자 십자가에서 "예"라는 응답이 들려왔다.

11. [43] 그들은 빌라도에게 가서 이 사실을 알리기로 서로 합의하였다. [44] 그들이 아직 이런 생각을 하고 있을 때 또다시 하늘이 열리고 어떤 사람이 내려와서 무덤으로 들어가는 것이 보였다. [45] 이것을 본 백인대장 일행은 자기들이 보초 서던 무덤을 떠나 밤 동안 서둘러 빌라도에게 갔다. 그들은 크게 걱정하면서 자신들이 본 모든 것을 보고하며 말하였다. "참으로 이분은 하느님의 아들이셨습니다."[69] [46] 빌라도가 대답하며 말하였다. "나는 하느님 아들의 피에 책임이 없이 깨끗한 몸이오. 이것은 여러분들이 가장 좋다고 생각해서 한 일이오."[70] [47] 그러자 모든 이가 빌라도에게 다가가 간청하였다. 백인대장과 군인들에게 명하여

께서 십자가를 앞세우고 영광 중에 다시 오시리라 예언한다.

67 40절 전체가 39절 '보다' 동사의 목적어이다.

68 이 구절은 "(예수님께서는) 감옥에 있는 영들에게도 가시어 말씀을 선포하셨습니다"라는 1베드 3,19의 말씀을 상기시킨다. 1베드 3,19의 감옥이란 죽은 죄인들이 머무르는 곳을 말한다. 실제로 신약성경의 다른 본문들(사도 2,31; 로마 10,7; 에페 4,8-10)도 예수님께서 죽은 이들이 머무르는 곳으로 내려가셨다고 언급한다. 예수님의 죽음과 부활 사이 사흘 동안 저승에 가시어 복음을 선포하셨다는 믿음을 전한다. 사도들의 편지 27도 참조하라. 니코데모 복음은 예수님의 저승 방문 이야기를 전한다.

69 마르 15,39; 마태 27,54.

70 46-48절은 마태 27,24-25과 관련 있다. 마태오와 베드로 복음 모두에서 빌라도는 예수님 죽음의 죗값을 면하고 유다인들이 모든 죗값을 진다. 베드로 복음이 예수님 죽음의 책임을 마태오보다 조금 더 강한 어조로 유다인들에게 돌리는 것 같다.

자기들이 본 것을 아무에게도 말하지 못하게 막아달라는 것이었다.[71]
48 그들은, "우리에게는, 유다 백성의 손에 넘어가 돌에 맞는 것보다 하
느님 앞에서 가장 큰 죗값을 지는 편이 더 낫습니다" 하고 말하였다.
49 그래서 빌라도는 백인대장과 군인들에게 아무것도 말하지 말라고
명하였다.

12. 50 주일 이른 아침에 주님의 제자 마리아 막달레나는,[72] 분노에 찬 유
다인들이 두려워서 주님의 무덤 앞에서 여인네들이 사랑하는 망자에
게 하는 관습을 하지 못했기에, 51 친구들을 데리고 그분이 누워 계신
무덤에 갔다.[73] 52 그녀는 유다인들이 자기들을 보지 않을까 두려워하
며 말하였다. "그분이 십자가에 못 박히신 그날은 우리가 울지도 못하
고 가슴을 치지도 못했지만 지금이라도 그분 무덤에서 그렇게 합시다.
53 그런데 누가 우리를 위해 무덤 입구에 놓인 돌을 굴려줄까요?[74] 그
래야 안으로 들어가 그분 앞에 앉아 해야 할 일을 할 수 있을 텐데요.
54 돌은 너무 크고 누군가 우리를 볼까 무섭습니다. 이마저도 할 수 없
다면, 그분을 기념하여 가져가는 것을 문 앞에 두고 집으로 돌아옵시
다. 그리고 돌아오는 길에 계속 울면서 가슴을 치도록 합시다."[75]

13. 55 그들이 그곳에 당도했을 때 무덤이 열려 있는 것을 보았다. 그들이

---

71 47-49절은 경비병들이 매수된 이야기를 전하는 마태 28,11-15과 관련 있다.

72 마리아 막달레나를 주님의 제자로 소개한다. 마리아 복음에서도 마리아 막달레나를 예수님의 제자, 그것도 가장 사랑받는 제자로 제시한다. 또한 어떻게 인간의 영혼이 천계의 지배자들을 통과하여 영원한 안식처로 올라가는지 예수님께서 마리아에게만 따로 알려주신 내용이 나온다. 송혜경, 『영지주의자들의 성서』, 마리아 복음을 참조하라.

73 마태 28,1; 마르 16,1.

74 마르 16,3.

75 12-13장: 마르 16,1-8; 마태 28,1-8; 루카 24,1-2.

그곳으로 다가가 몸을 굽혀 안을 들여다보니 웬 젊은이가 무덤 한가운
데 앉아 있었다.[76] 그는 잘생기고 환히 빛나는 옷을 입고 있었으며 여
자들에게 다음과 같이 말하였다. 56 "무엇 때문에 왔습니까? 누구를 찾
습니까? 십자가에 못 박히신 분을 찾는 것은 아니겠지요? 그분은 일어
나 떠나셨습니다. 여러분이 못 믿겠다면, 몸을 굽혀 그분께서 누워 계
시던 자리를 보십시오. 그분은 없습니다. 그분은 다시 일어나셔서 그
분을 보내신 곳으로 되돌아가셨습니다."[77] 57 그러자 여자들은 두려움
에 차서 달아났다.[78]

14. 58 한편 무교절 마지막 날, 축제일이 끝나자 많은 사람들이 각자 자기
집으로 돌아갔다. 59 그러나 주님의 열두 제자인 우리는 슬퍼하며 울고
있었다. 마침내 우리도 저마다 일어난 일 때문에 슬퍼하며 각자 자기
네 집으로 흩어졌다. 60 나 시몬 베드로와 내 형제 안드레아는 그물을
가지고 바다로 갔다.[79] 주님께서 […]하셨던 알패오의 아들 레위도 우
리와 함께 있었다.

---

76 역사적 현재.

77 마르 16,6; 마태 28,5-6; 루카 24,5-6.

78 55-57절: 마태 28,2-8; 마르 16,4-8; 루카 24,5-6; 요한 20,11-13.

79 요한 21,2-3 참조.

니코데모 복음

The Gospel of Nicodemus

≫ 니코데모 복음서에 대해서는 Ehrman/Pleše, *The Apocryphal Gospels: Texts and Translations*, 419-423을 보라. Scheidweiler, "The Gospel of Nicodemus / Acts of Pilate and Christ's Descent into Hell", 501-505도 참조하라. 샤이드바일러는 티센도르프 본문 A 뒤에 B 본문의 저승 이야기를 덧붙여 소개한다. Gounelle, "Évangile de Nicodème ou Actes de Pilate", 249-259도 참조하라.

니코데모 복음은 예수님의 재판, 죽음, 부활까지의 과정을 담고 있다. 심지어 죽음과 부활 사이에 있었던 예수님의 저승 방문 이야기도 담고 있다. 이 복음서는 빌라도 행전Acta Pilati이라고도 알려져 있는데 여기서 악타 필라티Acta Pilati는 빌라도의 행적을 담았다는 뜻이 아니라 빌라도의 명령으로 작성된 일지, 공식 문서라는 뜻이다.

고대 그리스도교 저자들은 예수님 십자가 사건을 로마인의 관점에서 기록한 글이 있었음을 암시하고 있다. 당시 유다 속주 관리관이었던 본시오 빌라도가 예수님의 재판 및 처형 과정을 기록한 일지가 있었다는 것이다. 160년경 순교자 유스티누스가 말한 "본시오 빌라도의 명으로 작성된 일지"가 이에 관한 현재까지 알려진 최초의 언급이다(『호교론 1』 35.9; 48.3). 4세기 에피파니우스도 빌라도의 일지에 대해 언급하고 있으며 이를 토대로 예수님의 처형 일자를 유추할 수 있었다고 한다(『구급상자』 50.1). 에우세비우스도 '빌라도 일지'를 언급하지만(『교회사』 1.9.2-3; 9.5.1) 그것은 반-그리스도교 작품으로 묘사되므로 여기서 다룰 니코데모 복음과는 다른 작품이다. 그 밖에도 빌라도의 이름을 딴 작품은 '본시오 빌라도의 보고', '클라우디우스에게 보낸 빌라도의 편지', '예수님을 단죄한 빌라도의 죽음' 등 여러 작품이 전해진다.[1]

여기서는 이 작품을 니코데모 복음서라는 이름으로 부르기로 한다. 빌

1 Scheidweiler, "The Gospel of Nicodemus / Acts of Pilate and Christ's Descent into Hell", 501-505.

라도 행전이라는 제목은 자칫 빌라도의 행적을 담았다는 뜻으로 오인하게 만들기 때문이다. 사실 빌라도가 이 작품의 전반부에만 등장하지 후반부에는 거의 나오지 않는다. 그러므로 빌라도 행전이라는 제목은 그다지 적절하지 않다. 작품의 메인 테마가 예수님의 수난과 부활이기에 '복음서'라는 제목이 잘 어울린다. 게다가 상당수의 필사본들 서문에 니코데모가 이 이야기의 기록자 혹은 번역자라는 내용을 담고 있다. 니코데모 복음서라는 제목이 붙은 필사본도 종종 발견된다. 이런 여러 사정을 감안하여 여기서는 이 작품을 '니코데모 복음서'라고 부르기로 한다.

1. 본문 정보

이 복음서는 500편이 넘는 필사본에 담겨 있는데, 그리스어는 물론, 라틴어, 시리아어, 콥트어, 아람어, 아르메니아어, 게오르그어, 고대 슬라브어 등 매우 다양한 언어로 번역되어 전해진다. 고대 독일어와 고대 영어를 비롯한 대부분의 중세 유럽 언어로도 번역되었다. 언어별, 전승별로 전해지는 본문 형태가 달라서 하나의 비평본문critical edition을 만드는 일이 거의 불가능하다. 티셴도르프는 본문 A와 본문 B 두 버전을 따로 제시한다. A 버전은 총 16장으로 이루어져 있으며 예수님의 재판부터 죽음과 부활 이야기를 담고 있다. 네 복음서 이야기를 종합하여 일종의 조화복음 형태로 만들어졌다. A 버전은 12-16세기 8개 필사본을 토대로 만들었는데 이 필사본들 사이에서도 차이와 다양성이 현저하다고 한다. B 버전은 16장 뒤에 예수님께서 저승에 방문하신 이야기 열한 장이 덧붙여져 총 27장으로 구성되어 있다. 16장까지는 A 버전과 내용이 겹치는데, 전체 줄거리는 같지만 세부 사항에서 큰 차이가 난다. B는 A에 살을 붙이고 확장한 형태라고 볼 수 있다. 여기서 대본으로 삼은 것은 티셴도르프의 그리스어 버전 B다. 이 본문은 14-17세

기의 네 필사본을 토대로 만들었다고 한다.[2]

2. 저술 연대와 저자

니코데모 복음서의 저술 연대를 추정하는 일은 쉽지 않다. 실제로 순교자 유스티누스가 알았다는 복음서가 지금 우리가 살피려는 이 복음서(적어도 그 토대가 되는 이야기)인지 확실하지 않다. 에피파니우스가 말한 책이 지금 우리 책이라면 4세기 중반 무렵에 기록되었다고 볼 수 있다. 이 이야기가 매우 다양한 형태로 전해지는 것으로 보아 여러 시대 여러 장소에서 여러 형태로 유통되고 있었을 가능성이 있다. 학자들은 빠르게는 2세기 혹은 4세기, 늦게는 6세기를 저술 연대로 잡는다.[3] 니코데모 복음서 본문에 담긴 반 유다인 정서도 이 시기를 저술 연대로 잡는 것을 뒷받침한다. 이 책에서 예수님의 죽음에 대한 책임이 유다인들에게 집중된다. 빌라도는 끝까지 십자가형을 막아보려고 했으나 백성의 폭동 조짐을 보고 마음을 바꾸었다는 것이다. 빌라도는 손을 씻음으로써 이 일에서 손 뗀다.[4] 유다인들은 자기네와 자기네 후손들이 예수님 죽음의 책임을 지겠다고 거듭 천명한다. 결국 유다

---

2 그리스어 본문 필사본에 관한 설명은 von Tischendorf, *Evangelia Apocrypha*, lxii-lxiv를 참조하라.

3 Ehrman/Pleše, *The Apocryphal Gospels: Texts and Translations*, 420.

4 그렇다고 저자가 예수님의 죽음에 빌라도는 아무 책임이 없다고는 하지 않는다. 이는 마리아 막달레나가 예수님이 돌아가신 뒤 자기가 로마 황제에게 가서 유다인들의 범죄 행위와 빌라도의 잘못을 고발하겠다고 한 데서 드러난다(니코데모 11.5). 어떤 이유에서건 빌라도가 예수님의 죽음을 방조한 죄에서 완전히 자유로울 수 없다는 의미다.

인들의 바람대로 십자가 처형이 진행된다. 저승 방문 이야기에서는 사탄이 유다인들을 부추겨 예수님을 처형시켰다고 하지만 여기서도 죽음의 책임이 유다인들에게 더 실리는 모양새다. 유다인들이 예수님이 죄 중에 태어났다고 말하는 장면도 교부들의 증언이나 탈무드에 전해지는 소문, 곧 예수님이 사생아였다는 소문을 반영한다. 이 모든 것이 2-4세기 상황, 이 즈음의 교회와 유다인들의 관계를 암시한다.[5] 그러므로 니코데모 복음 A 버전은 2세기 전승을 토대로 4세기에 만들어졌으며, 그 뒤 저승 이야기가 덧붙은 B 버전이 만들어졌을 것이라 추정하면 크게 틀리지 않을 것이다.[6]

이 복음서의 저자는, 버전 A와 버전 B에서 각각 다르게 제시된다. 버전 A에서는 니코데모가 히브리어로 기록한 것을 로마 경비병이었던 아이네아스가 찾아서 그리스어로 옮겼다고 한다. 이에 따르면 원저자는 니코데모인 셈이다. 버전 B에서는 반대로 아이네아스가 히브리어로 기록한 것을 니코데모가 로마인들의 언어로 번역했다고 한다. 니코데모가 최초의 기록자이든 번역자이든 이 작품의 첫 생성에 관여한 인물로 그려지는 것은 사실이다. 이 책은 본디 히브리어로 쓰였다고 적혀 있지만 실제로는 처음부터 그리스어로 기록되었을 것이다. 무엇보다 본문에서 히브리어 특징이 발견되지 않는다. 예수님의 최후 순간을 직접 목격한 사람들의 증언을 담았다는 뜻에서 히브리어로 쓰였다고 한 듯하다.

이 복음서에서 니코데모는 하느님을 경외하는 유다인 지방영주(toparch)로 그려진다. 니코데모는 네 복음서 가운데 오직 요한 복음서에만 나온다. 그는 바리사이로서 산헤드린 의원이었다고 한다. "바리사이 가운데 니코데모라는 사람이 있었다. 그는 유다인들의 최고 의회 의원이었다"(요한 3,1). 요한 복음에서 니코데모는 아리마태아 출신 요셉이 예수님의 시신을

5 예수님에 관한 소문을 담은 『트리폰과의 대화』나 『켈수스 논박』이 본디 2-3세기 작품이며 탈무드의 편집이 4-6세기에 이루어졌음을 감안하라.

6 Ehrman/Pleše, *The Apocryphal Gospels: Texts and Translations*, 420 참조.

거두는 일을 도운 인물이기도 하다. "언젠가 밤에 예수님을 찾아왔던 니코데모도 몰약과 침향을 섞은 것을 백 리트라쯤 가지고 왔다. 그들은 예수님의 시신을 모셔다가 유다인들의 장례 관습에 따라, 향료와 함께 아마포로 감쌌다. 예수님께서 십자가에 못 박히신 곳에 정원이 있었는데, 그 정원에는 아직 아무도 묻힌 적이 없는 새 무덤이 있었다. 그날은 유다인들의 준비일이었고 또 무덤이 가까이 있었으므로, 그들은 예수님을 그곳에 모셨다" (요한 19,39-42). 예수님의 제자로서 시신을 수습하는 일을 도왔던 니코데모가 예수님의 마지막 모습을 기록한 인물이었다는 설정이 그럴듯해 보인다.

하지만 니코데모가 실제 이 복음서의 저자일 수도 첫 번역자일 수도 없다. 무엇보다 예수님의 어머니를 테오토코스 '하느님의 어머니'라 부르는 것은 1세기 유다인으로서 생각하기 어렵다. 예수님의 신성과 인성에 대한 신학적 성찰이 꽤 진전된 이후에나 가능했을 호칭이다. 마리아의 탄생과 성장 과정을 담은 2세기 중반의 야고보 원복음에서도 마리아를 '하느님의 어머니'라 부른 예는 없으며 후대 필사본의 제목에 이 호칭이 사용된 정도다. 니코데모 복음서는 빨라도 2세기 이후, 요한 19,39-42에 영감을 받은 저자가 니코데모의 이름을 빌려 썼을 것이다.

3. 구조와 내용

니코데모 복음서는 네 정경 복음서의 수난과 부활 이야기를 후대에 융합해서 만든 조화복음서다. 실제로 네 복음서를 융합했을 뿐만 아니라 거기에 작가의 상상력을 덧붙여 크게 확장시킨 형태다. 각 대목별로 저자가 기댄 복음서가 다르다. 예수님의 재판 이야기는 마태오와 요한 복음에, 십자가 처형 장면은 루카 복음에, 부활 후 제자들 파견 장면은 마르코 복음에 주로 의존하고 있다. 네 복음서에 담기지 않은 세세한 정보들, 이를테면 예수님과 함께 십자가에 달린 두 죄수의 이름이라든가, 예수님의 죽음을 목격한 백인대장의 이름 같은 것들이 제시되어 있다. 십자가 수난을 바라보는 예수님의 어머니의 모습도 상세히 기술된다. 무죄한 아들의 죽음을 대하는 어머니의 비통한 심정이 절절하게 묘사되어 있다.[7] 그밖에 로마군사가 든 깃발이 예수님께 절하는 장면이라든가 예수님의 시신을 무덤에 모신 요셉의 수감과 기적적 탈출 장면은 네 복음서에는 없는, 순전한 작가적 상상력의 산물이다.

B 버전에는 예수님께서 부활하시기 전 사흘 동안 있었을 법한 '저승 방문' 이야기가 나온다. 학자들은 이 이야기가 5-6세기에 만들어진 것으로 추정한다. 그 근간이 된 것은 처형당하신 그리스도께서 "감옥(저승)에 있는 영들에게도 가시어 말씀을 선포하셨다"는 1베드 3,19일 것이다. 베드로 1서는, 그리스도의 저승 방문이 가능했던 것은, 그분께서 육으로는 살해되셨지만 영으로는 다시 생명을 받으셨기 때문이라고 한다.

니코데모 복음서의 저승 이야기에는 어둠의 수장 사탄과 저승 하데스의 대화도 담겨 있어 자못 흥미진진하다. 아담부터 아브라함 등 구약의 성조들과 예언자들은 물론 세례자 요한도 저승에서 예수님을 기다리고 있었다는 설정도 재미있다. 니코데모 복음 B의 저승 이야기를 필두로 많은 저승 방문 이야기들이 만들어졌다. 니코데모 복음 B가 그 첫 주자다.

서문

I. 예수님의 수난

1. 재판: 1-9장
2. 십자가형 집행: 10장

---

7 십자가에 달린 예수님을 보고 어머니가 절규하는 장면이 A 버전에는 나오지 않는다.

3. 예수님의 죽음 및 무덤 안치: 11장

4. 요셉의 투옥 및 기적적 탈출: 12장

II. 예수님의 부활

1. 경비병들의 보고: 13장

2. 부활의 증인들: 14-16장

III. 예수님의 저승 방문

1. 되살아난 시메온의 아들들: 17장

2. 죽은 선조들의 증언: 18-19장

3. 사탄과 저승의 대화: 20장

4. 저승에 오신 그리스도: 21-23장

5. 죽은 이들의 부활: 24장

6. 낙원 입성: 25-26장

7. 맺음말: 27장

4. 신학

니코데모 복음서는 그리스도의 본성에 대한 깊은 통찰을 담고 있다. 우선 이 복음서는 그리스도의 신성을 부각시키는 편이다. 예수님의 어머니를 하느님의 어머니라고 부른 것이 가장 명백한 예다. 이 명칭은 예수님이 하느님이라는 고백과 다름이 없기 때문이다. 예수님께서 십자가에서 절규하시는 모습은 나오지 않는 것도 같은 이유에서일 것이다. 예수님이 하느님께 왜 당신을 버리셨느냐고 외치시는 모습이 저자에게는 지나치게 인간적으로 보였을 법하다. 게다가 이 외침은 예수님께서 당신의 죽음을 예상하지 못하신 것처럼 보이게 만든다. 당신의 죽음이 원하지 않은, 의도치 않은 죽음이었다는 인상을 줄 수 있다. 그래서 이 복음서 저자가 절규 대목을 의도적으로 생략했을 법하다. 하지만 저자가 예수님의 신성을 부각시키려고 인성을 소홀히 한 것은 아니다. 이는 십자가 죽음을 목격한 유다인과 로마인 군사가 각각 그분을 '의로운 분'과 '하느님의 아드님'이셨다고 고백한 데서 드러난다. 예수님의 신성과 인성을 조화시키려는 노력이 엿보이는 대목이다.

예수님의 인성과 신성에 대한 성찰은 작품 후반부인 '저승' 대목에서도 드러난다. 사탄이 저승 하데스에게 예수님을 고발하는 장면이다. 사탄은 예수님이 한갓 인간일 뿐이라면서 그분이 괴로워 죽을 지경이라고 말하는 것도 들었다고 한다. 그리고 자기가 유다인들을 선동하여 예수님을 죽게 했으니 저승에 잘 붙잡아 두라고 한다. 그러나 최후의 승리는 예수님께 돌아간다. 예수님께서 저승에 오시자 태초부터 저승에 갇혀 있던 죽은 이들이 모두 되살아난다. 저승이 텅 비게 된 것이다. 그리고 거꾸로 사탄이 저승에 영원히 갇히는 신세가 된다. 사탄이 '인간'일 뿐이라고 했던 예수님이 '죽음'을 이기신 분, 사탄을 저승에 영원히 가두신 하느님이심이 만천하에 드러난 것이다.

니코데모 복음서는, 정통 교회의 신학과 신앙의 범위 안에 있었던 사람이 쓴 것이 분명하다. 교회 안에 전해 내려오는 예수님의 수난과 부활 이야기, 그리고 그분의 인성과 신성에 대한 숙고를 교회의 신학적 테두리 안에서 확장할 수 있었던 사람이었던 것이다.

5. 니코데모 복음

니코데모 복음은 티셴도르프에 의해 버전 A와 B로 나뉘어 소개된다. 여기서 대본으로 삼은 것은 그리스어 버전 B다. 14-17세기의 네 필사본을 토대로 만들었다고 한다. Ehrman/Pleše, *The Apocryphal Gospels: Texts and Translations*, 419-423 참조하라. 그리스어 대본: von Tischendorf, *Evange-*

lia Apocrypha, liv–lxxvii; 287–332; Ehrman/Pleše, *The Apocryphal Gospels: Texts and Translations*, 468–489. 에어만 등은 버전 A 전문(全文: 1-16장)과 버전 B 일부(13-27장)를 소개한다.

ꕥ ꕥ

우리 주 예수 그리스도의 수난과 그분의 거룩한 부활 이야기

아이네아스라는 이름의 유다인이 기록하고 로마제국 지방영주 니코데모가 히브리어에서 로마어로 옮긴 것.[8]

히브리인들의 왕국이 붕괴한 지 사백 년이 지나 히브리인들은 결국 로마인들의 제국에 종속되었으며 로마인들의 황제가 그들을 위해 임금을 임명하였다. 티베리우스 황제가 로마의 지휘봉을 쥐고 있을 당시였다. 황제는 통치 제 십팔 년에, 헤로데를 유다 임금으로 임명하였다. 그는 전에 베들레헴에서 영아들을 학살했던 헤로데의 아들이었다. 그리고 황제는 빌라도를 예루살렘에 관리관으로 두었다. 한나스와 카야파가

---

8 해제에서 밝힌 대로 니코데모 복음서의 저자와 번역자, 그리고 번역된 언어가 버전 A와 다르게 제시되어 있다. 버전 A에 따르면, 니코데모가 히브리어로 기록한 것을 아이네아스가 그리스어로 옮겼다고 한다. 아이네아스가 공적 문서들 사이에서 히브리어로 기록된 니코데모 복음서를 찾아냈다는 것이다. 버전 B에서는 니코데모가 아이네아스라는 유다인에게 예수님의 수난 이야기를 기록하라고 시켰다고 한다. 아이네아스가 히브리어로 기록한 것을 니코데모가 로마인들의 언어로 옮겼다는 것이다. 니코데모가 로마 속주 내 현지인 지방영주(toparch)였다는 설정은 그가 현지인들의 언어와 로마인들의 언어를 자유자재로 구사할 수 있었음을 보여주려는 의도인 듯하다. 아울러 예수님의 수난과 부활을 기록한 것이 공식적 차원에서 이루어진 일임을 함축한다.

예루살렘의 대사제로 봉직하던 때[9] 로마제국 지방영주 니코데모는[10] 아이네아스라는 이름의 유다인을 불러 한나스와 카야파 시절에 그리스도와 관련하여 예루살렘에 일어난 일들을 기록해 달라고 요청하였다. 그 유다인은 요청을 실행에 옮겨 그 기록을 니코데모에게 넘겼다. 그리고 니코데모는 그것을 히브리어 문자에서 로마 언어로 번역하였다. 그 이야기는 이렇다.

1. [1] 우리 주 예수 그리스도께서 유다 지역에서 크고 놀라운 기적들을 많이 행하셨다. 이 때문에 그분께서는 히브리인들의 질투를 받으셨다. 때는 빌라도가 예루살렘 관리관으로, 한나스와 카야파가 대사제로 있을 때였다. 유다인들 가운데에서 유다, 레위, 네프탈렘, 알렉산드로스, 키로스, 그외 다른 많은 사람들이 수석사제들에게 와서 그리스도께 불리한 말들을 하였다. 수석사제들은 그들을 빌라도에게 보내어 그에게 같은 이야기를 하도록 시켰다. 그들은 가서 그에게 말하였다. "아버지는 요셉이고 어머니는 마리아인, 이 도시에 사는 어떤 사람이, 자신을 임금이며 하느님의 아들이라고 부릅니다. 그리고 유다인이면서도 성경을 거부하고 안식일을 어깁니다." 그러자 빌라도는, 그분이 어떤 식으로 안식일을 어기시는지 그들에게서 알아내려고 질문하였다. 그러자 그들이 답하며 말하였다. "그자가 안식일에 아픈 사람을 낫게 합니다." 빌라도가 말했다. "그가 아픈 사람들을 건강하게 만든다면, 악행을 저지르는 것이 아니오." 그들이 그에게 말하였다. "그자가 제대로 치료한다면 악의 크기가 작았을 것입니다. 그러나 그자는 마술을 이용해서

---

9 루카 3,2.

10 요한 3,1-9; 7,50-52; 19,39 참조. 니코데모는 네 복음서 가운데 요한 복음서에만 등장한다. 요한 3,1에 따르면 니코데모는 바리사이로서 산헤드린 의원이었다.

이런 일을 행합니다. 그리고 마귀들을 자기 곁에 두고 있습니다."[11] 빌라도가 말하였다. "아픈 사람을 낫게 하는 것은 악마의 일이 아니라, 하느님에게서 나오는 은총이오."

[2] 히브리인들이 말하였다. "각하께 청합니다. 그를 소환하셔서 저희가 하는 말을 정확히 알아보시기 바랍니다." 그리하여 빌라도는 그의 제복을 벗어 부하들 가운데 한 명에게 주며 말하였다. "가서 이것을 예수에게 보여 주고 그에게 말하여라. '빌라도 관리관께서 당신께 오라시며 너를 소환하신다.'" 부하는 가서 예수님을 발견하고는 그분을 불렀다. 그리고 땅에 빌라도의 제복을 펼쳐놓고 그 위로 걸으시라고 청하였다. 히브리인들이 그것을 보고 몹시 화가 나서 빌라도에게 왔다. 그리고 그분을 거슬러 말하며, 어떻게 예수님을 그 같은 영예에 걸맞은 사람 취급을 했느냐며 불평하였다.

[3] 그러자 빌라도는 파견한 부하에게, 왜 그렇게 했느냐며 신문했다. 이에 그 부하가 대답하였다. "각하께서 저를 유다인 알렉산드로스에게 보내셨을 때, 나귀에 앉아 도성 문으로 들어가시는 예수님과 마주쳤습니다. 그리고 저는, 히브리인들이 자기들 옷을 길에 깔아놓은 것을 보았습니다. 그리고 나귀가 그 옷들 위로 걸어가고 있었습니다. 다른 이들은 가지를 꺾어 들고 그분을 맞이하러 나와서는 '저 높은 곳에 호산나!' 하며 외치고 있었습니다.[12] 그리하여 저도 똑같이 해야 할 것 같아서 그렇게 했습니다."

[4] 유다인들이 이 말을 듣고 그에게 말하였다. "당신은 로마인이면서 어떻게 히브리인들끼리 하는 말을 알아들었습니까?" 그 부하가 대답하였다. "히브리인들 가운데 하나에게 물어보았습니다. 그리고 그자

---

11 마태 12,22-28의 베엘제불 논쟁을 참조하라. 예수님을 마술 및 우상숭배와 연관시키는 *b. Sanhedrin* 107b도 참조하라.

12 마태 21,7-9.

가 제게 그것들을 말해주었습니다." 빌라도가 말하였다. "호산나가 무슨 뜻이오?" 유다인들이 말하였다. "'우리를 구원해 주소서, 주님'입니다." 빌라도가 말하였다. "여러분은 여러분의 종들이 그렇게 말했다고 고백하면서, 어떻게 예수를 고발할 수 있소? 그리고 지금 여러분이 하는 말들을 어떻게 할 수 있단 말이오?" 유다인들은 입을 다물고 아무 대답도 하지 못하였다.

5 예수님께서 빌라도에게 오시자 빌라도의 군사들이 그에게 절하였다. 다른 사람들은 깃발을 들고 빌라도 앞에 서 있었다. 예수님이 다가오시자 깃발들도 숙이며 그분께 절하였다. 빌라도가 일어난 일을 두고 놀라워하자 유다인들이 그에게 말하였다. "나리! 그에게 절한 것은 깃발들이 아닙니다. 그것들을 들고 있던 군인들이 조심성 없이 그렇게 한 것입니다."

6 빌라도가 회당장에게 말하였다. "열두 명의 건장한 남자들을 뽑으시오. 그리고 그들에게 깃발들을 주어 단단히 잡고 있게 하시오." 명대로 이루어지자 빌라도는 부하에게 예수님을 밖으로 내보내라고 명하였다. 그리고 다시 그분을 모시고 들어오게 하였다. 그분께서 다시 들어오시자 깃발들이 몸체를 숙이며 그분께 절하였다. 그리하여 빌라도는 몹시 놀랐다. 그러나 유다인들은 말하였다. "그자는 마술사입니다. 그래서 이런 일들을 하는 것입니다."[13]

2\. 1 빌라도가 예수님께 말하였다. "이들이 당신을 거슬러 증언하는 말을 듣고 있소? 당신은 대답하지 않을 작정이오?"[14] 예수님께서 답하시며 말씀하셨다. "모든 사람은 말할 권리가 있다. 좋은 것을 원하든 나쁜

---

13 탈무드에도 예수님을 마술사로 묘사한 구절이 있다: *b. Sanhedrin* 43a; 107b; *b. Shabbat* 104b.

14 마태 27,13-14.

것을 원하든. 그러므로 그들도 하고 싶은 말을 할 권리가 있다."[15]

2 유다인들이 그에게 말하였다. "우리가 당신에 대해 무슨 말을 해야겠소? 첫째, 당신은 죄에서 태어났소.[16] 둘째, 당신이 태어났을 때 당신 때문에 영아들이 살해되었소.[17] 셋째, 당신 아버지와 어머니가 이집트로 도망갔소.[18] 그들이 백성에게 아무런 신뢰가 없었던 것이오."

3 거기 있던 하느님을 경외하는 유다인들이 이에 대해 답하며 말하였다. "저희는 그분의 출생이 죄에서 나온 것이라고 생각지 않습니다. 사실 저희는, 요셉이 약혼 관습에 따라 그분의 어머니 마리아를 지키려고 집에 맞아들인 것을 압니다."[19] 빌라도가 말하였다. "그분의 출생이 죄에서 나온 것이라고 말하는 여러분이 거짓말을 하는 것이오?" 그들이 다시 빌라도에게 말하였다. "온 백성이 그자가 마술사라고 증언합니다." 그러나 하느님을 경외하는 유다인들은 이렇게 말하였다. "저희도 그분 어머니의 약혼식에 있었습니다. 그리고 저희도 유다인입니다. 저희도 그분의 일상도 전부 알고 있습니다. 그런데 그분이 마술사인지, 그것은 저희가 알지 못합니다." 이 말을 한, 하느님을 경외하는 유다인들은 이렇다. 라자로, 아스타리오스, 안토니오스, 야고보, 자라스, 사무엘, 이사악, 피네아스, 크리스포스, 다그리포스, 아메세, 그리고 유다.

---

15 요한 19,11.

16 적법한 혼인 관계에서 태어난 것이 아니라는 뜻이다. 유다인들 사이에 예수님이 사생아였다는 소문이 돌고 있었음을 교부들이 증언하고 있다: 오리게네스 『켈수스 논박』 1.32. 탈무드에도 예수님을 사생아로 소개하는 구절이 있다: *b. Shabbat* 104b.

17 마태 2,16-18.

18 마태 2,13-15.

19 『야고보 원복음』 9.7 참조.

4 그러자 빌라도가 그들에게 말하였다. "황제의 목숨을 걸고, 이 사람의 출생에 죄가 없다고, 여러분이 맹세하기 바라오." 이들이 답하였다. "저희의 율법은 저희가 맹세하지 못하도록 규정합니다. 맹세가 큰 죄이기 때문입니다. 그러나 황제의 목숨을 걸고, 그분의 출생에 죄가 없다는 것을 맹세합니다. 만약 저희가 거짓말을 하고 있다면, 저희 모두의 목을 베라고 명하십시오." 이들이 이렇게 말하자 유다인 고발자들이 빌라도에게 답하며 말하였다. "각하께서는 고작 열두 명의 이 유다인들을 이 모든 군중과 저희보다 더 신뢰하십니까? 저희는 그자가 마술사이며 신성을 모독하고 자신을 하느님의 아들이라 부른 것을 정확히 알고 있습니다."[20]

5 그러자 빌라도는 열두 명을 제외한 모든 사람에게 관저에서 나가라고 명하였다. 명한 대로 되자 빌라도는 그들에게 은밀히 말하였다. "유다인들이 질투와 광기 때문에 이 사람을 죽이고 싶어 하는 것 같소.[21] 그분이 안식일을 어긴다는 한 가지 이유로 그분을 고발하고 있소. 그러나 그분은 좋은 일을 하고 있소. 그분이 아픈 사람들을 낫게 해주기 때문이오. 이것으로 사람에게 사형 선고를 내릴 수는 없소." 열두 명도 그에게 말하였다. "물론입니다. 나리!"

3. 1 빌라도는 분노와 격정에 싸여 밖으로 나왔다. 그리고 한나스와 카야파와 예수님을 끌고 왔던 온 백성에게 말하였다. "태양을 증인 삼아, 이 사람에게서는 아무런 잘못을 찾을 수 없소." 군중이 답하였다. "이자가 주술사와 마술사, 신성 모독자가 아니었다면, 저희가 각하께 이 자를 데려오지 않았을 것입니다." 빌라도가 말하였다. "여러분이 이자

20 요한 10,33; 마태 26,65.

21 마태 27,18.

를 신문하시오. 그리고 여러분에게 율법이 있으니, 여러분의 율법이 명하는 대로 하시오." 유다인들이 말하였다. "저희 율법은 어떤 사람도 사형시키는 것을 허락하지 않습니다."[22] 빌라도가 말하였다. "여러분이 죽이기를 원하지 않는다면, 나는 얼마나 더 그렇겠소?"

2 그러고 나서 빌라도는 관저로 돌아가 예수님께 말하였다. "내게 말해보시오. 당신이 유다인들의 임금이오?" 예수님께서 답하셨다. "네가 그렇게 말하고 있다. 아니면 다른 유다인들이 당신에게 그렇게 말해서 나에게 물어보는 것인가?" 빌라도가 말하였다. "내가 히브리인이오? 나는 히브리인이 아니오. 당신의 백성과 수석사제들이 당신을 내 손에 넘겼소. 그러니 당신이 유다인들의 임금인지, 내게 말해보시오." 예수님께서 답하셨다. "내 나라는 이 세상에 있지 않다. 내 나라가 이 세상에 있었다면 내 군사들이 내가 잡히도록 놔두지 않았을 것이다. 내 나라는 이 세상에 있지 않다." 빌라도가 말하였다. "그렇다면 당신은 임금이오?" 예수님께서 말씀하셨다. "네가 말하였다. 나는 이것을 위해 곧 진리를 증언하려고 태어났다. 누군가 진리의 사람이라면 내 말을 믿고 그것을 실천한다."[23] 빌라도가 말하였다. "진리가 무엇이오?"[24] 예수님께서 답하셨다. "진리는 하늘에서 나온다." 빌라도가 말하였다. "진리가 땅에는 없소?" 그리스도께서 말씀하셨다. "내가 진리다.[25] 그러니 지상의 권한을 가진 사람들에 의해 어떻게 진리가 심판받을 수 있겠느냐?"

22 요한 18,31과 비교하라. 사실 유다교 율법은 사형을 규정하고 있다. 당시 유다 땅이 로마제국의 속주였기에 사형에 준하는 중범죄는 로마 관리의 허락을 받아야 했다. 아마 이런 사정을 염두에 둔 발언인 듯하다.

23 요한 18,37.

24 요한 18,38.

25 요한 14,6.

4. [1] 빌라도는 그리스도만 남겨두고 밖으로 나와서 유다인들에게 말하였다. "나는 이 사람에게서 아무런 잘못도 찾지 못하겠소."[26] 유다인들이 답하였다. "그자가 무어라고 말하고 다녔는지, 각하께 말씀드리겠습니다. 그자는 '나는 하느님의 성전을 무너뜨렸다가 사흘 안에 다시 세울 수 있다'고 말했습니다."[27] 빌라도가 말하였다. "그가 무슨 성전을 무너뜨린다고 말했소?" 히브리인들이 말하였다. "솔로몬의 성전이오. 솔로몬이 사십육 년 동안 세운 것입니다."[28]

[2] 빌라도는 따로 수석사제들과 율법학자들과 바리사이들에게 말하였다. "여러분에게 청하오. 이 사람에게 아무 악행도 저지르지 마시오.[29] 여러분이 이 사람에게 악행을 저지른다면 여러분은 불의를 행하는 게 될 거요. 이런 사람이 죽는 것은 정의롭지 않소. 그는 많은 사람들에게 좋고 큰일을 행하였소." 그들이 빌라도에게 말하였다. "나리, 황제를 모욕한 자가 죽어 마땅하다면, 하느님을 모욕하는 이자는 얼마나 더 그렇겠습니까?"

[3] 빌라도가 자리를 물리자 모든 이가 밖으로 나갔다. 그가 예수님께 말하였다. "내가 당신에게 어떻게 하기를 원하오?" 예수님께서 빌라도에게 말하였다. "정해진 대로 내게 하여라." 빌라도가 말하였다. "어떻게 정해져 있소?" 예수님께서 답하셨다. "모세와 예언자들이 나는 십자가에 못 박혔다가 다시 일어날 것이라고 기록하였다." 히브리인들이 이 말을 듣고 빌라도에게 말하였다. "무엇 때문에 그에게서 하느님을 더 모욕하는 말을 들으려 하십니까?" 빌라도가 말하였다. "이것

---

26 요한 18,38.

27 마르 14,58.

28 요한 2,19-20 참조.

29 또는, '아무 해도 끼치지 마시오.'

은 하느님을 모욕하는 말이 아니오. 예언서에도 그렇게 쓰여 있기 때문이오." 히브리인들이 말하였다. "우리의 책은 말합니다. 만약 어떤 사람이 다른 사람을 거슬러 잘못을 저지르면, 예를 들어 그자가 다른 사람을 모욕하면 그자는 몽둥이로 사십 대를 맞아야 합니다. 그러나 어떤 이가 하느님을 모욕하면 그자는 돌을 맞아야 합니다."[30]

4 그때 빌라도의 아내 프로클레스가 보낸 사람이 왔다. 전언은 이러하였다. "선한 사람인 예수에게 무언가 나쁜 일이 생기게 하는 데에 가담하지 않도록 하십시오. 어젯밤에 내가 그 사람 때문에 무서운 꿈을 꾸었습니다."[31] 빌라도가 유다인들에게 말하였다. "만약 예수가 했다는 말이 하느님을 모욕하는 말로 여겨진다면, 그를 데려가서 여러분의 법에 따라 여러분이 심판하시오."[32] 유다인들이 빌라도에게 말하였다. "저희는 나리께서 그자를 십자가에 못 박으시기를 원합니다."[33] 빌라도가 말하였다. "그것은 좋지 않소."

5 빌라도는 백성을 향해 돌아서서 많은 이들이 우는 것을 보았다. 그가 말하였다. "이 사람이 죽는 것이 모든 백성의 뜻은 아닌 것 같소." 사제들과 율법학자들이 말하였다. "그래서 우리가 온 백성을 데려온 것입니다. 모든 이가 그자의 죽음을 원한다는 것을 나리께서 확신하도록 말입니다." 빌라도가 말하였다. "그가 무슨 나쁜 짓을 했다는 말이오?" 히브리인들이 말하였다. "자신이 임금이며 하느님의 아들이라고 말했습니다."

30 레위 24,16.

31 마태 27,19.

32 요한 18,31.

33 마태 27,22.

5. [1] 그러자 이름이 니코데모인 하느님을 경외하는 유다인이 가운데로 나와 빌라도에게 말하였다. "각하께, 청합니다. 나리께 몇 마디 말씀을 드리게 허락해 주십시오." 빌라도가 말하였다. "말하시오." 니코데모가 말하였다. "제가 회당에 있을 때 사제들과 레위인들과 율법학자들과 백성에게 말했습니다. '이분을[34] 거슬러 어떤 할 말이 있습니까? 이분은[35] 놀라운 일들을 많이 했습니다. 어떤 사람도 해본 적이 없고, 할 수도 없는 일들입니다. 그러니 그분을 풀어주십시오. 만약 그분께서 하시는 일이 하느님에게서 나온 것이라면, 그것들은 굳건히 서 있을 것입니다. 그러나 그것이 사람에게서 나온 것이라면 무너질 것입니다.[36] 하느님께서 모세를 이집트에 보내셨을 때도 그랬습니다. 이집트 임금 파라오가 그분께, 기적을 일으켜 보라고 말하자 그분께서 그렇게 하셨습니다. 그리고 파라오에게 야브네와 얌브레라는 두 마술사가 있었는데, 그들도 마술을 써서 기적들을 일으켰습니다. 그러나 그것들이 모세가 한 것과 같은 것은 아니었습니다.[37] 이집트인들은 이런 마술사들을 신으로 여겼습니다. 그러나 그들이 하느님에게서 나온 이들이 아니었기에 그들이 한 모든 것은 다 무너졌습니다. 그런데 이 예수님께서 라자로를 다시 일으키셨으며 그가 지금 살아 있습니다. 그러므로 나리, 나리께 청합니다. 이분을 절대 돌아가시게 놔두지 말아주십시오."

[2] 히브리인들이 니코데모에게 화가 나서 그에게 말하였다. "당신이나 예수의 진리를 받아들이기를! 그리고 그와 한 몫을 나누기를!" 니코데모가 말하였다. "아멘, 아멘, 여러분이 말씀하신 대로 내게 이루

34 직역: '이 사람'(ἄνθρωπος).

35 직역: '이 사람'(ἄνθρωπος).

36 사도 5,38.

37 탈출 7,10-13.

어지기를 바랍니다."

6. [1] 니코데모가 이 말을 했을 때 다른 히브리인이 일어나 빌라도에게 말하였다. "빌라도 나리, 당신께 청합니다. 제 말도 들어보십시오." 빌라도가 답하였다. "원하는 게 무언지 말해보시오!" 그 히브리인이 말했다. "저는 아파서 침상에 삼십팔 년 동안 누워 있었습니다. 그런데 그분께서 저를 보시고 슬퍼하시며 제게 말씀하셨습니다. '일어나라, 그리고 네 들것을 들고 네 집으로 가라!'[38] 그분께서 이 말씀을 하시는 동안에 제가 일으켜졌습니다. 그리고 걸어 다녔습니다."[39] 히브리인들이 말하였다. "이 일이 주간의 몇째 날에 일어났는지, 그자에게 물어보십시오." 그가 말하였다. "안식일입니다." 유다인들이 말하였다. "결국 그자가 안식일을 지키지 않는다고 한 우리 말은 사실입니다."[40]

[2] 그러자 다른 사람이 가운데 나와서 말하였다. "나는 눈먼 이로 태어났습니다. 그런데 예수님께서 길을 걸어가실 때 제가 그분께 소리 높여 말하였습니다. '제게 자비를 베풀어주십시오, 주님, 다윗의 후손이시여!' 그러자 그분께서 진흙을 쥐어 제 눈에 바르셨습니다. 그러자 곧바로 제가 보게 되었습니다."[41] 다른 사람이 말하였다. "저는 불구였습니다. 그분을 보고 '저에게 자비를 베풀어 주십시오, 주님!' 하고 소리쳤습니다. 그분께서 제 손을 잡자 곧바로 제가 일으켜졌습니다."[42]

---

38 마르 2,11.

39 요한 5,5-9.

40 또는, '결국 진실로 우리는 말합니다. 그자는 안식일을 지키지 않습니다.' 요한 5,10 참조.

41 요한 9,6-7.

42 사도 3,7 참조. '일으켜졌다'로 옮겨진 그리스어 동사 ἠγέρθην은 예수님의 부활을 표현할 때 쓰이는 동사다. 형태도 단순과거 수동태로 같다.

다른 사람이 말하였다. "저는 나환자였습니다. 그런데 그분께서 말씀 하나로 저를 낫게 해주셨습니다."[43]

7. [1] 거기에 베로니카라는 여인도 있었는데 그녀가 말하였다. "저는 열두 해 동안 하혈을 했습니다. 그런데 그분의 옷자락 끝을 만지기만 했는데 곧바로 나았습니다."[44] 유다인들이 말하였다. "율법은 여자의 증언은 받아들이지 않습니다."[45]

8. [1] 다른 사람들이 소리쳤다. "이 사람은 예언자입니다. 그리고 마귀들이 그분을 두려워합니다." 빌라도가 말하였다. "그렇다면 마귀들이 왜 여러분의 부모들은 두려워하지 않았소?"[46] 그들이 말하였다. "저희는 모릅니다." 다시 다른 사람들이 말하였다. "라자로가 나흘 동안이나 무덤에 있었는데, 그분께서 말씀만으로 일으키셨습니다."[47] 빌라도는 라자로의 부활 소식을 듣고 두려워졌다. 그리고 백성에게 말하였다. "여러분은 무엇 때문에 의로운 사람의 피를 흘리고 싶어 하오?"

9. [1] 그 뒤 빌라도는 니코데모와 하느님을 경외하는 유다인들 열둘을 소

---

43 루카 17,11-19.

44 마태 9,20-22.

45 또는, "율법은 여자의 증언을 인정하지 않습니다." 구약성경에서는 일반적으로 두 사람 이상의 증인이 필요하다고 할 뿐(신명 19,15) 증인의 자격에 대해서는 특별히 언급하지 않는다. 요세푸스는 노예나 여자는 증인이 될 수 없었다고 한다: 요세푸스 『유다 고대사』 4.219.

46 무슨 뜻인지 분명하지 않다. 다른 유다인들은 마귀를 복종시키지 못했음을 가리키는 듯하다. 니코데모 복음 A 버전에는 "그렇다면 여러분의 스승들은 왜 그에게 복종하지 않았소?"라 되어 있다.

47 요한 11,17.38-44.

환하여 그들에게 말하였다. "내가 어떻게 해야 할지 여러분이 말해주시오. 백성이 크게 동요하고 있소." 그들이 말하였다. "저희는 모르겠습니다. 원하시는 대로 하십시오. 그런데 백성이 지금 하는 일은 불의한 처사입니다. 그들이 그분을 없애려 하기 때문입니다." 빌라도는 다시 밖으로 나가서 백성에게 말하였다. "무교절 축제 때 여러분을 위해 수감 중인 죄수 하나를 풀어주는 것이 관습임을 여러분도 압니다.[48] 감옥에 악당이 하나 있는데 바라빠라는 이름의 강도요. 그리고 예수가 있소. 악행을 저지른 적이 전혀 없는 사람이오. 내가 둘 중에 누구를 풀어주기를 원하오?" 백성이 답했다. "바라빠를 풀어주시오!"[49] 빌라도가 말하였다. "내가 예수는 어떻게 해야겠소?" 그들이 말하였다. "십자가에 못 박으시오!"[50] 그들 가운데 다른 몇몇이 다시 소리쳤다. "예수를 풀어주면 당신은 황제의 친구가 아닙니다. 그자가 자신을 하느님의 아들이요 임금이라고 칭하기 때문입니다.[51] 그자를 석방하면 그자가 임금이 되어 황제의 왕국을 차지할 것입니다."

2 빌라도는 격정에 싸여 말하였다. "여러분 족속은 늘 악마 같고 믿음이 없었소. 그리고 줄곧 여러분의 시혜자들에게 적대적이었소." 유다인들이 말하였다. "누가 우리의 시혜자들이었습니까?" 빌라도가 말하였다. "하느님이오! 그분께서는 여러분을 파라오의 손에서 해방시켜 홍해를 마른 땅처럼 지나가게 해주셨소. 그리고 광야에서 여러분에게 만나를 먹여주시고 바위에서 물을 내어 마시게 해주셨소. 그분께서 여러분에게 율법도 주셨소. 그런데 여러분은 하느님을 부인하면서

---

48 마태 27,15; 요한 18,39.

49 요한 18,39-40.

50 요한 19,15.

51 요한 19,12.

율법을 어겼소. 모세가 하느님께 간청하며 서 있지 않았다면 여러분은 통렬한 죽음으로 멸망했을 것이오.[52] 이 모든 것을 잊어버렸단 말이오! 지금도 여러분은 내가 황제를 사랑하지 않으며 그분에게 증오를 품고 있어 그분의 왕국을 거슬러 음모를 꾸미고 있다고 말하고 있소."

3 빌라도는 이 말을 하고는 격정에 휩싸여 자리에서 일어났다. 그들에게서 도망치고 싶었던 것이다. 그런데 유다인들이 소리치며 말하였다. "저희는 예수가 아니라 황제께서 저희를 다스리시기를 원합니다.[53] 예수는 마술사들에게서 능력을 받았기 때문입니다.[54] 헤로데도 임금이 태어날 것이라는 말을 듣고 그자를 죽이고 싶어 하였습니다. 그래서 사람들을 보내어 베들레헴에 있는 모든 영아들을 학살하였습니다. 그 일로 그자의 아버지 요셉과 그자의 어머니도 헤로데 임금이 두려워져 이집트로 도망갔습니다."[55]

4 빌라도는 이 말을 듣고 온 백성을 조용히 시키고는 말하였다. "그렇다면, 그때 헤로데가 죽이려고 했던 자가 예수란 말이오?" 그들이 그에게 말하였다. "예!" 빌라도는 그분이 유다 민족 출신이라 헤로데의 관할 하에 계심을 알고는 예수님을 그에게 보냈다. 헤로데는 그분을 보자 크게 기뻐하였다. 그분께서 놀라운 일들을 행하신다는 말을 듣고, 오래 전부터 그분을 보고 싶어 했기 때문이다. 그는 그분께 흰 겉옷을 입히고 질문하기 시작하였다. 그러나 예수님께서는 그에게 아무런 답도 주지 않으셨다. 헤로데는 그리스도께서 일으키시는 놀라운 일들을 보고 싶어 하였지만 보지 못한데다, 그분께서 아무런 대답

52 탈출기 참조.

53 요한 19,15.

54 예수가 이집트에서 마술을 들여왔다고 하는 *b.Shabbat* 104b 참조.

55 마태 2,13-18.

도 하지 않으시기도 해서 그분을 다시 빌라도에게 돌려보냈다.[56] 빌라도는 이를 보고 부하들에게 물을 가져오라고 시켰다. 그들이 가져왔다. 빌라도는 물로 손을 씻으면서 백성에게 말하였다. "나는 이 선한 사람의 피에 책임이 없소.[57] 여러분은, 그가 불의하게 살해당하는 것을 보게 될 것이오. 나는 이 사람에게서 아무런 죄목을 찾지 못했기 때문이오. 헤로데도 마찬가지였소. 그래서 곧바로 이 사람을 내게 돌려보냈던 것이오."[58] 유다인들이 말하였다. "그자의 피는 우리와 우리 자손의 책임이오!"[59]

[5] 빌라도는 선고를 내리려고 재판석에 앉았다. 그가 명을 내리자 예수님께서 그 앞에 왔다. 사람들이 가시나무로 만든 관을 가져와 그분 머리에 씌우고 그분 오른손에 갈대를 들렸다.[60] 빌라도가 선고를 내리고 그분께 말하였다. "당신네 종족이 당신이 임금이 되려 한다고 증언하고 있소. 따라서 임금들의 법률이 명하는 대로 먼저 당신을 몽둥이로 사십 대를 치라고 명할 것이오. 그런 다음 그들이 당신을 조롱하고 마지막에 당신을 십자가에 못 박을 것이오."[61]

10. [1] 빌라도에게서 이런 선고가 내려지자 유다인들은 예수님을 치기 시작하였다. 어떤 이들은 몽둥이로, 어떤 이들은 손으로, 또 어떤 이들은 발로 쳤다. 또 어떤 이들은 그분 얼굴에 침을 뱉기도 하였다. 그리고 그들은 곧바로 십자가를 준비하여 그것을 그분께 주고는 길을 나서게

---

56 예수님께서 헤로데 앞에 서신 것은 루카 23,6-12을 보라.

57 마태 27,24.

58 루카 23,13-16.

59 마태 27,25.

60 마태 27,29.

61 루카 23,22-25.

하였다. 그분께서 이렇게 십자가를 지고 걸어가시다 예루살렘 도성의 성문 앞까지 이르렀다. 많이 맞으시기도 했고 십자가의 무게 때문에도 그분께서 더 이상 걸어가실 수가 없었다. 유다인들은 가능한 빨리 그분을 십자가에 못 박고 싶은 마음에 그분에게서 십자가를 빼앗았다. 그리고 그것을 그들과 마주친, 시몬이라는 사람에게 주었다.[62] 그에게는 알렉산드로스와 루푸스라는 아들이 둘 있었다. 그는 도시 키레네 출신이었다. 그들이 그에게 십자가를 준 것은 예수님을 가엾이 여겨서도, 십자가의 무게를 덜어주려는 것도 아니었다. 다만 앞에 말한 대로, 되도록 빨리 그분을 죽이고 싶었기 때문이다.

[2] 그분의 제자들 중에 요한이 거기서 따라가고 있었다. 그 뒤 그는 몸을 피하여 하느님의 어머니께[63] 가서 말하였다. "도대체 어디에 계셨기에 무슨 일이 일어나는지 보러 오지 않으셨습니까?" 그녀가 말하였다. "무슨 일이 일어났느냐?" 요한이 말하였다. "유다인들이 제 스승님을 잡아다 십자가에 못 박으려고 끌고 가고 있음을 아십시오." 이 말을 듣고 그분의 어머니는 큰 소리로 외치며 말하였다. "내 아들아, 내 아들아, 네가 도대체 무슨 나쁜 일을 저질렀다고 그들이 너를 끌고 가 십자가에 못 박으려 한단 말이냐?" 그녀는 자리에서 일어나 눈앞이 어두워진 것처럼 울면서 길을 갔다. 여자들도 그녀의 뒤를 따랐다. 마르타와 마리아 막달레나, 살로메와 다른 처녀들이었다. 요한도 그녀와 함께였다. 그들이 많은 군중 앞에 이르렀을 때 하느님의 어머니가 요한에게 말하였다. "내 아들은 어디에 있느냐?" 요한이 말하였다. "저기 가시관을 쓰시고 손이 묶여 계신 분이 보이지 않습니까?" 이 말을 들은 하느님의 어머니가 그분을 보고는 거의 정신을 잃고 땅바닥으로 등을

62 루카 23,26.

63 예수님의 어머니 마리아를 가리키는 데 θεοτόκος(테오토코스) 곧 '하느님의 어머니'가 쓰였다. 더 정확한 뜻은 '하느님을 낳은 사람'이다.

대고 쓰러졌다. 그리고 꽤 오랫동안 누워 있었다. 그녀를 따라왔던 여자들은 그녀 주위에 둘러서서 울었다. 마침내 그녀가 숨을 내쉬고 일어났다. 그리고 큰 소리로 울부짖으면서 말하였다. "내 주님, 내 아들아, 너의 아름다운 모습은 어디로 꺼져버렸단 말이냐? 이토록 고통 받는 너를 내가 어떻게 지켜본단 말이냐?" 이렇게 말하면서 그녀는 손톱으로 자기 얼굴을 할퀴고 가슴을 쳤다. 그녀가 말하였다. "네가 유다에서 행한 좋은 일들은 다 어디로 갔단 말이냐? 네가 유다인들에게 도대체 무슨 나쁜 일을 했느냐?" 그녀가 이렇게 탄식하며 울부짖는 것을 유다인들이 보고는 다가와 그녀를 길 밖으로 내쫓았다. 그러나 그녀는 도망가려 하지 않았다. 오히려 계속 남아서 "먼저 나를 죽여라. 범법자 유다인들아!" 하고 말하였다.

[3] 마침내 그들이 해골이라는 곳에 이르렀다.[64] 그곳 바닥에는 돌이 깔려 있었다. 유다인들은 거기에 십자가를 세웠다. 이어서 그들은 예수님의 옷을 벗겼다. 그리고 군사들이 그분의 겉옷을 가져다가 자기들끼리 나누었다. 그리고 그분께 주홍색 누더기를 입히고는 그분을 십자가에 오르게 하였다. 그리고 그날 낮 여섯째 시각에 십자가에 매달았다. 그 뒤 그들은 다른 강도 둘을 데려와 하나는 그분 오른쪽에 다른 하나는 왼쪽에 세웠다.

[4] 그때 하느님의 어머니가 일어나 그 광경을 보고 큰 소리로 울부짖으며 말하였다. "내 아들아, 내 아들아!" 예수님께서 어머니 쪽으로 몸을 돌렸다. 그리고 요한이 어머니 곁에서 다른 여자들과 함께 우는 것을 보시고 말씀하셨다. "보십시오. 이 사람이 당신 아들입니다." 그런 다음 요한에게도 말씀하셨다. "보아라. 이분이 네 어머니시다."[65] 그

64 루카 23,33; 마태 27,33.

65 요한 19,26-27.

러나 어머니는 몹시 울면서 말하였다. "내 아들아, 내가 우는 것은 네가 불의하게 고통당하고 있기 때문이다. 범법자 유다인들이 너를 통렬한 죽음에 넘겼기 때문이다. 너 없이, 내 아들아, 내가 어떻게 되겠느냐? 내가 너 없이 어떻게 산단 말이냐? 내가 도대체 어떤 삶을 살게 되겠느냐? 너와 함께 죽겠다고 장담하던 네 제자들은 어디 있느냐? 너로 인해 낫게 된 사람들은 어디 있느냐? 어떻게 너를 도와주겠다는 사람이 한 명도 없느냐?" 그리고 어머니는 십자가를 보고 말하였다. "십자가야, 몸을 기울여라. 내 아들을 안고 내 아들에게 입 맞추게 해다오! 내가 남자를 알지 못하여 서툴게 이 가슴의 젖을 물려준 아이다. 십자가야, 몸을 기울여라. 내 아들을 포옹하고 싶다. 십자가야 몸을 기울여라. 어미로서 내 아들과 작별인사를 나누게 해 다오." 이 말을 들은 유다인들은 다가와 그녀와 여자들과 요한을 멀리 쫓아버렸다.

5 그때 예수님께서 큰 소리로 부르짖으며 말씀하셨다. "아버지, 그들에게 이 죄를 그들 앞에 세우지 마십시오. 그들은 자기가 무엇을 하는지 알지 못합니다."[66] 그런 다음 "목마르다." 하고 말씀하셨다.[67] 그러자 군사들 가운데 하나가 달려가 해면을 집어 쓸개와 신포도주 섞은 것으로 적신 뒤 그것을 갈대에 꽂아 예수님께 마시라고 주었다. 그분께서는 맛을 보시고서는 드시려고 하지 않으셨다. 거기 서서 지켜보고 있던 유다인들은 그분을 비웃으며 말하였다. "네가 하느님의 아들이라고 한 말이 사실이라면, 십자가에서 내려와 보아라! 그러면 바로 우리도 너를 믿겠다." 다른 사람들도 비웃으며 말하였다. "다른 사람들을 구하고 다른 사람들을 고치고, 아픈 사람들, 중풍환자들, 나환자들과 마귀 들린 이들, 눈먼 이들, 절름발이들, 죽은 이들은 낫게 하더니! 자

66 루카 23,34.

67 요한 19,28.

기 자신을 고치지 못 하는군!"[68]

[6] 마찬가지로 그분 왼편 십자가에 못 박혀 있던 강도도 그분께 말하였다. "당신이 하느님의 아들이라면, 내려가서 당신과 우리를 구원해 보시오." 그의 이름은 기스타스였다. 오른편 십자가에 못 박혀 있던 뒤스마스라는 자는 그 강도를 꾸짖으며 말하였다.[69] "초라하고 비참한 자야, 너는 하느님이 두렵지도 않느냐? 우리야 우리가 저지른 짓에 합당한 고초를 겪는다만, 이분은 아무런 잘못도 하지 않으셨다." 그리고는 예수님께 고개를 돌리며 그분께 말하였다. "주님, 당신께서 다스리실 때 저를 잊지 마십시오." 그분께서 그자에게 말씀하셨다. "내가 너에게 진실을 말한다. 오늘 너를 낙원에 나와 함께 있게 하겠다."[70]

11. [1] 그리고 예수님께서 큰 소리로 "아버지, 제 영을 당신 손에 맡깁니다." 하고 외치신 다음 숨을 거두셨다.[71] 그 즉시 바위들이 갈라지는 것이 보였다. 온 땅에 지진이 일어났는데, 지진이 너무 강력하고 커서 바위들도 갈라졌던 것이다. 그리고 죽은 자들의 무덤들도 열렸다. 그리고 성전의 휘장이 찢어졌다.[72] 어둠이 여섯째 시각부터 아홉째 시각까지 계속되었다. 유다인들은 일어난 이 모든 일들에 두려워져서 "이 사람은 정말로 의로운 분이셨다" 하고 말하였다.[73] 거기 서 있던 백인대장

---

68 루카 23,35-37; 마태 27,40-42.

69 루카 23,39-40에 죄수의 이름은 나오지 않는다. 어느 편에 달린 죄수가 착한 강도인지도 밝혀져 있지 않다. '착한 우도'라는 별칭은 니코데모 복음서에서 나왔다.

70 예수님과 함께 십자가에 매달린 죄수들의 일화는 루카 23,39-43을 보라.

71 루카 23,46.

72 마태 27,51-52; 루카 23,44-45.

73 루카 23,47. 루카 복음에서는 같은 고백을 하는 사람이 로마인 백인대장이다.

롱기누스는 "참으로 이분은 하느님의 아들이셨다" 하고 말하였다.[74] 다른 사람들도 와서 그분을 보고는 두려움에 가슴을 치면서 돌아갔다.[75]

[2] 그런데 백인대장은 이 모든 놀라운 일들을 지켜보고 빌라도에게 돌아가 그대로 보고하였다. 그 말을 들은 빌라도는 놀라고 기함하였다. 그리고 두려움과 슬픔 때문에 그날은 먹고 싶어 하지도 마시고 싶어 하지도 않았다. 그가 기별을 보내어 최고 의회 전체가 어둠이 물러가자마자 그에게 왔다. 빌라도가 백성에게 말하였다. "태양이 어떻게 어두워지는지 보았지요? 휘장이 어떻게 찢어지는지 보았지요? 선한 사람은 절대 죽이고 싶지 않다고 했던 내가 정녕 옳았소." 그러나 악한 들이 빌라도에게 말하였다. "이런 어둠은 일식입니다. 다른 때도 그런 일이 있었습니다." 이어서 그에게 말하였다. "내일이면 우리는 무교절 축제를 지냅니다. 그래서 나리께 청합니다. 십자가에 달린 자들이 아직 숨이 붙어 있기에 그들의 뼈를 부러뜨리고 끌어내려 주시기 바랍니다." 빌라도가 "그리 될 것이오" 하고 말한 뒤 군사들을 보냈다. 그들은 아직 두 강도가 숨이 붙어 있는 것을 보았다. 그래서 그들의 다리를 부러뜨렸다. 그러나 예수님은 벌써 돌아가신 상태였기에 그분께는 전혀 손을 대지 않았다. 다만 군사 하나가 그분의 오른쪽 옆구리를 창으로 찔렀다. 그랬더니 곧바로 거기서 피와 물이 흘러나왔다.[76]

[3] 저녁이 되어 준비일이 다가오고 있었다. 부유한 귀족으로서 하

---

74 마태 27,54. 마태오 복음에서는 백인대장과 또 그와 함께 예수님을 지키던 이들이 지진과 다른 여러 가지 일들을 보고 한 말이다.

75 루카 23,48. 니코데모 11.1은 전체적으로 루카 23,44-49을 많이 따르는 편이다.

76 요한 19,31-34.

느님을 경외하는[77] 유다인인 요셉이라는 남자가 니코데모를 발견하고 말하였다 — 일전에 그가 한 말이 그 심중을 드러낸 터였다.[78] "예수님이 살아 계실 때 당신이 그분을 사랑했으며 그분 말씀을 기쁘게 들었다는 것을 알고 있소. 그리고 당신이 그분을 위해 유다인들과 싸우는 것도 보았소. 그래서 혹시 괜찮다면, 함께 빌라도에게 가서 예수님의 몸을 무덤에 모시도록 청해봅시다. 그분께서 묻히지도 않은 채 누워계신 것은 큰 죄이기 때문이오." 니코데모가 말하였다. "혹시 빌라도가 역정을 내지 않을까, 그래서 내가 무슨 나쁜 일을 겪지 않을까 두렵소. 만약 당신 혼자 부탁하러 가서 돌아가신 분을 모셔오면 그때는 나도 당신과 함께 가서 안치에 필요한 모든 일을 같이 하겠소." 니코데모가 이렇게 말하자 요셉은 하늘로 눈을 들어 자신의 청을 물리치지 말아 달라고[79] 기도하였다. 그리고 빌라도에게 가서 인사한 다음 자리에 앉았다. 그리고 그에게 말하였다. "당신께 청합니다, 나리. 제가 각하께 해괴한 것을 청하더라도 제게 역정을 내지 말아 주십시오." 그가 말하였다. "원하는 것이 무엇이오?" 요셉이 말하였다. "예수님입니다. 선한 사람이지만 유다인들이 질투 때문에 십자가에 못 박으려고 끌고 간 사람이지요. 이분을 묻을 수 있도록 제게 내어 주시기를 청합니다." 빌라도가 말하였다. "도대체 무슨 일이오? 그의 동족이 그가 마술을 부린다고 증언했소. 그리고 그는 황제 폐하의 왕국을 취하려 한다는 의심을 받아 결국 우리에 의해 죽음에 넘겨졌소. 그런 사람의 시신에 경의를 갖추라고 우리가 시신을 내어주어야 한다는 말이오?" 요셉은 슬퍼하고 울면서 빌라도 발치에 엎드렸다. 그리고 말하였다. "나리, 죽은

77 요한 9,31 참조: "누가 하느님을 경외하고(θεοσεβής) 그분의 뜻을 실천하면, 그 사람의 말은 들어 주십니다."

78 직역: '전에 그의 말이 그를 드러내었다.'

79 직역: '자신의 청이 실패로 돌아가지 않게 해달라고.'

사람에게는 어떤 증오도 품지 않으시기를 바랍니다! 모든 재앙은[80] 그 사람의 죽음과 함께 사라져야 하기 때문입니다. 예수님을 십자가에 못 박지 않도록 나리께서 얼마나 애쓰셨는지 잘 압니다. 그리고 그분을 위해 유다인들에게 얼마나 변호하셨는지, 때로는 충고하시다가 때로는 역정도 내시다가, 결국에는 당신 손을 씻고 그분을 죽이고 싶어 하는 자들과는 엮이지 않으시겠다고 선언하신 것도 압니다. 그러므로 제 청을 물리치지 말아주시기를 나리께 청합니다." 빌라도는 요셉이 그렇게 바닥에 엎드려 간청하며 우는 것을 보고 그를 일으키며 말하였다. "가시오. 돌아가신 분을 내어주겠소. 이분을 모셔다 당신이 원하는 대로 하시오!"

4 요셉은 빌라도에게 감사를 표한 다음 그의 손과 옷에 입 맞추었다. 그리고 자기가 원하던 것을 얻어 마음 깊이 기뻐하며 밖으로 나왔다. 그의 눈에는 아직 눈물이 맺혀 있었다. 슬프면서 기뻤기 때문이다. 그는 니코데모에게 가서 일어난 모든 일을 말해주었다. 그리고 그들은 몰약과 침향 백 리트라, 그리고 새 무덤을[81] 샀다. 그리고 하느님의 어머니와 마리아 막달레나, 살로메, 요한과 다른 여자들과 함께 관습에 따라 그분을 흰 아마포로 감싸서 무덤에 모셨다.[82]

5 하느님의 어머니가 울면서 말하였다. "내가 어떻게 너를 애도하지 않을 수 있겠느냐, 내 아들아! 내가 어떻게 내 얼굴을 손톱으로 할퀴지 않을 수 있겠느냐? 내 아들아, 내가 사십일 된 아기인 너를 데리고 성전에 갔을 때 원로 시메온이 내게 예언했던 일이 바로 이것이냐?

80 또는 '악.'

81 마태 27,60; 요한 19,41.

82 요셉이 니코데모와 함께 그분 시신을 무덤에 모시는 장면은 요한 19,38-42을 보라. 루카 23,50-53도 참조.

지금 내 영혼을 꿰찌르는 칼이 이것이냐?[83] 누가 내 눈물을 멈추게 하겠느냐? 내 사랑하는 아들아! 정녕 너 말고는, 네가 말한 대로 사흘째 되는 날 네가 다시 살아나지 않고서는 아무도 그렇게 할 수 없다."

막달레나 마리아가 울면서 말하였다. "들으십시오, 백성들이여, 지파들이여, 언어들이여![84] 범법자 유다인들이 자기들에게 좋은 일을 수없이 많이 하신 분을 어떤 죽음에 넘겼는지 아십시오. 듣고 놀라십시오! 누가 이 일들을 온 세상에 알리겠습니까? 저는 황제를 만나러 혼자 로마에 가겠습니다. 저 범법자 유다인들에게 설득당한 빌라도가 저지른 악에 대해서도 그분께 말할 것입니다."

요셉도 애도하며 말하였다. "아, 사랑하는 예수님, 사람들 가운데 — 당신을 사람이라 불러도 된다면 —[85] 가장 특출하신 친구여, 당신은 어떤 사람도 해낸 적이 없는 기적들을 행사하셨습니다. 그런데 제가 어떻게 당신을 염하고, 제가 어떻게 당신을 무덤에 모신단 말입니까? 당신께서 빵 몇 조각으로 먹이셨던 자들이 지금 여기 있었어야 했습니다. 그랬다면 도의를 다하지 못한 것으로 여겨지지 않았을 것입니다."[86]

그런 뒤 요셉은 니코데모와 함께 자기 집으로 돌아갔다. 하느님의 어머니도 여자들과 함께 돌아갔다. 요한도 여자들과 함께 있었다.

---

83 루카 2,34-35.

84 묵시 5,9 참조.

85 요세푸스 『유다 고대사』 18.3.3: "그 무렵 예수가 살았다. 그는 지혜로운 사람이었다. 그를 사람이라 불러야 한다면 말이다. 그는 놀라운 일을 행하는 사람이자, 진리를 즐겨 받아들이는 사람들의 스승이었다."

86 마지막 문장은 해석하기 어렵다. 주님을 보내는 자리가 너무 초라해서 드는 슬픔과 애석함을 표현한 듯하다.

12. [1] 유다인들이 요셉과 니코데모가 한 일을 알고 그들에게 몹시 화가 났다. 그리고 대사제인 한나스와 카야파는 요셉을 불러 그에게 말했다. "당신은 왜 예수에게 그런 식으로 장례를 치른 것이오?" 요셉이 말하였다. "나는 예수님이 의롭고 진실한 분이며 모든 면에서 선하시다는 것을 압니다. 그리고 여러분이 질투 때문에 그분의 죽음을 획책했다는 것도 알고 있습니다. 그래서 내가 그분의 장례를 그런 식으로 치렀습니다." 대사제들은 화가 나서 요셉을 붙잡아 그를 감옥에 처넣었다. 그리고 그에게 말하였다. "우리가 내일 무교절만 지내지 않는다면, 내일 당신을 그자처럼 죽였을 테요. 하지만 이제 축일을 지내야 하니, 당신은 주일 새벽에 죽음에 넘겨질 거요." 이 말을 한 뒤, 그들은 감옥을 단단히 봉하고 걸쇠로 굳게 잠가 두었다.

[2] 준비일이 끝나고 안식일 새벽에 유다인들은 빌라도에게 가서 말하였다. "나리, 저 사기꾼이 사흘이 지나면 자기가 다시 일어나리라고 말했습니다. 그자의 제자들이 밤에 시신을 훔쳐다가 그런 거짓말로 백성을 현혹하지 않도록, 그의 무덤을 지키라고 명령을 내려 주십시오." 이에 빌라도는 그들에게 오백 명의 군사를 내주었다. 그들은 무덤 곁에 앉아 무덤을 지켰다. 그리고 무덤 입구를 막는 돌에는 봉인을 해 두었다.[87]

[3] 주일, 날이 밝자 대사제들이 유다인들과 회의를 소집하여 요셉을 죽음에 처하려고 감옥에서 꺼내오도록 사람을 보냈다. 그들이 감옥문을 열었더니 그를 찾을 수 없었다. 그들은 몹시 놀랐다. 문들이 잠겨 있고 열쇠와 봉인이 그대로인데도 요셉이 보이지 않았기 때문이다.

13. [1] 그런데 무덤을 지키던 군사들 가운데 하나가 회당에 와서 말하였다.

---

87 마태 27,62-66.

"예수님이 다시 일어나셨다는 것을 아십시오." 유다인들이 말하였다. "어떻게 말입니까?" 그가 말하였다. "먼저 지진이 일어났소. 그 다음 주님의 천사가 번개처럼 번쩍이며 하늘에서 내려오더니 무덤에서 돌을 굴리고서는 그 위에 앉았소. 그분을 보고 두려워져 우리 군사들 모두 죽은 사람처럼 되었소. 우리는 도망을 칠 수도 말을 할 수도 없었소. 그런데 천사가 무덤을 보러 거기 온 여자들에게 이렇게 말하는 것을 들었소. '너희는 두려워하지 마라. 너희가 예수님을 찾고 있다는 것을 알고 있다. 그분은 여기에 계시지 않는다. 전에 너희에게 말씀하신 대로 그분께서 일어나셨다. 몸을 굽혀 그분의 몸이 눕혀져 있던[88] 무덤 안을 들여다보아라. 그리고 가서 그분의 제자들에게 '그분께서 죽은 이들 가운데에서 되살아나셨습니다!' 하고 말하여라. 그리고 그들에게 갈릴래아로 가야 한다고 전하여라.[89] 그들이 거기서 그분을 뵙게 될 것이기 때문이다.' 이런 이유로 내가 여러분에게 제일 먼저 말하고 있소."[90]

2 유다인들이 군인들에게 말하였다. "무덤에 온 여자들이 누구였소? 여러분은 왜 그 여자들을 붙잡지 않았소?" 군인들이 말하였다. "우리는 천사의 모습만으로도 두려움에 휩싸여 말을 할 수도 움직일 수도 없었소." 유다인들이 말하였다. "이스라엘의 하느님께서 살아 계신 한, 우리는 여러분이 말하는 것을 믿지 못하겠소." 군사들이 말하였다. "예수가 놀라운 일을 그토록 많이 했는데도 여러분은 믿지 않았소. 그러니 우리를 어떻게 믿겠소? 정녕 여러분이 '하느님께서 살아 계신 한'이라고 말하는데, 여러분이 십자가에 못 박은 분께서는 정말로

88 또는 '누워 계시던.'

89 '가다' 동사의 형태가 3인칭 복수 명령형이다.

90 빈 무덤 이야기는 마태 28,1-8을 보라.

살아 계시오. 여러분이 요셉을 감옥에 가두었다고 들었소. 그러고 나서 문을 열었더니 그를 찾을 수 없었다고 하더군요. 먼저 여러분이 요셉을 내놓으시오. 그러면 우리도 예수님을 내주겠소." 유다인들이 말하였다. "요셉은 감옥에서 도망쳤으니 그의 고향 아리마태아에서 그를 찾을 수 있을 것이오." 군인들이 말하였다. "여러분도 갈릴래아로 가서 예수님을 찾으시오. 천사가 여자들에게 말한 대로 말이오."

3 유다인들은 이 말에 두려워하며 군인들에게 말하였다. "이 말을 아무에게도 말하지 않도록 조심하십시오. 그러지 않으면 모든 사람이 예수를 믿을 것이오." 그들은 입조심을 시키려고[91] 그들에게 많은 돈을 주었다. 그러나 군인들이 말하였다. "빌라도 나리께서[92] 우리가 돈을 받았다는 것을 듣게 되지 않을까 두렵소. 그러면 우리를 죽이실 것이오." 그러자 유다인들이 말하였다. "이것을 받으시오. 우리가 빌라도 나리께 여러분을 변호하겠소. 약속하오. 그저 여러분이 잠이 들었다고, 그런데 여러분이 잠든 사이에 예수의 제자들이 와서 무덤에서 그 자를 훔쳐갔다고만 말하시오." 그리하여 군사들이 돈을 받았다. 그리고 부탁받은 대로 말하였다. 그래서 오늘날까지 그런 거짓말이 유다인들 사이에 회자되고 있다.[93]

14. 1 며칠 뒤 세 사람이 갈릴래아에서 예루살렘에 왔다. 그들 가운데 하나는 피느아스라는 이름의 사제, 다른 사람은 앙가이우스라는 이름의 레위인, 다른 사람은 아다스라는 이름의 군인이었다. 그들은 수석사제들에게 와서 그들과 백성에게 말하였다. "우리가 갈릴래아에서 여러분이

91 직역: '그것을 목적으로.'

92 예수님 처형 당시 빌라도는 유다 속주의 관리관(prefectus)으로 있었다.

93 경비병을 매수한 이야기는 마태 28,11-15 참조.

십자가에 못 박으신 예수님을 보았습니다. 열한 명의 제자와 함께 올리브 산에 계셨습니다. 그분께서 그들을 가르치시며 이렇게 말씀하셨습니다. '온 세상에 가서 복음을 선포하여라. 믿고 세례를 받는 사람은 누구나 구원을 받을 것이다. 그러나 믿지 않는 사람은 누구든 단죄 받을 것이다.'[94] 그분께서 이 말씀을 하시며 하늘로 올라가셨습니다. 우리와 오백 명이 넘는 다른 많은 사람들이 모두 지켜보고 있었습니다."[95]

2 이 말을 듣고 수석사제들과 유다인들이 이 세 사람에게 말하였다. "이스라엘의 하느님께 영광을 드리시오. 그리고 여러분이 하는 거짓말에서 돌아서시오." 이들이 대답하였다. "우리 조상 아브라함과 이사악과 야곱의 하느님께서 살아 계신 한, 우리는 거짓말하지 않습니다. 우리는 여러분에게 진실을[96] 말합니다." 그러자 수석사제가 지시를 내려 성전에서 히브리인들의 옛 책을 가져오게 하였다.[97] 그리고 그 사람들에게 돈을 주어 맹세시키고는 다른 곳으로 보냈다. 그들이 예루살렘에서 그리스도의 부활을 선포하지 못하게 하려는 것이었다.

3 이런 말들이 온 백성에게 들려오자 군중이 성전에 모였다. 그리고 큰 소동이 일어났다. 많은 사람들이 '우리가 들은 대로, 예수님이 죽은 이들 가운데서 부활하셨소! 여러분은 무엇 때문에 그분을 못 박은 거요?' 하고 말했기 때문이다. 한나스와 카야파가 말하였다. "유다인들이여, 군인들이 말하는 것은 믿지 마시오. 그들이 하늘에서 천사가 내려오는 것을 보았다고 한 것도 믿지 마시오. 사실 우리가 군인들에게 아무에게도 그런 말을 하지 말라며 돈을 주었소. 그런데 예수의

---

94 부활하신 예수님께서 제자들을 파견하시는 장면은 마르 16,15-16 참조.

95 1코린 15,6 참조.

96 직역; '진실하게.'

97 성경에 대고 맹세시키려는 의도로 가져오게 한 듯하다.

제자들도 예수가 죽은 이들 가운데서 부활했다고 말하라며 그들에게 돈을 주었소."

15. [1] 니코데모가 말하였다. "오, 예루살렘인들의 자녀들이여! 엘리야 예언자는 불타는 병거를 타고 하늘로 올라갔소.[98] 예수님이 부활하셨다고 해서 못 믿을 것은 없소. 엘리야 예언자는 예수님의 예형이었소. 예수님이 부활하셨다는 말을 듣고 여러분이 불신하지 않게 하기 위해서였소. 그래서 저는 제안합니다. 군인들을 갈릴래아로, 곧 사람들이 그곳에서 제자들과 함께 계시는 그분을 보았다고 증언하는 그곳으로 보내는 게 좋겠습니다. 그들이 돌아다니다가 그분을 발견할 수 있도록 말입니다. 그러면 우리도 여러분이 그분께 저지른 악을 두고 그분께 용서를 청할 수 있을 것입니다." 이 말이 마음에 들었으므로 그들은 군인들을 골라 갈릴래아로 보냈다. 그런데 그들은 예수님은 찾지 못하였다. 대신 아리마태아에서 요셉을 찾았다.

[2] 군인들이 돌아왔고 수석사제들은 그들이 요셉을 찾았다는 사실을 알게 되었다. 그들은 백성을 소집하여 말하였다. "요셉을 우리에게 오게 하려면 어떻게 해야 하겠소?" 그들은 토론을 거친 뒤 그에게 편지를 썼다. 편지 내용은 이러했다. "요셉 어르신.[99] 어르신과 어르신의 온 집안과 어르신의 친구 분들께 평화가 있기를 빕니다. 우리가 하느님과 그분의 종이신 어르신께 잘못을 저질렀다는 것을 알고 있습니다. 그래서 어르신께 청합니다. 이곳으로, 당신 자녀들인 우리에게 와 주십시오. 어르신께서 감옥에서 도망치셨다는 소식에 우리는 몹시 놀랐습니다. 그리고 진실로 말씀드립니다. 우리가 어르신을 두고 나쁜 계

98 2열왕 2,1-18.

99 직역: '아버지, 요셉!'

획을 세웠었습니다. 그러나 우리가 어르신을 두고 불의한 계획을 세웠음을 아시고 하느님께서 어르신을 우리 손에서 구출하셨습니다. 하지만 우리에게 와주십시오. 어르신께서 우리 백성의 영광이기 때문입니다."

3 유다인들은 요셉의 친구인 군인 일곱 명과 함께 이 편지를 요셉에게 보냈다. 가서 그를 발견한 이들은 모두 지시 받은 대로 예의를 갖춰 인사한 다음 그에게 편지를 주었다. 요셉은 그것을 받아들고 읽은 뒤 하느님께 영광을 드렸다. 그리고 군인들을 포옹하고 나서 식탁을 차리게 하여 그들과 함께 그날 낮과 밤 내내 먹고 마셨다.

4 다음 날 그는 그들과 함께 예루살렘으로 갔다. 백성이 그를 맞이하러 나와서 그를 포옹하였다. 니코데모는 그를 자기 집에 맞아들였다. 다음 날, 대사제인 한나스와 카야파가 그를 성전에 소환하여 그에게 말하였다. "이스라엘의 하느님께 영광을 드리시오. 그리고 우리에게 진실을 말하시오. 우리는 당신이 예수를 묻었다는 것을 알고 있소. 그 일로 우리가 당신을 잡아서 감옥에 가두었소. 그 뒤 우리가 당신을 처형하려고 했을 때 당신을 찾을 수 없었소. 그래서 우리는 몹시 놀라고 두려워하였소. 그러나 우리는 하느님께 당신을 찾아서 신문할 수 있게 해달라고 청했소. 그러니 우리에게 사실을 말하시오."

5 요셉이 그들에게 말하였다. "준비일 저녁, 여러분이 저를 감옥에 가두었을 때, 저는 안식일 밤과 낮 내내 엎드려 기도했습니다. 그런데 한밤중에 네 천사가 감옥 건물 네 모퉁이를 들어 올리는 것을 보았습니다. 그리고 예수님께서 번개처럼 들어오셨습니다. 나는 두려워져서 땅에 엎드렸습니다. 그분께서 내 손을 잡고 일으키시며 말씀하셨습니다. '두려워 마라. 요셉아.' 그런 다음 나를 붙잡아 입을 맞추시고 말씀하셨습니다. '고개를 돌려 내가 누구인지 보아라.' 그래서 나는 돌아보고 말하였습니다. '주님, 저는 당신이 누구인지 모릅니다.' 그분께서 말씀하셨습니다. '나는 네가 전날 묻어준 예수다.' 나는 그분께 말하였

습니다. '제게 무덤을 보여주십시오. 그러면 믿겠습니다.' 그리하여 그분께서는 제 손을 잡고 무덤에 데려가셨습니다. 그런데 그것이 열려 있었습니다. 그리고 나는 아마포와 두건을 보고 그분을 알아보았습니다. 그리고 말하였습니다. '복되십니다, 주님의 이름으로 오시는 분!' 그리고 그분께 절하였습니다. 그러자 그분께서 내 손을 잡고, 천사들이 뒤따르는 가운데, 나를 아리마태아의 내 집으로 데려가셨습니다. 그리고 내게 말씀하셨습니다. '사십 일 동안 여기 앉아 있어라. 나는 내 제자들에게 간다. 그들이 나의 부활을 선포하게 독려하려는 것이다.'"

16. [1] 요셉이 이 말을 하자 수석사제들이 백성에게 소리 높여 말하였다. "우리는 예수에게 아버지도 어머니도 있었다는 것을 압니다. 우리가 어떻게 그가 그리스도라는 것을 믿겠습니까?" 레위인들 가운데 하나가 대답하며 말하였다. "나는 예수의 집안을 압니다. 고귀한 사람들이며[100] 하느님의 큰 종들로서 유다 백성에게서 십일조를 받고 있습니다. 나는 원로인 시메온도 알고 있습니다. 그는 예수가 아기일 때 그를 받아 안고 그에게 '이제야 당신 종을 떠나게 해 주셨습니다, 주님' 하고 말했습니다."[101]

[2] 유다인들은 말하였다. "그자가 올리브 산에 있는 것을 본 세 사람을 찾읍시다. 그들을 신문하여 더 정확한 진실을 알아냅시다." 사람들이 그들을 찾아 모든 이들 앞에 데려왔다. 그리고 그들에게 진실을 말할 것을 맹세시켰다. 그들이 말하였다. "이스라엘의 하느님께서 살아 계신 한, 저희는 올리브 산에서 예수님께서 살아 계신 모습도, 하늘로 올라가시는 것도 보았습니다."

100 또는, '귀족이며.'

101 시메온에 대해서는 루카 2,25-35 참조.

3 그러자 한나스와 카야파는 세 사람을 한 명씩 갈라놓고 한 사람씩 따로 신문하였다. 세 사람이 한 목소리를 내며 똑같은 말을 하였다. 그러자 수석사제들이 말하였다. "우리의 성경은 둘 또는 세 증인이 하는 모든 말은 증언으로 성립된다고 말하고 있소.[102] 그런데 요셉은 자신이 그분을 묻고 니코데모와 함께 무덤에 모셨으며 그분께서 부활하신 것이 진실이라고 고백하고 있소."

17. 1 요셉이 말하였다. "예수님께서 부활하셨다고 해서 왜 놀라십니까? 그것은 놀랍지 않습니다. 놀라운 것은 그분만 부활하신 것이 아니라는 사실입니다. 그분께서 다른 많은 죽은 이들을 일으키셨습니다. 그들이 예루살렘에서 많은 이들에게 나타났습니다. 여러분이 그들을 모르신다면, 예수님을 받아 들었던 시메온과,[103] 그분께서 일으키신 그의 두 아들들은 지금까지 아셨을 것입니다. 사실 얼마 전에 우리가 그들을 묻었는데, 이제는 그들의 무덤이 텅 빈 채 열려 있는 것을 보실 수 있습니다. 그들은 살아 있으며 아리마태아에서 지내고 있습니다." 그리하여 그들은 사람들을 보내었다. 그리고 그들은 그들의 무덤들이 텅 빈 채 열려 있는 것을 보았다. 요셉이 말하였다. "아리마태아로 가서 그들을 찾아봅시다."

2 그러자 대사제인 한나스와 카야파, 그리고 요셉, 니코데모, 가말리엘과 그들과 함께 있던 다른 사람들이 일어나 아리마태아로 갔다. 그들은 요셉이 말한 사람들을 찾았다. 그들은 기도를 하고 서로 인사를 나누었다. 그런 다음 그들과 함께 예루살렘에 돌아와서 그들을 회당에 데려갔다. 그리고 문을 굳게 닫은 다음 유다인들의 옛 책을 그들

102 신명 19,15 참조.

103 루카 2,28.

한가운데 내려놓았다. 대사제들이 그들에게 말하였다. "여러분이 이스라엘의 하느님 아도나이께 맹세하시기를 바랍니다. 그리고 여러분이 어떻게 해서 되살아났는지, 그리고 누가 여러분을 죽은 이들 가운데서 일으켜 세웠는지, 진실을 말씀해 주시기를 바랍니다."

3 다시 살아난 사람들은 이 말을 듣고 그들의 얼굴에 십자가 표시를 한 다음 대사제들에게 말하였다. "우리에게 종이와 먹과 펜을 주십시오." 그들이 그것들을 가져왔다. 그들은 자리에 앉아 이렇게 썼다.

18. 1 주 예수 그리스도여, 부활이시며 세상의 생명이시여! 저희에게 은총을 내려 주소서! 그리하여 저희가 당신의 부활과 저승에서 행하신 당신의 이적을 묘사할 수 있게 해주소서![104]

사실 우리는 영원으로부터 잠든 모든 이들과 함께 저승에 있었다.[105] 그런데 한밤중 어느 시각에 어둠 속에서 태양의 빛 같은 것이 일어나 비추었다. 그리고 우리 모두가 빛을 받고 서로를 보게 되었다. 곧이어 우리의 아버지 아브라함이 성조들 및 예언자들과 한데 모였다. 그들은 하나같이 기쁨으로 가득 차서 서로에게 말하였다. "이 빛은 위대한 빛에서 나오는 빛입니다!" 거기 있던 이사야 예언자가 말하였다. "이 빛은 아버지와 아들과 성령에게서 나오는 빛입니다. 나는 살아 있을 때 이를 두고 예언하였습니다. '즈불룬 땅아, 납탈리 땅아, 어둠 속에 앉아 있는 백성아, 큰 빛을 보아라!'"[106]

2 다음으로 광야에서 온 다른 금욕가가 한가운데로 나왔다. 그러

104 시메온 예언자의 두 아들들이 예수님의 저승 방문을 증언하는 형식이다. 십자가에서 처형당하신 예수님께서 저승에 오시어 죽은 모든 이들을 되살려내셨다는 것이다.

105 사도들의 편지 27도 그리스도의 저승 방문을 언급한다.

106 이사 9,1-2 참조.

자 성조들이 그에게 말하였다. "너는 누구냐?" 그가 말하였다. "저는 요한입니다. 예언자들 가운데 마지막이며, 하느님의 아들의 길을 곧게 만든 자입니다. 그리고 백성에게 죄의 용서를 위한 회개를 선포했습니다.[107] 하느님의 아드님이 제게 오셨습니다. 나는 멀리서 그분을 보고 백성에게 말하였습니다. '보라 하느님의 어린양, 세상의 죄를 없애시는 분이시다!'[108] 그리고 나는 요르단 강에서 내 손으로 그분께 세례를 주었습니다. 그리고 성령이 비둘기처럼 그분께 내려오시는 것을 보았습니다. 그리고 하느님 아버지의 목소리가 이렇게 말씀하시는 것도 들었습니다. '이는 내 사랑하는 아들, 내 마음에 드는 아들이다!'[109] 그래서 그분께서 나를 여러분에게 보내셨습니다. 하느님의 외아들이 어떻게 이곳에 오시는지 선포하라는 것이었습니다. 그분을 믿는 사람은 누구나 구원을 받을 것이나, 그분을 믿지 않는 사람은 누구든 단죄 받을 것이기 때문입니다.[110] 그래서 나는 여러분 모두에게 말합니다. 여러분이 그분을 보면, 여러분 모두 절하십시오. 지금만이 여러분께 회개의 시간이 될 수 있기 때문입니다. 지상의 헛된 세상에서는 여러분들이 우상들에게 절하며 죄를 지었기 때문입니다. 다른 시간에는 이것이 불가능할 것입니다."[111]

19. [1] 요한이 저승에서 가르치는 동안 첫 피조물이자 첫 조상인 아담이 이를 듣고 그의 아들 셋에게 말하였다. "내 아들아! 네가 인류의 선조들

107 마태 3,3; 마르 1,3-4; 루카 3,3-4 참조.

108 요한 1,29 참조.

109 마태 3,16-17 참조.

110 요한 3,15-18.

111 지금이 아니면 회개하여 예수님께 경배하는 것이 불가능하다는 의미다.

과 예언자들에게, 내가 넘어져 죽게 되었을 때 너를 어디에 보냈는지 말해주기 바란다." 셋이 답하였다. "예언자들과 성조들이여, 들어라. 첫 피조물이신 내 아버지 아담이 죽음 직전에 이르렀을 때 나를 낙원 문 가까이, 하느님께 보내어 그분께 간청하게 하셨다. 천사를 통해 나를 자비의 나무로 인도해 달라는 것이었다. 내가 기름을 좀 가져와서 내 아버지께 바르면 그분이 병에서 일어날 수 있을 터였기 때문이다. 그래서 나는 아버지 말씀대로 하였다. 기도가 끝나자 주님의 천사가 내게 와서 말씀하셨다. '셋아, 무엇을 원하느냐? 병든 사람들을 일으킬 기름을 원하느냐? 혹은 네 아버지 병을 낫게 할, 기름을 흘리는 나무를 원하느냐? 지금은 그것을 찾을 수 없다. 그러니 가서 네 아버지에게 말씀드려라. 세상의 창조로부터 오천오백 년이 채워지면, 그때 하느님의 외아드님이 사람이 되시어 세상에 내려오실 것이다. 그리고 그분께서 이런 기름으로 네 아버지를 도유할 것이다. 그러면 그가 되살아날 것이다. 그리고 물과 성령으로 그와 그에게서 난 사람들을 씻을 것이다. 그때 그는 모든 질병에서 나을 것이다. 그러나 지금은 그것이 불가능한 일이다.'"

이 말을 듣고 성조들과 예언자들은 몹시 기뻐하였다.

20. [1] 그들 모두 그토록 큰 기쁨에 차 있을 때, 어둠의 상속자 사탄이 와서 저승에게[112] 말하였다. "모든 것을 집어삼키고, 만족할 줄 모르는 자여![113] 내 말을 들어라. 유다인들 가운데 예수라는 사람이 있다. 그는 자신을 하느님의 아들이라 부른다. 하지만 이자는 사람이다. 유다

112 여기서는 저승 하데스가 인격화되어 있다.

113 하바 2,5: "저승처럼 목구멍을 넓게 벌린 그자는 죽음과 같아 만족할 줄 모르고 모든 민족들을 끌어들이며 모든 백성들을 모아들인다."

인들은 우리와 협동하여 그자를 십자가에 못 박았다.[114] 이제 그자가 죽었으니 우리가 그자를 여기에 가두어둘 수 있도록 준비하고 있어라. 나는 그자가 사람임을 알고 있다. 그자가 '내 영혼이 괴로워 죽을 지경이구나'[115] 하고 말하는 것도 들었다. 그자가 지상 세계에서 필멸하는 자들과 함께 지내는 동안 내게 나쁜 일도 많이 하였다. 그자가 내 종들을 발견하면 그들을 쫓아내었다. 그리고 내가 불구, 눈먼 이, 절름발이, 나환자 등등으로 만든 사람들을 그자가 말 한마디로 낫게 하였다. 그리고 내가 많은 사람을 묻을 준비를 했을 때 그자가 말 한마디로 그들을 다시 살렸다."[116]

2 저승이 말하였다. "그가 말 한마디로 그런 일들을 다 할 정도로 능력이 있습니까? 그가 그 정도라면 당신이 그에게 맞설 수 있습니까? 그가 그 정도라면 내 생각에는 아무도 그에게 대적할 수 없을 것 같습니다. 그런데 그가 죽음을 두려워하는 것을 들었다고 당신이 말한다면, 그가 그렇게 말한 것은 강한 손으로 당신을 잡기를 원하면서 당신을 조롱하고 비웃으려는 의도였을 것입니다. 당신은 영원무궁토록 불행합니다." 사탄이 말하였다. "모든 것을 집어삼키고 만족할 줄 모르는 저승아! 네가 우리 공통의 적에 대해 듣고 두려움에 빠졌구나! 나는 그를 두려워하지 않았다. 나는 유다인들을 부추겼고 그들이 그자를 십자가에 못 박았다.[117] 그리고 그들은 그에게 쓸개즙과 식초를 마시게 했다. 그러니 그가 오면 단단히 붙잡을 수 있도록 준비하여라!"

3 저승이 답하였다. "어둠의 상속자, 멸망의 아들, 악마여! 방금

114 요한 13,2.

115 마태 26,38; 마르 14,34 참조.

116 사도 10,38.

117 요한 13,2.

당신이 나에게 말했습니다. 당신이 많은 사람을 묻을 준비를 했을 때 그가 말 한마디로 그들을 다시 살렸다고! 그가 다른 사람들도 무덤에서 해방시켰다면, 우리가 어떻게 무슨 힘으로 그를 붙잡겠습니까?[118] 나는 얼마 전에 라자로라는 이름의 죽은 자를 삼켰습니다. 그런데 얼마 뒤에 산 이들 가운데 누군가가 한마디 말로 그자를 내 창자에서 강제로 빼갔습니다.[119] 그가 당신이 말하는 그자인 것 같습니다. 우리가 그를 이곳에 받아들인다면, 혹시 다른 자들에 대해서도 우리가 위험해지는 것은 아닐지 두렵습니다. 보십시오! 영원으로부터 내가 삼켜온 모든 이들이 동요하고 있는 것이 감지됩니다. 그리고 내 배에 고통이 느껴집니다. 먼젓번에 라자로가 내게서 탈취된 일이 좋은 징조로 보이지 않습니다. 그가 죽은 사람 같지 않게 내게서 독수리처럼 날아갔기 때문입니다. 마찬가지로 땅도 그자를 재빨리 밖으로 내보냈습니다. 그러므로 나는 당신께 요청합니다. 당신과 나 모두를 위해서입니다. 그를 이곳에 데려오지 마십시오. 그가 죽은 모든 이를 되살리려고 여기 오는 것 같습니다. 우리가 가진 어둠을 위해, 당신께 이것도 말하렵니다. 당신이 그를 여기 데려온다면 죽은 자들 가운데 누구도 내게 남겨지지 않을 것입니다."

21. [1] 사탄과 저승이 서로 이런 말을 주고받고 있을 때 천둥처럼 큰 소리가 나며 이렇게 말하였다. "너희 우두머리들아, 문들을 열어라![120] 그리고 열려라, 영원의 문들아! 영광의 임금께서 들어오실 것이다!"[121] 저승이

---

118 직역: '그가 어떻게 무슨 힘으로 우리에게 잡히겠습니까?'

119 요한 11,1-44 참조.

120 직역: '문들을 들어 올려라', '문들아 들어 올려져라.' 저승 문을 아래위로 올리고 내려 열고 닫는 이미지다.

121 시편 24,7 참조.

소리를 듣고 사탄에게 말하였다. "나가시오. 그리고 가능하다면 그분께 맞서시오!" 그래서 사탄이 밖으로 나갔다. 그러자 저승이 그의 마귀들에게 말하였다. "청동 문들과 쇠 빗장들을 튼튼하게 걸어 잠가라![122] 그리고 나의 가로장들을 단단히 붙잡아라. 똑바로 서서 모든 것을 잘 감시하여라. 그분께서 이리로 들어오시면 재앙이 우리를 덮칠 것이다."

2 이 말을 들은 선조들은 모두 그를 비웃기 시작하였다. 그리고 말하였다. "모든 것을 집어삼키며 만족할 줄 모르는 자여! 영광의 임금님께서 들어오시도록 문을 열어라!" 예언자 다윗이 말하였다. "눈먼 자여, 내가 세상에 살고 있었을 때 같은 소리로 '너희 우두머리들아, 문들을 열어라' 하고 예언한 사실을 모르느냐?" 이사야가 말하였다. "나는 성령으로 인해 이것을 미리 보고 기록했었다. '죽은 이들이 되살아날 것입니다. 무덤 속에 있는 이들이 일으켜질 것입니다. 그리고 땅 속에 있는 이들이 환호할 것입니다.'[123] 또한 '죽음아, 너의 독침은 어디 있느냐? 저승아, 너의 승리는 어디 있느냐?'"[124]

3 다시 목소리가 나와서 말하였다. "열려라, 문들아!" 저승이 두 번째로 그 소리를 들었을 때, 마치 모르고 있었던 것처럼 대답하며 말하였다. "이 영광의 임금님은 누구십니까?" 주님의 천사들이 말하였다. "그분은 강하시고 능하신 주님, 전쟁에 능하신 주님이시다."[125] 이 말씀과 동시에 곧바로 청동 문들이 부서지고 쇠 빗장들이 부러졌다. 그리고 묶여 있던 죽은 모든 이들이 사슬에서 풀려났다. 그들과 함께 우리

122 이사 45,1-2; 시편 107,16 참조.

123 이사 26,19 참조.

124 1코린 15,55; 참조: 이사 25,8; 호세 13,14.

125 시편 24,8.

도[126] 풀려났다. 그리고 영광의 임금님께서 사람처럼 들어오셨다. 그리고 저승의 모든 어둠이 밝혀졌다.[127]

22. [1] 그 즉시 저승이 소리쳤다. "우리가 졌습니다. 우리에게 저주 있으라! 그런데 이런 권위와 힘을 가지신 당신은 누구십니까? 죄 없이 이곳에 오신 당신은 어떤 분이십니까? 작은 이로 보이나 큰 힘을 가지신 분이시여![128] 낮추어지셨으나 현양되신 분이시며, 종이시나 주인이신 분! 용사이자 임금이시여! 죽은 이들과 산 이들 위에 군림하시는 분! 십자가에 못 박히셨으며 무덤에 묻히신 분! 그리고 이제 자유롭게 되시어 우리의 모든 능력을 쳐부수신 분이시여! 당신이 혹시 예수님이십니까? 최고수장 사탄이 우리에게 '십자가와 죽음을 통해 온 세상을 상속받으실 분'이라고 말했던 그분이십니까?"[129]

[2] 그러자 영광의 임금님께서 최고수장 사탄의 머리를 붙잡아 그 자를 천사들에게 넘겨주시며 말씀하셨다. "그자의 손과 발과 목과, 입을 쇠로 단단히 묶어라." 그리고 그자를 저승에게 넘겨주시며 말씀하

---

126 시메온의 아들들.

127 주님께서 저승을 방문하시자 죽은 모든 이들이 사슬에서 풀려나고 저승의 어둠은 물러간다. 죽음이 한 사람을 통하여 왔으므로 부활도 한 사람 곧 예수 그리스도를 통하여 왔다고 하는 1코린 15,21을 보라. 한 사람의 범죄로 죽음이 지배하게 되었지만 의로운 이들은 예수 그리스도를 통하여 생명을 누리게 되리라는 로마 5,17도 참조하라.

128 또는, '위대한 일을 하실 수 있는 분이시여!'

129 예수님께서 마침내 죽음과 저승과 사탄을 이기셨음을 표현한다. '마지막으로 파멸되어야 하는 원수는 죽음'이며 하느님께서 모든 것을 그분 발아래 굴복시키셨다고 하는 1코린 15,26-27을 보라. 죽음은 더 이상 그분 위에 군림하지 못한다는 로마 6,9도 참조하라.

셨다. "이자를 받아서 내가 다시 올 때까지 단단히 붙잡아 두어라."[130]

23. [1] 저승이 사탄을 붙잡고서 그에게 말하였다. "베엘제불이여, 불과 고문의 상속자, 성도들의 원수여! 무슨 까닭으로[131] 영광의 임금님을 십자가에 못 박히시게 해서 그분이 이곳에 오시어 우리를 벌거벗기시도록 만들었습니까? 주위를 둘러보십시오. 내 안에 죽은 자가 한 명도 남아 있지 않습니다. 당신이 지식의 나무를[132] 통해 벌어들인 모든 것을 십자가 나무를 통해 모두 잃어버렸습니다.[133] 당신의 모든 기쁨은 슬픔으로 바뀌었습니다. 영광의 임금님을 죽이고 싶어 하다가 당신 자신을 죽게 만들었군요. 내가 당신을 받아들인 것은 당신을 단단히 붙잡아두려고 그랬습니다. 당신이 시험을 통해 내가 당신에게 하려는 모든 악을 배우게 하려는 것이었습니다. 오, 최고 악마여! 죽음의 시작이며, 죄의 뿌리, 모든 악의 목적지여! 예수님한테서 무슨 악을 발견했다고 그분의 멸망을 획책했습니까? 어떻게 감히 그런 악을 저지를 수 있었습니까? 어떻게 그런 사람을 이 어둠 속으로 데리고 올 생각을 했습니까? 결국 그분을 통해 당신은 태곳적부터 죽은 모든 이들을 빼앗겼습니다."

24. [1] 이런 식으로 저승이 사탄과 이야기를 나누는 동안 영광의 임금님께

130 유다 6절 참조. 에녹 1서와 희년서에 사탄과 그 무리들이 어둠의 심연에 갇혀 있는 것으로 그려진다.

131 또는, '어떤 필요성 때문에.'

132 선과 악을 아는 나무.

133 1코린 15,22 참조: "아담 안에서 모든 사람이 죽는 것과 같이 그리스도 안에서 모든 사람이 살아날 것입니다.

서 당신 오른손을 뻗어 첫 조상 아담을 붙잡아 일으키셨다.[134] 그리고 몸을 돌리시어 다른 나머지 사람들에게 말씀하셨다. "자, 이 사람이 손댄 나무를 통해 죽은 모든 이들아, 나와 함께 가자. 보라, 내가 십자가 나무를 통해 너희 모두를 다시 일으킨다."[135] 그러고는 그분께서 모든 이를 밖으로 내보내셨다. 그리고 첫 조상 아담이 기쁨에 가득 찬 채 모습을 드러내었다. 그가 말하였다. "당신의 위대하심에 감사를 드립니다, 주님! 당신께서 저 아래쪽 저승에서부터 저를 꺼내주셨기 때문입니다."[136] 모든 예언자들과 성도들도 마찬가지로 말하였다. "그리스도, 세상의 구원자시여! 당신께 감사드립니다. 당신께서 저희의 목숨을 파멸에서 구해주셨기 때문입니다."[137]

[2] 그들이 이런 말을 하고 있을 때 구원자께서 이마에 십자가 표식을 하시며 아담을 축복하셨다. 그리고 모든 성조들과 예언자들과 순교자들과 선조들에게도 똑같이 하신 다음 그분께서는 이들을 데리고 저승 밖으로 뛰어오르셨다. 그분께서 나아가시는 동안 모든 거룩한 조상들이 그분을 뒤따르며 이렇게 찬가를 불렀다. "주님의 이름으로 오시는 분은 복되도다![138] 알렐루야! 성도들의 영광이 그분께 있습니다!"

25. [1] 그분께서는 첫 조상 아담의 손을 잡고 낙원을 향해 가시다가 그를 대천사 미카엘에게, 모든 의로운 이들과 함께 넘기셨다. 그들이 낙원의 문으로 들어가고 있을 때 두 노인이 그들을 맞이하였다. 거룩한 조상

134 또는 '되살리셨다.'

135 다시 일으킨다는 것은 다시 살린다는 뜻이다.

136 시편 86,13 참조.

137 시편 16,10 참조.

138 또는, '주님의 이름으로 오시는 분은 찬미 받으소서!' 시편 118,26 참조.

들이 그들에게 물었다. "여러분은 누구십니까? 죽음을 본 적이 없고 저승에 내려온 적이 없으며 몸과 영혼으로 낙원에서 지내고 있는 여러분은?" 그들 가운데 한 명이 대답하며 말하였다. "나는 에녹입니다. 하느님의 마음에 들어서 그분에 의해 이곳에 옮겨진 자입니다.[139] 그리고 이 사람은 티스베 사람 엘리야입니다.[140] 우리는 시대의 완결 때까지 살 것입니다. 하지만 그때에는 하느님에 의해 우리가 그리스도의 적에게 맞서도록 그리고 그자에게 죽임을 당하도록 파견될 것입니다. 그리고 사흘 뒤에는 우리가 다시 살아나서 주님을 뵈러 구름 속에 들어 올려질 것입니다."[141]

26. [1] 그들이 이 말을 하고 있을 때 다른 남루한 사람이, 어깨에 십자가를 지고 왔다. 거룩한 조상들이 그에게 말하였다. "강도의 모습을 한 너는 누구냐? 그리고 네가 어깨에 지고 있는 십자가는 무엇이냐?" 그가 답했다. "저는 여러분이 말한 대로 세상에서 강도이자 도둑이었습니다. 그래서 유다인들이 저를 붙잡아서, 우리 주 예수 그리스도와 함께 십자가 죽음에 넘겼습니다. 그분께서 십자가에 달려 있는 동안 제가 표징을 보고 그분을 알아보게 되었습니다. 그리고 그분께 청하며 말했습니다. '주님, 당신께서 임금으로 다스리실 때 저를 잊지 말아주십시오.' 그러자 즉시 그분께서 제게 말씀하셨습니다. '진실로 진실로 오늘 내

139 창세 5,24: "에녹은 하느님과 함께 살다가 사라졌다. 하느님께서 그를 데려가신 것이다."

140 2열왕 2,11: "그들(엘리야와 엘리사)이 이야기를 하면서 계속 걸어가는데, 갑자기 불 병거와 불 말이 나타나서 그 두 사람을 갈라놓았다. 그러자 엘리야가 회오리바람에 실려 하늘로 올라갔다." 구약성경에서 에녹과 엘리야는 죽음을 겪지 않은 채 하늘로 올라간 사람으로 그려진다.

141 묵시 11,3-14; 1테살 4,17 참조.

가 너에게 말한다. 너는 나와 함께 낙원에 있게 될 것이다.' 그래서 제가 제 십자가를 지고 낙원에 들어오게 되었습니다. 그리고 대천사 미카엘을 만나 그분께 말하였습니다. '십자가에 달리신 저희 주 예수님께서 저를 이곳에 보내셨습니다. 이제 저를 에덴의 문으로 인도해 주십시오.' 그러자 불타는 검이 십자가 표시를 보고 저에게 문을 열어주었습니다. 그리고 제가 들어왔습니다. 그리고 대천사께서 저에게 말씀하셨습니다. '잠시 여기 머물러 있어라. 인류의 첫 조상 아담이 의로운 이들과 함께 오고 있기 때문이다. 그들도 안으로 들어올 것이다.' 그리고 방금 제가 여러분을 보고 여러분을 만나러 왔습니다."[142]

성도들은 이 말을 듣고 모두 큰 소리로 "우리 주님은 위대하십니다. 그분의 힘도 엄청납니다!" 하고 외쳤다.

27. [1] 우리 두 형제가 이 모든 것을 보고 들었다. 또한 우리는 미카엘 대천사에게서 파견되었으며 주님의 부활을 선포하라는 명을 받았다. 그러나 대천사가 우리더러 먼저 요르단 강에 가서 세례를 받으라고 하셨다. 그래서 우리는 그곳에 가서, 죽은 이들 가운데서 부활한 다른 이들과 함께[143] 세례를 받았다. 그런 다음 예루살렘에 가서 부활의 파스카를 완성하였다. 이제 우리는 더 이상 여기서 지체할 수 없기에 떠나려 한다. 하느님 아버지의 사랑과 우리 주 예수 그리스도의 은총과 성령의 친교가 여러분 모두와 함께 하기를![144]

그들은 이것들을 기록한 뒤 책들을 봉인하여 책들의 절반은 수

---

142 예수님의 오른 편에 매달렸다는 강도가 저승을 거치지 않고 바로 낙원으로 직행한 점이 눈에 띈다.

143 또는, '다시 부활한 다른 죽은 이들과 함께' 곧 '죽음에서 부활한 다른 이들과 함께.'

144 2코린 13,13 참조.

석사제들에게, 절반은 요셉과 니코데모에게 주었다. 그러고는 곧바로 그들이 눈에 띄지 않게 되었다. 우리 주 예수 그리스도의 영광을 위하여, 아멘!

4. 부활하신 주님과 제자의 대화

부활하신 주님과 제자 혹은 제자들의 대화 형식으로 된 작품들이다. 이 부류에 속하는 작품은 부활하신 주님께서 제자들에게 따로 계시하셨다는 가르침을 제시한다. 그 중 상당수가 영지주의 색채를 띠지만 그렇지 않은 것도 있다. 프리어 로기온*Freer Logion*이나 사도들의 편지가 후자에 해당한다.

프리어 로기온

The Freer Logion

≫ 프리어 로기온에 대해서는 Jeremias, "The Freer Logion", 248-249; Collins, *Mark: A Commentary*을 보라. 프리어 로기온의 사본 정보, 연구 현황 등에 대해서는 Miceli, "Freer Logion" 참조하라.

1. 기원

마르코 복음의 주요 수사본들(א B 304 등)에서는 16장이 8절에서 끝나지만 그밖에 거의 모든 수사본에는 9-20절이 있다. 이 마르 16,9-20을 보통 '긴 결어' 또는 '긴 끝맺음'이라고 부른다. 그런데 W 사본(Codex Washingtonianus 또는 Codex Freerianus)에는 특이하게 14절과 15절 사이에 부활하신 주님과 제자들이 나눈 대화가 삽입되어 있다. 이 삽입 구절을 해당 사본의 구입자명을 따서 프리어 로기온이라 부른다. 이것은 마르코 복음에 덧붙은 독자적인 결어라기보다는 '긴 결어'가 더욱 확장된 형태라고 볼 수 있다. 이 본문이 오직 Codex W에만 존재한다는 사실은 이 로기온이 특정 지역의 전승에 속했을 것임을 암시한다.[1]

마르코 복음의 긴 결어에 따르면, 부활하신 주님께서 마리아 막달레나에게 처음 나타나시고 그 다음 다른 모습으로 두 제자에게 나타나신 뒤 이어서 열한 제자에게 나타나신다. 이때 마르 16,14에서는 예수님께서 제자들의 불신을 꾸짖으신 뒤 곧바로 15절에 선교 사명을 내리시는데 병행구인 루카 24,41-53에서는 조금 더 자세한 사연이 전해진다. 주님께서 제자들 앞에서 음식을 드신 뒤에 성경을 깨닫게 해 주시고 성령을 약속하신 것

1 히에로니무스는 이것과 같은 본문을 몇몇 사본들, 특히 그리스어 사본에서 본 적이 있다고 전한다: Metzger, *New Testament Studies: Philological, Versional, and Patristic*, 202-203.

이다. Codex W는 주님과 제자들의 대화를 삽입하여 두 복음서가 보이는 틈을 메우려한 것 같다. 그 대화가 프리어 로기온이다. 여기서 제자들은 자기들의 불신을 사탄의 탓으로 돌리면서 당장 그리스도의 의로움을 보여 달라고 청한다. 주님께서는 사탄의 권한이 끝에 이르렀지만 아직 끔찍한 일들이 더 일어나야 한다고 말씀하신다. 그리고 당신이 죽음에 처한 이유도 설명하신다. 죄인들이 회개하여 의로움의 영광, 곧 구원을 상속받도록 만들기 위해서라는 것이다.

프리어 로기온이 만들어진 시기는 2세기 중엽에서 말엽으로 추정된다. 재림παρουσία에 대한 기대와 종말의 지연을 암시하는 표현들이 2세기 배경을 드러낸다. 유다교 묵시론의 용어를 사용한 것도 비교적 이른 전승에서 비롯한 것임을 나타낸다.[2]

2. 사본 정보

Codex W는 4-5세기에 만들어졌으리라 추정되는 필사본으로, 프리어C.L. Freer가 1906년 이집트에서 구입하였다. 이 사본에는 정경 복음서가 마태오·요한·루카·마르코의 순서로 실려 있다. 이 사본은 서로 다른 여러 본문을 대본으로 사용한 것처럼 보인다. 부분별로 그 성격이 다르게 나타나기 때문이다. 마태오 복음과 요한 1,1—5,12; 루카 8,13—24,53은 비잔틴 유형이지만 요한과 루카 복음의 나머지 부분은 알렉산드리아 사본 유형이며, 마르 1,1—5,30은 서방 유형이고 그 나머지는 카이사리아 유형이라고 한다.

2 Jeremias, "The Freer Logion", 248; Clark, "Unbelief, Lawlessness, and Satan: Viewing the Freer Logion as a Scribal Response to Open-Ended Eschatological Themes in Mark", 17-18 참조.

지금 이 사본은 워싱턴의 프리어 전시관에 소장되어 있다.[3]

언어	그리스어
재질	양피지 재록
사본 추정 연대	4-5세기
발견 장소	이집트
소장처	워싱턴 프리어 전시관Freer Gallery of Art

3. 신학

프리어 로기온에 나오는 예수님 말씀은 기존의 종말론 구도와 조금 다른 양상을 띤다. "사탄이 권한을 쥐고 있는 해들이 끝에 이르렀다. 그러나 다른 끔찍한 일들이 다가오고 있다"라는 구절이 이를 드러낸다. 사탄의 지배 아래 있는 '이 세대'와 사탄의 권한이 무너지고 진리가 받아들여질 '다가올 세대' 사이에 다른 시기가 더 있다. '끔찍한 일들'로 표현되는 시기다.

이 말씀은 "당신의 의로움을 지금 드러내 보여 주십시오"라는 제자들의 청원에 대한 답이었다. 공정한 심판관으로서의 활동을 가리키는 '의로움'δικαιοσύνη이라는 단어가 여기서는 특히 사탄의 결정적 처벌과 연관된다.[4] 제자들이 요청한 것이 그리스도의 재림παρουσία 때 이루어질 사탄의

3 코덱스 W에 대해서는 Collins, *Mark: A Commentary*, 805; Clark, "Unbelief, Lawlessness, and Satan: Viewing the Freer Logion as a Scribal Response to Open-Ended Eschatological Themes in Mark", 4-6을 참조하라.

4 1에녹 10.6도 타락한 천사들의 우두머리가 위대한 심판의 날에 타오르는 불길 속에 넘겨질 것이라 한다.

심판이었던 셈이다. 이에다 '지금'ἤδη이라는 단어를 덧붙여 재림을 서둘러 달라는 의미를 강조한다. 빨리 재림하시어 사탄을 심판해 달라는 것이다.[5] 그런데 이러한 제자들의 요청에는 기존의 전통적 시대 구분, 곧 '지금 이 시대'와 '다가올 시대'라는 양분된 시대 개념이 전제되어 있다. 시대 구분에 근거하여 지금 여기서 다가올 시대가 이루어지기를 희망할 수 있었던 것이다. 비슷한 기대감이 사도 1,6과[6] 2세기 초 『바르나바의 편지』 15.5-8에서도[7] 엿보인다. 프리어 로기온의 임박한 종말에 대한 기대가 완전히 새로운 것은 아니었다는 뜻이다.

그런데 예수님께서는 사탄이 지배하는 시대는 벌써 끝났음을 선포하신다. 그렇다고 다가올 시대가 이미 현재 속으로 뚫고 들어와 충만한 구원이 이루어졌다는 뜻은 아니다. 아직 메시아의 때는 오지 않았으며 "다른 끔찍한 일들이 다가오고 있다"고 하신다.[8] '끔찍한 일들'이라 옮긴 δεῖνα는 신약성경에는 특별한 의미로 쓰이지 않았지만 사도 교부들에 의해 '벌'과 관련하여 '공포스런' 또는 '끔찍한'이라는 뜻으로 쓰인다(Bauer, 2000).[9] 프리어 로

---

5 Collins, *Mark: A Commentary*, 809; Moloney, *The Gospel of Mark: A Commentary*, 360.

6 "주님, 지금이 주님께서 이스라엘에 다시 나라를 일으키실 때입니까?"

7 이를테면, "그분의 아들이 와서 무법자의 시간을 폐지하고 불경한 자들을 심판하며 해와 달과 별들을 바꿀 일곱째 날에 그분께서는 참으로 쉬실 것이다"(『바르나바의 편지』 15.5). 이어서 바르나바는 하느님께서 안식일(일곱째 날)에 여덟째 날의 시작 곧 다른 세상의 시작을 만드시리라고 한다(15.8).

8 이 표현은 종말의 지연을 드러내는 말이기도 하다. 그때는 아직 오지 않았으며 아직은 재림을 기다려야 한다는 것이다.

9 『클레멘스의 첫째 편지』 6.2; 『클레멘스의 둘째 편지』 17.7; 『폴리카르푸스 순교록』 2.4; 『헤르마스의 목자』 6.3.3. 칠십인역에서는 이 단어가 개인의 깊은 고뇌나 극심한 고통(2사무 1,9; 욥 2,13; 지혜 18,17; 19,16; 집회 38,16; 4마카 8,9.15; 15,25)을 묘사하는 데 쓰였다. 특히 지혜 5,2에서는 불경한 자가 다가올 심판 앞에서 느끼는

기온의 '끔찍한 일들'은 메시아의 재림과 심판에 앞서서 일어나는 공포스러운 사건들을 가리킨다. '다른 끔찍한 일들'이 마지막 심판의 서곡인 셈이다. 이처럼 메시아 시대에 앞서 환난과 진통이 발생한다는 생각은 구약 외경과 라삐들의 문헌에서도 발견된다.[10] 이에 따르면 무서운 박해와 재앙이 메시아 시대의 도래에 앞서 일어날 것이다. 프리어 로기온은, 이 시대는 사탄의 지배 아래 있으며, '다른 끔찍한 일들'이 일어난 다음 메시아의 시대가 도래할 것이라 선포하고 있는 듯하다(세 시대 구분).

이 점에서 프리어 로기온은 사도 3,19-21과[11] 닮았다. 프리어 로기온이 메시아의 때가 아직 오지 않았음을 전제하듯이[12] 사도 3,19-21도 마찬가지다. 둘 다 마지막 시기를 메시아의 때로 묘사한다. 메시아 시대가 도래할 조건으로 회개를 내세우는 것도 닮았다. 메시아의 날이 오기 위해서는 이스라엘의 회개가 우선해야 한다는 것이다.

두려움을 '끔찍한 공포'(φόβῳ δεινῷ)라 표현하였다: "악인들은 의인을 보고 극심한 공포로 떨며 그 뜻밖의 구원에 깜짝 놀랄 것이다."

10 메시아 시대의 도래에 진통이 선행된다는 관념은 이미 구약성경에 암시되어 있다. 구약에서는 종종 하느님의 종말론적 심판이 해산의 고통으로 표현된다: 이사 13,8; 26,17; 미카 4,9; 호세 13,13 등. 구약 외경(2바룩 26-29장; 4에즈라 7,28) 및 라삐 문학(*m. Sota* 9,15)에서도 같은 개념이 발견된다. 신약성경도 예외가 아니다: 마르 13장; 마태 24장을 보라. 2티모 3,1에서는 마지막 때에 힘든 시기가 닥칠 것이라고 한다.

11 "그러므로 회개하고 하느님께 돌아와 여러분의 죄가 지워지게 하십시오. 그러면 다시 생기를 찾을 때가 주님에게서 올 것이며, 주님께서는 여러분을 위하여 정하신 메시아 곧 예수님을 보내 주실 것입니다. 물론 이 예수님께서는 하느님께서 예로부터 당신의 거룩한 예언자들의 입을 통하여 말씀하신 대로, 만물이 복원될 때까지 하늘에 계셔야 합니다."

12 주님의 재림을 청하면서 아직 메시아의 시대가 오지 않았음을 암시한 프리어 로기온은, 과도기적 종말 사상을 반영한다. 종말의 지연을 목격하면서도 아직 실현된 종말론으로는 발전되지 않은 것이다.

프리어 로기온은 사도 3,19-21에 나타난 초대 교회의 종말론적 기대와 희망을 증언하고 있다. 적어도 프리어 로기온이 초대 교회의 생각을 반영한 것은 사실이다. 팔레스티나 지역의 용어 사용, 메시아 시대의 도래 조건으로 회개를 내세운 점, '그리스도'라는 용어를 호칭으로 사용한 점, 특이한 시대 구분 등으로부터 프리어 로기온의 자료가 초대 교회에서 나왔을 것임을 짐작할 수 있다.[13]

4. 프리어 로기온

본문은 Nestle-Aland, *Novum Testamentum Graece*, 148; Beretta, *Nuovo Testamento : Greco·Latino·Italiano, Testo greco di Nestle-Aland*, 461에 제시된 W 이문을 대본으로 하여 그리스어에서 직접 옮겼다. Codex W, folio 184 recto, 9-24줄.

ꙮ ꙮ

마르 16,14

마침내, 열한 제자가 식탁에 앉아 있을 때에 예수님께서 나타나셨다. 그리고 그들의 불신과 완고한 마음을 꾸짖으셨다. 되살아난 당신을 본 이들의 말을 그들이 믿지 않았기 때문이다.

---

13 Lane, *The Gospel according to Mark: the English Text with Introduction, Exposition and Notes*, 611.

프리어 로기온

그들은 변명하며 말하였다.[14] "불법과 불신의 이 세대는 사탄의 지배 아래 있습니다. 그자는 하느님의 진리와 힘이 영들의 더러운 일들을 누르지 못하게 만듭니다.[15] 그러니 당신의 의로움을 지금 드러내 보여 주십시오."[16] 그들이 그리스도께 이렇게 말하자 그리스도께서 그들에게 대답하셨다. "사탄이 권한을[17] 쥐고 있는 해들이[18] 끝에 이르렀다. 그러나 다른 끔찍한 일들이 다가오고 있다. 내가 죽음에 넘겨진 것은 죄인들을 위해서다. 그들이 진리로 되돌아와 더 이상 죄짓지 않게, 그

---

14 대화의 시작 부분(그들은 변명하여 말하였다. "… 지금 드러내 보여 주십시오.")은 히에로니무스 『펠라기우스파 논박』 2.15에도 들어 있다. Metzger, *New Testament Studies: Philological, Versional, and Patristic*, 202-203.

15 프리어 로기온은 이 세대의 불법과 불신을 사탄의 지배 때문으로 해석한다. 사탄이 하느님의 적대자로 그려진 점을 주목하라: Miceli, "Codex W: Theological Understanding of the Freer Logion", 121.

16 '의로움'(δικαιοσύνη)이란 공정한 재판관으로서의 활동을 의미하는데, 여기서는 특히 사탄을 결정적으로 처벌하는 것을 암시한다(Collins, *Mark: A Commentary*, 809). 전통적으로 사탄과 그 추종 세력의 심판은 주님의 재림 때 이루어질 것으로 여겨졌다. 그러므로 주님의 의로움을 드러내 보여 달라는 것은, 재림을 통해 하느님의 의로운 심판을 보여 달라는 요청으로 이해된다(사도 17,31; 묵시 19,11 참조). 임박한 재림의 청원이라는 것이다. 재림을 그리스도의 의로움을 드러내는 표지로 묘사하는 구절은 하느님의 의로움의 계시를 말하는 구약성경(판관 5,11; 이사 5,16)의 용례를 연상시킨다(마태 6,33; 요한 16,8; 1티모 3,16 참조). 의로움과 메시아를 연관 짓는 주제는 Schrenk, "The Messiah as the Righteous", 186을 보라.

17 '사탄의 권한'이라는 표현은 사도 26,17-18에서도 발견된다. "… 이제 내가 너를 그들에게 보낸다. 그들의 눈을 뜨게 하여, 그들이 어둠에서 빛으로, 사탄의 권세에서 하느님께로 돌아와 죄를 용서받고 나에 대한 믿음으로 거룩하게 된 이들과 함께 상속 재산을 받게 하려는 것이다."

18 직역: '사탄의 권한의 해들.'

리고 하늘에 있는 멸하지 않는 영적 의로움의[19] 영광을 상속받게[20] 만들기 위해서다."

마르 16,15

"너희는 온 세상에 가서 모든 피조물에게 복음을 선포하여라."[21]

19 여기서 '의로움'이란 단어는 바오로 사도의 '의로움' 개념을 연상시키기도 한다. 곧 '의로움으로 이루어진 영광'이라는 의미로 이해할 수 있다. 이때 '의로움'은 '구원'과 비슷한 개념이다: Lane, *The Gospel according to Mark: the English Text with Introduction, Exposition and Notes*, 608.

20 1베드 1,4.

21 코덱스 W는 이 지점에서 15절 도입부의 καὶ εἶπεν αὐτοῖς(예수님께서는 이어서 그들에게 이르셨다)를 생략하고 ἀλλὰ πορευθέντες부터 시작하여 15절의 말씀을 이어간다. 『성경』 마르 16,15과 비교하라.

사도들의 편지

Epistula Apostolorum

≫ 사도들의 편지에 대해서는 Müller, "Epistula Apostolorum", 249-251; Bockmuehl, *Ancient Apocryphal Gospels*, 215-220을 보라. 사본, 비평본, 현대어 번역본 정보와 연구 현황에 대해서는 Campbell, "The Epistle of the Apostles" 참조하라.

1. 기원

사도들의 편지*Epistula Apostolorum*는 부활하신 주님께서 여인들과 열한 명의 제자들에게 발현하시어 승천하시기 전까지 제자들과 나누신 대화다. 이 작품에 관해서 전해지는 바가 없다가 19세기 말 카이로에서 콥트어 역본이 발견되면서 세상에 알려지게 되었다. 그 뒤에 에티오피아어 역본도 발견되었다. 사도들이 전 세계 교회 신자들에게 보내는 편지 형식이고, 편지Epistula라는 제목도 붙었지만 본문은 내러티브 형태의 복음서다. 도입부에 예수님의 유년기 일화와 카나의 혼인 잔치 이야기가 전해지고 중심 본문에는 부활하신 주님께서 마리아와 제자들에게 발현하신 사건이 서술되어 있다. 주님께서 당신의 탄생에 얽힌 이야기와 종말과 심판에 관한 예언 말씀을 전하신 다음 승천하시는 내용이다. 제목은 에티오피아 역본 첫머리에 "사도단의 편지"라 되어 있는 사실에서 추론한 것이다.

원래는 그리스어로 쓰였지만, 그리스어 원문은 소실되었고 콥트어와 에티오피아어 본문만 전해진다. 에티오피아어 역본은 작품 전체를 담고 있지만 콥트어 역본은 앞부분과 뒷부분이 빠져 있다. 그러나 콥트어 역본이 에티오피아어 역본보다 더 오래되었고 그리스어에서 바로 번역되었으며 원문에도 더 충실한 것 같다. 4세기 말에서 5세기 초에 만들어진 파피루스 단편에 담긴 콥트어 역본은 1895년에 발견된 뒤 1919년에 출판되었다.[1] 이 파피루스 단편은 현재 카이로의 프랑스 고고학 연구소Institut de la Mission

1 1912년(editio minor)과 1919년(editio maior) 두 차례 출판되었다.

Archéologique Française에 소장되어 있다. 작품 전문全文을 담은 에티오피아어 역본은 콥트어 본문과 다소 거리가 있다.

이 작품이 만들어진 배경은 2세기 이집트 교회 공동체로 추정된다. 이 작품이 펼치는 논증의 성격과 질의응답 구도, 그리고 여기 거명된 반대자들이 1-2세기의 시몬과 케린투스임을[2] 감안하면 이 복음서는 2세기 중반에서 말 사이에 만들어진 것으로 추정된다. 부활하신 주님과 제자들의 대화집이 그 무렵 유행하던 문학 양식이기도 했다.

이 작품이 저술된 장소는, 전승 내용과 형태로 보아 이집트 북부, 특히 당대 영적 유산과 학문의 중심지인 알렉산드리아였을 것으로 추정된다. 특히 정경과 외경에 크게 구애받지 않고 성경을 폭넓고 자유롭게 다룬다는 점에서 그러하다.[3] 가령 5장의 공생활 기간 동안 행하신 치유와 기적 이야기들은 요한 복음과 공관 복음서의 기적사화를 합친 것이다. 9-11장 부활하신 주님의 발현 이야기는 네 정경 복음서의 확장판이라 볼 수 있다. 15장

---

2 시몬은 사도 시대에 사마리아에서 활동한 마술사로서 "'위대한 힘'이라고 하는 하느님의 힘"으로 알려진 사람이다(사도 8,9-24). 베드로는 시몬이 돈을 목적으로 영적인 능력을 얻으려 한다고 비판하였다. 순교자 유스티누스는 시몬이 사마리아에서 태어났으며 클라우디우스 황제(41-54년) 때 로마로 건너왔다고 한다. 히폴리투스도 시몬이 로마에서 베드로 사도와 경쟁하다가 마술 시범이 실패하면서 몰락의 길을 걷게 되었다고 전한다. 2-3세기 교부들은 시몬을 영지주의의 창시자로 보았으나 시몬과 영지주의의 관계는 아직 불분명하다: Cross, *The Oxford Dictionary of the Christian Church*, 1503. 케린투스는 그리스도교 영지주의자로 100년경에 최고 융성기를 맞았으며 2세기 말까지 강한 영향을 미쳤다. 다른 영지주의자들처럼 케린투스도 최상신을 창조주와 구분하였다. 데미우르고스나 다른 천사들이 무형의 물질에서 세상을 만들었다는 것이다. 케린투스는 평범한 인간인 예수에게 세례 때 '그리스도'께서 내려왔다가 십자가 처형 전에 예수를 떠났다고 가르쳤다(이레네우스『이단 논박』1.26): Klijn/Reinik, *Patristic Evidence for Jewish-Christian Sects*, 3-19를 참조하라.

3 보충설명, '초대 그리스도교 중심지', 이집트 교회 편을 참조하라.

에 나오는 베드로에 대한 예언은,[4] 사도 12,1-19을 기본 골격으로 삼고 여기에 다른 전승을 덧붙인 것이다. 31-33장 바오로가 부활하신 주님을 뵙고 이방인의 사도가 된다는 예언도 사도행전과 바오로 서간에 나오는 내용을 합한 것이다. 4장의 소년 예수가 학교 스승과 나눈 대화는 토마 유년기 복음에 나온다. 13-14장의 주님의 탄생 대목은 정경에 없는 이야기다. 예수님이 천사의 모습을 하고 천계를 지나 이 세상에 오셨다는 표현은 정경과 거리가 멀다. 마리아에게 잉태를 예고한 가브리엘이 예수님 자신이었다는 말씀은 정경과 대치되기도 한다. 이처럼 정경과 외경을 자유자재로 사용한 현상이 이집트에서는 흔한 일이었다. 그곳에서는 367년 아타나시우스의 부활 축일 서간을 통해 정경이 확정되기 전까지 정경과 외경을 자유롭게 사용한 것으로 여겨진다.

'구원자께서 여덟째 날인 주님의 날에 다시 일어나셨다'는 표현도 이집트 배경을 암시한다. 사실 숫자 '팔'Ogdoad 개념은 영지주의, 특히 발렌티누스파에서 중요한 역할을 했으며 우주론적 사변을 위한 단골 모티프로 사용되었다. 특히 헬라계 유다인 출신의 그리스도인들이 '여덟째 날'을 강조했던 것 같다.[5] 17장과 39장의 로고스 그리스도론 역시 이집트 배경을 암시한다.[6] 이 모든 특징을 감안할 때, 사도들의 편지는 이집트 헬라계 유다인 공동체에서 생겨났으리라 추정된다.[7]

---

4 베드로가 감옥에 갇혔다가 천사의 도움으로 풀려난 뒤 다른 제자들과 성찬과 애찬을 나누고 복음을 선포하다가 다시 감옥에 잡혀 들어가리라고 한다.

5 Bruns, "Epistula Apostolorum", 202-203을 참조하라.

6 Tobin, "Logos", 348-356. 로고스 그리스도론의 뿌리를 멀리는 스토아 사상과 중기 플라톤 사상, 가깝게는 알렉산드리아의 필론으로 대변되는 헬라계 유다교에서 찾을 수 있다. 필론의 로고스 사상은 셍크, 『필론 입문』, 136-148을 참조하라.

7 Ehrhardt, "Judaeo-Christians in Egypt, the Epistula Apostolorum, and the Gospel to the Hebrews", 360-382. 애찬과 성찬의 이행 대목에서(15) 엿보이는 '열넷째 날' 부활절 관습(Quartodecimanism)은 이 작품이 소아시아에서 만들어졌을

이 작품은 영지주의 개념들도 눈에 띄지만 대체로 부활의 현실성, 특히 육신의 부활을 강조한다는 점에서 반영지주의적, 반가현주의적 작품이라 할 수 있다. 그러나 이 작품이 이집트의 혼합주의적 환경에 뿌리를 둔 사실을 부인하기는 어렵다. 13-14장의 주님 탄생 비화의 근거를 정경에서는 찾을 수 없다. 천계 여행 주제는 콥트어 바오로 묵시록 등 영지주의 문학에서 자주 발견된다. 그리고 천상적 지혜에 관한 단상에서 저자가 이집트에서 발원한 헤르메스주의에 친숙했음을 엿볼 수 있다. 우리엘 대천사는 정경에는 언급된 적이 없고 외경 문학에만 등장한다(1에녹 9.1; 20.1-7; 4에즈라 4.1-2; 10.28; 요한의 비전 17). 따라서 사도들의 편지는 전체적으로 정통 대교회의 입장을 견지하면서도 헬레니즘과 영지주의의 혼합주의를 배경으로 태어났음을 짐작할 수 있다.

정경과의 관계를 볼 때, 사도들의 편지는 마르코 복음보다는 요한 복음과[8] 마태오 복음을 더 자주 사용한다.[9] 사도행전과 바오로 서간을 포함한 다른 서간들과 구약성경도 인용한다.

가능성을 암시한다: Bruns, "Epistula Apostolorum", 202-203. 그러나 저자가 알렉산드리아의 그리스도인이었다면 소아시아의 영향을 받기 쉬웠을 것이다. 알렉산드리아는 소아시아와 근동의 학문과 사상이 이집트로 들어오는 관문이었기 때문이다. 이집트 교회에서는 별로 중요한 인물이 아닌 바오로를 이방인의 사도로 특별 대우하는 것도 소아시아의 영향으로 보인다.

8 Watson, "A Gospel of the Eleven: The Epistula Apostolorum and the Johannine Tradition", 189-215; Hill, "'The Orthodox Gospel': The Reception of John in the Great Church Prior to Irenaeus", 233-300 참조.

9 한나(Hannah)는 사도들의 편지 저자가 이레네우스(180년경)보다 먼저 '네 복음서' 정경을 받아들였다고 하면서 그 저술 연대를 140년경으로 잡는다. 또한 저자가 요한 복음을 매우 잘 알고 있으며 마태오와 루카도 자유롭게 사용하고 마르코 복음도 알고 있었던 점에 주목한다. Hannah, "The Four-Gospel 'Canon' in the Epistula Apostolorum", 598-633.

2. 구조와 내용

이 작품은 열한 사도가 사방에 흩어져 사는 그리스도인들에게 보내는 편지 형식으로, 부활하신 주님께서 제자들에게 알려 주신 계시를 독자에게 전달한다는 설정이다. 편지 본문에서는 담화와 질의응답 구도가 사용되었다.

이 글은 편지의 도입부로 시작한다(1-8). 먼저 사도들이 전 세계 교회에 보내는 편지임을 밝히고 구원자가 하느님이자 하느님의 아들임을(3)[10] 제시한다. 이어서 시몬과 케린투스의 가르침을 따르는 사람들을 반대하면서 그들에 맞서 십자가 사건 및 부활의 현실성을 강조한다(7). 이어지는 중심 본문(9-50)에서 구원자의 탄생과 부활에 관한 설명 및 재림과 마지막 심판에 대한 예고가 나온다. 주님의 계명을 지킨 생명의 자녀들이 받을 안식과 영원한 생명, 계명을 지키지 않고 그릇된 가르침을 퍼뜨리는 자들이 받을 징벌에 대해서도 나온다. 제자들의 사명과 형제의 잘못을 지적해야 할 의무에 대한 가르침도 나온다. 마지막 결어에서 부활하신 주님께서는 대화를 마치시고 하늘로 올라가신다(51).

I. 편지의 도입(1-8)
 1. 편지의 취지(1-2)
 2. 복음서 요약(3-5)
  하느님과 하느님의 아들에 대한 신앙 고백, 그리스도의 육화 선포(3)

10 3장은 에티오피아어 역본에만 전해진다. 뮐러(Müller)의 영어 번역문에 따르면 이렇다. "우리는 이것을 압니다. 우리 주님이자 구원자인 예수 그리스도는 하느님이자 하느님의 아들이며, 하느님께서 보내신 분, 온 세상의 통치자이자 온갖 이름으로 불리는 모든 것을 만들고 창조하신 분입니다."

소년 예수님(4)

주 예수 그리스도의 공생활(5)

3. 편지의 취지(6-8)

편지의 취지(6)

시몬과 케린투스 반박(7)

편지의 취지(8)

II. 본문(9-50)

1. 부활하신 주님의 발현(9-11)

부활하신 주님께서 여자들에게 발현하시다(9-10)

열한 제자들에게 나타나시다(11)

2. 주님의 계시(12-50)

도입(12)

주님의 탄생(13-14)

베드로에 관한 예언(15)

재림 예고(16-19)

부활에 관한 설명(20-25)

마지막 심판 예고(26-39)

마지막 때 생명의 자녀가 누릴 안식과 죄인이 받을 징벌(26-29)

복음 선포 명령(30)

바오로 사도에 관한 말씀(31-33)

마지막 날에 관한 예언(34-39)

제자들의 사명과 역할, 몇 가지 권고 말씀(40-50)

복음 선포 명령, 제자들의 사명과 역할(40-42)

열 처녀의 비유(43-45)

잘못된 형제를 꾸짖으라는 권고 말씀(46-49)

다른 가르침을 전파하는 사람들과 그 추종자들에 대

한 경고(50)

III. 결어: 주님의 승천(51)

3. 신학

이른바 '부활 후 대화'는 영지주의자들 사이에서 사랑받던 문학 양식이다. 이 장르에 속하는 작품들이 나그 함마디 사본에서 종종 발견된다.[11] 영지주의자들은 부활하신 주님이 공생활 당시에 선포하신 공적 가르침과는 다른 새로운 비밀 가르침을 자신들에게만 전수하셨다면서 그 가르침 내용을 '부활 후 대화' 형식으로 기록하였다.

그러나 사도들의 편지는 2세기 이단 논박가들의 주적이었던 두 영지주의자, 시몬 마구스와 케린투스의 관점을 반박하는 점에서 영지주의라고 보기 어렵다. 시몬은 '외양만의' 수난을 주장했다(이레네우스 『이단 논박』 1,23-24). 케린투스는 예수님이 동정녀에게서 태어난 신이 아니라 다른 사람들과 똑같은 사람으로서 요셉과 마리아의 정상적인 부부 관계에서 태어났고, 다만 예수가 정의·신중·지혜에서 다른 사람들보다 뛰어났을 뿐이라고 주장하였다. 그리고 세례 때에 천상의 그리스도가 비둘기의 형상으로 인간 예수에게로 내려왔다가 십자가 처형에 앞서 예수를 떠났으므로, 십자가의 고통을 겪은 이는 그리스도가 아니라 예수라고 하였다. 그리스도는 영적 존재로서 고통을 받으실 수 없다는 것이다(이레네우스 『이단 논박』 1,26). 사도들의 편지는 이러한 가현설에 맞서 그리스도의 몸의 육적 본성, 그리스도의 육화와 죽음(9; 11; 19; 39), 그리스도의 부활 및 미래 재림의 현실성(10; 16; 21), 그리고 그

11 예수 그리스도의 지혜, 구세주와의 대화 등이 그렇다.

리스도의 추종자들에게 일어날 부활 등을 강변한다(21; 24).[12] 예를 들면 이런 식이다. 주님께서 말씀하신다. "너희는 왜 아직도 의심하느냐? 너희는 믿음이 없구나. 내 육신과 내 죽음과 내 부활에 관해 너희에게 말해 준 이가 바로 내가 아니더냐? 내가 바로 그라는 것을 너희가 알 수 있도록, 베드로야 네 손가락들을 내 손의 못 자국에 넣어 보아라. 그리고 너 토마야, 네 손가락들을 내 옆구리에 난 창에 찔린 자국에 넣어 보아라. 그리고 안드레아야, 내 발들을 보고 그것들이 땅에 닿지 않는지 확인해 보아라. 사실 예언서에 악마의 유령은 발이 땅에 닿지 않는다고 기록되어 있다"(사도들의 편지 11).

사도들의 편지는 계시 형태로 된 반영지주의·반가현주의 작품이라 말할 수 있다. 정통 신앙을 고수하는 저자가 영지주의자들이 선호한 문학 양식을 채택한 것은 적대자들과 같은 무기를 써서 부활하신 주님께서 영지주의 신화를 선포하신 것이 아니라 육화의 현실성이라는 정통 가르침을 선포하셨음을 보여 주기 위해서였을 것이다.[13] 이런 의미에서 사도들의 편지는 신생 '가톨릭' 교회의 입장을 계시의 형태로 제시한 논박서라 볼 수 있다. 부활하신 주님께서 말씀하신다. "그러나 [계]명을 어긴 이들과, 기록된 것들 [이외의] 다른 가르침을 가르치고 그들 자[신의 말을] 덧붙이며, 나를 올바르게 [믿는 이들]의 말과 다른 말로 가르치는 이들은, 그들이 이런 식으로 스스로를 파[멸시킨다면] 영원한 징벌을 [받을 것이다]"(29).

사도들의 편지의 그리스도론은 요한 복음의 로고스 그리스도론과 가깝다. 예수님을 육화한 로고스로 소개하는 요한 복음처럼[14] 사도들의 편지도 아들을 로고스로 제시한다. 아들이 "나는 온전히 내 아버지 안에 있고

---

12 20-25장 전체가 육신의 부활에 관한 설명이라고 볼 수 있다.

13 Vielhauer, *Geschichte der urchristlichen Literatur: Einleitung in das Neue Testament, die Apokryphen und die Apostolischen Vater*, 687.

14 요한 10,38; 14,10-20; 17,21-23.

내 아버지는 내 안에 계신다"고 말씀하시는 육화한 로고스(ⲗⲟⲅⲟⲥ 17), 하늘에서 내려온 로고스(39)라는 것이다.[15] 선재 그리스도론을 표방한다는 점도 요한 복음과 가깝다. 구원자가 하늘 나라에서 하느님의 지혜ⲥⲟⲫⲓⲁ와 능력ⲇⲩⲛⲁⲙⲓⲥ을 갖추고 있었다는 표현이 이를 드러낸다(13).[16]

4. 사도들의 편지

번역 대본은 콥트어 역본을 택하여 우리말로 옮겼다. 콥트어 본문은 Schmidt, *Gespräche Jesu mit seinen Jüngern nach der Auferstehung*의 부록 뒤편에 실려 있다. 콥트어는 아크밈 방언이 사용되었다. 에티오피아어 역본으로만 전하는 1-6 그리고 31-38앞, 49-51장은 Duensing, *Epistula Apostolorum*을 참조하여 줄거리만 소개한다. 본문은 Müller, "Epistula Apostolorum", 252-264을 따라 모두 51장으로 구분하였다. 장을 구분하는 범주가 명확하지 않다. 주제나 내용에 따라 구분한 것도 아니고, 본문의 형식에 따라 구분한 것도 아니다. 그러나 인용의 편리성과 다른 현대 외국어 번역본과의 통일을 위해 Müller의 구분을 따른다. 본문에서 [ ]에 든 내용은 훼손된 필사본을 문맥에 맞게 복원한 경우고, ( )에 있는 내용은 우리

15 로고스 개념은 2세기 '정통' 교회 작가인 순교자 유스티누스, 안티오키아의 테오필루스, 이레네우스뿐 아니라 영지주의 계열의 진리의 복음과 삼부작 논고에서도 중요한 역할을 하였다: Tobin, "Logos", 348-356.

16 "내가 모든 것의 아버지에게서 나오던 무렵 나는 천계를 통과하여 나왔다. 나는 아버지의 지혜를 입었고 그분 능력의 힘을 입었다. 나는 하늘에 있었다"(사도들의 편지 13). 사도들의 편지와 요한 복음의 관계에 대해서는 Watson, "A Gospel of the Eleven: The Epistula Apostolorum and the Johannine Tradition", 189-215 참조.

말 표현을 위해 임의로 덧붙인 경우다. 훼손된 본문을 복구하기 어려운 경우는 […]로 표시하였다.

ꕥ ꕥ

1-6. 에티오피아어 본문[17]

7. 케린투스와 시몬은 세상에서 […] 왔습니다. 그들은 우리 주 예수 그리스도의 [적]들입니다.[18] 왜냐하면 그들이 말[씀]과 행적 곧 예수 그리스도에게서 멀[리] 있기 때문입니다. 여러분은 그들을 멀리 하십시오.

---

17 1-2장: 예수 그리스도께서 당신의 제자들에게 계시하신 것을 그리스도인들에게 전달한다는 편지의 취지를 밝힌다. 이는 사람들이 거짓 사도인 시몬과 케린투스의 거짓 가르침에 현혹되는 것을 막기 위해서다. 3장: 하느님의 아들이자 임금들의 임금이신 예수 그리스도가 동정녀 마리아를 통하여 육이 되셨음을 선포한다. 4장: 소년 예수님이 학교에 가서 스승과 나눈 짤막한 대화다. 5장: 정경 복음서에 나오는 여러 가지 치유와 기적을 전하면서 예수님의 공생활을 요약한다. 이를테면, 카나 혼인잔치의 기적을 비롯하여 하혈하는 여인과 중풍 병자 등의 치유와 물 위를 걸으신 기적과 빵의 기적 등을 언급한다. 6장: 주님이신 그리스도께서 제자들에게 계시하신 내용을 신자들에게 전한다는 1-2장의 취지를 1인칭 시점에서 반복 서술한다.

18 '그리스도의 적'이라는 표현은 1요한 4,3; 2요한 7절을 참조하라. 1요한 4,1-3은 하느님께 속한 영과 그리스도의 적의 영을 구분하면서, "예수 그리스도께서 사람의 몸으로 오셨다고 고백하는 영은 모두 하느님께 속한 영"인 반면, "예수님을 믿는다고 고백하지 않는 영은 모두 하느님께 속하지 않는 영"이며, "'그리스도의 적'의 영"이라고 말한다. 2요한 7절은 더 직접적으로 "예수 그리스도께서 사람의 몸으로 오셨다고 고백하지 않는 자들"을 '그리스도의 적'이라 규정한다. 케린투스는 인간 예수님과 그리스도를 철저히 구분하면서, 그리스도가 사람의 몸으로 왔다는 것과 십자가 죽음을 부인한다. 예수님은 인간에 지나지 않으며 세례 때 그리스도가 예수님에게 내려왔다가 십자가 처형 전에 떠났다는 것이다(이레네우스 『이단 논박』 2.16).

그들 안에는 죽음과 파멸의 커다란 오점이 있기 때문입니다. 그들에게는 심판[과] 종말과 영원한 방황(오류)이 닥칠 것입니다.

8. 우리는 여러분에게 우리의 구원자이신 그리스도의 증언, 곧 우리가 그분을 눈으로 뵙던 동안에 그분께서 하신 일들뿐 아니라 생각과 행적을 통해 보여 주신 것들에 관해 지체 없이 기록해 두었습니다.

9. 지금 [우리가] 증언하는 그분은 주님, 곧 본시오 빌라도[와] 아르켈라오스에 의해 두 도둑 사이에서[19] 십자가에 못 박히시[고] '[해]골 터'라[20] 불리는 곳에 묻히신 분이십니다.[21]

[세] 여인, 곧 마리아, 마르타의 딸, 그리고 마리아 [막]달레나가 그곳에 갔습니다. 그 여인네들은 앞서 일어[난 일]을 애도하고 울면서 그분 몸[에] 발라드리려고 향료를 가져간 것입니다.[22] 그런데 그들이 그[곳]에 다가가 안을 들여다보았을 때[23] 시신을 찾을 수 없었습니다.[24]

10. 그래서 [그들이] 슬퍼하며 울고 있을 때, 주님께서 그들에게 나타나셔서 말씀하셨습니다. "너희는 누구 때문에 울고 있느냐?[25] 울음을 그쳐라. 내가 바로 너희가 찾고 있는 사람이다. 너희 가운데 한 명을 형제들에게 보내어 '보십시오, 스승님께서 죽[은] 이들 가운데서 일어나셨

---

19 마태 27,38; 마르 15,27; 요한 19,18.

20 마태 27,33; 마르 15,22; 요한 19,17; 루카 23,33.

21 9장 후반부부터 10장은 마태 28,1-10; 마르 16,1-11; 루카 24,1-12; 요한 20,11-18에 나오는 발현 이야기를 그 기본 골격으로 한다.

22 루카 24,1; 마르 16,1.

23 요한 20,11-12; 베드로 복음 8.55.

24 루카 24,3.

25 요한 20,15.

습니다!' 하고 전하여라."[26]

그래서 마르타가 와서 우리에게 이 사실을 전해주었습니다. 우리는 그녀에게 말하였습니다. "우리에게 무얼 원하시오, 여인이여! 돌아[가신] 그분께서는 벌써 묻[히]셨소. 그분께서 살아 계신다는 게 가능한 일이오?" 우리는 구원자께서 죽은 이들 가운데서 일어나셨다는 그녀의 말을 [믿]지 않았습니다.[27] [그]러자 그녀는 돌아가서 주님께 말하였습니다. "그들 가운데 아무도 당신께서 살아나셨다는 제 말을 믿지 않았습니다." 그분께서 말씀하셨습니다. "너희 가운데 다른 사람을 그들에게 보내어 그들에게 다시 알려주어라." 마리아가 와서 우리에게 다시 그 사실을 말하였습니다. 그러나 우리는 그녀의 말을 믿지 않았습니다. 그녀는 주님께로 되돌아가 그분께 이 사실을 말하였습니다.

11. 그러자 주님께서 마리아와 그녀의 자매들에게 말씀하셨습니다. "우리가 그들에게 가자."

그리하여 그분께서 (우리에게) 오시어 우리가 (집) 안에 있는 것을 보셨습니다. 그분께서 우리를 부르셨지만 우리는 그분을 유령이라고 생각하였습니다.[28] 우리는 그분이 주님이라는 것을 믿지 않았습니다. 그러자 [그분께서] 우리에게 [말씀하셨습니다.] "자, 두려워 마라. 나는 [주님이다.] 베드로야, 너는 (전에도) 세 번 [부인]하더니 지금도 [부]인하느냐?" 그래서 우리는 설마 그분일까 마음속[으]로 의심하면서 그분께 다가갔습니다. 그러자 그분께서 우리에게 말씀하셨습니다. "너희는 왜 아직도 의심하느냐? 너희는 믿음이 없구나. 내 육신과 내 죽음과 내 부활에 관해 너희에게 말해 준 이가 바로 내가 아니더냐? 내

26 마태 28,7; 요한 20,17.

27 마르 16,11; 루카 24,11.

28 루카 24,36-38; 알렉산드리아의 클레멘스 『잡록』 6.1.9.71.

가 바로 그라는 것을 너희가 알 수 있도록, 베드로야 네 손가락들을 내 손의 못 자국에 넣어 보아라. 그리고 너 토마야, 네 손가락들을 내 옆구리에 난 창에 찔린 자국에 넣어 보아라. 그리고 안드레아야, 내 발들을 보고 그것들이 땅에 닿지 않는지 확인해 보아라. 사실 예언서에 악마의 유령은 발이 땅에 닿지 않는다고 기록되어 있다."[29]

12. 그래서 우리는 그분께서 육신으로 [일어나셨다는] 것이 사실인지 알아보려고 그분께 손을 대 보았습니다.[30] 그리고 바닥에 엎드려 [불]신자가 된 우리 죄를 고백하였습니다.

그러자 주님이신 우리 구원자께서 말씀하셨습니다. "일어나라. 내가 너희에게 하늘 위에 있는 것들과 하늘 안에 있는 것들, 그리고 하늘 나라에 있는 너희의 안식처에[31] 대해 알려주겠다. 내 아버[지]께서 나에게 나를 믿는 사람들과 너희를 위로 데려갈 권한을 주셨기 때문이다."

13. 그분께서 계시하신 것들은 다음과 같은 말씀입니다.

"내가 모든 것의 아버지에게서 나오던 무렵 나는 천계를 통과하여 나왔다. 나는 아버지의 지혜를 입었고 그분 능력의 힘을 입었다. 나는 하늘에 있었다.[32] 대천사들과 천사들과 닮은 모습을 하고, 마치 내가 권세들과 권력들[33] 사이에서 그들과 하나인 것처럼 그들을 통과해

---

29 요한 20,19-29; 루카 24,36-49; 마르 16,14을 보라.

30 직역: '그분을 만졌다.'

31 '안식'에 관해서는 히브 4,3.9-11; 2클레 5.5; 토마 복음 51; 60; 90을 참조하라.

32 선재 그리스도론을 암시한다.

33 권세(ⲁⲣⲭⲏ)와 권력(ⲉⲝⲟⲩⲥⲓⲁ)은 지상의 지배자나 권력자(티토 3,1)를 가리키기도 하지만 '천사 또는 악마적 세력'을 가리키기도 한다. 로마 8,38; 1코린 15,24; 에페 1,21; 6,12; 콜로 1,16; 2,10.15을 참조하라.

나왔다. 나는 나를 보내신 분의 지혜가 있었기에 그들을 통과할 수 있었다. 천사들의 우두머리 미카엘과 가브리엘, 우리엘과 라파엘이 다섯째 하늘까지 나를 따라왔다. 그들이 마음속으로 내가 그들 가운데 하나라고 생각하였기 때문이다. 그러나 아버지께서 나에게 큰 힘을 주셨다. 그날 나는 경이로운 소리로 대천사들을 치장하여, 그들이 아버지의 제단으로 나아가 예배드릴 수 있게 해 주었다. 그들은 내가 그분께 돌아올 때까지 예배를 거행할 수 있을 터였다. 이런 식으로 나는 닮음의 지혜를 통해 이 모든 일을 행하였다. 나는 모든 존재 안에서 모든 것이 되었다.[34] 이는 나를 보내신 영광의 아버지의 구원 계획을 완수하고 그분께 돌아갈 수 있기 위해서였다.

14. 너희는 가브리엘 천사가 마리아에게 복음을 전하였다는 것을 알고 있다."

우리는 "예, 주님!" [하고] 대답하였습니다. 그러자 그분께서 우리에게 말씀하셨습니다. "조금 전에 너희에게, 내가 천사들 사이에서 천사가 되었으며, 모든 존재 안에서 모든 것이 되었다고 말한 것을 기억하지 못하느냐?" 우리는 그분께 "기억합니다, 주님!" 하고 대답하였습니다. 그러자 그분께서 우리에게 말씀하셨습니다. "바로 그날 내가 가브리엘 천사의 모습을 하고 마리아에게 나타나 그녀와 이야기하였다. 그녀의 마음이 나를 받아들이고 믿었다. 나는 스스로를 빚어 그녀의 태 안으로 들어가 육이 되었다. 나는 나 자신의 종이 되어 천사의 모습으로 마리아에게 나타났던 것이다. 나는 아버지에게 돌아간 다음에도 이와 똑같이 할 것이다.[35]

---

34 콜로 3,11(그리스도만이 모든 것이며 모든 것 안에 계십니다); 참조: 1코린 15,28(하느님께서는 모든 것 안에서 모든 것이 되실 것입니다); 9,22(나는 어떻게 해서든지 몇 사람이라도 구원하려고, 모든 이에게 모든 것이 되었습니다).

35 14장은 루카 1,26-38 참조.

15. 너희는 내 죽음을 기억하여라.[36] 파스카 축제가 되면 너희 가운데 한 명이 내 이름 때문에 감옥에 들어갈 것이다.[37] 그는 슬픔과 염려에 빠질 것이다. 그가 감옥에 갇혀 너희 곁에 없는 동안 너희가 파스카 축제를 거행할 터이기 때문이다.[38] 그는 너희와 함께 파스카를 지내지 못해서 슬퍼할 것이다. 그러나 내가 나의 힘을 가브리엘 천사의 모[습]으로 보낼 터이니 감옥 문이 열릴 것이다. 그는 감옥 밖으로 나와 너희에게 와서 너희와 함께 밤을 새고 닭이 울 때까지 너희와 함께 머무를 것이다. 그러나 너희가 나를 기념하여 행하는 것과[39] 아가페를[40] 마칠 때쯤에는 그가 다시 증인으로서 감옥에 들어가 갇힐 것이다. 그런 다음 감옥에서 나와 내가 너희에게 전해준 것을 선포할 것이다."

우리는 그분께 "주님, 저희가 다시 잔을 들어 마셔야 합니까?" 하고 말하였습니다. 그분께서 우리에게 말씀하셨습니다. "그렇다. 내가 나를 위해 목숨을 바친 사람들과 함께 다시 오는 날까지 너희는 그렇게 해야 한다."

---

36 1코린 11,26.

37 사도 12,3-5.

38 파스카가 시작되는 금요일에 부활절을 지낸 관습을 연상시킨다. 초대 교회 교부들은 부활절 기념 시기를 두고 일치를 보지 못했다. 처음에는 부활절을 막연히 유다교 니산 달 중엽의 어느 한 날로 여겼다. 그러다가 2세기 중엽 소아시아에서는 관습적으로 니산 달 열넷째 날 금요일에 단식을 끝내고 이날을 부활절로 기념하게 되었다. 소아시아의 이 관습이 라틴 교회에는 '열넷째 날'(Quartodecimanism) 관습으로 알려졌다. 사르디스의 멜리토가 이 관습을 지켰다. 소아시아를 제외한 다른 로마 속주에서는 부활절을 주님께서 부활하신 일요일과 연결 짓는 추세였으며 단식도 일요일까지 이어졌다. 로마 교회는 적어도 교황 식스투스 1세(115-125년) 때부터 부활절을 일요일에 거행했다고 한다(에우세비우스 『교회사』 5.24).

39 곧 성찬례.

40 애찬. 유다 12절 참조.

16. 우리는 그분께 말하였습니다. "주님, 당신께서 앞서 우리에게 계시하신 것들은 대단합니다. 그렇다면 당신께서는 어떤 능력을 지니고, 아니면 어떤 형상을 띠고 오십니까?" 그분께서 우리에게 대답하셨습니다. "진실로 너희에게 말한다. 나는 빛나는 태양처럼 올 것이다. 그것보다 일곱 배나 더 밝게 빛나면서 올 것이다. 나는 영화로이 구름의 날개를 타고,[41] 십자가의 표징을 앞세운 채 땅으로 내려와 살아 있는 이들과 죽은 이들을 심판할 것이다."[42]

17. 우리는 그분께 말하였습니다. "주님, 몇 년 뒤에 이 일들이 일어나겠습니까?" 그분께서 말씀하셨습니다. "백스무 번째 해가 끝난 뒤 오순절과 무교절 사이에 아버지의 재림이 있을 것이다."

우리는 그분께 말하였습니다. "그런데 당신께서 '내가 곧 오겠다!'고 저희에게 말씀하신 것은 무슨 뜻입니까? 어떻게 '곧 오실 분은 나를 보내신 분이시다'라고 하십니까?" 그러자 그분께서 우리에게 말씀하셨습니다. "닮은 형상, 능력과 완전성, 빛, 온전한 규격과 소리를 통하여, 나는 온전히 내 아버지 안에 있고 내 아버지는 내 안에 계신다.[43] 나는 로고스다.[44]

18. 나는 그분께 어떤 것이 되었다. 곧 [나는] 예형 면에서 완전한 생[각이

---

41 직역: '구름의 날개가 찬란함 속에서 나를 태우고.'

42 사도 10,42; 1베드 4,5; 2티모 4,1.

43 요한 10,38; 14,10-20; 17,21-23. 사도들의 편지 16-17장은 아버지와 아들의 관계를 이해하는 데 중요하다. 그리스도 재림의 때가 '아버지의 재림'(ⲡⲁⲣⲟⲩⲥⲓⲁ)으로 표현되어 있다. "나는 온전히 내 아버지 안에 있고 내 아버지는 내 안에" 계시기에 그리스도가 '나는 곧 오겠다'고 말할 수도 있고, '곧 오실 분은 나를 보내신 분이시다'고 말할 수도 있는 것이다. 이로써 저자는 아버지와 아들의 완전한 일치를 밝히고 있다.

44 요한 1,1.

다]. 나는 주일인 여덟[째] 날에 생겨났다.[45] 너희는 나에게 일어난 구원을 통하여 완전성의 완성을 보게 될 것이다. 그리고 너희는 내가 하늘에 계신 내 아버지를 향하여 하늘에 올라가는 것을 보게 될 것이다.[46] 자, 내가 너희에게 새 계명을 준다. 너희는 서로 사랑하여라.[47] 그리고 […]."

콥트어 필사본 한 장 소실

19. […]

[…] 우리[에게 그분께서 말씀하셨습니다]. "사실 너희는 빛을 보게 될 것이다. […] 빛나는 것보다 더 높이 들어 올려진 […] 완전한 완성은 […] 그러나 나는 아[버]지의 본[질]이다. […] 완전성인 나를 […]" [그]러나 우리는 [그분께] 말하였습니다. "[주님,] 당신은 정녕 모든 [면]에서 저희의 [동]반자가[48] 되셨습니다. [당신은] 저희에게 그런 [말씀]을 선포하셨습니다." 그분께서 우리에게 말씀하셨습니다. "[마음을] 굳건히 하고 평온한 마음을 지녀라. [진]실로 너희에게 말한다. 너희의 안식은 하늘에 있을 것이다. 사실 그곳은 먹지도 마시지도 기[뻐]하지도 슬퍼하지도 않는 곳이며, 그 안[에] 있는 것들이 멸하지도 않는다. 사실 [너희]는 […]을 나누어 가졌다. […]

[…] 너희[의 안식은] 내 안에 있다."

다시 [우리는 그분께] 말[하였습니다. "당신께서는] 천사와 같은

---

45 숫자 8(Ogdoad), '여덟째 날'은 주님의 부활을 상징한다: 『바르나바의 편지』 15,8; 유스티누스 『트리폰과의 대화』 24; 41; 138; 알렉산드리아의 클레멘스 『테오도투스 발췌록』 63,1; 『잡록』 57,5; Eltester, "Ogdoas als Symbol der Auferstehung", 29-52을 참조하라.

46 마태 7,21 및 병행.

47 요한 13,34.

48 모든 것을 함께 나누는 사람으로서 동료, 벗, 동업자 등으로도 옮길 수 있다.

모습으로 [오십니까]? 아니면 다른 [모습]으로?" 그분께서 대답하시며 우리에게 말씀하셨습니다. "보[라]. 나는 [내] 육신을 입었다.[49] 나는 육신을 통해 생겨났으며 육신에 못 박혔다. 그리고 나는 [나를 보내]신 내 아버지 덕분에 다시 일어났다. 이는 나와 내 죽음과 내 부활을 두고 선포한 예언자 다윗의[50] 예[언]이 이루어지도록 하기 위해서였다. 그는 다음과 같이 말하였다.

'주님, 저와 싸우는 자가 많고 저를 거슬러 일어나는 자들이 많기도 합니다.
많은 사람들이 제 영혼에게 '하느님 곁에도 [그의 구원은] 없다'고 말합니다.
[그러나 주님, 당신은] 저를 당신께 받아주시는 분,
[당신은 저의 영광], 저의 머리를 [들어 올려 주시는 분]이십니다.
'내가 큰 소[리]로 주님[께 부르짖자] 그분께서 내 말을 들어 주셨네.'
제가 자리에 누워 잠들었다 (다시) 일어남은 당신께서 주님이시며 저를 당신께서 받아주시기 때문입니다.
저를 거슬러 제 곁을 둘러싼 일만 백성도 두려워하지 않을 것입니다.
주님, 일어나소서,
저를 구하소서, 저의 하느님.
정녕 당신께서는 아무 이유 없이 제 원수가 된 자들을 모두 내치셨으니.

---

49 요한 1,14.

50 시편을 통해 메시아의 오심을 예언했다는 뜻에서 다윗은 예언자라고 할 수 있다. 오순절 설교에서 베드로는 다윗을 예언자라 부른다: 사도 2,25-36, 특히 2,30을 보라.

당신은 악인들의 이를 부수셨습니다.

구원은 주님의 것이며,

그분의 원의는 그분 백성을 향해 있습니다.'[51]

예언자들을 통하여 선포된 모든 말씀들이 내 안에 실현되었을진대 — 사실 내가 그들 안에 있었다 — 하물며 내가 너희에게 하는 말들은[52] 얼마나 더 실제로 일어나겠으며, 그리하여 나를 보내신 분께서 너희와 나를 믿는 자들에게서 얼마나 더 영광을 받으시겠느냐?"

20. 그분께서 [우리에게] 이것들을 말씀하시자 [우리는] 그분께 [말하였습니다.] "주님, 당신께서는 모든 점에서 저희를 가엾이 여기셨고 저희를 구원하셨으며 저희에게 모든 것을 계시해 주셨습니다. 그러나 당신께서 허락하신다면 더 여쭈어보고 싶습니다." 그러자 그분께서 우리에게 말씀하셨습니다. "너희가 견디어 낼 것이며, 내 말을 듣고 기뻐한다는 것을 알고 있다. 너희가 원하는 것을 내게 물어보아라. 너희에게 잘 말해 주겠다.

21. 진실로 너희에게 말한다. 내 아버지께서 나를 죽은 이들 가운데서 일으키신 것과 같은 모양으로 너희도 똑같이 일어날 것이다. 또한 너희는 하늘 위로 들어 올려질 것이다. 그곳은 처음부터 내가 너희에게 말했던 곳이며, 나를 보내신 분께서 너희를 위해 마련해 두신 곳이다.[53] 나는 바로 이런 식으로 모든 구원 계획을 완수할 것이다. 나는 태어남 없이 생겨났으나 사람들 가운데 태어났으며, 육신이 없으나 육신을 둘

---

51 시편 3,1-8. 칠십인역을 따른 인용문이므로 히브리어 본문을 토대로 한 『성경』과는 조금 다르다.

52 콥트어 본문에는 "내가 너희에게 한 말들"이 두 번 기록되어 있다(중복오사).

53 요한 14,2-3 참조.

렀다.[54] 내가 이것 때문에 왔기 때문이다. 이는 너희가 […] 할 수 있도록 만들기 위해서였다."

22. [콥트어 필사본 두 장이 심하게 훼손되었다.] 그분께서 우리에게 말씀하셨습니다. "너희는 언제까지 묻고 또 물을 것이냐?"

23. 우리가 그분께 말하였습니다. "주님, 저희가 당신께 묻는 것은 당연합니다. 당신께서 저희에게 복음을 선포하라고 명하셨기 때문입니다. 저희 자신이 확실히 당신께[55] 잘 배우고 유익한 설교자가 되어 저희를 통해 배우는 사람들이 당신을 믿게 하려는 것입니다. 그러니 많은 질문을 할 수 있게 허락해 주십시오."

24. 그분께서 우리에게 대답하셨습니다. "진실로 내가 너희에게 말한다. 혼과 영이 담긴 채 육신의 부활이 일어날 것이다." 우리는 그분께 말하였습니다. "주님, 파괴되어 해체된 것이 온전해질 수는 없겠지요? 저희가 불신자라서 당신께 여쭙는 것이 아닙니다. 그것이 당신께 불가능한 일도 아닙니다. 오히려 저희는 정녕 당신의 말씀이 이루어질 것임을 믿습니다."

[그분께서] 우리에게 화를 내시며 말씀하셨습니다. "불신자들아! 너희는 언제까지 질문만 하려느냐? 그러나 너희가 원하는 것을 내게 말해 보아라. 나는 악의 없이 너희에게 말해 주겠다. 다만 내 계명을 지키고[56] 내가 너희에게 말하는 것들을 실행하여라. 그리고 어느 누구에게서도 얼굴을 돌리지 마라. 그러면 나도 내 얼굴을 너희에게서 돌리지 않겠다. 주저하거나 수줍어하지 말고[57] 어떤 사람이든 상관없이

54 이냐시우스 『에페소인들에게 보낸 편지』 7.2.

55 원문에는 '나에게서'로 되어 있다. 문맥상 '당신에게서'로 고쳤다.

56 요한 14,15.21; 15,10.

57 '부끄러워 말고'와 '어떤 사람이든 상관없이' 사이에 다음 문장이 잘못 삽입되어 있다. "저희가 당신께 자꾸 여쭙고 부담을 주기 때문입니다. … 그때 그분께서 대

곧고 좁고 협소한 길에서 봉사하여라. 내 아버지의 방식이 바로 그러하다. 그분께서 너희를 보고 기뻐하실 것이다."

25. 다시 [우리가] 그분께 말하였습니다. "주님, 저희가 [당신]께 너무 많이 묻고 부담을 드려서 벌써 부끄럽습니다." 그[때 그분께서] 대답하시며 말씀하셨습니다. "사실 너희가 믿음을 [가지고] 온 마음을 기울여 내게 질문한다는 것을 잘 알고 있다. 이 때문에 [너희를 보는] 내 마음이 기쁘다. 진실로 [너희에게] 말한다. 나와 내 안에 계신 내 아버지께서는 [너희가] 내게 묻는 것을 [잘 참아] 내신다. 너희의 염치없음이 [내게] 기쁨이 [되며] 너희에게 [많은 것을] 주기 때문이다."

그분께서 우리에게 이 말씀을 하셨을 때 우리는 [대담하게] 그분께 물었습니다. "[주님], 당신은 모든 [면]에서 저희를 살리시고 [저희를] 가엾이 여기십니다. 저희가 당신께 묻는 것들을 가르쳐 주시겠습니까?" 그러자 그분께서 우리에게 말씀하셨습니다. "그렇다면 영을 감싸고 [있는][58] 육신은 소멸하느냐?" 우리가 그분께 말하였습니다. "육신은 소멸합니다."[59] 그때 그분께서 말씀하셨습니다. "쓰러진 것은 [일어날] 것이고 잃어버린 것은 찾을 것이며 약한 것은 튼튼해질 것이다. 그리하여 바로 이러한 것들 안에서 내 아버지의 영광이 드러날 것이다. 그분께서 나에게 하신 대로 나도 믿음을 가진 너희 모두에게 행할 것이다.

26. 진실로 너희에게 이른다. 육신이 혼과 [영]과 함께 일어날 것이다. 그리

답하셨다."

58 전치사 ϩⲛ̄은 보통은 그리스어 ἐν에 해당하며 '… 안에'라는 뜻이다. 그러나 때때로 그리스어 περί나 παρά를 옮길 때도 사용한다.

59 또는, '육신이 소멸하느냐 영이 소멸하느냐?' 우리가 그분께 말하였습니다. '육신이 소멸합니다.'

하여 그[날], 그들은 [좋]은 일이든 나쁜 일이든 자기들이 한 일을 변론할 것이다. 그렇게 해서 나를 보내신 내 아버지의 계[명]을 지킨 신앙인들을 선별할 것이다. 심판은 바로 이런 식으로 엄중히 이루어질 것이다. 내 [아]버지께서 나에게 말씀하셨다. '아들아, 심판의 날에는 [네가] 부자들 앞에서 머리를 숙이지도 않고[60] 가난한 이들을 가[엾]이 여기지도 않을 것이다. 대신 너는 모든 사람을 각자 지은 죄에 따라 하나하나 영원한 징벌에 넘길 것이다.' 그러나 나는, 나를 보내신 [내 아]버지의 계명을 실천한, [내가] 사랑하는 이들에게는 하늘에 계신 내 [아버지의] 나라에서 생명의 [안]식을 줄 것이다. 그들은 그분께서 [그들에게] 베[풀]어 주신 것들을 보게 될 것이다. 그분께서는 나에게, 내가 원하는 것을 할 수 있고 내가 은총을 베[풀기]로 마음먹은 사람들과 [약속한 사람들]에게 (은총을) 베풀 권한을 주셨다.

27. 이 때문에 내가 라자로가 있는 [곳]에[61] 내려가서 의[인들]과 예언자들에게 아래의 안[식]에서 나와 위에 있는 곳으로 올라오도록 설교한 것이다.[62] 그리고 너희와 나를 믿[는 사람들]에게 해 준 것과 똑같은 식으로, 생명과 용서와 온갖 악[에서 해]방(을 주기 위해) […] [안식에 들어 있는] 그들에게 내 오른[손을 내밀었다.] 그러나 누군가 [나를] 믿고 내 이름을 고[백]한 다음에 내 계[명]들을 지키지 않는다면 아무 소용이 없다. 그는 헛일을 한 셈이다. 사실 [이]런 식으로 그들은 바른 길에서 벗어나 멸망의 길을 걸을 것이다. [그들이] 내 계명들을 어겼기 때문이다.

---

60 또는 '존경을 표하지도 않고, 공경하지도 않고.'

61 루카 16,23 참조.

62 구원자께서 옛 계약 곧 구약의 영웅들이 머물고 있는 곳에 내려가셔서 그들도 생명의 세례와 죄의 용서에 참여할 수 있게 해 주신다. 그리스도의 저승 방문에 대해서는 1베드 3,19; 니코데모 복음 18-19장을 참조하라.

28. 그[러나 무엇보다 너]희는 생명의 자녀들이다. 나는 모든 악과 지배자들의[63] [권한에서] 너희와 너희를 통해 나를 믿[는] 모든 사람을 구출해 내었다. 실제로 내가 [너희에게] 약속한 것들을 그들에게도 줄 것이다. 그리하여 그들은 감옥과 지배자들의 속박과 강력한 불[에서] 빠져나올 것이다."

우리는 그분께 [답하며 말하였습니다]. "주님, 당신께서는 [그들에게 생명]의 안식을 선사하셨으며 이적들로 [호]의를 베푸시어 믿음을 [다져] 주셨습니다. 당신께서 [의인들]과 예언자에게 선포하셨[으니] 이제 이것들을 [저희에게도] 선포하시렵니까?" 그러자 그분께서 말씀하셨습니다. "진실로 너[희]에게 말한다. 나를 믿은 모든 사람과 나를 보내신 분을 믿[은] 모든 사람을, 내 아버지께서 뽑힌 이들을[64] 위해 [마련해] 두신 곳, 하늘로 [데리고] 올라갈 것이다. 그리고 너희에게 안식과 영원한 생명이 있는 선택된 하늘 나라를 줄 것이다.

29. 그러나 [계]명을 어긴 이들과 기록된 것들 [이외의] 다른 가르침을 가르치고 그들 자[신의 말을] 덧붙이며, 나를 올바르게 [믿는 이들]의 말과 다른 말로 가르치는 이들은,[65] 그들이 이런 식으로 스스로를 파[멸

---

63 지배자들로 옮긴 단어 ⲁⲣⲭⲱⲛ은 그리스어 ἄρχων의 차용어다. 이 단어는 세상의 권력자도 가리키지만(1코린 2,6.8), 악한 영들의 우두머리, 마귀의 우두머리를 가리키기도 한다(마태 9,34; 12,24; 마르 3,22; 루카 11,15). 여기서는 후자의 의미로 사용되었을 것이다. 요한 12,31; 16,11을 참조하라.

64 마태 24,22.24.31; 마르 13,20.

65 바오로는 반대자들의 그릇된 가르침에 맞서서 '건전한 가르침'을 강력히 옹호하며 후계자들에게도 그렇게 할 것을 요청한다(1티모 6,3.20; 2티모 1,14). 1티모 4,1-3에 따르면, 반대자들의 주장에는 '혼인 금지'와 '음식 규정' 등 '금욕'과 관련된 요소가 들어 있었다. 그 밖에도 잘못된 가르침과 관련하여 신화(1티모 1,4; 4,7; 2티모 4,4; 티토 1,14), 족보(1티모 1,4; 티토 3,9), 못된 의심(1티모 1,4; 6,4), 논쟁과 설전(1티모 6,4; 2티모 2,14; 티토 3,9), 속된 망언(1티모 6,20; 2티모 2,16), 사이비 지식

시킨다면] 영원한 징벌을 [받을 것이다.]"

그러자 우리가 [그분께] 말하였습니다. "주님, 당신께서 저희에게 말씀하신 것이 아닌, 다른 사람들의 가르침[들]이[66] 생겨날까요?" [그분께서 말씀하셨습니다.] "사실 악을 [행한 이들]과 선한 이들이 밝히 [드러나]기 위해서는 그런 것들이 생겨야 한다.[67] 이렇게 해서 그런 일을 일삼는 이들의 판결이 드러날 것이다. 그리고 그들은 자신들의 행업에 따라 심판받고 죽음의 손에 넘어갈 것이다."

다시 우리가 그분께 말하였습니다. "주님, 당신을 [뵙고] 당신께서 하시는 이런 [말씀을] 들으니 저희는 행복합니다. 저희 눈이 당신께서 행하신 큰 이적을 보았습니다." 그분께서 대답하시며 말씀하셨습니다. "사실 보지 않고도 믿은 사람들이 더 행복하다.[68] 이런 [이들이] (하늘) 나라의 자[녀]들이라[69] 불리고 완전하신 분[처럼] 완전해질 것이기 때문이다.[70] 나는 내 아버지의 나라에서 그들의 [모퉁이] 돌이 될 것이다."

다시 [우리가 그분께] 말하였습니다. "주님, 당신께서 '내가 내 아버지에게 올라 갈[71] 시간과 날이 올 것이다'라고 저희에게 말씀하신 것처럼 당신이 저희를 두고 떠나신다는 것을 어떻게 해야 그들이 믿겠습니까?"

(1티모 6,20) 등을 언급한다.

66 '다른 복음'에 대해 언급한 2코린 11,4; 갈라 1,6-9 참조. '다른 교리'를 언급한 2티모 6,3도 참조하라.

67 1코린 11,19; 1요한 2,19.

68 요한 20,29 참조.

69 마태 13,38 참조.

70 마태 5,48 참조.

71 요한 16,10.17.

30. [그분께서 우리에게] 말씀하셨습니다. "너희가 가서 열두 지파에게 선포하여라. 그리고 다른 민족들과 이스라엘의 온 땅에, [해뜨는] 데서 해지는 데까지, [남]쪽에서 북쪽까지 선포하여라.[72] 많은 사람들이 하느님의 아들을 믿을 것이다."

우리는 그분께 말하였습니다. "주님, 누가 저희를 믿겠습니까? 아니면 [누가] 저희 말을 듣겠습니까? [아니면 누가] 가르치고, 힘과 당신께서 행하신 표징과 이적들을 [⋯]?" 그분께서 대답하시며 말씀하셨습니다. "너희가 가서 내 아버지의 자비를 선포하여라. 그러면 내가 너희 안에 머물면서 너희를 통하여 그분께서 나를 통하여 하신 일들을 하겠다. 나는 너희에게 내 평화를 주겠다.[73] 그리고 내 영을 통하여 너희가 그들에게 영원한 생명을 예언할 수 있도록 너희에게 능력을 주겠다. 다른 사람들에게도 내 힘을 줄 터이니 그들은 다른 민족들을 가르칠 것이다.[74] ⋯ "

31-37. 콥트어 필사본 일곱 장 소실[75]

72 참조: 마르 16,15; 루카 13,29.

73 요한 14,27.

74 로마 11,13 참조. 바오로 사도는 자신을 '이민족들의 사도'로 소개한다. 주님께서 다른 민족들도 베드로의 입을 통하여 복음 말씀을 들어 믿게 하시려 했다는 사도 15,7-8도 참조하라.

75 31-33장: 바오로에 관한 주님의 예언 말씀이다. 할례 받은 유다인 사울이 하늘에서 울려나오는 그리스도의 음성을 듣고 눈이 멀었다가 시력을 회복한 다음, 여러 이방 민족들에게 복음을 선포하리라는 내용이다. 곧 바오로가 이방인들에게 구원의 선포자가 된다는 것이다. 34-37장: 이방인들과 이스라엘, 마지막 날에 관한 주님의 예언이다. 38장 전반부: 하느님 얼굴을 뵈옵기를 열망하고 자신들을 그릇된 길로 인도하는 이들을 두려워하지 않는 사람은 지혜와 믿음의 아들로서 하느님 앞에서 화관을 쓰게 되는 반면, 지혜의 아들이 아닌 사람은 형제를 미워하고 박해하

38. […] "[…] 자기 이웃[…]하고 그를 어렵게 만든다. 그러나 나를 향한 사랑을 지니고 진리와 믿음의 지식 안에 사는 사람들은 — 그들은 폭력을 견뎌 냈다 — 자신을 자랑스럽게 여기고 가난 속을 걸으면서, [그들]을 미워하는 자들[과] 그들을 비웃는 자들을 견뎌 낼 것이다. 그들은 헐벗은 채 괴롭힘을 당하였다. 실제로 그들이 배고픔과 목마름 속을 걷는 동안 사람들은 그들에게 오만불손하게 굴었다. 그러나 그들은 견뎌 냈으므로 영원히 나와 함께 하늘 나라의 축복 아래에 있을 것이다. 반면 교만하고 자랑을 일삼는 이들에게는 화가 미칠 것이다. 그들의 끝은 파멸이기 때문이다."

39. 우리는 그분께 말하였습니다. "주님, 그들은 당신의 것입니다. 그래서 당신께서는 저희가 그들에게 가도록 허락하지 않으셨습니다." 그러자 그분께서 대답하셨습니다.[76] "심판은 어떤 방식으로 이루어지겠느냐? 의인의 심판이냐 불의한 이들의 심판이냐?"[77] 우리는 그분께 말하였습니다. "주님, 그날 그들은 당신께 '당신은 정의와 불의, 빛과 어둠, 악과 선을 동시에 좇아가지 않았습니다' 하고[78] 말할 것입니다." 그러자 그분께서 말씀하셨습니다. "나는 그들에게 대답할 것이다. '나는 말한다. 아담은 둘 가운데 하나를 택할 수 있는 권한을[79] 부여받았었다. 그

며 그에게서 등을 돌릴 것이라는 내용이다. 복음 선포의 권한을 부여받는 사도들의 범주에 바오로가 들어간다는 점(31-33)이 눈에 띈다.

76 원문에는 ⲟⲩⲱϣ(원하다)로 되었으나 자음 ⲃⲉ를 첨가하여 문맥에 맞게 ⲟⲩⲱϣⲃⲉ(대답하다)로 고쳐 읽었다. 필사자의 실수일 것이다.

77 또는, '의로운 것이냐 불의한 것이냐?'

78 이 구절은 2코린 1,19 "하느님의 아드님 예수 그리스도께서는 '예!'도 되시면서 '아니요!'도 되시는 분이 아니셨기 때문입니다. 그분께는 늘 '예!'만 있을 따름입니다"를 연상시킨다.

79 또는 '능력.' 자유의지를 부여받았다는 의미다.

는 빛을 선택하였고 거기에 손을 뻗었다. 그는 어둠을 떠나면서 그것을 멀리 던져 버렸다. 마찬가지로 모든 사람에게는, 생명이며 나를 보내신 아버지인 빛을 믿을 권한이 있다. 믿고 빛의 일들을 행하는 모든 사람은 빛의 일들 안에 살 것이다. 그러나 누군가 어둠의 일들을 행하면서 자신이 빛에 속한다고 고백한다면 그런 사람은 그곳에서[80] 변명할 말이 없을 것이며, 하느님의 아들인 내 [앞에서] 얼굴을 들지 못할 것이다.' 나는 그에게 이렇게 말할 것이다. '너는 찾았을 때 찾았고, 청했을 때 받았다.[81] 그런데 너는 무슨 근거로 나를 단죄했느냐? 사람아, 너는 무엇 때문에 나를 떠나고 나를 부인했느냐? 그리고 나를 믿는다고 고백했다가 무엇 때문에 나를 부인했느냐? 사람은 저마다 살 권한과 죽을 권한이 있지 않느냐?[82] 내 계명들을 지킨 사람은, 빛 곧 내 안에 계신 아버지의 자녀가 될 것이다. 나는 내 말들을 파괴하는 사람들 때문에 하늘에서 내려왔다. 나는 로고스다.[83] 나는 육이 되어 고통을 겪었다. 그리고 부름 받은 이들은 구원될 것이며 길을 잃은 이들은 영원히 길을 잃고 헤맬 것이라 가르쳤다. 그들은 살아 있는 채로 고통을 당하고 그들 육신과 영혼으로 벌을 받을 것이다.'"

40. 우리는 그분께 말하였습니다. "주님, 참으로 그들 때문에 걱정입니다." 그분께서 말씀하셨습니다. "너희가 그렇게 하는 것은 잘하는 일이다. 의인들은 으레 죄인들을 걱정하고 내 아버지께 간구하며 그들을 위해

---

80 '거기', '그곳'을 뜻하는 말이나 종종 '저세상'을 가리키는 데도 사용된다.

81 마태 7,7; 루카 11,10 참조.

82 신명 30,15: "보아라, 내가 오늘 너희 앞에 생명과 행복, 죽음과 불행을 내놓는다"; 30,19: "나는 오늘 하늘과 땅을 증인으로 세우고, 생명과 죽음, 축복과 저주를 너희 앞에 내놓았다."

83 요한 1장 참조.

기도하기 때문이다." 우리는 다시 그분께 말하였습니다. "주님, 그렇다면 무엇 때문에 아무도 당신 앞에서 부끄러운 줄을 모릅니까?"[84] 그분께서 말씀하셨습니다. "나는 의인들이 죄인들을 위해 올리는 기도는 반드시 들어줄 것이다."

그분께서 우리에게 이렇게 말씀하셨을 때 우리는 말하였습니다. "주님, 당신께서는 모든 점에서 저희를[85] 가르치시고 저희를 가엾이 여기시며 저희를 구원하셨습니다. 그리하여 저희는 구원에 합당한 이들에게 복음을 선포하고 당신 앞에서 상급을 받을 수 있게 되었습니다."

41. [그러자] 그분께서 [대]답하시며 말씀하셨다. "가서 (복음을) 선[포]하여라. 너희는 일꾼[과[86] 아버지와] 봉사자가 될 것이다."[87] 우리는 그분께 말하였습니다. "저희를 통하여 복음을 선포할 사람은 바로 당신이십니다." 그러자 그분께서 대답하시며 말씀하셨습니다. "그 누구도 아버지도 되지 말고 스승도 되지 마라." 우리는 그분께 말하였습니다. "주님, 바로 당신께서 '너희 스승과 하늘에 계신 너희 아버지는 오직

---

84 또는 '당신을 공경하지 않습니까?'

85 직역: '우리 눈을.'

86 마태 9,37 등. 일꾼은 복음 선포자를 가리킨다. 바오로 사도는 자신을 복음 또는 교회의 '봉사자·일꾼'(콜로 1,23.25), '선포자', '사도', '스승'(1티모 2,7; 2티모 1,11)으로 제시한다.

87 제자들에게 내리시는 복음 선포 명령 대목은(30; 40-42) 제자들의 정체성을 이해하는 데 중요하다. 주님은 제자들에게 온 세상에 복음을 선포하라는 명령을 내리시면서(30), 제자들의 역할을 '아버지'(ⲉⲓⲱⲧ), '스승'(ⲥⲁϩ), '봉사자'(ⲇⲓⲁⲕⲟⲛⲟⲥ)라는 세 단어로 표현한다. 제자들은 사람들에게 따뜻한 사랑의 마음으로 하늘 나라의 일들을 가르쳐 주기에 아버지이며, 생명과 용서의 세례를 베풀기에 봉사자이고, 말씀을 전하고 잘못을 꾸짖기에 스승이라는 것이다. 그들을 통해 사람들은 영원한 생명과 죄의 용서를 선사받게 된다(41-42).

한 분뿐이니 땅에서는 아무도 너희 아버지라 부르지 마라'고[88] 말씀하셨습니다. 그런데 무엇 때문에 지금 '너희는 많은 자녀들의 아버지와 봉사자와 스승이 될 것이다'라고 말씀하시는 것입니까?" 그분께서 대답하시며 말씀하셨습니다. "너희가 말한 대로다. 진실로 너희에게 말한다. 너희 말을 듣고 나를 믿는 사람은 너희로부터 [나를 통]하여 봉인의 빛을 받고 또 나를 통하여 세례를 [받을] 것이다. 그리고 너희는 [아]버지와 봉사자와 스승이 될 것이다."

42. 그러나 우리는 말하였습니다. "주님, 그렇다면 어떤 방식으로 저희 한 사람 한 사람이 세 몫을 하겠습니까?" 그분께서 말씀하셨습니다. "진실로 너희에게 말한다. 그들은 너희를 아버지라 부를 것이다. 너희가 그들에게 사랑과 보탬이 되려는 마음으로 하늘 나라의 일들을 보여 주기 때문이다. 그리고 그들은 너희를 봉사자라 부를 것이다. 그들이 너희를 통하여 내 손에서 생명의 세례와 죄의 용서를 받을 것이기 때문이다. 그리고 그들은 너희를 스승이라 부를 것이다. 너희가 그들에게 아무런 악의 없이 말씀을 전해 주었고 그들을 꾸짖기도 했기 때문이다. 너희가 그들을 꾸짖었을 때 그들은 다시 돌아왔다. 너희는 그들의 부[와] 그들의 얼굴을 무서워하지 않았으며 대신 내 아버지의 계명들을 지키고 그것들을 실천하였다. 하늘에 계신 내 아버지 앞에서 큰 상급이 너희에게 내릴 것이다.[89] 그리고 그 사람들은 죄의 용서와 영원한 생명을 누릴 것이다. 그들은 하늘 나라에서 한 몫을 차지할 것이다."

그러자 우리는 그분께 말하였습니다. "주님, 저희가 저마다 말할 수 있는 혀를 만 개나 가졌다 해도 당신께서 저희에게 이런 것을 약속하시는 것에 충분히 감사하지 못할 것입니다." 그때 예수님께서 대답하

88 마태 23,8-12.

89 마태 5,12; 루카 6,23 참조.

시며 말씀하셨습니다. "내가 너희에게 말하는 것들만 내가 한 것처럼 말하여라.[90]

43. 그러면 너희는 깨어 잠들지 않고 주님을 맞아 같이 신방에 [들어간] 슬기로운 처녀들처럼 될 것이다.[91] 그러나 [어리석은 처녀들은] 깨어 있지 못하고 잠이 [들]었다."

우리는 그분께 말하였습니다. "주님, 슬기로운 사람은 어떤 사람이고 어리석은 사람은 어떤 사람입니까?" 그분께서 우리에게 말씀하셨습니다. "슬기로운 처녀 다섯과 어리석은 처녀 다섯, 이 사람들을 예언자는 '하느님의 아들들'이라고[92] 말한 것이다. 이제 그들의 이름을 들어보아라." 그러나 우리는 잠이 든 사람들 때문에 울며 슬퍼하였습니다.

그분께서 말씀하셨습니다. "사실 슬기로운 다섯 처녀란 믿음, 사랑, 은총, 평화, 희망이다.[93] 믿는 이들 가운데서 이것들을 지닌 사람들이 나와 나를 보내신 분을 믿은 사람들을 인도할 것이다. 사실 내가 주님이며 내가 그들이 맞이한 신랑이다. 그리고 그들은 [신]랑의 집으로 들어가 나와 함께 나의 [신]방에서 자리를 잡고 [기뻐하였다]. 그러나 어리석은 다섯 처녀들은 잠이 들었다가 깨어나서 신방 문에 이르러 문을 두드렸지만 그 문은 닫혀 있었다. 그때 그 처녀들은 자기들에게

---

90 예수님의 제자들은 예수님께서 말씀하신 것들만 행하고 전해야 한다. 그 밖의 다른 말씀은 모두 거짓 말씀이다.

91 사도들의 편지 43장은 마태 25,1-13 열 처녀의 비유를 설명한다.

92 칠십인역 시편 81,6 참조.

93 이 단락은 우의적 해석법을 사용하였다. 이것은 어떤 단어의 문자적 의미 배후에 숨겨진 다른 의미를 찾아내고 해석하는 방법이다. 우의적 해석법으로 가장 유명한 사람은 필론이다. 이러한 기법은 바오로 사도도 잘 알고 있었으며(예를 들어, 갈라 4,24) 정경 복음서에서도 발견된다(마르 4,13-20; 마태 13,18-23; 루카 8,11-15).

문을 열어주지 않자 슬퍼하며 울었다." 우리는 그분께 말하였습니다. "주님, 그런데 신랑의 집에 있던 슬기로운 자매들은 왜 그녀들에게 문을 열어 주지도 않고, 안에 머물면서 그들을 위해 슬퍼하지도 않았으며 신랑에게 문을 열어 주라고 청하지도 않았습니까?" 그분께서 대답하시며 말씀하셨다. "아직 그들이 그녀들을 위해 호의를 청할 정도는 아니었다." 우리가 그분께 말하였습니다. "주님, 언제쯤이면 그 어리석은 처녀들이 슬기로운 자매들 덕분에 들어갈 수 있겠습니까?" 그러자 그분께서 말씀하셨습니다. "[…] 그들에게는 문이 닫혔다."[94]

우리는 그분께 말하였습니다. "주님, [저희가] 이 말은 [알아들었습니다]. 그렇다면 어리석은 처녀들은 누구입니까?" 그분께서 말씀하셨습니다. "그들의 이름을 들어 보아라. 지식, 슬기, 순종, 끈기와 자비다. 이것들이, 믿고 고백한 사람들 안에서 잠에 빠져버렸다.

44. 잠에 빠진 사람들은 내 계명을 지키지 않았다. 그들은 하늘 나라 바깥, 목자와 그의 양들의 우리 바깥에 머물 것이다.[95] 그런데 양의 [우리] 바깥에 머무는 사람은 늑대가 잡아먹고 […]하여 큰 고통 속에 죽을 것이다. 그에게서는 [휴]식과 인내를 찾아볼 수 없을 것이며[96] 심하게 짓밟히어 […] 큰 [벌]로 처[벌]받고 고문 당[할 것]이다."[97]

45. [우리는 그분께 말하였]습니다. "주님, 당신께서는 우리에게 모든 것을 환히 밝혀 주셨습니다." 그러자 그분께서 답하시며 말씀하셨습니다. "너희는 이 말들을 이해하지 못하느냐?" 우리는 그분께 말하였습니다.

---

94 에티오피아어 역본은 "닫힌 자에게는 닫힌 것이다"라 읽는다. 한 번 문이 닫힌 자에게는 다시 열릴 수 없다는 의미다.

95 요한 10,16.

96 직역: '그에게는 휴식과 인내가 생기지 않을 것이다.'

97 묵시 14,10 참조. 벌(ⲕⲟⲗⲁⲥⲓⲥ)과 고문(ⲃⲁⲥⲁⲛⲟⲥ)은 죽은 다음 지옥에서 받는 징벌을 가리킨다.

"아닙니다. 주님, 알아들었습니다. 그들은 다섯을 통하여 당신 나라에 들어갈 것입니다. 하지만 깨어서 주님이자 신랑이신 당신과 함께할 수 있었던 사람들이 잠에 빠진 사람들 때문에 기뻐하지 못할 것입니다." 그분께서 우리에게 말씀하셨습니다. "그들은 신랑이신 주님과 함께 들어갔기 때문에 기뻐한다. 그리고 그들은 [잠에] 빠진 사람들 때문에 슬퍼한다. 그들이 자기네 자매들이기 때문이다. 내가 딸을 낳았으며 하느님은 아버지[였다]."[98]

[그때] 우리가 말하였습니다. "[주]님, […] 당신 것입니다." […] 그분께서 우리에게 말씀하셨습니다. "[…] 그러나 그것은 나를 보내신 분의 것이다. 그리고 [나는] 그분과 같은 생각을 한다.

46. 그러나 너희들이 복음을 선포하고 그 누구 앞에서도 거리낌 없이 가르치며 그 누구도, 특히 부자들은 더더욱 두려워하지 않는 것은 참으로 올바로 잘하는 일이다. 사실 부자들은 내 계명들을 실천하지 않고 자기들 재산으로 흥청거린다."

우리가 그분께 말하였습니다. "주님, 부자들이 변[할 수] 있을까요?" 그분께서 말씀하셨다. "부자도 아니고 가진 것이 [조금밖에] 없는 사람이 궁핍하고 [가난한 사람들]에게 나누어 준다[면], 사람들이 그를 선을 [베푸는 사람이라] 부를 것이다.[99]

47. [어떤] 사람이 자신이 [저지른] 죄 때문에 무거운 짐을 지고 있다면, 그 이웃은 그가 이웃에게 베푼 [선]행을 생각하여 그를 꾸짖어야 [한다]. 그 이웃이 꾸짖어서 그가 돌아온[다면] 그는 구원받을 것이다.[100] 그를

98 하느님은 아버지이고 그리스도는 어머니라는 말이다. 진리의 복음 24.6-9에서도 하느님을 아버지, 예수님을 어머니로 표현한다.

99 제자들의 질문과 주님의 답변이 어울리지 않는다.

100 야고 5,19-20.

꾸짖은 사람은 상급을 받을 것이며 영[원]히 산다. 사실 궁핍한 사람이 자기에게 선행을 베푼 사람이 죄를 짓는 것을 보고도 꾸짖지 않으면 그는 혹독한 심판을 받을 것이다. 눈먼 이가 눈먼 이를 이끌면 그들은 [둘] 다 넘어져 구덩이[에 빠질] 것이다.[101] 사람 말에 귀 기울이는 사람은 둘 다, 예[언자]가 '사람 말에 귀 기울이고 뇌물을 받았다고 [불경자를 합리화]시키는 사람들에게 화가 미치리라'라고[102] 말한 대로 될 것이다. 이 사람들은 […] 피조물이 […].[103] 진실로 [너희에게] 말한다. 그날 나는 부자들을 무서워하지도 않고 [가난한 자]들을 가엾이 여기지도 않을 것이다.

48. 네가 죄인을 보면 너희 둘만 있을 때[104] 그를 꾸짖어라. 그러나 그가 네 말을 듣지 않으면 다른 사람을 두 명 더[105] 데려가서 네 형제를 꾸짖어라. 또다시 그가 네 말을 듣지 않으면 그 사람을 […] 네 앞에 세워라.[106]

101 마태 15,14; 루카 6,39.

102 이사 5,23 참조.

103 슈미트(Schmidt)가 복구한 내용은 '그들 안에 있는 죽음이 본다'이나 문맥에 어울리지 않아 포함시키지 않았다.

104 직역: '너와 그 사람 사이에서.'

105 직역: '총 세 명이 되도록.'

106 마태 18,15-18 참조. 콥트어 본문은 여기서 끝난다. 에티오피아어 본문을 참고하면 48장 마지막 문장은 '그 사람을 이방인이나 세리에게 하듯이 네 앞에 세워라'일 법하다.

49-51. 에티오피아어 본문[107]

107 에티오피아어 본문은 49-50장에서, 형제들의 잘못을 꾸짖는 일에 대한 가르침을 전한 다음, 자신의 영광을 위하여 주님의 이름으로 그분 말씀을 가르치는 사람들과 그 가르침을 듣고 참된 가르침에서 멀어지는 사람들을 경고하는 내용으로 예수님의 긴 담화를 끝맺는다. 그리고 51장에 짤막한 결어가 이어지는데, 여기에서 예수님은 "사흘하고도 세 시간 뒤에 나를 보내신 분과 내가 함께 올 것이다"라는 말씀과 함께 하늘로 오르시면서 "평안히 가라"라는 인사를 남기신다.

5. 영지주의 복음서

앞에서 토마 복음과 이집트인들의 복음이 영지주의 성향을 드러낸다고 언급했다. 외경 가운데 이 복음서들보다 더 확실하게 영지주의 쪽으로 치우친 작품들이 있다. 요한의 비전, 진리의 복음, 구세주와의 대화, 필립보 복음, 마리아 복음, 유다 복음 등이 그 예다. 이 가운데 진리의 복음을 다루기로 한다.[1] 이 작품은 2세기가 지나가기 전에 만들어졌으며 초대 교회 전거에도 언급되어 있다. 저자가 정경과 외경 복음서를 두루 사용하고 당대 헬레니즘과의 접목점도 많아 다른 작품과 비교해 가며 읽기에 좋다. 진리의 복음을 통해 2세기 그리스도인의 사고의 폭과 깊이가 어느 정도였는지 가늠할 수 있다.

1 요한의 비전과 필립보 복음, 마리아 복음, 유다 복음은 송혜경, 『영지주의자들의 성서』에서 다룬다.

진리의 복음

The Gospel of Truth

≫ 진리의 복음에 대해서는 Attridge/MacRae, "The Gospel of Truth", 55-117; Mattison, *The Gospel of Truth: The Mystical Gospel*을 참조하라.

1. 문학 양식과 저자 및 편집 시기

진리의 복음은 나그 함마디 문헌 Codex I에 담겨 있다. 콥트어 사본은 350년경에 만들어진 것으로 보이지만, 그 대본인 그리스어 원문의 편집은 2세기 말경으로 추정된다. 나그 함마디 Codex I에 담긴 다른 작품들과 마찬가지로 진리의 복음이 리코폴리스 방언으로[1] 기록되어 있다. 때때로 불규칙적 형태의 단어들이 사용되었으며 파윰 방언이나 사히드 방언 형태를 띠는 경우도 있어[2] 본문의 해석이 상당히 까다로운 편이다. 사실 콥트어 본문 자체가 어렵고 복잡하다. 특히 대명사가 많이 쓰였는데 그것이 정확히 무엇을 가리키는지 불분명한 경우가 대부분이다. 그래서 해석자에 따라 본문 해석이 상당한 차이를 보이기도 한다. 게다가 본문이 담고 있는 내용도 쉽지 않다. 이 복음서를 제대로 이해하려면 신약성경뿐 아니라 영지주의에 대한 전이해前理解가 필수적으로 요구된다.

원래 이 작품에는 제목이 붙어 있지 않다. 필사본의 서두가 '진리의 복음'이라는 말로 시작하기에 '진리의 복음'이라는 제목으로 불린다. '복음'이라고는 하지만 이 작품은 전통적인 복음서 유형에 속하지 않는다. 예수님의 생애나 가르침은 서술하지 않으며 묵상(ⲙⲁⲕⲙⲉⲕ 진리의 복음 37.4)이나 강론에

---

1 리코폴리스 방언(Lycopolitan)은 준아크밈 방언(Subakhmimic)이라고도 한다. 아크밈 방언(Akhmimic)과 유사하며 영지주의 및 마니교 문서에 많이 사용되었다.

2 진리의 복음 본문의 정서법이나 음성학 및 문장론 등에 관해서는 Attridge/MacRae, "The Gospel of Truth", 60-64를 참조하라.

가깝다. 그런데도 이 책을 '복음서'로 분류한 것은, 이 책이 예수 그리스도를 통해 구원의 지식이 계시된다는 '기쁜 소식'을 알리기 때문이다. 이 작품은 예수 그리스도가 선포한 구원의 '복음'에 관한 강론 혹은 성찰로 규정할 수 있다. 교의에 대한 설명과 권고가 번갈아 나오고, 2세기 문학에서 두루 발견되는 고도의 수사법도 눈에 띈다.[3]

어떤 학자들은 이 작품을 2세기의 유명한 영지주의 교사 발렌티누스가 직접 저술한 책이라고 믿는다.[4] 이레네우스가 『이단 논박』 3.11.9에서 발렌티누스파의 작품으로 소개한 '진리의 복음'과 같은 작품이라는 것이다. 이레네우스는 발렌티누스파의 '진리의 복음'이 정경 복음서와 근본적으로 차이가 난다고 하였다. 나그 함마디 Codex I에 담긴 '진리의 복음'도 정경 복음서와 완연한 차이를 드러낸다. 이레네우스가 말한 '진리의 복음'이 바로 이 작품인지는 확실하지 않으나 그 가능성을 부정할 수는 없다.[5]

사실 진리의 복음 밑바탕에 깔린 신학으로 볼 때 발렌티누스파 작품으로 분류해도 큰 무리는 없다. 진리의 복음이 인간 조건의 문제를 '무지'와 '오류'로 규정지으며, 무지의 원인을 하느님의 초월성과 불가지성에서 찾는 점이(17.5-20) 발렌티누스파와 유사하다. 그리고 무지는 예수 그리스도라는 계시자의 가르침을 받아들임으로써 제거될 수 있으며, 계시를 통해 자신의 기원인 아버지에게 돌아가 아버지와 다시 하나가 된다고 가르치는 것도

3 예를 들어 대구법(23.19-24.1)을 사용하기도 하고, 삽입구를 통해 추가 설명을 곁들이기도 한다(17.6-9등).

4 Ehrman, *Lost Scriptures: Books that did not make it into the New Testament*, 45 참조.

5 그렇다면 이 작품은 늦어도 180년 전에 기록되었을 것이다. 저자를 발렌티누스와 연결 짓는 것에 대해서는, Mattison, *The Gospel of Truth: The Mystical Gospel*, 10 참조.

비슷하다.[6] 그러나 발렌티누스파 작품들과 차이점도 있다. 진리의 복음에서는 한 분이신 아버지를 모든 존재자의 유일한 원천으로 제시하지만(17.5; 28.17; 38.1-4; 41.17; 42.34-35), 다른 발렌티누스파 작품에서는 존재자의 원천이 '침묵'과 '심연' 두 가지로 제시된다(이레네우스 『이단 논박』 1.1-8). 그리고 발렌티누스파 작품에서는 천상계의 최하위 유출물인 소피아가 아버지의 동의 없이 데미우르고스를 낳았다고 하지만, 진리의 복음은 천상계의 타락 신화에 대해 거의 언급하지 않는다. 또한 발렌티누스파 작품은 인류를 영적·혼적·물질적 인간으로 삼등분하는데, 진리의 복음은 지식을 얻은 인간과 무지에 머무는 인간 두 종류로 나누며 중간 단계는 언급하지 않는다. 이런 차이가 있음에도 진리의 복음을 발렌티누스파 계열의 작품이라고 여기는 학자들이 많다.[7]

그러나 이 작품은 영지주의 그리스도인들뿐 아니라 보다 넓은 의미의 모든 그리스도인들을 대상으로 만들어진 것 같다. "지식이 있는 이는 자기가 어디서 왔는지 그리고 어디로 가는지 압니다"(22)에서 드러나듯 이미지나 용어의 사용이 전형적 영지주의 방식이긴 하다. 그러나 저자가 바오로 서간과 네 정경 복음서, 히브리 서간과 요한 묵시록 등을 두루 사용하고 있으며, 그 가르침이 교회 전통에서 크게 벗어나지 않는다. 진리의 복음을 2세기 그리스도인의 다양성을 증명하는 작품 가운데 하나로 보면 될 듯하다.

---

6 Attridge/MacRae, "The Gospel of Truth", 76 참조. 진리의 복음에서 드러나는 발렌티누스파 성향은 Wilson, "Valentinianism and the Gospel of Truth", 133-145; Magnusson, *Rethinking the Gospel of Truth: A Study of Its Eastern Valentinian Setting*을 참조하라.

7 Attridge/MacRae, "The Gospel of Truth", 76-79.

2. 구조와 내용

진리의 복음은 아버지를 찾는 이들에게 희망을 가져다주는 좋은 소식에 대한 기쁨을 표명하는 것으로 시작한다. 이 작품은 천상계의 유출 과정에 관한 영지주의 신화를 전제로 하지만 그것들을 분명하게 제시하지는 않는다. 다시 말해 아버지에게서 에온이 유출되어 나오는 과정을 자세히 다루지 않는다. 다만 아들이 아버지에게서 나온 첫 번째 존재라는 것(37.9), 아버지에게서 나온 유출물들이 플레로마라는 것(41.15), 그리고 아버지의 불가지성·불가해성으로 말미암은 무지에서 오류가 나왔으며 이 오류가 물질의 창조와 관련이 있다는 것(17.5-20) 정도만 밝힌다. 이처럼 복음서 곳곳에서 신적 영역과 물질 세계, 그리고 인간이 어떻게 생겨나게 되었는지 간간히 실마리를 제공한다. 대신 이 책은 어둠과 무지 속에 살면서 괴로워하는 인류에게 구원을 가져다주는 진리와, 이러한 계시된 진리를 가져다 준 예수 그리스도, 그리고 아버지의 아들이신 말씀에 초점을 맞춘다. 그리스도의 계시를 통하여 오류의 안개가 걷히고 거짓의 착각과 환상이 만천하에 드러났으며, 진리를 받아들이고 자신이 누구인지 이해하는 이들은 아버지와 다시 일치를 이루게 된다는 것이다.

진리의 복음의 구조를 파악하는 것은 쉬운 일이 아니며, 주석가마다 다른 안을 내놓는다. 특정한 주제나 동기가 별다른 구조적 장치 없이 다음 것으로 넘어가기에 문단을 나누기가 어렵다. 한 주제를 놓고 성찰을 전개하다가 옆길로 새기도 하고 그러다가 출발점으로 돌아와 설명을 재개하기도 한다. 이처럼 요약과 복선, 재언급, 표제어 연결 등 다양한 방식으로 내용이 전개되고 있어 어느 한 범주를 기준으로 작품 구조를 나누는 것은 불가능에 가깝다. 그러나 주제를 중심으로 대략적으로 구조를 나누면 다음과 같다.

도입(16.31-17.4)

I. 무지와 계시(17.4-24.9)

1. 무지와 오류(17.4-18.11)
2. 복음의 계시와 예수 그리스도(18.11-19.27)
3. '살아 있는 이들의 책'의 계시(19.27-24.9)

II. 계시의 결과(24.9-33.32)

1. 지식을 통한 안식과 일치(24.9-27.4)
2. 하느님에 관한 지식이 가져오는 참된 실존(27.5-30.16)
3. 지식을 통한 아버지께로의 귀환(30.16-33.32)

III. 아버지께로의 귀환(33.33-43.24)

1. 구원은 귀환이다(33.33-36.39)
2. '이름'을 통해 이루어지는 귀환(36.39-40.23)
3. 귀환의 목적: 아버지 안에서 안식을 누림(40.23-43.24)

3. 신학

피어슨B.A. Pearson은 진리의 복음을 그리스도교 구원의 메시지에 대한 성찰적 강론이라 묘사한다.[8] 윌슨R. Wilson은 진리의 복음이 그리스도의 수난과 관련해서는 '정통' 그리스도교에 매우 가깝다고 주장한다.[9] 그러나 이 작품이 전하는 '구원하는 지식' 개념은 영지주의 가르침과 가깝다. 그리고 '이름' 개념과 '말씀'에 관한 단상은 스토아학파 및 필론의 우의적 해석 전통과 연

8 Pearson, *Gnosticism, Judaism, and Egyptian Christianity*, 200.

9 Wilson, *The Gnostic Problem*, 255.

결되어 있는 듯하다.[10] 이 복음서의 저자와 독자가 영지주의 유다인 혹은 영지주의 그리스도인이었을 것이라는 주장이 설득력 있다.[11] 사실 이 작품의 가르침들은 그리스도교적 특성과 유다교적[12] 특성을 고루 갖추고 있다.[13] '이름' 개념 특히 아버지의 이름이 '아들'이라는 관념은 제2성전 시대 유다교 신명사문자Tetragrammaton 이론에서 그 뿌리를 찾을 수 있다. 이 이론은 초기 그리스도론의 중심 주제로 자리 잡아 신약성경에서 폭넓게 관찰된다(요한 17,11;[14] 묵시 19,12-13.16; 히브 1,4; 로마 10,13; 필리 2,9; 에페 1,21).[15] 그밖에 다양한 유다교적 관점이 영지주의·그리스도교 요소와 결합하여 진리의 복음 특유

---

10 스토아 학파와 필론이 견지하는 로고스 사상에 관해서는 셍크, 『필론 입문』, 122-123을 참조하라.

11 Wolfson, "Inscribed in the Book of the Living: Gospel of Truth and Jewish Christology", 237-238.

12 특히 신론이나 로고스 신학은 필론이 간직한 유다교 전승과 상당히 유사하다. 진리의 복음에 나타나는 다양한 철학·신학적 경향을 밀도 있게 다루는 Wolfson, "Inscribed in the Book of the Living: Gospel of Truth and Jewish Christology", 234-271을 참조하라.

13 진리의 복음과 같은 Codex I에 보존된 삼부작 논고가 여러 가지 면에서 진리의 복음과 공통의 개념적 특성을 보인다. 삼부작 논고는 존재자가 다양한 차원에서 어떠한 구조로 조직되어 있는지 보여 주려는 시도로서 신학, 우주론과 구원론 등을 펼친다.

14 "저는 아버지께 갑니다. 거룩하신 아버지, 아버지께서 저에게 주신 이름으로 이들을 지키시어, 이들도 우리처럼 하나가 되게 해 주십시오."

15 요한 복음의 로고스 그리스도론과 진리의 복음이나 필립보 복음에서 발견되는 유다교 및 그리스도교의 실체적 이름 관념 사이의 관계에 대해서는, Fossum, *The Name of God and the Angel of the Lord: Samaritan and Jewish Concepts of Intermediation and the Origin of Gnosticism*, 106-112; 125-127; Quispel, "Qumran, John and Jewish Christianity", 137-155, 특히 149-154을 참조하라.

의 신학을 형성하고 있다.[16]

3.1. 하느님

진리의 복음에서 아버지라고도 불리는 하느님은 초월적인 분이시며, 알 수 없는 분이시다. 곧 '파악할 수 없고 생각해 낼 수 없는 분'(17.8-9; 30.32-33)이시며, 아무에게도 둘러싸이지 않으시나 모든 길을 둘러싸고 계신 분이시다(22.25-27). 그분의 깊이가 너무 심오하여 사람들은 그분을 알지 못하고 오류에 빠질 수밖에 없다고 한다(22.25; 35.15-17).

또한 아버지는 오직 하나ⲡⲟⲩⲉⲓ ⲟⲩⲁⲉⲉⲧϥ이시며(42.15) 완전하신 분 ⲡⲉⲧϫⲏⲕ (ⲁⲃⲁⲗ)으로서(18.33; 27.24; 42.15), 완전성의 원천이시기도 하다(19.36; 21.9; 21.18).

아버지는 모든 것의 기원이시며 뿌리이시다(17.5; 28.17; 38.1-4; 41.17; 42.34-35). 아버지에게서 아들이 나왔고(37.9), 그분이 모든 것을 만드셨으며, 모든 것은 그분 안에 있다(17.6-9; 18.32-35; 19.7-10; 42.28).

진리의 복음에 나타난 하느님 관념은 거의 대부분 필론의 작품에서 발견된다. 하느님은 오직 하나라는 개념,[17] 초월적 하느님의 불가지성,[18] 하

---

16 Wolfson, "Inscribed in the Book of the Living: Gospel of Truth and Jewish Christology", 249-257.

17 필론 『세상의 창조』 171-172; 『우의적 율법』 2.1 참조.

18 하느님의 초월성과 불가지성은 필론의 작품 전반에서 발견되는 주제다. 필론은 하느님을 두고 "이름을 붙일 수 없는", "발설할 수 없는", 그리고 "어떤 관념으로도 이해할 수 없는 분"(『꿈』 1.67) 등의 표현을 처음으로 사용하였다(셍크, 『필론 입문』, 132-135).

느님이 만물의 창조자이자 기원이라는 관념[19] 등이 그러하다. 이는 진리의 복음이 당시에 퍼져 있던 헬라계 유다교 신론과 그리스도교 신론의 요소를 두루 갖추고 있음을 뜻한다.[20]

3.2. 말씀·로고스 또는 아들

말씀·로고스는 아버지의 생각과 정신 안에 있으며 구원자라고도 불린다(16.35-38). 이 로고스는 아버지에게서 제일 처음으로 나온 분이시기도 하다(37.9). 아버지의 감춰진 비밀, 아들이라고도 불린다(24.13-14). 아버지와 아들의 특별한 관계는 이른바 '이름'에 관한 단상에 잘 드러난다(38.6-40.23). "아들은 아버지의 이름입니다. 아버지께서, 그분에게서 나온 이들 가운데 처음으로 이름을 주신 이가 바로 아들이십니다. 아들은 아버지 자신이었고, 아버지께서 그분을 아들로 낳으셨습니다"(38.6-10).

'아들'은 계시자이자 구원자 역할을 한다. 곧 아들이 세상에 나타나서 사람들에게 아버지에 관해 가르치고 '생각' 속에 있는 것을 그들 안에 불어 넣어주어, 많은 사람들이 빛을 받아들이고 아버지께 돌아오게 되었다는 것이다(30.32-31.1).

진리의 복음에서는 '예수 그리스도'에 대해서도 언급한다. '예수 그리스도'는 '아들'과 동일한 존재인 듯하다.[21] 우선 예수 그리스도에게도 아들

---

19 필론 『누가 신적인 것들의 상속자인가』 36; 『십계명』 41; 52; 64 참조.

20 필론의 하느님관에 관해서는 셍크, 『필론 입문』, 132-136; 290-293을 보라. 울프슨도 진리의 복음이 유다교와 그리스도교 신학의 두 가지 요소를 동시에 지니고 있다고 주장한다(Wolfson, "Inscribed in the Book of the Living: Gospel of Truth and Jewish Christology", 234-271).

21 애트리지와 맥래는 반대 의견이다. 진리의 복음이 엄격한 가현주의는 아니더

에게와 마찬가지로 계시자의 기능이 부여된다. "그분(예수님)께서는 지식이시며 완전함이시고 마음 안에 있는 것들을 선포하시며, … 가르침을 받아들일 사람들을 가르치[십니다]"(20.38-21.2). 게다가 저자가 그리스도를 '감춰진 신비'(18.15)라 하고 아들을 '아버지의 감춰진 비밀'(24.12-14)로 묘사하는 것을 보면, 그리스도와 아들을 동일시하는 듯하다. '말씀이 출현하다, 말씀이 몸이 되다'(26.5-9)는 표현은 '말씀'과 '예수 그리스도'를 동일시하는 게 분명하다. 육이 되어 사람들을 가르친 이가 '아들'로 제시되기도 하고, 이분이 빛이시며 잃어버린 양을 찾아 떠난 목자시라고도 한다(30.25-32.4). '아들'과 '예수 그리스도'를 구분할 필요가 없다는 의미다.

3.3. 구원

진리의 복음에서 구원은 무엇보다 '지식'이나 '가르침'과 연결된다. 여기서 말하는 지식은 '아버지'(23.19; 30.5; 37.37-38)와 '자기 자신'에 관한 지식이며(21.5-6), 자신의 기원에 관한 지식이다(22.14-15). 그리고 구원이란 지식을 얻어 아버지께로 되돌아가(19.5; 21.5-11; 38.2-4) 안식을 누리는 것이다(33.37;

라도 지상의 예수님과 '아들'을 근본적으로 구분하고 있다는 것이다. 예수님이 지상세계에 지식을 전달하는 분이라면, '아들'은 천상계의 아버지의 유출물들에게 계시하는 분이라고 한다: Attridge/MacRae, "The Gospel of Truth", 75. 사실 진리의 복음에서 '아들'과 '예수 그리스도'의 관계가 분명하지는 않다. 분명한 것은 역사적 사건(가르침 활동과 십자가 사건)과 관련 있을 때는 주로 예수 그리스도라는 명칭을 쓰고, 그 밖의 경우에는 '아들' 명칭을 주로 쓴다는 것이다. 가령 예수 그리스도는 복음을 통하여 망각으로 인해 어둠 속을 헤매는 사람들을 비추어 주시고 길을 제시해 주셨으며, 이 때문에 오류의 박해를 받아 나무에 못 박혀 아버지에 관한 지식의 열매가 되셨다고 한다(18.14-26). 또한 그리스도는 혼란 속을 헤매는 사람들을 다시 데려와 그들을 기름으로 도유할 것이라고 한다(36.14-18).

35.27; 42.22). 구원자인 '아들' 또는 예수 그리스도는 말씀을 선포하고 가르침을 주는 계시자시다(30.32-31.1; 31.10-35).[22]

계시의 효과 또는 구원의 결과가 '회귀'와 밀접히 관련된 '일치'와 '단일성'ⲙⲛ̄ⲧⲟⲩⲉⲉⲓ으로 표현된다는(19.6; 21.5-11; 23.15; 25.11-19; 28.9-19) 점이 눈길을 끈다. "일치 안에서 사람이 저마다 자기 자신을 받아들일 것입니다. 그는 지식 안에서, 자신을 정화하여 다양성에서 단일성으로 나아갈 것입니다"(25.11-15). 결국 구원이란 지식을 받아들인 인간이 자신의 원천인 아버지께 돌아가 그분과 일치하는 것이다.[23]

3.4. '지식'이 있는 이와 '무지'한 이

진리의 복음은 지식을 얻게 되는 이와 무지에 머무는 이, 곧 구원받는 인간과 그렇지 못한 인간이 존재론적으로 양분되어 있다는 인상을 준다. 가르침을 받아들이는 사람들은 생명의 책에 기록된 살아 있는 사람들이며(21.3-8), 지식을 얻은 사람은 위에서 온 사람이다(22.2-4). 반면에 물질에 속한 이들은 하느님을 알지 못한다(31.1-4). 결국 지식이 있는 이는 위에서 와서 위로, 아버지에게서 와서 아버지께로 돌아간다. 그는 자신이 어디서 와서 어디로 가는지 안다. 반면 무지한 이는 망각의 피조물이며 망각과 함께 사라진다(21.2-22.20).

---

22 구원에 관해서는 특히 진리의 복음 21.6-22.20과 24.10-25.19; 42.11-42.39에 잘 나타난다.

23 토마 복음에서도 구원은 인간이 '단일성'을 회복하고 자기가 떠나온 아버지께로 되돌아가 잃어버린 일치를 회복하는 것으로 그려진다(말씀 22; 114).

4. 진리의 복음

본문은 Attridge/MacRae, “The Gospel of Truth”, 82-117을 토대로 콥트어에서 우리말로 옮겼다. 이 본문은 나그 함마디 문헌 Codex I에 담겨 있다. 본문에 수록된 번호는 필사본의 쪽 수와 행 수를 가리키는데, 애트리지가 제시한 것을 그대로 따랐다. 우리말과 콥트어의 어순이 다르므로 콥트어 본문과 다른 위치에 번호를 매겨야 하는 경우를 피할 수 없었다. 그런 때라도 따로 표시는 하지 않았다. 본문에서 [ ]에 든 내용은 훼손된 필사본을 문맥에 맞게 복원한 경우고, ( )에 있는 내용은 우리말 표현을 위해, 혹은 문장 이해를 돕기 위해 임의로 덧붙인 경우다. 〈 〉에 든 내용은 Attridge/MacRae가 문맥에 맞게 첨가한 것이다. 훼손된 본문을 복구하기 어려운 경우는 […]로 표시하였다.

16. 16.31 진리의 복음은 진리의 아버지에게서 오는 은총을 받아들인 이들의 기쁨입니다. 여기서 은총이란 35 플레로마에서 나온 '말씀'의[24] 힘으로 그분(아버지)을[25] 아는 것입니다. 그것(말씀)은 아버지의 생각과 정신

24 진리의 복음에서는 '말씀'이라는 뜻으로 콥트어 ϣⲉϫⲉ(세제)와 그리스어 차용어 ⲗⲟⲅⲟⲥ(로고스 = λόγος)가 쓰인다. 의미상으로는 별 차이를 발견할 수 없다. 두 단어 모두 문맥에 따라 단순히 '말'을 뜻하기도 하고, '아들' 또는 '그리스도'를 가리키기도 한다.

25 이 복음서 전체에 3인칭 대명사가 너무 많아 문맥에 따라 '그분, 그, 그것'이라 옮겼다.

안에 있으며 구원자라 불리는 분이십니다.[16]

17. [17.1]그리고 그것은 아버지를 알지 못하는 이들의 구원을 위해 그분께서 행하실 업적의 이름입니다. 그 복음의 이름은 '희망의 계시'이며 '그분을 찾는 이들의 발견'입니다.

무지와 계시

바야흐로 [5]모든 것이[26] 자신들이 떠나온 분을 찾으러 다닐 때 — 모든 것은 그분, 곧 파악할 수 없고 생각해 낼 수도 없으며 모든 생각보다 뛰어나신 분 안에 있습니다 — [10]아버지를 모르는 무지는 두려움과 공포를 불러일으켰습니다. 두려움이 짙은 안개처럼 자리 잡아 아무도 앞을 볼 수 없었습니다. 이 때문에 [15]오류가[27] 힘을 얻었고 그것은 진리를 알지 못한 채 허망하게도 물질에 손을 대었습니다. 그리고 그것(오류)은 피조물에 자리를 잡고 힘과 [20]진리의 대체물인 아름다움으로 무장하였습니다.

그러나 이 일이 그분 곧 파악할 수 없고 생각해 낼 수도 없는 분께 모욕이 되지는 않았습니다. 두려움과 망각과 기만의 피조물은 '무'이기 때문입니다.[28] [25]반면에 확고한 진리는 변하지 않고 흔들리지 않으며 그 이상 더 아름다울 수 없습니다. 그러니 오류를 무시하십시오.

---

26 여기서 '모든 것'이 가리키는 것이 무엇인지 분명하지는 않다. 다른 발렌티누스파 작품에서처럼(이레네우스 『이단 논박』 1.14.1; 클레멘스 『테오도투스 발췌록』 30.2) '아버지'에게서 유출되는 모든 영적 존재를 가리키는 말일 수 있다. 인간을 포함한 피조물 전체, 만물을 가리킬 가능성도 있다. 어떻든 '모든 것'이 아버지 안에 있다는 것은 발렌티누스파 작품에서 공통적으로 발견되는 원칙이다(삼부작 논고 54.12-23.40-41; 이레네우스 『이단 논박』 1.2.6).

27 본문에 '오류', '진리' 등 추상명사가 의인화된 경우가 많다. 영지주의 작품에서 흔한 현상이므로 따로 표시하지 않고 그대로 번역하였다.

28 또는 '아무것도 아니기 때문입니다.'

그것(오류)은 뿌리가 없는 것처럼, 아버지에 관한 한 짙은 안개에 빠져 버렸습니다. 그것은 문젯거리와 망각과 공포를 준비하고, 이것들을 통해 중간에 있는 자들을 미혹시켜 사로잡으려 하였습니다.

18. 오류의 망각이 밖으로 드러나지는 않았습니다. 그것은 아버지 손에서[29] 나온 […] 아닙니다. 망각은 아버지 손에서 생겨나지는 않았습니다. 비록 그것이 그분 때문에 생겨나기는 했지만 말입니다. 그분 안에 존재하는 것은 '지식'입니다.[30] 그것(지식)이 나타난 이유는, 망각이 사라지고 아버지께서 알려지기 위해서입니다.[31] 망각은 아버지께서 알려지지 않아서 생겨난 것이므로, 아버지께서 알려진다면 그 순간부터는 그것이 존재하지 않을 것입니다.

사람들이 찾는 그분의 복음이, 아버지의 자비를 통하여 완전한 사람들에게 계시되었습니다. 그리고 감춰진 신비인 예수 그리스도께서는[32] 이 복음을 통하여, 망각으로 인해 어둠 속에 있는 사람들을 비춰 주셨습니다. 그분은 그들을 비추며 길을 제시해 주셨습니다. 그 길은 그분이 그들에게 가르쳐 주신 진리입니다.

이 때문에 오류는 그분에게 화가 나서 그분의 뒤를 쫓고 그 때문에 괴로워하다가 파멸해 버렸습니다. 그분은 나무에 못 박히시어 아버지에 관한 지식의 열매가 되셨습니다. 그러나 그 열매가 먹혔다고 파

---

29 '…의 손에'로 옮긴 ϩⲁⲧⲙ̄(하템)은 , '…의 곁에', '…와 함께', '…에 의해', '… 앞에' 등으로도 옮길 수 있다.

30 진리의 복음에서는 '지식'이라는 뜻으로 콥트어 ⲥⲁⲩⲛⲉ(사우네)와 그리스어 차용어 ⲅⲛⲱⲥⲓⲥ(그노시스)가 쓰인다. 둘 사이에 별다른 차이는 보이지 않는다. ⲥⲁⲩⲛⲉ와 ⲅⲛⲱⲥⲓⲥ는 공통적으로 '지식'으로 옮겼지만, 무언가에 대한 일반적 '지식'이 아니라 하느님의 계시에서 오는 '깨달음', '이해'나 '통찰'을 뜻한다.

31 요한 16,3; 17,3을 연상시킨다.

32 '감춰진 신비'가 복음을 가리키는 말일 수도 있다. 곧 "예수 그리스도는 감춰진 신비인 이것을 통하여 …."

멸을 가져오지는 않았습니다.[33] 오히려 그것은 그것을 먹은 자들이 '발견'하고 기뻐하게 만들었습니다. 그분과[34] 그들로 말할 것 같으면,[35] 그분은 자신 안에서 그들을 발견하셨고 그들은 자신 안에서 그분을 발견하였습니다.

파악할 수 없으며 생각해 낼 수도 없는 분이신 아버지, 완전한 분
이시며 모든 것을 만드신 분! 모든 것이 그분 안에 있으며 모든 것이
그분을 필요로 합니다. 아버지께서는 그들의 완전성을 당신 안에 간
직하시고 모든 것에게 내어 주지 않으셨습니다. 그러나 그것이 질투를
느끼셔서는 아니었습니다. 그분과 그분 지체 사이에 무슨 질투가 있
19. 겠습니까? 사실 에온이 그들의 [완전성]을 받[았]다면, 그들은 아버
지 […] 오지 않았을 것입니다. 그분께서는 그들의 완전성을 당신 안에
간직하시며, 그것을 그들에게 선사하시어 당신을 향한 귀환과 완전한
하나의 지식이 되게 하십니다.[36] 그분께서 모든 것을 만드신 분이시며
모든 것은 그분 안에 있습니다. 그리고 모든 것이 그분을 필요로 하
였습니다.

당신을 모르는 사람이 있다는 듯이 그분께서는 사람들에게 알려지고 사랑받기를 바라십니다. 아버지에 관한 지식 외에, 모든 이에게

---

33 '지식의 열매'는 창세 3,3의 선악의 열매와 대조된다. 태초의 인간이 따 먹은 선악의 열매는 파멸을 가져왔지만, 지식의 열매는 발견의 기쁨을 가져왔다는 것이다.

34 문법적으로 ⲛ̄ⲧⲁϥ(엔타프 3인칭 남성 단수)는 '아버지'를 가리킬 수도 있고, '예수님'을 가리킬 수도 있다. 문맥으로 보아 예수 그리스도의 계시 활동으로 사람들이 '아버지'를 발견하게 되었다고 번역하는 것이 더 적당할 듯하다.

35 ⲛ̄ⲧⲁϥ ⲛ̄ϫⲉ ⲛⲉⲉⲓ는 우리말로 옮기기 힘들다. '이제 그분과 이들로 말할 것 같으면' 정도로 번역하면 무난할 것 같다.

36 '일치의 지식' 또는 '일치를 이루는 지식'을 말한다. 하느님께서 완전성을 선사하시기에 그분께 돌아갈 수도, 일치의 지식을 얻을 수도 있다는 뜻이다.

필요한 것이 무엇입니까? 그분(예수님)께서는 편안하고 느긋한 길 안내자가 되셨습니다. 그분께서는 학교에 나타나시어 스승으로서 말씀을 선포하셨습니다. 현자들이 자기네 마음대로 그곳에 가서 그분을 시험하였지만, 오히려 그분께서 그들을 꾸짖으셨습니다.[37] 그들이 헛된 생각을 갖고 있었기 때문입니다.[38] 그들이 그분을 미워한 것은 실제로 그들이 현명하지 않았기 때문입니다.

이 모든 일이 있은 다음, 어린 아이들이 그곳에 왔습니다. 아버지에
관한 지식은 바로 그들의 것입니다.[39] 그들은 단단히 힘을 얻은 다음,
아버지의 얼굴 형상에[40] 대하여 배웠습니다. 그들은 알았고 알려졌으
며, 영광을 얻었고 영광을 드렸습니다. 살아 있는 사람들의 살아 있는
책이 그들의 마음속에 떠올랐습니다. 그것은 아버지[의] 생각과 정신
20. 속에 기록된 책이며, 모든 것이 세워지기 전부터 불가해성 안에 있
습니다. 그것을 손으로 잡을 수 있는 사람은 아무도 없었습니다. 그것
은 그것을 붙잡고 죽음을 당하실 분에게만 유보되어 있기 때문입니다.
그 책이 나타나지[41] 않았다면, 구원을 믿은 사람들 가운데 그 누구도
빛을 얻지 못했을 것입니다.

이 때문에 자비로우시고 신의가 있으신 예수님께서는 그 책을 받아들 때까지 참을성 있게 고통을 감수하셨습니다. 그분께서는 당신의 죽음이 많은 이들을 위한 생명임을 아시기 때문입니다.[42]

---

37 토마 유년기 6-8장의 학교 일화를 가리키는 듯하다.

38 직역: '그들은 헛됨·무상함(ⲡⲉⲧϣⲟⲩⲉⲓⲧ)이었기 때문입니다.'

39 토마 복음 말씀 4; 46 참조.

40 또는 '아버지의 인상.'

41 직역: '앞에 나서지.'

42 마태 20,28; 로마 5,10-21 참조.

세상을 떠난 집 주인의 재산은, 유언이 공개되기 전까지는 유언
장 안에 감춰져 있습니다.[43] 감춰져 있던 모든 것의 경우도 마찬가지
입니다. 모든 것의 — 모든 것이 그분에게서 나옵니다 — 아버지께서
는 우리 눈에는 보이지 않으시나, 모든 길이 그분에게서 나옵니다.
그러므로 예수님께서 나타나시어 그 책을 동이시고 나무에 못 박히
셨습니다. 그리고 그분께서 아버지의 칙령을 십자가상에 공포하셨습
니다.[44] 오,[45] 이 얼마나 위대한 가르침입니까! 그분께서는 당신을 죽
음으로 끌어내리셨습니다.[46] 영원한 생명이 당신을 감싸고 있는데도
말입니다. 그분께서는 멸하는 누더기를 완전히 벗어 버리시고, 아무도
빼앗아 갈 수 없는 불멸을 입으셨습니다.[47] 그분께서는 텅 빈 공포의
길에 들어서시어, 망각으로 벌거벗은 이들을 지나쳐 가셨습니다. 그
분께서는 지식이시며 완전함이시고 마음 안에 있는 것들을 선포하시
21. 며, 21.1[…]. 가르침을 받아들일[48] 사람들을 가르치[십니다].[49]

가르침을 받아들일 사람들은 '살아 있는 사람들의 책'에 기록된 살아 있는 사람들입니다.[50] 그들은 바로 자신에 관한 가르침을 얻는 것이며, 그 가르침은 아버지에게서 받습니다. 그리고 그들은 또다시 그분께 되돌아갑니다. 모든 것의 완전성은 아버지 안에 있으니, 모든 것

43 히브 9,17 참조.

44 콜로 2,14.

45 Crum, *A Coptic Dictionary*, 170. ⲱ ⲙⲛ̄-은 감탄사로 '오!' 또는 '그리고 오!'로 옮긴다.

46 필리 2,8.

47 1코린 15,53.

48 해독이 어렵다.

49 이 대목은 십자가에 못 박히신 예수님의 계시자로서의 역할을 소개한다.

50 사람들의 이름이 적혀 있다는 '생명의 책'을 언급한 필리 4,3을 참조하라.

은 그분께 올라가야 합니다.[51] 누군가 지식을 얻게 되는 그때, 그는 본디 제 것이던 것을 받게 되는 것입니다.[52] 그리고 그는 그것들을 자신에게로 끌어당깁니다. 사실 무지한 이는 무언가가 필요한데, 그에게 필요한 그것은 엄청난 것입니다. 그에게는 자신을 완전하게 해 주실 분이 필요하기 때문입니다. 모든 것의 완전성은 아버지 안에 있으며, 모든 것이 그분께 올라가서 저마다 본디 제 것이던 것을 받아야 합니다. 그래서 그분께서는 당신에게서 나온 이들을 위해[53] 그들을 준비시키신 다음, 그들을 책에 미리 기록해 두셨습니다.

마침내 그분께서 이름을 미리 알고 계신 이들이 호명되었습니다. 지식을 얻은 이는 아버지께서 그 이름을 발설하신 자이기 때문입니다. 사실 자기의 이름이 불리지 않은 이는 무지한 자입니다. 실제로 어떤 이든 자기 이름이 선포되지 않았다면 그가 무슨 수로 듣겠습니까? 사실 끝까지 무지한 이는 망각의 피조물이며, 그것과 더불어 사라져
22. 갈 것입니다. 그렇지 않다면 무엇 때문에 그들이[54] 이름도 없고 소리
도[55] 없겠습니까? 그러므로 누군가 지식을 얻었다면 그는 위에서 온 사람입니다. 그는 자기 이름이 불리면 듣고 대답합니다. 그리고 자기를 부르신 분에게 돌아가며 그분을 향해 위로 올라갑니다.[56] 그는 자신이

51 영지주의자들이 말하는 지식·그노시스는 '자기 자신'과 '하느님'에 관한 깨달음을 가리킨다. 자신이 누구인지 앎으로써 곧 자신이 하느님에게서 나온 존재임을 깨달음으로써 하느님께 돌아가 그분과 다시 일치를 이룰 수 있다고 한다.

52 토마 복음 말씀 88을 참조하라.

53 직역: '당신에게서 나온 이들에게 주시려고.'

54 '그들'을 수식하는 ⲥⲱϣ의 의미를 알 수 없어 옮기지 않았다.

55 또는 '명성.'

56 '지식이 있는 이'와 '무지한 이'가 대비된다. 전자가 위에서 와서 위로 돌아간다면 후자는 망각의 피조물이며 망각과 함께 사라진다.

어떤 식으로 불리는지 압니다. 그가 지식을 갖게 되면 자신을 부르신 분의 뜻을 행하고 그분의 마음에 들고 싶어 하며, 안식을 얻습니다.[57] 각자의 이름은 자기를 위해 존재합니다. 이처럼 지식이 있는 이는 자기가 어디서 왔는지 그리고 어디로 가는지[58] 압니다.[59] 그는 인식합니다. 술에 취했다가 숙취에서 빠져나와[60] 자기 자신에게 되돌아온 사람처럼 그리고 본디 제 것이던 것을 제자리에 세워 놓은 사람처럼 말입니다.

그분께서는 많은 이를 오류에서 되찾아오셨습니다. 그리고 그들보다 먼저 그들이 떠나온 그들의 길을 향해 가셨습니다. 그들이 오류를 받아들인 것은 아무에게도 둘러싸이지 않으시나 모든 길을 둘러싸고 계신 분의[61] 깊이 때문이었습니다. 그들은 아버지를 알지 못한 채

---

57 '안식' 주제는 성경에 자주 등장하며, 유다교 문학과 그리스도교 문학에서 한층 발전된 모습을 확인할 수 있다. 신명 12,9; 시편 132,8.13.14; 이사 14,7; 66,1; 필론 『아브라함의 이주』 26-33; 『케루빔』 87-90; 4에즈 8,52-62; *m. Tamid* 7.4; 히브 4,1-11 참조. 영지주의 문헌에서 '안식'은, 육체에서 해방된 영혼이 하느님과 일치를 이룬 최종 상태를 가리킨다. 이레네우스 『이단 논박』 1.2.6; 3.15.2; 클레멘스 『테오도투스 발췌록』 65.2; 삼부작 논고 58.36 등을 참조하라. 토마 복음; 이집트인들의 복음; 사도들의 편지에서도 안식 개념이 발견된다. 진리의 복음에서는 22.12 외에, 23.29; 24.18; 33.36; 40.33; 42.21-22; 43.1 등에서도 이 상징이 사용된다.

58 '가다'의 일반적 형태인 ⲛⲛⲏⲩ 대신 ⲛⲛⲁ가 사용되었다.

59 ⲙ̄ⲙⲉ(엠메)를 때에 따라 '알다', '인식하다' 등으로 번역하였다. '지식이 있는 이는 자기가 어디서 왔는지 그리고 어디로 가는지 압니다'는 영지주의자들의 전형적 지식 개념을 드러낸다.

60 필론 『술에 취하는 것』 154-160에서 주취(τὸ μεθύειν)는 무지(ἄγνοια)를, 술에서 깨는 것은 무지에서 지식(ἐπιστήμη)으로 옮겨가는 것을 의미한다. 토마 복음 말씀 28의 각주를 참조하라.

61 필론 『우의적 율법』 1.44; 『꿈』 1.61-66 등에 비슷한 표현이 나온다. 곧 하느님은 모든 것을 감싸고(담고) 계시나 자신 이외에 그 어느 것에게도 감싸이지(담기지)

그분 안에 있었으며, 자기들이 어떤 분 안에 있는지도 알지 못했고, 그분을 받아들일 수도 없었습니다. 그래서 그들이 스스로 빠져나올 수 있었다는 사실은 참으로 놀랍습니다. 사실 그분의 뜻이 그분에게서 나오지 않았다면 어떻게 되었겠습니까? — 사실 그분께서 지식을 주시기 위해 그것을[62] 드러내셨습니다. 유출물들은 모두 그것과 한마음을 이룹니다.[63]

23. 그것은 살아 있는 책에 관한 지식으로서, 그분께서 [23.1]에온들에게 마지막으로 글[자]들을 통해 계시하셨습니다. 그분께서는 그것들이 소리 나는 모음도 아니고 소리 없는 자음도 아니라는 것을 보여주셨습니다. 어떤 이는 그것들을 읽고 헛된 것을[64] 생각해 내기도 합니다. 그러나 그들이 발음하고 오직 그들만 아는 그것들은 진리의 글자들입니다. 글자 하나하나가 한 권의 책처럼 완전한 생⟨각⟩입니다. 그것들은 일치를 통해 기록된 글자들입니다. 아버지께서 에온들이 그분의 글자들을 통해 아버지를 알 수 있도록 그들에게 기록해 주신 것입니다.

그분의 지혜가 '말씀'을 묵상하며, 그분의 가르침은 그것(말씀)을 발설합니다. 그리고 그분의 지식은 ⟨그것을⟩ 계시하였습니다. 그분의

않으신다는 것이다.

62 '그것'이 3인칭 남성 단수이므로, '그분의 뜻'을 가리키는 것 같다. 또는 '당신을 드러내셨습니다'로 옮겨도 된다.

63 '유출물'로 옮긴 ϯн(티에)는 Crum의 사전에 수록되지 않은 단어다. 이 단어의 뜻을 문맥으로 유추해 보면, '산물', '유출물' 등이 될 것 같다. 이 문장에서 '그것'에 해당하는 대명사가 여성형인데, 정확히 무엇을 가리키는지 알 수 없다. 단락 전체에서 여성 단수는 '오류'뿐이다. 사실 문장 전체의 뜻이 불분명하다. 해당 대명사를 남성으로 고쳐 읽으면 유출물들이 그 지식과 한마음을 이룬다는 뜻으로 이해할 수 있다.

64 또는, '어리석은 것.'

인내는 그것에 씌워진 화관이며, 그분의 기쁨이 그것과 한마음을 이
룹니다. 그분의 영광은 그것을 들어 높였으며, 그분의 유형(형상)은 그것
을 계시하였습니다. 그분의 안식은 그것을 받아들였고, 그분의 사랑
은 그것을 두르는 몸이 되었으며, 그분의 신뢰는 그것을 사로잡았습니
다. 이런 식으로 아버지의 말씀은 모든 것을 관통합니다. 그것은 그분
24. 마음의 열매이며 그분 뜻의 형상입니다.[65] 그것은 모든 것을 지탱합
니다. 그리고 모든 것의 형상을 뽑고 취하여 그것들을 정화합니다. 그
런 뒤 그것들을 아버지께, (그리고) 어머니 곧 무한한 감미로움이신 예
수님께 돌려드립니다.[66]

계시의 결과

아버지께서는 당신의 품을 드러내 보여 주십니다 — 그분의 품은 성령이십니다. 그분께서는 당신의 감춰진 비밀을 보여 주십니다 — 그분의 감춰진 비밀이란 당신의 아들입니다. 이는 아버지의 자비를[67] 통하여 에온들이 그분을 알게 되고, 수고하며 아버지를 찾는 것을 그만두며, 그분 안에서 안식을 누리면서 그것이 안식임을 알기 위해서입니다. 그분께서는 결핍을[68] 메우신 다음 그 형체는[69] 없애 버리셨습니다 — 그것의 형체란 우주, 곧 그분께서 예배드린 장소를 말합니다.

---

65 직역: '그분 뜻의 얼굴의 형상.'

66 사도들의 편지 45 참조.

67 ⲙⲉϩⲧ는 창자를 뜻하는 그리스어 σπλάγχνα에 해당하는 말이며, 따라서 '연민, 자비' 등을 의미하기도 한다. 루카 1,78을 참조하라.

68 ϣⲧⲁ는 문맥에 따라, '결핍, 부족함, 모자란 것, 부족한 것' 등으로 옮겼다.

69 1코린 7,31(παράγει γὰρ τὸ σχῆμα τοῦ κόσμου τούτου. 이 세상의 형체가 사라지고 있기 때문입니다); 필리 2,7-8(καὶ σχήματι εὑρεθεὶς ὡς ἄνθρωπος 여느 사람처럼 나타나)을 참조하라.

시기와 분쟁이 있는 곳은 결핍이며, 일치가 있는 곳은 완전함이기 때
문입니다. 결핍이 존재한 이유는 아버지께서 알려지지 않았기 때문
입니다. 따라서 아버지께서 알려지시면 그 순간부터는 더 이상 결핍이
존재하지 않을 것입니다. 사람의 무지가 늘 그렇듯이, 어떤 사람이
지식을 얻게 되면 그의 무지는 사라집니다.[70] 빛이 나타나면 사라지는
25. 어둠처럼, 결핍도 완전성 안에서는 사라집니다. 그 순간부터 그 형
체는 보이지 않으며, 그것은 일치 속으로[71] 사라져 갑니다. 이제 그
들의 업적은 흩어져 버렸기 때문입니다. 시간이 지나면, 일치가 길
을 완전하게 만들 것입니다. 그리고 일치 안에서 사람이 저마다 자기
자신을 받아들일 것입니다. 그는 지식 안에서, 자신을 정화하여 다양
성에서 단일성으로 나아갈 것입니다. 그는 물질을 불처럼 삼켜 자
신한테서 없앨 것입니다. 어둠이 빛으로, 죽음이 생명으로 사라지듯
이 말입니다.
이 일들이 우리 각자에게 실제로 일어났다면, 우리는 모든 것
에[72] 대해 생각하여 일치를 위해 집을 거룩하고 고요하게 만들어야
합니다. 몇 군데 흠 있는 항아리들을 집에서 들고 나온 사람들처
럼 — 그들이 그것들을 깨뜨려도 그 집주인은 손실을 겪지 않고
오히려 기뻐합니다.[73] 나쁜 항아리 대신 아주 완벽한 항아리들이
26. 있기 때문입니다. 하늘에서 내려온 심판이 그와 같습니다. 그 심
판은 모든 사람을 심판하였습니다. 그것은 칼집에서 빼어든, 잘 벼

70 직역: '그의 무지는 자신(무지)으로부터 사라집니다.'

71 직역: '일치의 조화 속으로.'

72 ⲁⲡⲧⲏⲣϥ: 또는 온전히.

73 '기뻐하다' 동사의 주어는 여성 단수로 되어 있지만 남성 단수로 바꾸어야 한다. 주어가 가리키는 '집주인'이 남성명사이기 때문이다.

린 양날의 칼입니다. 말씀이 출현하시자[74] — 말씀은 그것을 발설하는 사람들의 마음 안에 계시며, 소리뿐 아니라 몸도 되셨습니다 — 항아리들 사이에 큰 소동이 벌어졌습니다. 그분께서 어떤 것들은 비워내고 또 어떤 것들은 채웠기 때문입니다. 어떤 것들에는 무언가를 넣으셨고 어떤 것들은 따라 내셨으며, 어떤 것들은 씻어내시고 또 다른 어떤 것들은 부숴버리셨던 것입니다. 모든 길이 요동치고 혼란에 빠졌습니다. 그것들은 질서도 없고 안정도 없었기 때문입니다. 오류는 당황하며[75] 무엇을 해야 할지 몰랐습니다. 그것(오류)은 아무것도 몰랐기에 고통스러워하며 슬퍼하고 괴로워하였습니다. 진리가 다가가자 — 진리는 오류와 그 유출물들의 파멸입니다 — 오류는 비워지고 그 안에 아무것도 남지 않았습니다.

진리가 출현했고, 진리의 유출물들은 모두 진리를 알아보았습니다.
그것들은, 자신을 아버지와 결합시키는 완전한 힘과 진실로써 아버
지를 맞이하였습니다. 진리를 사랑하는 모든 이는, 진리가 아버지의
27. 입이기 때문에 사랑합니다. 그분의 혀는 성령이십니다. 진리와 결
합하는 이는 성령을 받을 때, 그분의 혀를 통해 아버지의 입과 결합
합니다.[76]

이것은 아버지의 현현이며 에온들에게 주시는 그분의 계시입니다. 그분께서는[77] 그분의 감춰진 비밀을 드러내 보여 주시고 그것을 해석해

---

74 직역: '말씀이 (사람들) 사이에 들어서시자.'

75 ⲉⲗⲁⲗⲧ̄의 정확한 뜻을 몰라 문맥에 맞춰 '당황하다'로 옮겼다.

76 또는, '그분의 혀는 성령이십니다. 자신을 진리에 결합시키는 이는 성령을 받을 때, 그분의 혀를 통해 자신을 아버지의 입에 결합시킵니다.'

77 3인칭 남성 단수 '그분'이 가리키는 것이 분명하지 않다. 앞 단락의 '성령'이 남성 단수이지만, 진리의 복음 전체에서 비밀을 계시하고 해석하는 기능은 '말씀' 또

주셨습니다. 사실 오직 아버지가 아니시라면 존재하는 이[78] 누구겠습니까? 모든 길은 그분의 유출물들입니다. 그들은 완전한[79] 사람에게서 나온 아이들처럼 자기들도 그분에게서 나왔다는 것을 압니다. 그들은 자신들이 아직 모습을 취하기 전이며, 이름도 받지 않았다는 것을 알았습니다.[80] 아버지께서는 그 이름 하나하나를 낳습니다. 그들은 그분에 관한 지식으로 모습을[81] 취하고 실제로 그분 안에 있으면서도 그분을 알지 못합니다. 그러나 아버지께서는 완전하시며 그분 안에 있는 모든 길을 아십니다. 그분께서 원하시면, 그분께서 원하시는 사람에게 모습을 주시고 이름을 주심으로써 그를 드러나게 하십니다. 그리고 그에게 이름을 주시고 그를 존재하게 하십니다. 아직 존재하지 않는 이들은 자신들을 만드신 분을 알지 못합니다.[82]

아직 존재하지 않는 이들을 아무것도 아니라고 말하는 것은 아
28. 닙니다. 그들은, **28.1**자신들이 존재하기를 바라시는 분 안에 있습니다.
다가올 시간처럼 그분께서 원하신다면 그리 될 것입니다. 모든 것이

는 '그리스도'에게 있으므로 여기서도 마찬가지일 것이다.

78 ⲡⲉⲧϣⲱⲡⲉ ⲓⲙⲏⲧⲓ로 읽었다. 다른 독법에 따라 ⲡⲉⲧϣⲱⲡ ⲉⲓⲙⲏⲧⲓ로 읽는다면, '누가 담고 있겠습니까?'라고 번역할 수 있다.

79 또는 '다 자란 사람', 곧 '어른.'

80 ⲙ̄ⲙⲁϥ(남성 단수 3인칭 목적격 대명사)를 ⲙ̄ⲙⲁⲥ(3인칭 여성 단수 목적격 대명사)로 바꾸어 번역하였다. ⲙ̄ⲙⲁⲥ는 비인칭으로 사용되어 다음에 이어지는 문장 전체를 받을 수 있기 때문이다.

81 ⲫⲟⲣⲙⲏ라 되어 있지만 ⲙⲟⲣⲫⲏ일 것이다. φορμη라는 그리스 단어는 존재하지 않는다. 진리의 복음과 같은 코덱스(Nag Hammadi Codex I)에 실린 삼부작 논고 55.8; 61.12에도 이 단어가 나온다. 애트리지는 라틴어 forma를 콥트어로 옮긴 것으로 추정한다: Attridge/MacRae, "The Gospel of Truth", 398.

82 또는 '존재하기 전에는 자기들을 만드신 분을 알지 못하는 이들을 존재하게 하십니다.'

실제로 모습을 드러내기 전에 그분께서는 당신께서 무엇을 꺼내 놓으실지 알고 계십니다. 그러나 아직 나타나지 않은 열매는 아무것도 알지 못하고, 아무것도 하지 않습니다. 아버지 안에 있는 모든 길은 존재하시는 분에게서[83] 나온 것입니다. 그분께서는 존재하지 않는 것에서부터 그것을 세우셨습니다. 뿌리가 없는 것은 열매도 없는 법이라, '나는 존재하게 되었다' 하고 생각하지만 결국은 사라질 것입니다. 그러므로 존재하지 않던 자는 결코 존재하지 않을 것입니다. 그렇다면 그분께서는 그가 자신에 대해 어떻게 생각하기를 바라셨겠습니까? 바로 이렇습니다. '나는 그림자처럼, 그리고 밤의 환상처럼 생겨났다.' 빛이 그 사람이 겪은 공포를 비출 때, 그는 그것이 '무'라는 것을 압니다.[84]

29. 이처럼 그들은 아버지를 몰랐습니다. [29.1]그들 눈에는 그분께서 보이지 않는[85] 분이셨기 때문입니다. 그것은 공포이자 혼란이며 불안정과 의혹과 분열이었습니다. 그래서 그곳에서 무상한 환상들이 수없이 나왔으며 헛된 어리석음도 있었습니다. 그들은 마치 잠에 빠져 혼란스런 꿈속을 헤매는 것과 같았습니다. 그들은 피난처로 도망치거나, 힘없이 다른 사람들을 뒤쫓거나, 다른 사람을 치거나 맞습니다. 혹은 높은 곳에서 떨어지거나 날개도 없이 공중으로 올라갑니다. 또한 자기들을 뒤쫓는 사람이 없는데도 목숨을 끊는 사람들이 있는가 하면, 그들 편에서 이웃들을 죽이기도 합니다. 그들이 이 사람들의 피로 더렵혀진 것입니다. 이 모든 일들을 관통해 가는 사람들이 깨어날 때, 그들 곧 이 모든 소용돌이 속에 있는 사람들은 아무것도 보지 못합니

83 칠십인역 탈출 3,14을 참조하라. 필론은 작품 전반에 걸쳐 하느님을 '존재하시는 분', '존재자', '참으로 존재하는 자'로 칭한다(『우의적 율법』 3.37-38 등).

84 또는 '그것이 아무것도 아니라는 것을 압니다.'

85 직역: 그들이 보지 않던.

다. 그들이 '무'이기 때문입니다. 이와 같이 무지를 잠처럼 내던지는
30. 사람들은 무지를 대단한 것으로 여기지도 않을 뿐더러, 그것의 [30.1]일
들을 항구한 일들로 여기지도 않습니다. 대신 그것들을 한밤의 꿈처럼
버려둡니다. 그리고 그들은 아버지에 관한 지식을 빛이라 여깁니다.
그들 하나하나가 무지하던 시절에는 잠에 빠져 줄곧 그런 식이었습니
다. 그러다가 그는 잠에서 깨어나 이렇게 지식을 얻게[86] 되었습니다.
돌아와 잠에서 깨어난 사람은 다행입니다. 그리고 눈먼 이들의 눈을
열어준 이는 행복합니다.[87]

그리고 영께서 그를 깨우려 서두르시며 그를 뒤쫓아 가셨습니다. 그리고 땅바닥에 드러누운 그에게 손을 뻗으시어 그를 일으켜 세우셨습니다. 그가 아직 일어나지 않았기 때문입니다. 그분께서는 그들에게 아버지에 관한 지식과 아들에 관한 계시를[88] 알게 될 방법을 전해 주셨습니다. 그들이 그분을 보고 그분의 말씀을 들었을 때, 그들이 사랑받는 아들을 맛보고 그분의 향기를 맡고 그분을 만질 수 있게 해 주신 것입니다.[89]

그분께서 나타나시어 파악할 수 없는 분이신 아버지에 관해 그들
을 가르치시고, 생각 속에 있는 것을 그들 안에 불어넣어 주시며 그
분의 뜻을 이행했을 때, 그리하여 많은 사람들이 그 빛을 받아들였을
31. 때에 그들은 그분께 [31.1]되돌아갔습니다. 사실 물질에 속한 사람들은[90]

---

86 ⲥⲁⲧⲛⲉ는 ⲥⲁⲩⲛⲉ(알다)의 오기인 것 같다.

87 마태 11,5; 루카 7,21-22; 요한 9,1-12; 11,37 참조.

88 또는, '아버지의 지식과 아들의 계시.'

89 직역: '그분은 그들이 그분을 맛보고, 그분의 향기를 맡고, 사랑받는 아들을 만질 수 있게 해 주신 것입니다.'

90 문장의 주어는 ⲑⲩⲗⲏ(여성 단수)이지만, 동사가 3인칭 복수이므로 ⲑⲩⲗⲏ 앞

이방인이었으며 그분의 초상을 보지 못했고 아직 그분을 몰랐습니다. 그분께서는 육의 형상으로 오셨으며[91] 아무것도 그분의 길을 막지 못했습니다. 불멸성은 붙잡히지 않기 때문입니다. 그분께서는 새로운 것들을 말씀하시며 지금도 아버지 마음속에 있는 것을 말씀하시고 계십니다. — 그것은 흠 없는 말씀에서 가져오신 것입니다.

생명을 낳은 그분의 음성과 입을 통해 빛께서 말씀하시자, 그분께서는 그들에게 생각과 현명함, 자비와 구원, 아버지의 〈무〉한함과 감미로움에서 나오는 강력한 영을 주셨습니다. 그분께서는 벌과 고문을 멈추게 하신 다음 — 바로 이것들이, 오류와 속박 속에 머물며 자비를 필요로 하는 사람들을 그분에게서 벗어나 다른 길로 가게 만든 장본인이기 때문입니다 — 그것들을 힘으로 멸하시고 그것들을 지식으로 꾸짖으셨습니다. 그분께서는 길 잃은 이들에게 길이 되셨고, 무지한 이들에게 지식이 되셨습니다. 지식은 찾는 이들에게는 발견이며,[92] 흔들리는 이들에게는 견고함이고, 부정해진 이들에게는 흠 없음입니다.

32. 바로 그분께서 길을 잃지 않은 아흔[32.1]아홉 마리의 양을 버려두

에 ⲚⲀ를 덧붙여 '물질의 것들, 물질에 속한 것들'로 읽었다.

91 아들이 육체의 형상으로 이 세상에 왔다는 표현을 가현설의 흔적으로 보는 이들도 있다. 그러나 이 구절은 그리스도 육화의 현실성을 표현한 필리 2,7-8을 연상시킨다: "오히려 당신 자신을 비우시어 종의 모습을 취하시고 사람들과 같이 되셨습니다. 이렇게 여느 사람처럼 나타나 당신 자신을 낮추시어 죽음에 이르기까지, 십자가 죽음에 이르기까지 순종하셨습니다." 이어지는 필리 2,9 "모든 이름 위에 뛰어난 이름을 그분께 주셨습니다"도 진리의 복음의 '이름' 개념과 잘 부합한다. 진리의 복음 23,30; 26,9에는 그분의 사랑 또는 말씀이 '몸이 되었다'고 하는 표현도 나오는데 이것을 가현설로 해석하기는 무리가 있다. 요한 1,14의 '말씀이 사람(육)이 되었다'와 같은 뜻으로 받아들여야 할 것이다.

92 토마 복음 말씀 2; 92; 94를 참조하라.

신 목자이십니다. 그분께서는 길 잃은 양을 찾아 떠나셨고, 그것을 찾으시고는 기뻐하셨습니다.[93] 아흔아홉이란 그것을 붙잡는 왼손에 있는 숫자이기 때문입니다. 그러나 하나를 발견하면 숫자 전체가 오른손으로 옮겨갑니다. 하나가 부족한 오른손이 부족한 것을 끌어당겨 왼손에서 잡아채서는 오른손으로 옮기면서, 숫자도 백이 됩니다. 이것은 그들의 소리 안에 계신 분의 상징입니다. 그분은 아버지십니다. 그분께서는 안식일에도 양이 수렁에 빠진 것을 보시자 그것을 위해 일하셨습니다. 그 양을 수렁에서 건져내시어 다시 살리신 것입니다. 여러분이 마음으로 — 여러분은 마음의[94] 지식의 아들들입니다 — 안식일이 무엇인지 깨닫게 하시려는 것이었습니다. 그날 구원이 아무 일도 하지 않는 것은 온당치 않습니다. 그리하여 여러분은 밤이 없고 빛이 사라지지 않는 그날에 대해 말할 수 있을 것입니다. 그날은 완전한 날입니다.

그러니 마음으로부터 말하십시오. 여러분은 완전한 낮이라는 것
과 여러분 안에 결코 멸하지 않는 빛이 자리하고 있다는 것을 말입니
다. 진리를 찾는 사람들과 진리에 관해 말하십시오. 그리고 오류 속
33. 에서 죄를 저지른 사람들에게 지식에 관해 말하십시오. 걸려 넘어
진 사람들의 발을 단단히 고정시키십시오. 그리고 병자들에게 여러분의 손을 내미십시오. 배고픈 이들에게 먹을 것을 주십시오. 그리고 지친 이들에게 휴식을 주십시오. 일어나고 싶어 하는 이들은 일으켜 세우시고, 자고 있는 이들은 깨우십시오. 여러분은 끌어올려진 현명함이기 때문입니다. 만약 힘이 이와 같다면 그것은 더욱 강력해집니다.

93 마태 18,12-14; 루카 15,1-7.

94 여기서 '마음의'는 지식을 수식하는 역할을 하며 소유의 의미가 아니다. 그러므로 '마음의 지식'이란 '내적 지식'을 뜻하는 것 같다.

여러분 자신을 돌보고 여러분이 내버린[95] 다른 일들에는 마음 쓰지 마십시오. 여러분이 토한 것들을 다시[96] 먹으려 들지 마십시오. 좀이 되지 마십시오. 벌레가 되지 마십시오. 여러분은 이미 그것을 내던져 버렸기 때문입니다. 악마가 머무르는 자리가 되지 마십시오. 여러분은 이미 그것을 없애 버렸기 때문입니다. 쓰러져 가는 장애물들을 받침대나 되는 것처럼 다시 세우지 마십시오. 불공정한 사람은 공정한 사람보다 더 큰 폭력을 쓰는 자입니다. 전자는 불공정한 사람으로서 자기 일을 행하는 사람이고, 후자는 다른 사람들 가운데에서 정의로운 사람으로서 자기 일을 행하는 사람이기 때문입니다. 그러니 여러분은 아버지의 뜻을 행하십시오. 여러분은 그분에게서 나왔습니다.

아버지께로의 귀환

아버지께서는 감미로우시고, 그분의 뜻 안에서 선이십니다.[97] 그분께
서 여러분의 것들에 관한 지식을 취하셨으며, 여러분은 그것들 안에
서 안식을 취할 수 있게 되었습니다. 사람들은 여러분의 것들에 관한
지식을 여러분이 맺는 열매들을 통하여 얻습니다. 아버지의 아들들은
34. 그분의 향기이기 때문입니다.[98] 그들은 그분 얼굴의 은총에서 나온
사람들인 까닭입니다. 이 때문에 아버지께서는 당신의 향기를 사랑하
시고, 모든 장소에서 그것을 드러나게 하십니다. 그것이 물질과 섞이

95 직역: 자신에게서 던져버린.

96 ϲωτє(구하다)를 ϲωτ(반복하다, 돌아가다)로 읽었다.

97 또는 '선하신 분.' 하느님을 '선' 또는 '선하신 분'으로 묘사하는 필론 『언어의 혼란』 180; 『세상의 창조』 21; 『세부 규정』 2.53; 『카인과 아벨의 제사』 53; 『카인의 추방과 그의 후손』 21 등을 참조하라. 필론이 하느님의 본성을 어떻게 이해했는지는 셍크, 『필론 입문』, 290-293을 보라.

98 2코린 2,15 참조.

면 그분께서는 당신의 향기를 빛에게 선사하십니다. 그리고 고요히 그것이 모든 형상과 모든 소리를 넘어서게 만드십니다. 사실 향기를 맡는 것은 귀가 아닙니다. 영이 후각을 가지고 향기를 자기에게 끌어당기는 것입니다. 그리고 그것은 아버지의 향기 속에 잠깁니다.[99] 영은 차갑게 식은 먼젓번 향기에서 그것을 빼내어 그것이 유래한 곳으로 데려갑니다. 그것은 영혼의 형태로 이루어졌으며, 차가운 물과 같습니다.[100] 물이 단단하지 않은 땅에 있을 때에는 그것을 보는 이들이 땅이라고 생각합니다. 그러나 그것은 곧바로 녹아 없어져버립니다. 그런데 숨이 그것을 끌어당기면 그것은 뜨거워집니다. 그러므로 차가운 향기들은 분열에서 나온 것입니다. 그래서 믿음이 왔습니다. 그것은 분열을 없앴으며, 뜨거운 사랑의 플레로마를 데려왔기에 다시는 차가움이 생기지 않았습니다. 그 대신 완전한 생각의 일치가 자리하게 되었습니다.

35. 이것은, 위에서 내려오는 구원을 기다리는 사람들을 위한 [35.1]플레로마의 발견이라는 복음의 말씀입니다. 그들이 — 그들의 초상은 그림자가 없는 빛입니다 — 기다리는 그들의 희망은 아직도 기다리는 상태지만, 그때에는 플레로마가 올 것입니다. 물질의 결핍은 아버지의 무한함에서 생겨난 것이 아닙니다. 그분께서는 결핍에게 시간을 주시러 오실 분이십니다. 물론 아무도 불멸하시는 분께서 이런 식으로 오실 것이라 말할 수 없습니다. 아버지의 깊이는 더 깊어졌고 그분 곁에 오류의 생각이란 존재하지 않았습니다. 그것은[101] 넘어지는 것이며, 자기를 다시 데려가려고 오신 분을 발견하면 쉽게 다시 일어서는 것이

99 ПСТⲁЄІ 없이 읽었다.

100 ЄNTⲁϨⲰTЄ의 동사 ⲰTЄ의 의미를 알 수 없어 비워두었다.

101 '그것'이 가리키는 것이 무엇인지 명확하지 않지만, '오류의 생각'을 가리키는 것 같다.

기도 합니다. 다시 돌아간다는 것은 회심이라 부릅니다.
이 때문에 불멸이 숨을 내쉬면서, 그 뒤를 따라갔습니다. 죄인
이 안식을 누리게 하려는 것이었습니다. 용서란 결핍 속에 있는 빛을
위해 남겨진 것, 곧 플레로마의 말씀입니다. 의사는 병이 있는 곳으
로 갑니다. 그것이 그 사람 안에 있는 원의이기 때문입니다. 그래서 결
핍이 있는 사람은 자기를 숨기지 않습니다. 자기에게 결핍된 것이 의
사에게 있기 때문입니다. 이처럼 스스로는 부족한 것이 없으면서 결
36. 핍을 메워주는 플레로마는, 부족한 이를 채워주려고 [36.1]자기 것을 내
어놓았습니다. 그가 은총을 받게 만들려는 것이었습니다. 그에게 결핍
이 있었을 때는 은총이 없었기 때문입니다. 은총이 없는 곳에는 감소
가 일어났습니다. 감소된 것이 메워지자 결핍되었던 이가 충만(플레로
마)해졌음이 드러났습니다. 이것이 진리의 빛의 발견입니다. 그 빛이 그
사람 위로 떠올랐습니다. 그것은 불변하기 때문입니다.
이 때문에 사람들은 자기들끼리 그리스도께서 혼란에 빠진 사
람들을 다시 데려와 그들에게 기름을 부으실 것이라 말했습니다. 기름
은 그들을 자비로이 여기실 아버지의 자비입니다. 그분께서 기름 부으
신 사람들은 완전해진 자들입니다. 기름부음에는 가득 찬 항아리가
사용됩니다. 그러나 기름부음이 끝나면, 항아리는 비워집니다. 항아
리에 결핍이 생긴 것은 기름이 없어졌기 때문입니다. 그때에는 숨이,
자기와 함께 있는 분의 힘으로 그것을 끌어당깁니다. 그러나 결핍이
없는 항아리는 봉인이 제거되지 않으며 기름이 없어지지 않습니다. 대
신 그에게 부족한 것은 완전하신 아버지께서 다시 채우십니다. 그분
께서는 선하십니다. 그분께서는 당신께서 심으신 것들을 아십니다. 바
로 그분께서 그것들을 낙원에 심으신 분이시기 때문입니다. 그분의 낙
원은 그분의 안식처입니다.
37. 이것은 [37.1]아버지의 생각 속에서 이루어지는 완성입니다. 그리고
이것들은 그분의 묵상의 말씀들입니다. 그분의 말씀들 하나하나는

그분 말씀의 계시 안에서 그분의 한 원의가 행하는 일입니다. 그것들이 아직 그분의 생각의 심연에 있었을 때, 맨 처음 밖으로 나온 로고스는 — 침묵하는 은총 속에 있는 하나의 로고스 — 말씀하시는 정신과 함께 그것들을 계시해 주었습니다. 그것(로고스)은 생각이라 불렸습니다. 그것들이 계시되기 전에 그것[102] 안에 있었기 때문입니다. 그리하여 뜻하신 분의 뜻이 원했을 때, 그것(로고스)이 제일 먼저 나오게 된 것입니다. 그리고 뜻이란 아버지께서 쉬시는 안식처이며, 그분을 기쁘게 해 드리는 것입니다. 그분 없이는 아무 일도 일어나지 않으며, 아버지의 뜻이 없어도 아무 일이 일어나지 않습니다. 그분의 뜻은 따라잡을 수가 없습니다 — 그 뜻은 그분의 발자취입니다.[103] 그리고 아무도 그분을 알지 못할 것입니다. 그분께서 사람들이 그분을 파악하도록 지켜보게 놔두시지도 않을 것입니다. 그분께서 원하시는 때에 그분께서 원하시는 것은 이것입니다. 본다는 것이 전혀 그들을 기쁘게 하지 않는다 해도 하느님 앞에서 하느님을 원하는 것 말입니다. 사실 그분께서는 그들 모두의 시작과 끝을 알고 계십니다. 실제로 그들의 끝에 그분께서 그들에게 물으실 것입니다. 끝이란 숨겨진 분에 관한 지식을
38. 습득하는 것입니다. 그분은 아버지십니다. [38.1]그분에게서 시작이 나왔으며, 그분에게서 나온 모든 것이 돌아갈 곳도 바로 그분이십니다.[104] 그리고 그들은 그분 이름의 영광과 기쁨을 위해 나타난 것입니다.

---

102 이 문단에서 3인칭 여성 단수는 은총(ⲭⲁⲣⲓⲥ)밖에 없으므로 문법적으로 '그것'이 가리키는 것은 '은총'임이 분명하다. 그러나 내용상 '그것'은 '생각, 로고스, 정신' 등을 가리키는 듯하다. 이 단어들은 모두 3인칭 남성 단수다. 따라서 3인칭 여성 단수 ⲛ̄ϩⲏⲧ̄ⲥ를 3인칭 남성 단수 ⲛ̄ϩⲏⲧ̄ϥ로 바꿔야 할 것 같다.

103 '발자취'로 옮긴 ⲓⲭⲛⲟⲥ는 '흔적, 행로' 등을 뜻하는 그리스어 ἴχνος의 차용어다.

104 토마 복음 말씀 18 참조.

아들은 아버지의 이름입니다. 아버지께서, 그분에게서 나온 이들 가운데 처음으로 이름을 주신 이가 바로 아들이십니다.[105] 아들은 아버지 자신이었고, 아버지께서 그분을 아들로 낳으셨습니다. 그분께서 아들에게 본디 제 것인 이름을 주셨습니다. 아버지 곁에 존재하는 다른 모든 것을 소유하신 분이 바로 그분(아들)입니다. 그분에게는 이름이 있으며, 그분에게는 아들이 있습니다. 그분(아들)은 사람들이 볼 수 있습니다. 그러나 그 이름은 보이지 않습니다. 이것(이름)만이 귀들에게 — 귀들은 모두 그분으로 인해 그것으로 가득 차 있습니다 — 다가오는 비가시적인 것의 신비이기 때문입니다. 아버지의 이름은 발설되지 않습니다. 그것은 아들을 통해 계시됩니다.

이처럼 그 이름이란 위대합니다. 그렇다면 누가 그분께 이름, 그 위대한 이름을 지어드릴 수 있겠습니까? 그 이름과, 그 이름의 아들들의 — 아버지의 이름은 그들 안에서, 그들은 그분의 이름 안에서 안식을 누렸습니다 — 주인이신 분을 제외하면 말입니다. 아버지께서는 생겨나실 수 없는 분이시며,[106] 그분 홀로 당신 자신을 위해 이름인 그분(아들)을 낳으신 분이십니다. 이것은 그분께서, 주님이신 아버지의 이름이 — 이것은 완전한 힘을 통한, 그리고 당신의 계명 안에서 견고한
39. 진리의 이름입니다 — 에온들의 머리 위에 있도록 에온들을 정렬하시기 전의 일입니다. 그 이름이 언어에서 나오는 것도 아니고, 그분의 이름이 명명命名인 것도 아닙니다. 그것은 눈에 보이지 않습니다. 그분께서는 그분(아들)에게만 이름을 주셨습니다. 그분께서는 그분(아들)만을 보시고 또 그분만이 그분(아들)에게 이름을 주실 수 있는 분이십니다. 존재하지 않는 이는 이름이 없기 때문입니다. 사실 존재하지 않

105 신약성경에 이미 아버지께서 아들에게 이름을 주신다는 내용이 나온다(요한 17,11; 히브 1,4; 필리 2,9).

106 필론 『세상의 창조』 7-12; 『우의적 율법』 1.51 등.

는 이에게 무슨 이름을 주겠습니까? 그러나 존재하는 이는 자기의 이름과 더불어 존재합니다. 그분만이 그분(아들)을 알며 그분만이 그분(아들)에게 이름을 주실 수 있습니다. 그분은 아버지시며 그분의 이름은 아들입니다. 그러나 그분께서는 그분(아들)을 사물 속에 숨기지 않으셨습니다. 그분께서는 줄곧 존재하셨고, 그분 아들(에게)만 이름을 주셨습니다.[107] 그러므로 이름은 아버지의 것입니다. 아들이 아버지의 이름인 것처럼 말입니다. 그러니 연민이, 아버지 이외에 어디에서 이름을 찾겠습니까?

그러나 누군가 틀림없이 자기 이웃에게, '누가 자기보다 먼저 존
40. 재한 이에게 이름을 주겠습니까? 소출이 **40.1**자기를 만든 어버이에게
서 이름을 받는 법이니 말입니다'라고 말할 것입니다. 우선 우리는 이 일을 두고 생각해 보아야 합니다. 그 이름이란 것이 무엇입니까? 그것은 진실로 이름입니다. 그러나 그것은 아버지에게서 나온 이름이 아닙니다. 그것은 제 고유한 이름이기 때문입니다. 그러므로 그분께서는 이름을 차용하신 것이 아닙니다. 만들어지는 형상에 따라 이름을 받는 다른 이들과 다릅니다. 그것은 그분의 고유한 이름입니다. 그분에게 그것(이름)을 준 사람은 없습니다. 그분께서는 완전하신 분께서 그분에 관해 말씀하실 때까지는 이름을 붙일 수 없는 분이십니다. 그분에 관해 설명할 수도 없습니다.[108] 그분이야말로 그분(아들)의 이름을 발설하실 수 있고 그분을 보실 수 있는 분이십니다.

---

107 '이름을 주다'의 간접 목적어에 해당하는 ⲁⲣⲁϥ나 ⲛⲉϥ를 첨가해야 할 것이다.

108 하느님을 '이름을 붙일 수 없는 분', '발설할 수 없는 분', '어떤 관념으로도 이해할 수 없는 분'으로 묘사하는, 필론『꿈』1.67 참조.

사랑스런[109] 그분의 이름이 그분의 아들이라는 사실이 그분의 마음
에 들었을 때, 그리고 심연에서 나오신 분께서 그분(아들)에게 이름을
주셨을 때, 그분께서는 아버지의 비밀에 관해 말씀하셨습니다. 아버지
께서 악이 전혀 없는 분이심을 아셨기 때문입니다. 그분께서 그분을
나오게 하신 것이 그래서였습니다. 곧 그분께서 떠나온 안식처와 처
41. 소에[110] 대해 선포하시라는 것이었습니다. 41.1그리고 플레로마와 그분
의 이름의 위대함과 아버지의 감미로움을 영광스럽게 만드시라는 것
이었습니다. 모든 이가 저마다 자신이 떠나온 장소에 대해 이야기하
고 자신이 세워졌던 곳으로 서둘러 돌아갈 것입니다. 그분께서는 당신
이 서 계시던 그곳에서 향미를 취하시고, 자양분을 취하시며, 성장
을 취하시어 그곳을 떠나오셨습니다. 그분의 안식처는 바로 그분의 플
레로마입니다.

그러므로 아버지에게서 유출된 것들은 모두 플레로마들입니다. 그리고 그분의 모든 유출물들의 뿌리는 그들 모두를 당신 안에서 자라나게 하신 분 안에 있습니다. 그분께서는 그들에게 각자의 운명을 주셨습니다. 그러므로 한 사람 한 사람이 분명해집니다. 이는 자신의

---

109 ⲉⲧⲟⲩⲁϣⲁ̄는 ⲉⲧⲟⲩⲟⲩⲁϣⲁ̄에서 두 모음 ⲟⲩⲟⲩ가 축약된 것으로 보인다. 그러므로 '사랑받는'이 맞다.

110 '처소'(τόπος)는 하느님을 가리키는 말로도 사용된다(Liddell/Scott). 필론 『꿈』 1.61-67에 따르면 τόπος는 세 가지 의미로 이해할 수 있다. 첫째 물질적 형상으로 채워진 공간, 둘째 하느님이 비물질적 권능으로 채우고 계신 신적 로고스의 공간, 셋째 하느님 자신이다. 특히 필론은 『꿈』 1.63-64에서 하느님이 '처소'이기도 한 이유를 설명한다(하느님께서는 '처소'라고도 불리시는데 이는 스스로 모든 것을 담고 계시나 아무것에게도 담기지 않는 분이시기 때문이다. … 아무것에도 담기지 않으시는 하느님은 당연히 자기 자신이 자신의 처소다). 바실리우스 『성령』 62; 히폴리투스 『이단 논박』 6.32도 참조하라. 진리의 복음 42.35-40의 ⲧⲟⲡⲟⲥ도 같은 뜻으로 이해할 수 있으며, 삼부작 논고 60.5도 마찬가지다.

생각을 통해 […] 하기 위해서입니다. 사실 그들이 자신의 생각을 뻗
는 곳은, 다름 아닌 자신의 뿌리입니다. 이 뿌리는 그들을 아버지를 향
해 저 높은 곳으로 들어 올리는 장본인입니다. 그들은 그분의 머리에
닿게 되는데 이것이 그들의 안식입니다. 그리고 그들은 떠받들린 채
그분 가까이에 있습니다. 마치 그들이 입맞춤을 통해 그분의 얼굴을
분배받았다고 말하는 듯합니다. 그러나 그런 것들이 그리 분명하지
42. 는 않습니다. 왜냐하면 그들 자신이 현양된 것도 아니지만, 그들에
게 아버지의 영광이 부족해진 것도 아니기 때문입니다. 그들은 그분을
미소하다고도 생각하지 않았고, 그분이 가혹하다거나 분노하는 분이
시라고도 생각하지 않았습니다. 오히려 그분께서는 악이 없는 분이시
며, 흔들림이 없으시고, 감미로우시며 모든 길이 생겨나기도 전에 그것
들을 알고 계시고, 가르침을 받을 필요가 없으십니다.

바로 이런 식으로 그들은 위로부터 측량할 수 없는 위대함을 받았습니다. 그리고 그들은 오직 하나이시며[111] 완전하신 분, 곧 그들을 위해 그곳에 계신 분을 기다립니다. 그들은 저승으로 내려가지 않습니다. 질투도 신음도 죽음도 그들에게는 없습니다. 대신 그들은 안식하고 계신 분 안에서 안식을 누리며 수고하지도 않고 진리 주위에서 맴돌지도 않습니다. 오히려 바로 그들이 진리입니다. 그리고 아버지께서는 그들 안에 계시고, 그들은 아버지 안에 있습니다. 그들은 완전하고, 참으로 선하신 분 안에서 갈라지지 않으며, 아무 부족함이 없습니다. 그들은 안식을 누리며 영 안에서 새로워집니다. 그리고 그들은 자신들의 뿌리에 귀 기울일 것입니다. 그들은 자기의 뿌리를 발견하게 될 곳들에 마음을 바칠 것입니다. 그곳에서는 그의 영혼이

111 토마 복음 말씀 61도 하느님을 '하나이신 분', '나누임이 없으신 분'으로 묘사한다.

상처를 입지 않을 것입니다. 그곳은 복된 이들의 처소입니다. 그곳이 그들의 처소입니다.

43. 다른 사람들은, 각자 처소에서 이것을 아시기 바랍니다. [43.1]이미 안식처에 들어 온 내가 다른 일에 관해 이야기하는 것이 적절치 못하다는 것입니다. 나는 늘 그곳에 머물면서 모든 것의 아버지와 참된 형제들에게 마음을 쏟아야 하기 때문입니다. 아버지의 사랑이 그들에게 부어지고 있으며,[112] 그들에게는 부족함이 없습니다.

그들이야말로 진리 안에 나타나는 이들입니다. 그들은 진정한, 그리고 영원한 생명 안에 있습니다. 그들은 완전한 빛에 관해 이야기합니다. 그 빛은 그분의[113] 마음과 플레로마 안에 있으며 아버지의 씨앗으로 가득 차 있습니다. 그분의 영은 그분 안에서 기뻐하며, 당신이 존재하시던 곳인 그분께 영광을 드립니다. 그분께서 선하신 까닭입니다. 그분의 아들들은 완전하며 그분의 이름을 받을 자격이 있습니다. 그분께서 아버지이시기 때문입니다. 그분께서 바로 이런 아들들을 원하십니다.[114]

112 로마 5,5.

113 또는, '그의.'

114 또는, '사랑하십니다.'

6. 유다계 그리스도교 복음서

≫ 유다계 그리스도교 복음서에 대해서는 Howard, *The Gospel of the Ebionites*, 4034-4053; Klijn, *Das Hebräer-und das Nazoräerevangelium*, 3997-4033을 참조하라. 이와 관련한 최신 연구서로는 Reed, *Jewish-Christianity and the History of Judaism*이 유용하다. 이 책은 외경뿐 아니라 유다계 그리스도교를 반영하는 초대 교회 작품들과 유다교 라삐 문헌들을 다루고 있어 보다 넓은 전망 안에서 유다계 그리스도교를 바라보게 해 준다.

1. 유다계 그리스도교의 정의와 범주

유다계 그리스도교는 매우 복합적인 현상이어서 한마디로 정의하기 어렵다. 통일성보다는 다양성 측면에서 바라보아야 한다. 코흐G.A. Koch가 요약·정리한 유다계 그리스도교Jewish Christianity의 정의를[1] 토대로 그 정의와 범주를 살펴보도록 하겠다. 그런데 이를 말하기 전에 밝혀둘 사항이 있다. '유다계 그리스도교'라는 명칭을 쓰지만 이들이 다른 교회에서 독립하여 그들만의 독자적 종교를 형성했다는 뜻은 아니다.[2] 이들이 율법 문제를 두고 다른 그리스도인들, 특히 이방계 그리스도인들과 관점차를 드러냈기에 편의상 '유다계'라고 특정해서 부르는 것이다. 어떻든 유다계 그리스도교는 다음과 같은 뜻으로 쓰인다.

첫째, '유다계 그리스도교'란 말 그대로 유다인 출신의 그리스도인들을

1 Koch, "Jewish Christianity", 613-616.

2 '유다계 그리스도교'라는 명칭 자체에 이의를 제기하는 학자들이 있다. 이 명칭 자체가 '이단론'에 편향되어 있다는 것이다. Jackson-McCabe, "What's in a Name?: The Problem of 'Jewish Christianity'", 29; Boyarin, "Rethinking Jewish Christianity: An Argument for Dismantling a Dubious Category (to which is Appended a Correction of my Border Lines)", 7-36. 달리 대안이 없으므로 편의상 '유다계 그리스도교'라는 명칭을 사용하겠다.

가리킨다. 가장 넓은 의미의 정의다. 그리스도교 첫 세대가 이 범주에 속한다. 예수님과 제자들이 모두 유다교 전통 안에서 나고 자란 유다인이었으며, 그들이 복음을 선포한 대상도 모두 유다인이었다. 이들, 곧 예수님을 메시아로 받아들인 유다인 출신의 첫 그리스도인들을 보통 '유다계 그리스도인'이라 부르는데 이들을 그 이후 세대와 구분하여 '초창기' 유다계 그리스도인이라 부르기도 한다.

둘째, 좁은 의미의 '유다계 그리스도교'는 예수님에 대한 믿음과 유다교 율법을 통합한 이들을 가리킨다. 율법(토라)의 구속력을 인정한 그들의 신앙은 유다교 율법주의 신앙의 한 형태로 간주할 수 있다.[3] 이들은 이방인이 그리스도교 공동체에 들어오려면 먼저 할례를 받아 유다인이 되어야 한다고 주장했다. 그리고 안식일이나 음식규정도 준수할 것을 요구했다. 이방인에게까지 율법 준수를 요구한 이 좁은 의미의 유다계 그리스도인들은 넓은 의미의 유다계 그리스도교Jewish christianity와 구분해야 한다. 영어권 학자들은 이들이 이방인을 유다인으로 만들려고 했다는 뜻에서 Judaizer 혹은 Judaic Christianity라고 부른다. 여기서는 '보수적 유다계 그리스도교'라 부르겠다. 보수적 유다계 그리스도교는 바오로와 그의 선교 활동을 대변하는 이방계 그리스도교와 큰 대조를 이룬다. 전자가 유다교 율법을 고수한 반면 후자인 이방계 그리스도교는 율법 규정에서 완전히 해방되었기 때문이다.[4]

셋째, '유다계 그리스도교'라는 명칭이 2세기 이후 교회와 유다교 회당에서 밀려난 일종의 '중간 집단'들을 대변하기도 한다. 이들은 예수님에 대한 믿음과 유다교 율법을 모두 고수하려다가 교회에서도 유다교에서도 밀

---

3 아직 유다교 범주 안에 있는 이들을 'Christian Judaism'이라 부르기도 한다. 무게가 '유다교' 쪽에 실리는 표현이다.

4 '유다계'와 '보수적 유다계' 및 '이방계' 그리스도인들 간의 의견 차이는 사도 15장과 갈라 2장에 잘 나타나 있다. 율법과 이방인에 대한 관점차를 해소하기 위해 사도들은 '예루살렘 사도회의'를 열어 향후 대책을 논의한다.

려났다. 교부들은 이들이 요르단 강변과 요르단 강 동편에 거주하면서 세례를 베풀고 유다교 율법도 준수했다고 한다. 교부들은 이들을 대개 이단으로 간주하였다. 이들이 형성한 분파 가운데 에비온파와 나자렛파가 대표적이다.[5] 그 외에도 케린투스파, 심마쿠스파, 엘카사이파 등도 있었다. 여기서 다룰 유다계 그리스도교 복음서를 만든 이들은 이 셋째 부류에 속하는 사람들이다. 이들 가운데 4-5세기까지 요르단 강 동편에 남은 집단도 있었지만 그 뒤로는 모두 사라졌다. 그러나 이들의 관점이 네스토리우스파는 물론 이슬람교의 창시자인 무함마드에게도 영향을 주었을 법하다. 이스마엘의 자손으로서 하느님의 마지막 예언자로 여겨지는 무함마드가, 예수님을 예언자로 인정하면서 그분의 어머니 마리아에게도 특별한 존경심을 보인 것이 유다계 그리스도교의 흔적으로 여겨진다.[6]

2. 유다계 그리스도교의 역사

≫ 유다계 그리스도교 역사에 대해서는 Marguerat, "Juifs et chrétiens: la séparation", 218-222; Katz, "Issues in the Separation of Judaism and Christianity After 70 C.E.: Reconsideration", 53-76을 보라.

---

5 Cook, "The Ebionites: Eccentric or Essential Early Christians?", 15. 유다계 그리스도교 분파 가운데 에비온파가 가장 규모가 컸다고 한다. 에비온파를 유다계 그리스도교 내부의 한 부류로 보기도 하지만 이를 유다계 그리스도교를 가리키는 이름으로 여기는 사람들도 많다. 나자렛파든 에비온파든 모두 유다계 그리스도교를 통칭하는 용어라는 것이다: Jones, "Ebionites", 357-358 참조.

6 Bradford, *The Qur'anic Jesus: A Study of Parallels with Non Biblical Texts*; Neuwirth/Sinai/Marx (eds.), *The Qur'ān in Context: Historical and Literary Investigations into the Qur'ānic Milieu* 참조.

예수님의 죽음 이후 오순절 성령 강림 사건이 계기가 되어 예루살렘에 제자들을 중심으로 한 최초의 그리스도 교회가 탄생하였다. 예수님의 제자들은 예수님의 활동 중심지이던 갈릴래아에서부터 데카폴리스와 갈릴래아 북쪽 및 동쪽 지역으로 선교 영역을 확장하였다. 유다계 그리스도교 공동체는 처음에 베드로를 수장으로 모시다가, 곧바로 예수님의 형제 야고보를 수장으로 모시게 되었다.[7] 야고보가 예수님의 형제였을 뿐더러(마르 6,3; 갈라 1,19) 토라에 대한 헌신적 태도가 유다인들의 존경을 받기에 충분했기 때문이라고 한다.[8] 그런데 유다계 그리스도인들은 바오로 시대부터 그가 주도한 이방계 그리스도교와 관계가 어긋나기 시작했다. 바오로는 이방인에게 할례를 강요하는 보수적 유다계 그리스도인들에게 강력히 반발하였으며, 이와 관련하여 애매한 입장을 보인 베드로를 공개적으로 반박하기도 했다(사도 15장; 갈라 2장; 5—6장).

1세기 말에서 2세기로 접어들어 유다교와 그리스도교가 갈라지면서 유다계 그리스도인들은 새 국면을 맞이하게 된다. 70년과 135년 두 차례의 항쟁을 거치며 유다교가 라삐 중심의 종교로 거듭나는 과정에서 유다계 그리스도인들이 유다교 중심부에서도 그리스도교 중심부에서도 밀려나게 된 것이다. 그 경위는 이러하다. 66-70년 유다 항쟁이 발발했을 때 예루살렘과 갈릴래아의 유다계 그리스도인들이 항쟁을 피해 베로이아 근처 펠라로

---

7 갈라 2,7-9; 사도 15,13; 21,18. 에우세비우스 『교회사』 2.23.4-18은 의인 야고보에 관한 헤게시푸스의 전언을 담고 있다. 야고보에 관한 초기 자료 모음은 Dibelius, *James*, 11-21에서 상세히 다룬다. 베드로를 수장으로 모시는 유다계 그리스도교 공동체와 야고보를 수장으로 모시는 공동체가 공존했을 수도 있다.

8 야고보의 순교(62년경) 이후 예루살렘 공동체의 지도자 자리에는 예수님의 사촌 또는 삼촌뻘인 시몬 바르 클로푸스가 올랐고, 그다음에는 또 다른 친척 유스투스가 자리를 이었다: 에우세비우스 『교회사』 3.11.1; 3.32.6.

옮겨가자[9] 유다인들은 항쟁에 참여하지 않은 그들에 반발하여 회당에서 추방하였다.[10] 그리고 라삐들은 85년경 야브네에서 이들을 공식적으로 이단(미님)이라 선포하였다.[11] 그러다가 라삐 유다교와 그리스도교는 132-135년 바르 코크바 항쟁 이후 완전히 결별하게 된다. 항쟁 이후 이스라엘 본토에서 쫓겨난 백성이 주변 종교와 문화에 휩쓸릴 위험에 처하자 라삐들은 그리스도교를 비롯한 주변의 모든 종교를 우상숭배로 규정하고 그리스도교와의 관계를 결정지었다.[12] 그리스도교 측에서도 유다교 회당과의 대화를 단절하고 자신들이 이스라엘의 새로운 계승자요 옛 계약의 상속자임을 선포하면서 옛 이스라엘을 구원 역사에서 제외시켰다.[13]

결국 이 모든 소용돌이 속에서 유다계 그리스도인들이 가장 큰 타격을 입었다. 70년 이후 유다인들은 이들을 회당에서 추방하였고, 85년 라삐들이 선포한 비르카트 하미님의 화살도 주로 그들에게 향했다. 132-135년 제2차 유다 항쟁 이후에는 주동자인 바르 코크바의 박해를 감수해야 했고 반-유다교 분위기가 거세진 그리스도교 안에서도 설 자리를 잃었다.[14] 결국 이들은 요르단 강 동편의 한정된 지역에서 이스라엘의 계약과 율법을 고수하는 소수의 변방 공동체로 남게 되었다.[15]

---

9 에우세비우스『교회사』3.5.3 참조. 70년 항쟁 이후 유다계 그리스도인들은 줄곧 요르단 강 동편의 여러 도시와 촌락에 모여 살았다고 한다.

10 요한 12,42; 16,2은 그리스도인들이 회당에서 추방당할 것을 암시한다.

11 에게르톤 복음서 해제의 '신학'에 달린 '비르카트 하미님'과 관련된 각주를 참조하라.

12 이로써 유다계 그리스도인들은 자연히 동족 사이에서 설 자리를 잃었다.

13 Marguerat, "Juifs et chrétiens: la séparation", 222.

14 유다계 출신들은 그리스도교 내부에서도 다수의 이방계 출신들과 간격을 좁히지 못했다: Lepelley, "Les chrétiens et l'Empire romain", 237.

15 유다계 그리스도교에 대한 대교회의 입장은 다양했던 것 같다. 어떤 사람들

유다계 그리스도인들은 요르단 강 동편과 시리아 일부 지역에서 약 300년가량 지속되다가 점차 역사에서 사라졌다. 몇몇 집단은 전통적 유다교 관습과 관행에 영지주의 신앙 및 다른 이교적 관념들을 한데 섞어 혼합주의 신앙으로 변질시켰다. 유다교 요소에 영지주의와 주술및 점성술을 융합한 엘카사이파(116-7년경)가 그런 집단에 속한다(히폴리투스 『이단 논박』 9.8-12; 10.25).[16] 5세기에도 유다계 그리스도교 공동체가 존속했는지 아니면 그들의

은 모세 율법과 그리스도 신앙은 조화를 이룰 수 없으며 유다계 그리스도인들은 구원에서 제외된다고 보았다. 유스티누스 같은 사람은 관용적인 편이었다. 150년경에 기록된 유스티누스의 『트리폰과의 대화』는 2세기 유다계 그리스도교와 이방계 그리스도인들 사이의 관계를 암시한다. 유스티누스는 타인에게 모세의 율법을 지킬 것을 강요하지 않는 유다계 그리스도인에게는 관용을 보이지만, 다른 그리스도인들에게 율법을 준수하라고 강요하면서 이를 따르지 않는 사람들과는 성찬을 나누지 않는 이들은 받아들일 수 없다고 하였다(『트리폰과의 대화』 47.2-3). 이 구절이 암시하듯 유다계 그리스도인들 사이에서는 이방인 출신도 모두 율법을 지켜야 한다는 극단적 입장(보수적 유다인)과 이방인들에게 개방적인 입장이 공존했다(갈라 2,1-13 참조). 그리고 그에 따라 대교회의 입장도 달라졌다: Marguerat, "Juifs et chrétiens: la séparation", 221-222.

16 유다계 그리스도교의 한 분파인 엘카사이파는 2세기 초 트라야누스 황제 때 메소포타미아에서 생겨난 세례 집단이다. 엘카사이라는 지도자가 실제로 있었는지는 확실하지 않으나 전혀 불가능한 얘기도 아니다. 이들의 사상은 『엘카사이의 책』이라는 계시집을 통해 알 수 있다. 이 책은 교부들 특히 히폴리투스의 저서를 통해 전해진다. 이 문서는 할례, 안식일 준수, 예루살렘을 향해 기도하기, 그리고 특히 두 번째 세례를 요구했으며 희생 제사는 금지하였다. 하느님의 아들/그리스도와 성령을 강조하였다(히폴리투스 『이단 논박』 9.8-12). 중세 아랍 문학을 소개한 작품 Al-Nadim, *The Fihrist: a 10th Century AD Survey of Islamic Culture*는 3세기 마니교의 창시자 마니가 엘카사이 일원이었다고 전하는데, 1969년에 발굴된 Cologne Mani Codex에서 이것이 사실로 입증되었다. 어떻든 엘카사이파는 2-3세기 메소포타미아 지역의 다양한 유다교/유다계 그리스도교 세례 운동 집단의 하나로 여겨진다. 엘카사이와 다른 세례파들은 공통적으로, 정결례와 경신 개념, 안식일 준수, 세례, 누룩 없는 빵과 물의 성찬례, 바오로 서간 등 일부 성경의 배척, 채식주의

문학 전승만 겨우 명맥을 유지했는지는 확실하지 않다. 유다계 그리스도교 집단이 사라진 것은 자연스런 일이었는지 모른다. 성전 파괴 이후 시대 유다교에도 적응하지 못하고 신생 가톨릭교회에도 어울리지 못한 그들이 설 자리는 어디에도 없었을 것이다.[17]

3. 유다계 그리스도교의 원천 자료

≫ 유다계 그리스도교 원천 자료에 대해서는 Vielhauer/Strecker, "Jewish-Christian Gospels", 134-153; Klijn/Reinink, *Patristic Evidence for Jewish-Christian sects*을 보라.

유다계 그리스도교에 대해서는 사도 1—12장에 잘 소개되어 있다. 여기서 유다계 그리스도교 공동체와 헬레니즘계 공동체 사이의 알력과 갈등이 엿보인다. 어떤 논쟁은 유다교 팔레스티나 공동체와 디아스포라 공동체 사이의 내부 문제를 반영하기도 한다. 몇몇 유다계 그리스도인들은, 이방인 개종자들에게 율법 준수의 의무를 면제한 바오로의 방침에 강력히 반대하였다(사도 15장; 21,17-40). 야고보서는 초창기 유다계 그리스도인들의 관점을 대표하며, 마태오 복음이나[18] 요한계 문헌도 유다계 그리스도인들의 관점을 반

를 동반한 금욕주의, '참된 예언자' 교의, 육체의 부활 관념 등을 공유했다고 한다: Scholer, "Elkesaites", 369.

17 Koch, "Jewish Christianity", 613-616; Marguerat, "Juifs et chrétiens: la séparation", 218-222.

18 교부들의 문헌에 따르면 유다계 그리스도인들이 사용한 마태오 복음은 히브리어로 기록되었다고 한다. 아마도 이것은 원래 그리스어로 기록된 정경 마태오 복

영한다. 사도 교부 문헌들 가운데에서는 『바르나바의 편지』, 『디다케』, 『헤르마스의 목자』가 이들의 관점을 반영한다. 이 책들은 저자들이 유다교 개념과 신앙을 그리스도교 공동체에 통합해 나가는 과정을 보여 준다.

유다계 그리스도교의 일차 문헌은 보존된 것이 거의 없지만 교부들의 문헌에 제목과 인용문들이 전해진다. 유다계 그리스도인들의 복음서를 언급하거나 내용을 인용한 최초의 인물은 파피아스와 헤게시푸스이지만 그들의 증언은 에우세비우스의 『교회사』를 통해서 간접적으로만 만날 수 있다. 이레네우스, 알렉산드리아의 클레멘스와[19] 오리게네스 등이 가장 오래된 증거들을 남겨 주었다. 소경 디디무스, 에우세비우스, 히에로니무스, 에피파니우스도 유다계 그리스도교 복음서 인용문을 전한다. 인용문들 중에는 해당 복음서에서 직접 발췌한 것도 있지만 다른 작가들의 인용문을 재인용한 경우도 있고 그 기원이 의심스러운 것들도 있다.[20]

교부들이 유다계 그리스도교 복음서에 관심을 둔 것은 주로 고대성이라는 매력 때문이었을 것이다. 그리스도의 직제자들이 유다계 그리스도인이었으리라는 것은 부인할 수 없는 사실이고, 그들에게서 유래했다고 하는

음이 히브리어로 역번역된 것일 법하다.

19 클레멘스는 이집트인들의 복음과 히브리인들의 복음도 알고 있었다. 『잡록』 2.9.45.5; 5.14.96.3에서 히브리인들의 복음에서 발췌한 인용문을 싣고 있다.

20 4세기 시리아에서 편집된 차명-클레멘스의 작품(『강론』, 『인지』)도 유다계 그리스도교 문헌의 단편들을 싣고 있다. 아리우스주의를 내비치는 것으로 보아 4세기 이후 내용도 담고 있지만 그 핵심은 3세기 이전에 만들어진 것으로 보인다. 『인지』는 2세기 말 펠라 지역 그리스도인들을 증언한다. 특히 『인지』 1.27-71은 당시 유다계 그리스도인들의 신학을 전한다. 이에 따르면, 유다계 그리스도인들은 예수님이야말로 모세가 선포한 예언자이며(1.39), 모세가 제정한 희생 제사를 폐지하고 이것을 세례로 대체했으며(1.39), 예수님도 모세처럼 일흔두 제자들을 선택했다고 믿었다(1.40). 그리고 당시 유다계 그리스도인들은 예수님이 모세가 선포한 예언자, 영원한 메시아임을 믿는다는 점(1.43)을 제외하고는 다른 여느 유다인들과 아무런 차이가 없었다(1.43). Marguerat, "Juifs et chrétiens: la séparation", 221-222 참조.

복음서에 예수님의 생애와 가르침에 관한 새로운 정보들이 많으리라고 생각한 것은 당연하다. 3-4세기 그리스도교 저자들이 이 복음서들에 관심을 가진 이유는 더 있다. 마태오 복음이 본디 히브리어나 아람어로 기록되었으며 히브리어를 사용하는 초창기 유다계 그리스도교 공동체에서 만들어졌다고 믿어졌기 때문이다. 히브리어나 아람어로 된 복음서가 존재한다는 믿음에서 에우세비우스나 히에로니무스 등이 유다계 그리스도교 복음서에 큰 관심을 가졌던 것 같다. 에우세비우스에 따르면 일찌기 헤게시푸스와 파피아스가 정경 복음서 전승을 보충해 줄 고대 아람어 구두 전승을 찾고 있었다(『교회사』 3.39.3; 4.22.8-9). 이러한 관심이 에우세비우스와 히에로니무스에게서 반복되었다. 특히 히에로니무스는 성경 주석상의 문제를 종종 유다계 그리스도교 원천을 바탕으로 해결하려고 하였다. 이 복음서들에서 유다계 그리스도교만의 독특한 시각을 발견하리라는 기대 때문에 접근한 경우도 있을 것이다. 하지만 이 공동체를 이단으로 여기면서 이를 재확인하기 위해 이 복음서를 다룬 경우도 많다.[21]

4. 유다계 그리스도교 복음서

≫ 유다계 그리스도교 복음서에 대해서는 Klijn, "The Study of Jewish Christianity", 419-431; *Jewish-Christian Gospel Tradition*; Vielhauer/Strecker, "Jewish-Christian Gospels", 134-153; Ehrman/Pleše, *The Apocryphal Gospels: Texts and Translations*, 197-200을 보라.

---

21 교부들이 유다계 그리스도교 사상을 전하는 데 크게 공헌하였다. 그러나 유다계 그리스도교를 적대적 시선으로 바라본 교부들의 주장이 얼마나 객관적인지는 신중히 판단해야 한다.

현재 교부들의 인용이나 언급을 통해 유다계 그리스도교 복음서 세 가지가 전한다.[22] 이 복음서들은 저마다 다른 유다계 그리스도교 공동체에서 사용한 것으로 보인다. 첫째 복음서는 요르단 강 동편에 살던 공동체가 사용했고, 에피파니우스가 전하는 내용과 관련 있을 것이다(에비온파 복음). 둘째는 서부 시리아 베로이아(사도 16,10-15 참조) 근방에 있던, 보통 나자렛파로 불리는 유다계 그리스도교 공동체가 사용한 복음서다(나자렛파 복음). 셋째는 이집트에 살던 유다계 그리스도인들이 사용한 복음서다(히브리인들의 복음). 세 복음서 모두 2세기에 기록된 것으로 보이는데, 문제는 이 복음서를 인용한 문헌들이 그보다 훨씬 후대 작품이라는 것이다.

에비온파 복음은 에피파니우스만 소개하는데 그는 이 복음서보다 무려 두 세기나 뒤에 활동한 사람이다.[23] 에피파니우스는 이 복음서 내용을 전부 아는 듯이 말하면서, 이 복음서를 어디서 발견했는지 그리고 당시에도 여전히 사용되었는지는 언급하지 않는다.

나자렛파 복음은 카이사리아 도서관에 전해지면서 에우세비우스가 접하게 되었고, 히에로니무스에게까지 전해졌다. 4세기에 나자렛파에서 사용되었던 것 같다.

히브리인들의 복음은 기록된 지 약 50년 뒤에 알렉산드리아의 클레멘

---

22 메츠거는 오직 하나의 유다계 그리스도교 복음서가 존재했다고 생각한다. 곧 그리스어로 된 '히브리인들의 복음'만 있었고 지금 전하는 알렉산드리아의 클레멘스, 오리게네스, 히에로니무스, 예루살렘의 키릴루스의 인용문들은 사실상 모두 이 작품에서 발췌한 것이라고 본다. 그리고 이것을 히에로니무스가 라틴어로 번역했다고 한다: Metzger, *The Canon of the New Testament: Its Origin, Development, and Significance*, 169-170. 세 개의 유다계 그리스도교 복음서를 받아들이는 학자들도 인용문들이 어느 복음서에서 온 것인지는 의견이 다른 경우가 있다.

23 살라미스의 에피파니우스(310/320-403년경)는 정통 교리 수호자로 명성을 날렸다. 당시까지의 다양한 이단과 이설을 인용문과 함께 집대성한 것으로 유명하다. 주요 작품으로는 『구급상자』, 『도량형』 등이 있다.

스가 인용하고, 약 100년쯤 지나 오리게네스가, 200년쯤 뒤에는 소경 디디무스가 인용한다. 아마도 이 복음서 내용 전체를 클레멘스, 오리게네스, 소경 디디무스 시대에 이집트 그리스도인들 대부분이 알았을 것으로 보인다. 그러나 클레멘스나 오리게네스가 온전한 작품을 갖고 있었는지는 알 수 없다. 히에로니무스는 이 복음서를 직접 접했다기보다 오리게네스나 다른 사람의 작품을 통해 간접적으로 알았던 것 같다.

이 복음서들을 만들어 낸 공동체는 일률적인 집단이 아니었으며, 각 복음서가 저마다 특정한 유다계 그리스도교 분파를 대변한다. 교부들의 저작물을 통해 유다계 그리스도교 복음서들이 널리 알려져 있었음을 확인할 수 있다.[24] 그러나 유다계 그리스도교 복음서 전승은 세월과 함께 점차 교회의 기억에서 사라졌다. 특히 유다계 그리스도교와 그들의 작품이 단죄 받아야 할 대상으로 여겨지면서 히에로니무스 시대 이후에는 이 복음서들을 언급하는 횟수가 눈에 띄게 줄었다. 그러나 이 복음서 전승이 예수님과 사도 교회에 대해 중요한 정보를 제공하리라는 기대에는 변함이 없다. 유다계 그리스도교 복음서가 만들어진 것이 2세기 이후라 하더라도 그 안에는 초대 그리스도교 전승이 간직되어 있을 법하기 때문이다.[25]

실제로 세 복음서는 다양한 복음서 전승의 발전 연구에 중요한 실마리를 제공하기도 한다. 히브리인들의 복음과 나자렛파 복음은 공관 복음서와 같은 원칙에 따라 만들어졌다. 나자렛파 복음의 기원과 마태오 복음의 기원을 분리해서 생각할 수 없다는 점도 중요하다. 마태오 복음과 나자렛파 복음은 같은 기초 공동체가 서로 다른 두 독립 공동체로 발전한 모습을 보

---

24 아우구스티누스는 나자렛파와 에비온파를 이단으로 규정한다. 『이단』 9; 10에서 그는 에피파니우스의 전언을 토대로, 나자렛파 사람들은 '하느님의 아들이 그리스도'라고 고백하면서도 모든 유다교 율법 규정을 엄수했으며, 에비온파 사람들은 '그리스도는 사람일 뿐'이라 생각하며 '율법 규정을 지킨다'며 비판한다.

25 Klijn, *Jewish-Christian Gospel Tradition*, 26.

여 준다. 에비온파 복음에서는 초대 그리스도교가 기존 복음서들에 기초하여 여러 복음서 전승들을 종합하려 시도한 모습이 드러난다.[26]

26 Klijn, "The Study of Jewish Christianity", 419-431.

에비온파 복음

The Gospel of Ebionites

≫ Howard, *The Gospel of the Ebionites*, 4034-4053; Klijn, *Jewish-Christian Gospel Tradition*; Vielhauer/Strecker, "Jewish-Christian Gospels", 166-171; Ehrman/Pleše, *The Apocryphal Gospels: Texts and Translations*, 210-216을 보라.

에비온파 복음은 에피파니우스의 인용문을 통해서만 전하며, 기본적으로 공관 복음서 특히 마태오와 루카 복음에 의존한다. 에비온파 복음 단편들은 전체적으로 마태오 복음을 축약하거나 변경한 것으로 보이며, 예수님의 기적적 탄생 이야기와 자기들 교리에 맞지 않는 전승들은 모두 뺀 것 같다. 이 복음서는 2세기 초·중반 무렵 요르단 강 동편에서 공관 복음서들의 내용을 통합·조화시켜 그리스어로 기록했을 것으로 보인다.

1. 기원

1.1. 에비온파

에비온파는 2-4세기에 번성한 유다계 그리스도교 분파 가운데 하나다. 요르단 강 동편에서 번성한 이 분파는 예수님이 메시아라는 믿음과 유다교식 사고와 생활양식을 조화시키려 노력했다. 그들은 유다인으로서 모세 율법을 강조하면서도, 다른 유다인들과 달리 희생 제사와 성전은 아무 의미가 없다고 보았다. 에비온이라는 말은 '가난한 사람들'을 뜻하는 히브리어 엡요님 אביונים에서 나왔다. 이레네우스는 에비온이라 불리는 그리스도교 집단을 언급했고(『이단 논박』 1.26.2), 오리게네스는 그 뜻도 알았다. "'에비온'은 유다인들 사이에서 '가난한'이라는 뜻으로 통한다. 그리고 예수님을 그리스도로 받아들인 유다인들을 에비온파라는 이름으로 부른다"(『켈수스 논박』 2.1; 『원리』 4.3.8).

이레네우스는 에비온파의 교리와 관습을 전한다. 그에 따르면 에비온파는 바오로를 율법에서 멀어진 배교자로 보았으며 마태오 복음만 받아들였다. 그리고 예루살렘을 공경 대상으로 여기고 할례와 율법 및 유다교식 생활양식을 고수하였으며, 예수님의 동정 탄생을 부정하였다(『이단 논박』 1.26.2; 3.21.1; 5.1.3). 오리게네스는 이를 재차 확인하면서 에비온파가 파스카 축제를 지켰으며, 그들 가운데 예수님의 동정 탄생을 인정한 이들도 있었다고 전한다(『켈수스 논박』 2.1; 『원리』 4.3.8).

1.2. 에비온파 복음

이 복음서의 원제목은 알 수 없고 2-3세기 그리스어를 쓰는 유다계 그리스도인들의 한 집단인 에비온파가 사용했으리라는 추정에서 학자들은 이를 에비온파 복음이라 부른다.

에피파니우스는 『구급상자』에서 이 복음서를 히브리어 복음이라 부르면서 마태오 복음의 변경·축약본으로 소개한다. 에비온파 복음은 마태오 복음과 깊이 연관되어 있지만[1] 현존하는 단편만 보고 판단하면, 본문의 상당 부분이 마태오와 루카 및 마르코 복음을 조합하여 만든 이른바 '조화 복음서'harmony gospel 형태를 취한다.[2] 그리고 원래부터 그리스어로 기

1 에드워즈는 공관 복음서와 에비온파 복음을 면밀히 대조하여 에비온파 복음이 마태오나 마르코보다 루카 복음과 더 가깝다는 것을 보여 주려 하였다: Edwards, "The Gospel of the Ebionites and the Gospel of Luke", 568-586. 그러나 그가 제시한 대조표를 볼 때, 루카와 마태오 복음이 에비온파 복음에 끼친 영향의 우열을 가리기 힘들다. 마르코의 영향은 상대적으로 적은 것 같다.

2 에비온파 복음이 조화 복음서라는 것은 특히 예수님의 세례 장면에서 확연히 드러난다. 곧 예수님의 세례 때 하늘에서 들려오는 목소리가 마르코, 루카, 마태오 복음에서 조금씩 서로 다르게 묘사되는데, 에비온은 이 세 가지를 통합하여 하늘에서 목소리가 세 번 들려오는 것으로 그리면서, 한 번은 마르코와 루카 복음, 한

록되었던 것 같다.

에비온파 복음의 작성 시기는 마태오와 루카가 기록된 뒤, 그리고 이레네우스가 이 복음서를 언급하기(2세기 말) 전으로 산정된다. 기록 시기를 2세기 초반으로 보는 학자도 있지만 다른 조화 복음서들이 기록되는 시기인 2세기 중반일 가능성도 높다. 만들어진 장소는 에비온파 사람들이 살던 곳, 팔레스티나 요르단 강 동편이었을 것이다.

2. 신학

에피파니우스가 이 복음서를 인용한 것은 그 불합리함과 부조리함을 보여주기 위해서였으므로 교부가 선택한 구절은 임의적이고 복음서의 실제 내용과는 거리가 멀 수도 있다. 따라서 그의 인용문만으로 에비온파 복음의 신학을 끌어내는 것은 무리가 있다. 인용문을 요약하는 정도에서 그치겠다.

에피파니우스가 전하는 일곱 개 인용문은 다음과 같다.

1. 열두 사도의 선택(에피파니우스 『구급상자』 30.13.2-3)
2. 세례자 요한의 소개(30.13.4-5)
3. 요한의 세례(30.13.6; 30.14.3)
4. 예수님의 세례(30.13.7-8)
5. 누가 내 어머니냐(30.14.5)
6. 희생 제사의 폐지(30.16.5)
7. 고기를 먹는 문제(30.22.4-5)

번은 루카 복음, 나머지 한 번은 마태오 복음의 목소리 내용을 옮겨 놓는다.

이 복음서는 예수님이 세례 때에 하느님의 아들로 선택되었으며, 바로 그 순간에 하느님께서 예수님을 낳았다고 한다. 예수님은 모든 것을 완성하는 분이라고도 한다. 예수님의 열두 사도는 이스라엘을 위한 증거자로 선택되었다고 한다.

예수님과 세례자 요한은 모두 채식주의자로 묘사되는 듯하다. 요한은 들꿀만 먹고 살았으며 예수님은 파스카 고기를 먹고 싶어 하시지 않았다고 전한다. 최후의 만찬은 있었지만 예수님이 고기를 드시지 않은 점이 부각된다. 예수님은 희생 제사를 폐지하러 이 세상에 오셨다고 선언하기도 한다. 육식과 희생 제사의 거부는 유다교 성전에 대한 부정을 암시한다. 이 점에서 에비온파 복음은 마태오 복음과 유사하다. 마태오 복음도 성전 파괴 이후 유다교 정체성을 지킬 대안을 제시하고 있기 때문이다(마태 5,17-20). 신생 바리사이 유다교(또는 라삐 유다교)를 겨냥하여 마태오와 에비온파 복음은 충실한 유다인은 율법의 참된 해석자인 예수님을 믿게 된 사람들임을 강변한다. 그런 맥락에서 에비온파 복음은 예수님이 열두 사도에게 열두 지파의 대표이자 이스라엘의 증인으로서의 임무를 맡기시는 것으로 묘사한다.

3. 에비온파 복음

Klijn, *Jewish-Christian Gospel Tradition*에 나오는 그리스어 원문에서 직접 우리말로 번역하였다. 에피파니우스 『구급상자』 전문全文은 Holl (ed.), *Panarion*, 349-363에 나온다. 에비온파 복음 인용문과 에피파니우스의 비평을 주의해서 구분해야 한다. 쌍따옴표(“ ”)로 표시한 인용문이 에비온파 복음서 본문에 해당한다.

༄ ༅

『구급상자』 30.13.2-3

[2] 그들이 '마태오 복음'이라 부르는 복음서에는 — 그러나 이것은 온전하지 않고 훼손되고 절단된 형태다. 이것은 '히브리어 복음'이라 부른다 — 다음과 같은 내용이 담겨 있다. "이름이 예수인 한 남자분이 계셨다. 그분이 서른 즈음에 우리를 뽑으셨다.[3] 그분이 카파르나움에 가셨을 때[4] 베드로라 불리는 시몬의 집에 들어가[5] 입을 열어 말씀하셨다. [3]'티베리아스 호숫가를 거닐다가[6] 제베대오의 아들 요한과 야고보, 시몬과 안드레아, 그리고 타대오와 열혈당원[7] 시몬, 유다 이스카리옷을[8] 뽑았다.[9] 그리고 내가 세관에 앉아 있던 너, 마태오를 부르자 너는 나를 따랐다.[10] 나는 이제 너희가 이스라엘의 증인으로[11] 열두 사도가 되기를 바란다.'"[12]

---

3 네 복음서 가운데 루카 3,23에만 예수님의 나이가 나온다.

4 루카 4,31; 마르 1,21; 마태 4,13.

5 루카 4,38; 마르 1,29; 마태 8,14.

6 마르 1,16; 마태 4,18; 루카 5,1.

7 루카 6,15; 참조: 사도 1,13.

8 루카 6,16; 마태 10,4.

9 열두 제자 목록은 마르 1,16-19; 3,16-18; 마태 10,2-4; 루카 6,14-16; 사도 1,13에 나온다.

10 마태 9,9. 병행구인 마르 2,13-14; 루카 5,27에는 마태오 대신 레위가 나온다.

11 유다계 그리스도교 전승을 암시하는 『바르나바의 편지』 8.3에서도 열두 사도를 이스라엘의 증인으로 그린다. 마태 19,28에 따르면 사도들은 그리스도와 함께 이스라엘의 열두 지파를 심판할 것이다.

12 이 인용문은 열두 사도를 뽑는 내용으로 공관 복음서의 단어, 표현, 구절들을 합성한 것이다. 전체적으로 루카 복음에 가장 가깝다. 카파르나움에 있는 시몬

『구급상자』 30.13.4-5[13]

[4] "요한이 세례를 베풀자 바리사이들과 모든 예루살렘 (사람)이 그에게 와서 세례를 받았다.[14] 요한은 낙타털로 된 옷을 입고 허리에 가죽 띠를 둘렀다.[15] 그리고 그의 식량은 들꿀이었는데 그것은 기름을 넣은 빵ἐκρίς인 만나 맛이 났다." [5] 그리하여 그들은 진리의 말씀을 거짓으로 왜곡하여 메뚜기ἀκρίς 대신 꿀로 만든 빵ἐκρίς이라 전하게 되었다.[16]

『구급상자』 30.13.6; ***병행: 『구급상자』** 30.14.3

그들이 사용한 복음서의 시작은 다음과 같다. "유다 임금 헤로데 시대에 요한이 와서 요르단 강에서 회개의 세례를 베풀었는데, 그는 사제 아론 가문 출신이며 즈카르야와 엘리사벳의 아들이라고들 했다. 모든 이가 그에게 나아갔다."[17]

의 집이(루카 4,31.38; 마르 1,21.29) 열두 사도를 뽑는 장소로 설정되어 있다. 열두 사도를 뽑는 대목에(루카 6,13-16; 마르 3,13-19; 마태 10,1-4) 시몬과 안드레아, 야고보와 요한을 부르신 이야기(마르 1,16-20; 마태 4,18-22; 루카 5,1-11), 마태오를 부르신 이야기(마태 9,9; 마르 2,13-14; 루카 5,27)를 삽입하였다.

13 이 인용문도 공관 복음서의 단어와 구절들을 합성한 것으로, 루카보다는 마르코와 마태오에 가깝다.

14 마르 1,4-5.

15 마태 3,4; 마르 1,6. 문장 구조가 마태오 복음과 더 비슷하며 루카 복음에는 병행구가 없다.

16 마태 3,4에 따르면 요한의 음식은 '메뚜기(ἀκρίς)와 들꿀'이었다. 에피파니우스는 에비온파 복음이 성경을 왜곡한 증거로 이 구절을 제시하였다. 그들이 성경 구절을 바꾼 것은 세례자 요한을 채식주의자로 소개하기 위해서였을 것이다. ἀκρίς와 ἐκρίς를 두고 언어유희를 한 점으로 미루어 에비온파 복음이 처음부터 그리스어로 기록되었을 법하다.

17 이 인용문은 루카 1,5과 마르 1,4-5을 합성한 것이다. "유다 임금 헤로데 시대에"(루카 1,5); "요르단 강에서"(마르 1,5); "회개의 세례를 베풀었는데"(마르 1,4-5);

*　그들은 마태오 복음에서 족보를 없애고, 전에 말한 대로 다음과 같이 시작한다. "유다 임금 헤로데 시대 카야파가 대사제로 있던 무렵, 요한이라는 이름을 가진 사람이 와서 요르단 강에서 회개의 세례를 베풀었다."[18]

『구급상자』 30.13.7-8[19]

7 그리고 이 복음서는 많은 이야기 뒤에 다음과 같이 전한다.

"백성이 세례를 받고 있을 때 예수님도 오셔서 요한에게[20] 세례를 받으셨다.[21] 그분께서 물에서 나오시자[22] 하늘이 열렸다.[23] 그분께서는 성령이 비둘기 모양으로 내려오시어[24] 당신에게 들어오시는 것을[25] 보셨

"그는 사제 아론 가문 출신이며 즈카르야와 엘리사벳의 아들이라고들 했다"(루카 1,5); "모든 이가 그에게 나아갔다"(마르 1,5). '유다 임금 헤로데 시대'라는 표현과 요한이 아론 가문 출신이며 부모의 이름이 즈카르야와 엘리사벳이라는 정보는 오직 루카 1,5에서만 발견된다.

18　이 인용문은 루카의 영향이 강하게 드러난다(루카 1,5; 3,2-3).

19　이 인용문도 정경 복음서의 단어와 구절들을 합성한 것이다. 전반부는 세 공관 복음서가 고르게 조화된 듯하지만 후반부는 마태오의 영향이 두드러진다. 한편 하늘에서 말씀이 두 번 들려오는데, 첫 번째는 마르코와 루카와 일치하고 두 번째는 마태오와 일치한다. 서로 다른 두 전승을 한데 모은 것 같다. 가장 '조화 복음서' 다운 구절이라 하겠다.

20　마르 1,9.

21　루카 3,21.

22　마태 3,16; 마르 1,10.

23　마태 3,16; 루카 3,21.

24　루카 3,22.

25　κατελθούσης καὶ εἰσελθούσης εἰς αὐτόν("내려오시어 당신께 들어오시는 것")은 공관 복음서와 조금 다르다. 전치사 사용에서는 καταβαῖνον εἰς αὐτόν이라 읽는 마르 1,10과 가깝다. 마태오와 루카 복음에서는 εἰς αὐτόν(당신 안으로)

다. 그리고 하늘에서 이렇게 말하는 소리가 들려왔다.[26] '너는 내가 사랑하는 아들, 내 마음에 드는 아들이다.'[27] 그 소리는 다시 '내가 오늘 너를 낳았다'고[28] 하였다. 곧이어 큰 빛이 그곳을 환히 비추었다. 이것을 본 요한이 그분께 말하였다. '주님, 당신은 누구십니까?'[29] 그러자 다시 하늘에서 그분에게 말하는 소리가 들려왔다. '이는 내가 사랑하는 아들, 내 마음에 드는 아들이다.'[30] [8] 그러자 요한이 그분께 엎드려 절하며 말하였다. '당신께 청합니다. 주님, 당신께서 저에게 세례를 베풀어 주십시오.' 그러나 그분께서는 그를 막으며 말씀하셨다. '이대로 하여라. 이렇게 해서 모든 것이 이루어져야 한다.'"[31]

『구급상자』 30,14,5[32]

또 그들이 구원자께서 사람임을 부정한 것은[33] 그분께서 다음과 같이

대신 ἐπ' αὐτόν(당신 위로)이 쓰였다. εἰς αὐτόν은 성령이 예수님 안으로 들어왔음을 부각시킨다. 동사의 구성 면에서는 두 동사 καταβαῖνον과 ἐρχόμενον을 쓴 마태 3,16과 가깝다. 마태 3,16: καταβαῖνον … καὶ ἐρχόμενον ἐπ' αὐτόν; 루카 3,22: καταβῆναι … ἐπ' αὐτόν.

26 마태 3,17; 마르 1,11.

27 이 구절에 사용된 단어와 문장 구조가 마르 1,11; 루카 3,22과 거의 똑같다. 직역: '너는 내 사랑하는 아들, 내 마음에 드는 이다'.

28 히브 5,5 참조.

29 사도 9,5.

30 직역: 이는 내 사랑하는 아들, 내 마음에 드는 이다. 이 구절에 사용된 단어와 문장 구조가 마태 3,17과 거의 똑같다.

31 마태 3,14-15.

32 이 대목의 인용문도 공관 복음서, 특히 마태오와 마르코를 조합한 듯하다. 그러나 마태오 복음에 더 가깝다.

33 에피파니우스는 여기서 에비온파 사람들이 예수님의 인성을 부정했다고 한

말씀하신 다음부터다. "사람들이 그분께 '보십시오, 당신의 어머니와 형제들이 밖에 와 계십니다'[34] 하고 알렸을 때, 그분께서는 '누가 내 어머니며 형제들이냐?'[35] 하고 물으시고는 제자들을 가리키시며 말씀하셨다.[36] '이 사람들이 내 형제들이며, 내 아버지의 뜻을 실행하는 사람들이 어머니요 누이들이다.'"[37]

『**구급상자**』 30.16.5

그들 사이에 복음서라 불리는 것이 전합니다. "나는 희생 제사를 폐지하기 위해 왔다. 그리고 너희가 제사 드리는 것을 그만두지 않는다면 너희에게서 분노가 거두어지지 않을 것이다."[38]

다. 이는 후대의 유다계 그리스도인들이 예수님이 인간일 뿐이라면서 그분의 신성을 부정했다고 하는 일반적 진술과 상충한다. 여러 교부들의 증언에 따르면 이들은 대개 예수님이 요셉과 마리아에게서 정상적인 방법으로 태어난 평범한 인간이었으며 그분의 능력은 세례 때 그에게 내려온 성령에서 나온다고 믿었다. 위에 나오는 에피파니우스의 진술을 통해 유다계 그리스도인들의 주장이 분파마다 달랐을 것임을 짐작할 수 있다.

34 마태 12,47과 같다. 병행구인 루카 8,20에서는 '밖에 와 계십니다'에 해당하는 두 단어의 순서가 뒤바뀌어 있다. 곧 에비온파 복음과 마태 12,47에서는 … ἔξω ἑστήκασιν인데 루카는 … ἑστήκασιν ἔξω다.

35 마르 3,33; 마태 12,48.

36 마태 12,49.

37 마태 12,49-50; 마르 3,34-35; 루카 8,21.

38 이 구절은 정경 복음서 병행구가 없다. 주님께서 희생 제사를 폐지하러 오셨다고 하는 말은 유다교 성전이 없어진 이후의 상황을 반영한다. 그리스도 신앙이 성전과 희생 제사를 대체했으리라는 것이다. 그리스도를 받아들이지 않은 유다인들은, 라삐들이 주축이 되어 율법 공부와 기도를 중심으로 하는 라삐 유다교로 성장한다.

『구급상자』 30.22.4-5

[4] 그러나 그들은 (말씀의) 참된 순서를 버리고 단어를 바꾸었다. 이것은 문장의 조합을 살펴보면 누구나 명백히 알 수 있다. 그들은, 제자들이 "당신께서 잡수실 파스카 음식을 어디에 차리면 좋겠습니까?"[39] 하고 말하자, 그분께서 "너희와 함께 이 파스카 고기를 먹기를 간절히 바란 것은 아니다" 하고 답하신 것처럼 꾸몄다. 그들이 말씀을 마음대로 바꾸는 만용이 어찌 드러나지 않겠는가? μ와 η(μή 아니다)는 보탠 말이기 때문이다. 그들은 '간절히 원했다'라는 말을 그대로 전하는 대신 '아니다'μή라는 말을 보태었다. 그러나 그분은 실제로 '너희와 함께 이 파스카 음식을 먹기를 간절히 바랐다'고[40] 말씀하셨다.

39 마태 26,17; 마르 14,12; 루카 22,9. 특히 마태 26,17과는 마지막 두 단어의 순서만 빼고 똑같다. 곧 에비온파 복음은 ποῦ θέλεις ἑτοιμάσωμέν σοι τὸ Πάσχα φαγεῖν;이고, 마태오 복음은 ποῦ θέλεις ἑτοιμάσωμέν σοι φαγεῖν τὸ πάσχα;다.

40 "내가 고난을 겪기 전에 너희와 함께 이 파스카 음식을 먹기를 간절히 바랐다"(루카 22,15).

나자렛파 복음

The Gospel of the Nazareans

≫ Klijn, *Das Hebräer-und das Nazoräerevangelium*, 3997-4033; *Jewish-Christian Gospel Tradition*; Vielhauer/Strecker, "Jewish-Christian Gospels", 154-165; Ehrman/Pleše, *The Apocryphal Gospels: Texts and Translations*, 204-209을 보라.

나자렛파 복음은 마태오 복음에 깊이 의존하며 '정경 마태오 복음의 확장판'이라 볼 수 있다. 서부 시리아의 베로이아에서 원래 아람어(또는 시리아어)로 기록되었을 것이다. 저술 시기는 마태오 복음이 기록된 뒤, 그리고 헤게시푸스(180년)가 이 복음서를 언급하기 전인 2세기 초반쯤으로 추정된다. 현존하는 나자렛파 복음서 단편에서는 이단적 경향을 찾아볼 수 없다.

1. 기원

1.1. 나자렛파

사도 24,5에 따르면 초대 그리스도인들이 모두 나자렛 분파라 불렸다.[1] 향후 몇 세기 동안도 마찬가지였다. 그러다가 4세기 작가들이 서부 시리아 베로이아 지역의 유다계 그리스도인 공동체를 특정하여 나자렛파라 일컫게 되었다. 그들은 아람어로 말했으며 그리스도인이면서도 유다교 율법을 준수했다고 한다. 히에로니무스에 따르면 그들은 예수님이 동정녀 마리아에게서 태어났으며 하느님의 아들이시라는 것, 그리고 본시오 빌라도 치하에서 돌아가셨다가 다시 살아나신 것을 믿었다. 히에로니무스는 그들이 '유다인'이라는 정체성과 '그리스도인'이라는 정체성을 둘 다 고집하다가 결국 이도저도 아니게 되었다고 한다(히에로니무스 『편지』 112.13). 베로이아에서 이 공

1 탈무드에서도 예수님이 나자렛 사람으로 불린다.

동체는 4세기 히에로니무스 시대까지 존속했던 것 같다.[2]

1.2. 나자렛파 복음

이 복음서의 원제목은 알 수 없고 이 복음서를 사용한 공동체의 이름을 따서 나자렛파 복음이라 불린다. 나자렛파 복음 본문은 몇몇 초대 교부들의 작품과 중세 마태오 복음 수사본의 여백주를 통해 전해진다. 이 수사본들은 전체적으로 500년경 이전에 만들어진 '시온 복음' 편집본에서 유래한다. 나자렛파 복음을 최초로 언급한 이는 헤게시푸스이고 오리게네스(3세기 초)와 에우세비우스(4세기 초)도 언급한다. 에피파니우스는 이 작품의 존재만 언급하고 내용은 싣지 않았다. 대부분의 인용문은 히에로니무스의 작품에 보존되었는데, 그는 이 복음서 원문을 실제로 갖고 있었던 것으로 보인다.

2. 내용과 신학

나자렛파 복음은 스물세 구절이 전해지지만 이들 중 상당수가 신학적 내용과는 별 상관이 없다. 교부들이 이 복음서를 인용한 것은 신학적 목적에서가 아니라 보통 마태오 복음에 나오는 단어나 구절의 뜻을 밝히는 데 도움을 얻을 의도에서였다. 실제로 나자렛파 복음 단편들을 검토해 보면 그 관점이나 내용이 마태오 복음과 밀접한 관련이 있음이 드러난다. 이 복음서

---

2 Pritz, *Nazarene Jewish Christianity: From the End of the New Testament Period until Its Disappearance in the Fourth Century*, 48-70.

내용은 종종 마태오 복음과 비교되는데, 나자렛파 복음을 그리스어 마태오 복음의 아람어 번역본으로 보아도 무방하다. 원래 이 복음서가 독자적인 아람어 원천에서 유래했다는 증거도 없다. 그렇다고 나자렛파 복음 저자가 마태오 복음에 전적으로 의존했다는 뜻은 아니다. 부자 청년 이야기에는 마태오 병행구에 나자렛파 복음만의 다른 내용이 더해졌으며, 탈렌트의 비유 내용도 마태오 복음과 다르고 새로운 내용이 덧붙었다. 나자렛파 복음이 마태오 복음을 토대로 하되, 때에 따라 다른 전승에서 수집한 내용이나 저자의 생각을 덧붙이고 마태오 복음을 수정·변경했을 법하다. 최소한 나자렛파 복음은 마태오 복음이 사용한 전승들을 아는 환경에서 생겨났으며 그 전승들이 서로 다른 발전 과정을 겪었을 것이다.

나자렛파 복음도 마태오 복음처럼 본디 예수님의 생애로 구성되었으며, 예수님의 세례·수난·죽음을 다루었을 법하다. 그러나 자세한 내용은 알 수 없다. 다만 이 복음서가 예수님도 죄를 지었는가에 관한 문제를 되짚어 준다는 점에서 의미 있다. 이 복음서에 따르면, 예수님은 의도적인 죄를 저지르지 않아 요한의 세례를 받을 필요가 없었다. 그렇다고 예수님이 무의식 중에in ignorantia 죄를 저질렀을 가능성까지 배제하지는 않는다. 성령을 받은 예언자들도 말로 저지르는 죄에서 자유롭지 못했다는 것이다.

나자렛파 복음서는 유다교 정신을 고수하면서도 한편으로는 이것과 끊임없이 싸운다. 유다교 율법에 관심을 두면서도, 하느님 뜻과 계명의 실천이 중요함을 강변한다. 예를 들어, 부자 청년이 굶어 죽어가는 '형제들'에게 자신의 소유를 내놓지 않으면서 율법을 실천했다고 말할 수 없다고 한다. 이웃을 제 몸같이 사랑하라는 사랑의 계명을 지키지 않았기 때문이라는 것이다. 예수님의 품안에 있는 자라 해도 아버지 뜻을 행하지 않는다면 그 품에서 쫓겨날 것이라고 한다.

이 복음서 저자는 가난과 인권에 대해 깊이 묵상하고 체험한 사람인 것 같다. 저자는 가난한 이들에 대해 구체적인 관심을 드러낸다. 부자 청년의 비유가 그 예다. 마태오 복음이 아무 근거를 제시하지 않은 채 부자가 하늘 나라에 들어가는 것이 낙타가 바늘구멍에 들어가는 것보다 더 어렵다고 말했다면, 나자렛파 복음은 그 근거를 분명히 밝힌다. 똥무더기를 걸친 채 굶어 죽어 가는 형제들을 위해 자기 곳간에서 아무것도 내어 놓지 않는다면 율법을 실천했다고 말할 수 없다고 한다. 이웃을 자신처럼 사랑하라는 사랑의 계명을 어겼기 때문이라는 것이다.

손이 오그라든 사람의 일화는 인권에 대한 저자의 감수성을 드러낸다. 무엇보다 병자의 입장을 부각시킨다. 그저 오그라든 손을 낫게 해 달라고 청한 게 아니다. 자기는 손으로 벌어먹고 사는 석공인데 손이 오그라들어 구차하게 빌어먹고 살게 되었다고 한다. 그러니 스스로 양식을 마련하고 스스로 삶을 꾸릴 수 있게 손을 펴달라고 청한다. 결국 예수님은 오그라든 손만 고치신 것이 아니라, 그가 사람답게 살 수 있게 만들어 주신 셈이다. 치유는 질병에서의 해방일 뿐 아니라 노동하며 사람답게 살 권리의 회복이기도 하다. 이 복음서 저자가 가난과 질병에 대해 깊이 체험하고 숙고한 사람이 아니라면 이야기를 이토록 구체적으로 서술하지 못했을 것이다.[3]

3. 나자렛파 복음

Klijn, *Jewish-Christian Gospel Tradition*에 나오는 그리스어와 시리아어, 라틴어 원문에서 직접 우리말로 번역하였다. [ ]안에 든 내용은 비평본 편집자가 훼손된 본문을 복구한 것이다. ( )안에 든 내용은 우리말 표현을 위해 임의로 첨가한 것이다. 나자렛파 복음 인용문 자체와 교부들의 비평을

---

3 이런 대목들은 이 복음서가 마태오 복음보다 나중에 만들어졌음을 시사한다. 마태오 복음 또는 마태오 복음이 사용한 전승에 자신이 묵상한 내용이나 다른 전승에서 수집한 내용을 덧붙였을 것이다.

분간하도록 주의해야 한다. 쌍따옴표(“ ”)로 표시한 인용문이 나자렛파 복음서 본문에 해당한다.

so cs

오리게네스 『마태오 복음 (19,16-26) 주해』 15.14[4]

히브리인들의 복음이라 불리는 복음에 — 이 복음을 기꺼이 받아들인다면 — 다음과 같이 적혀 있다. (이 복음을 언급하는 이유는) 이 복음이 권위가 있어서가 아니라, 제기된 질문에 대해 분명히 설명하기 위해서다. “부자들 가운데 한 사람이 그분께 말하였다. ‘스승님, 영원히 살려면 무슨 선한 일을 해야 합니까?’[5] 그분께서 그에게 말씀하셨다. ‘사람아, 율법과 예언서를 실천하여라.’[6] 그가 그분께 대답하였다. ‘그렇게 했습니다.’[7] 그분께서 그에게 말씀하셨다. ‘가서 네가 가진 모든 것을 팔아 가난한 이들에게 나누어 주어라. 그리고 와서 나를 따라라.’[8] 그러자 부자는 자기 머리를 긁적거리기 시작하였다. 그 말씀이 자기 마음에 들지 않았던 것이다. 그러자 주님께서 그에게 말씀하셨다. ‘너는 어찌하여 ′율법과 예언서를 실천했습니다′ 하고 말하느냐? 율법에 ′네 이웃을 너 자신처럼 사랑하라′고 쓰여 있지 않느냐? 그런데 보아라! 아브라함의 자손들인 숱한 네 형제들이 똥 무더기를 쓴 채 배고픔으로 죽

---

4 이 인용문은 부자 청년 이야기를 전하는 공관 복음서 내용을 요약한 뒤 나자렛파 복음 고유의 전승을 덧붙인 것 같다(마태 19,16-26; 마르 10,17-27; 루카 18,18-27). 전체적으로 마태오 복음에 가장 가깝다.

5 마태 19,16; 마르 10,17; 루카 18,18.

6 마태 19,17; 마르 10,19; 루카 18,20.

7 마태 19,20; 마르 10,20; 루카 18,21.

8 마태 19,21; 마르 10,21; 루카 18,22.

어 간다. 그런데 엄청난 재화로 가득한 네 집에서 그들을 위해 나오는 건 아무것도 없지 않느냐?'[9] 그분께서는 곁에 앉아 있는 제자 시몬을 향해 돌아서시며 말씀하셨다. '요나의 아들 시몬아, 부자가 하늘 나라에 들어가는 것보다 낙타가 바늘구멍으로 들어가는 것이 더 쉽다.'"[10]

에우세비우스 『신현』 4.22[11]

히브리 문자로 우리에게 전하는 복음서에서 예수님의 경고가 겨냥한 것은, (탈렌트를) 숨겨둔 사람이 아니라 (그것을) 낭비하며 방탕하게 산 사람이었다. "그 주인에게는 종이 세 명 있었다. 한 명은 주인의 재산을 창녀들이나 탕녀들과 어울려 탕진하였고,[12] 다른 한 명은 사업을 늘렸으며,[13] 다른 한 명은 탈렌트를 숨겨 두었다.[14] 그 뒤 한 명은 받아들여졌고 다른 한 명은 비난을 받았으며 나머지 한 명은 감옥에 갇혔다." 마태오 복음에서 아무 일도 하지 않은 사람을 비난하는 말씀[15] 다

9 정경 복음서에 나오지 않는 나자렛파 복음만의 독특한 표현이다.

10 마태 19,24; 마르 10,25; 루카 18,25.

11 이 대목은 탈렌트의 비유(마태 25,14-30)와 관련 있는데 비유의 세부 사항은 차이가 난다. 마태오 복음에서는 다섯 탈렌트를 받은 종과 두 탈렌트를 받은 종은 저마다 받은 돈을 활용하여 더 벌어들였고, 한 탈렌트를 받은 종은 돈을 땅에 숨겨 둔 것으로 설정되어 있다. 병행구인 루카 19,11-27에서는 화폐 단위가 '미나'다.

12 마태오나 루카 복음에 나오지 않는 내용이다.

13 마태 25,16-17.

14 마태 25,18.

15 마태 25,26-29: "그러자 주인이 그에게 대답하였다. '이 악하고 게으른 종아! 내가 심지 않은 데에서 거두고 뿌리지 않은 데에서 모으는 줄로 알고 있었다는 말이냐? 그렇다면 내 돈을 대금업자들에게 맡겼어야지. 그리하였으면 내가 돌아왔을 때에 내 돈에 이자를 붙여 돌려받았을 것이다. 저자에게서 그 한 탈렌트를 빼앗아 열 탈렌트를 가진 이에게 주어라. 누구든지 가진 자는 더 받아 넉넉해지고, 가진 것

음에 이어지는 경고는[16] 그를 겨냥한 것이 아니라 술 취한 사람들과 먹고 마신 첫째 사람을 겨냥하여 덧붙인 것이 아닐까 생각한다.

에우세비우스 (시리아어) 『신현』 4.12

유다인들 사이에서 읽히는 히브리어 복음에서 볼 수 있는 바와 같이 그분께서는 집에서 영혼들의 분열이 일어나는[17] 이유에 대해 가르치셨다. 그 복음서는 다음과 같이 기록하고 있다. "나는 나를 위해 좋은 이들, 곧 하늘에 계신 내 아버지께서 내게 주신 좋은 이들을 뽑을 것이다."

히에로니무스 『마태오 복음 (6,11) 주해』

히브리인들의 복음이라는 복음서에서는 '일용할 빵'이라는 말 대신 '내일'이라는 뜻의 *mahar*(מחר)라는 단어가 발견된다.[18]

이 없는 자는 가진 것마저 빼앗길 것이다.'"

16 마태 25,30: "그리고 저 쓸모없는 종은 바깥 어둠 속으로 내던져 버려라. 거기에서 그는 울며 이를 갈 것이다."

17 가족 사이에 분열이 일어날 것임을 예언하는 마태 10,34-36; 루카 12,51-53을 참조하라. 예수님이 뽑으신 이들이 아버지께서 주신 이들이라는 생각은 요한 복음에서 자주 발견된다(17,2.6.9.24; 참조: 18,9). 루카 6,13; 사도 1,2; 요한 6,70도 참조하라. 이 생각은 스스로 특별히 선택되고 세상과 분리되었다고 여기는 사람들이 받아들였음 직하다. 이 구절에서 표현하고자 한 것은 그리스도인들이 하느님께 뽑힌 특별한 이들이라는 사상인 것 같다. 그들이 다른 이들과 엄격히 분리되어 있었다는 뜻이다. 바로 이 때문에 가족 가운데 한 사람이 그리스도인이 되면 그 가족이 분열된다.

18 주님의 기도에 나오는 '일용할 양식'과 관련된다. 나자렛파 복음서에서는 '내일 먹을 양식'을 청하는 내용이 들어 있은 듯하다.

히에로니무스 『마태오 복음 (12,13) 주해』

최근에 우리가 히브리어에서 그리스어로 번역한 나자렛파와 에비온파 사람들이 사용하는 복음서에는 — 대부분의 사람들이 이것을 진짜 마태오 복음이라 부른다 — 오그라든 손을 가진 사람이 석공이었다고 기록되어 있다. 그는 다음과 같은 말로 도움을 청했다. "저는 석공으로서 손으로 양식을 마련하던 사람입니다. 예수님, 구차하게 양식을 빌어먹지 않도록 저를 다시 낫게 해 주십시오."

히에로니무스 『마태오 복음 (23,35) 주해』

나자렛파 사람들이 사용하는 복음서에는, 베레크야의 아들 대신 "여호야다의 아들"이라 기록되어 있다.[19]

히에로니무스 『마태오 복음 (27,16) 주해』

히브리인들의 복음이라 하는 복음서에는 이 사람(곧 바라빠)이 그들의 "스승의 아들"이라는 의미로 해석되어 있다.

히에로니무스 『마태오 복음 (27,51) 주해』

성전의 휘장이 찢어지면서, 전에는 가려져 있던 율법의 모든 신비가 공개되어 이방인들에게로 넘어갔다. 우리가 종종 언급한 복음서에는 "엄청난 크기의 성전 상인방이 부서지고 갈라졌다"고 되어 있다.

---

19 마태 23,35 참조. 이 구절에서 마태오는 베레크야의 아들 즈카르야가 성전에서 살해당했다고 전한다. 베레크야의 아들 즈카르야 예언자(즈카 1,1)가 살해당했다는 말은 어디에서도 찾아볼 수 없다. 반면 2역대 24,20-21에서 여호야다의 아들 즈카르야가 성전 뜰에서 돌에 맞아 죽은 것으로 소개된다. 나자렛파 복음이 역대기 하권 이야기에 맞춰 즈카르야의 아버지 이름을 베레크야에서 여호야다로 바꿔 놓았을 터다.

히에로니무스 『펠라기우스파 논박』 3.2[20]

칼데아어 더 정확히 말해 시리아어로, 그러나 히브리 문자로 쓰인 히브리인들의 복음 — 이것은 오늘날까지 나자렛파 사람들이 사용하는 사도의 복음이다. 많은 사람들이 마태오 복음이라 여기기도 하는 이것은 카이사리아 도서관에 소장되어 있다 — 에서 다음과 같이 이야기한다. "주님의 어머니와 형제들이 그분께 말하였다. '세례자 요한이 죄의 사면을 위한 세례를 베풀고 있습니다. 우리도 가서 그에게 세례를 받읍시다.' 그러자 그분께서 말씀하셨다. '그에게 가서 세례를 받아야 한다니 내가 무슨 죄를 지었단 말이오? 혹시 지금 내가 한 말이 무지(의 죄)가 아니라면 말이오!'"

히에로니무스 『펠라기우스파 논박』 3.2

그리고 같은 책에서 그분께서 말씀하셨다. "네 형제가 말로 죄짓고 나서 너에게 배상한다면 하루에 일곱 번이라도 그를 받아주어라." 그분의 제자 시몬이 그분께 말하였다. "하루에 일곱 번이라고요?" 주님께서 대답하시며 그에게 말씀하셨다. "나는 너에게 일흔 번씩 일곱 번이라고도 말하겠다.[21] 성령으로 기름부음 받은 예언자들에게서도 죄의 말이 발견되기 때문이다."[22]

---

20 이 구절에서 예수님은 최소한 의도적인 죄는 결코 짓지 않아 요한의 세례를 받을 필요가 없음을 밝히고 있다. 그러나 이 구절만으로는 예수님이 모르고 지은 죄도 없음을 말하였다고는 할 수 없다. '혹시 …가 아니라면'(nisi forte)이라는 표현은 예수님에게 무지의 죄가 있을 가능성을 배제하지 않는다. 알렉산드리아 유다인 필론은, 절대적으로 죄가 없으신 분은 하느님뿐이라고 말한다(『도주와 발견』 157; 『덕』 177).

21 참조: 마태 18,21-22; 루카 17,3-4.

22 이 마지막 문장은 정경 복음서에 병행구가 없다. 아마도 독자적인 전승에서 채택한 문구일 터이다. '말로 저지르는 죄'는 유다계 그리스도교 전통에서 특징적

위에 소개한 열 개의 인용 단편 말고도 마태오 복음 필사본에 이문으로 소개하는 '유다인의 복음'이 나자렛파 복음을 가리킨다.

마태 4,5

그러자 악마는 예수님을 데리고 거룩한 도성으로 가서 성전 꼭대기에 세운 다음,

이문: Codex Novi Testamenti 566

유다인의 (복음)은 "거룩한 도성으로"가 아니라 "예루살렘 안으로"라고 읽는다.

마태 5,22

그러나 나는 너희에게 말한다. (이유도 없이)[23] 자기 형제에게 성을 내는 자는 누구나 재판에 넘겨질 것이다. 그리고 자기 형제에게 '바보!'라고 하는 자는 최고 의회에 넘겨지고, '멍청이!'라고 하는 자는 불붙는 지옥에 넘겨질 것이다.

이문: Codex Novi Testamenti 1424

"이유도 없이εἰκῆ"라는 말은 몇몇 사본에도 없고 유다인의 복음에도 없다.

마태 7,21

나에게 '주님, 주님!' 한다고 모두 하늘 나라에 들어가는 것이 아니다. 하늘에 계신 내 아버지의 뜻을 실행하는 이라야 들어간다.

으로 발견되는 표현이다. 야고 3,1-12; 집회 19,16; 25,8이 모두 '말 또는 혀로 저지르는 죄'와 관련된다.

23 『성경』이 대본으로 삼은 본문(The Greek New Testament 4th edition, The United Bible Societies, 1993)에도 "이유도 없이"가 없다.

이문: Codex Novi Testamenti 1424

유다인의 복음은 다음과 같이 되어 있다. "너희가 내 품 안에 있다 하더라도 하늘에 계신 내 아버지의 뜻을 행하지 않는다면 나는 너희를 내 품 밖으로 내던질 것이다."

마태 10,16

나는 이제 양들을 이리 떼 가운데로 보내는 것처럼 너희를 보낸다. 그러므로 뱀처럼 슬기롭고 비둘기처럼 순박하게 되어라.

이문: Codex Novi Testamenti 1424

유다인의 복음은 "뱀보다 더"라 읽는다.

마태 11,12

세례자 요한 때부터 지금까지 하늘 나라는 폭행을 당하고 있다. 폭력을 쓰는 자들이 하늘 나라를 빼앗으려고 한다.

이문: Codex Novi Testamenti 1424

유다인의 복음은 하늘 나라가 "약탈당하고 있다"라고 읽는다.

마태 11,25

그때에 예수님께서 이렇게 말씀하셨다. "아버지, 하늘과 땅의 주님, 지혜롭다는 자들과 슬기롭다는 자들에게는 이것을 감추시고 철부지들에게는 드러내 보이시니, 당신께 찬양을 드립니다Ἐξομολογοῦμαί σοι."[24]

이문: Codex Novi Testamenti 1424

유다인의 복음은 "당신께 감사드립니다"εὐχαριστῶ σε라고 읽는다.

24 『성경』은 "아버지께 감사드립니다"로 옮긴다.

마태 12,40

요나가 사흘 밤낮을 큰 물고기 배 속에 있었던 것처럼, 사람의 아들도 사흘 밤낮을 땅속에 있을 것이다.

이문: Codex Novi Testamenti 899

유다인의 복음에는 "사흘 낮[과 사흘 밤]"이라는 표현이 없다.

마태 15,5

그런데 너희는, 누가 아버지나 어머니에게 '제가 드릴 공양은 하느님께 바치는 예물δῶρον이 되었습니다.' 하고 말하면,

이문: Codex Novi Testamenti 1424

유다인의 복음, "아버지 어머니께서 저희에게서 받으셔야 하는 것은 코르반이 되었습니다κορβᾶν ὃ ὑμεῖς ὠφεληθήσεσθε ἐξ ἡμῶν."[25]

마태 16,2-3

그러자 예수님께서 이렇게 대답하셨다. *"너희는 저녁때가 되면 '하늘이 붉으니 날씨가 좋겠구나.' 하고, 아침에는 '하늘이 붉고 흐리니 오늘은 날씨가 궂겠구나.' 한다. 너희는 하늘의 징조는 분별할 줄 알면서 시대의 표징은 분별하지 못한다."*

이문: Codex Novi Testamenti 1424

별표로 표시한 부분은 다른 사본이나 유다인의 복음에는 실려 있지 않다.[26]

---

25 병행구인 마르 7,11은 κορβᾶν이라고 한 다음 '곧 예물'(δῶρον)이라는 설명을 덧붙인다: "그런데 너희는 누가 아버지나 어머니에게 '제가 드릴 공양은 코르반, 곧 하느님께 바치는 예물입니다.' 하고 말하면 된다고 한다."

26 마태 16,2-3의 예수님의 말씀 부분, 곧 "너희는 저녁때가 되면 … 시대의 표징은 분별하지 못한다"가 누락된 사본들이 있다(ℵ B X 등). 나자렛파 복음에도 이 말

마태 16,17

"시몬 바르요나Βαριωνᾶ야, 너는 행복하다! 살과 피가 아니라 하늘에 계신 내 아버지께서 그것을 너에게 알려 주셨기 때문이다."

이문: Codex Novi Testamenti 566

유다인의 복음, "요한의 아들아! υἱέ Ἰωάννου"[27]

마태 18,22

예수님께서 그에게 대답하셨다. "내가 너에게 말한다. 일곱 번이 아니라 일흔 번씩 일곱 번까지다."[28]

이문: Codex Novi Testamenti 899

유다인의 복음은 "일흔 번씩 일곱 번"이라는 말에 이어서 다음과 같이 읽는다. "사실 성령으로 기름부음 받은 예언자들에게서도 죄의 말이 발견되곤 했기 때문이다."

마태 26,74

그때에 베드로는 거짓이면 천벌을 받겠다고 맹세하기 시작하며, "나는 그 사람을 알지 못하오." 하였다. 그러자 곧 닭이 울었다.

이문: Codex Novi Testamenti 4

유다인의 복음, "그러자 그는 맹세코 부인하며 저주하였다."

씀이 나오지 않았던 모양이다.

27 바르요나는 요나의 아들이라는 뜻이다. 요한 1,42에는 "요한의 아들 시몬"이라고 되어 있다. 이문은 "요한의 아들 시몬"을 따른다.

28 『성경』은 "내가 너에게 말한다. 일곱 번이 아니라 일흔일곱 번까지라도 용서해야 한다"라고 읽는다. 일흔일곱 번으로 옮긴 ἑβδομηκοντάκις ἑπτά는 일흔 번씩 일곱 번, 곧 490번일 수도 있다.

마태 27,65

그러자 빌라도가 그들에게, "당신들에게 경비병들이 있지 않소. 가서 재주껏 지키시오." 하고 대답하였다.

이문: Codex Novi Testamenti 1424

유다인의 복음, "그리고 그(빌라도)는 그들에게 무장한 남자들을 넘겨주며 동굴무덤 앞에 앉아 밤낮으로 지키게 하였다."[29]

---

29 베드로 복음 8.31 참조.

히브리인들의 복음

The Gospel of the Hebrews

≫ Vielhauer/Strecker, "Jewish-Christian Gospels", 172-178; Klijn, "Jewish-Christianity in Egypt", 161-175; *Jewish-Christian Gospel Tradition*; Ehrman/Pleše, *The Apocryphal Gospels: Texts and Translations*, 218-221을 보라.

히브리인들의 복음은 유다계 그리스도교 복음서 가운데 원 제목이 전해지는 유일한 작품이다. 히브리인들의 복음이라는 제목은 이 복음서를 사용한 사람들이 히브리인들이었음을 암시한다. 곧 이 복음서가 유다계 그리스도인들의 복음서였다는 뜻이다.

사실 유다계 그리스도교 복음서 가운데 교부들에 의해 가장 빈번하게 언급된 것이 바로 히브리인들의 복음이다. 알렉산드리아의 클레멘스, 오리게네스, 소경 디디무스, 히에로니무스가 이 복음서를 인용하고 있다. 유다계 그리스도교 복음서들이 대개 히브리인들의 복음이라 불렸다는 점을 감안하더라도 이 복음서가 당시 교부들에게 잘 알려져 있었던 것만은 분명하다.

히에로니무스는 히브리인들의 복음이 본디 히브리어로 기록되었다고 전하지만(『이사야서 주해』 11.2), '히브리어' 본문이 전해지지는 않는다. 그리스어, 라틴어, 콥트어 단편을 통해 이 복음서의 일부 내용이 전해진다. 요즘은 히브리인들의 복음이 처음부터 그리스어로 기록되었을 것으로 여기는 추세다. 알렉산드리아의 클레멘스나 소경 디디무스가 이 복음서를 인용한 사실을 볼 때 적어도 4세기 이전에 그리스어 본문이 유통되고 있었음을 짐작할 수 있다.

이 복음서는 유다교 지혜 전승의 산물로서 예수님의 선재와 탄생, 세례, 가르침 및 부활 이야기를 독특한 방식으로 표현하고 있다. 영지주의화한 유다계 그리스도교의 한 유형을 보여 주는 듯하다. 이 복음서는 마태오 복음보다 늦은 시기인 2세기 초중반 이집트에서 만들어진 것으로 추정된다.

1. 기원

파피아스(60-130년)가 히브리인들의 복음을 알고 있었을 것이며, 헤게시푸스(2세기 말)와 에우세비우스(4세기 초)가 이 복음서의 존재를 언급한다. 단편들이 알렉산드리아의 클레멘스(2세기 말), 오리게네스(3세기 초), 키릴루스(예루살렘 주교, 약 350년)의 저서에 인용문으로 전해진다. 히에로니무스도 몇몇 단편을 보존하고 있는데, 모두 오리게네스의 작품에서 재인용한 것으로 보인다.

히브리인들의 복음서 분량이 어느 정도였는지 정확히는 알 수 없지만, 처음에는 거의 마태오 복음과 비슷한 분량이었던 것 같다. 9세기 초 콘스탄티노플의 대주교 니케포루스의 스티코메트리아에 따르면 히브리인들의 복음은 마태오 복음보다 300여 줄 적은 2200줄로 되어 있었다.

히브리인들의 복음이 만들어진 것은 마태오 복음보다는 늦게, 그러나 적어도 헤게시푸스나 클레멘스보다는 앞선 2세기 초반 또는 중반 사이일 것이다. 남아 있는 인용문들이 모두 이집트 알렉산드리아와 관련 있는 저자들의 작품에 나온다는 사실을 감안하면 이 복음서는 알렉산드리아 교회에서 만들어졌을 가능성이 크다.[1] 예수님의 생애와 사건들을 헬레니즘의 도움을 얻어 특별한 방식으로 재해석하는 것도(클레멘스 『잡록』 2.9.45.5 참조)[2] 이집트 배경을 암시한다. 이집트 알렉산드리아는 시리아 안티오키아와 더불어 헬레니즘과 영지주의가 특히 발달했던 곳이다.

---

1 초대 이집트 교회의 역사는 보충설명 '초대 그리스도교 중심지'를 참조하라.

2 히브리인들의 복음에도 다음과 같이 기록되어 있다. "놀란 사람이 임금이 되어 다스릴 것이고 다스리게 된 사람은 쉴 것이다"(클레멘스 『잡록』 2.9.45.5). '놀람·경탄'이 철학의 시작이라는 생각은 당시에 잘 알려져 있었다(플라톤 『테애테투스』 155d). 현명한 철학자를 바람직한 임금 상으로 제시한 플라톤에 필론이 공감하기도 했다(플라톤 『국가』 5,473d; 필론 『모세의 생애』 2.2). 해당 본문 각주 참조.

2. 내용과 신학

히브리인들의 복음은 세례와 변모 등 예수님 생애의 주요 사건들뿐 아니라 그리스도의 선재와 육화,[3] 예수님 말씀, 부활한 예수님의 발현 이야기 등을 전한다. 유다계 그리스도교 복음서라고는 하나 이 복음서가 전하는 내용들이 다른 유다계 그리스도교 복음서들과 큰 연관성을 보이지 않는다. 마태오 복음이나 다른 신약성경과도 별다른 유사점이나 의존성을 보이지 않는다. 현존하는 단편들만으로 판단할 때 이 복음서는 이들과 다른 전승을 사용한 것 같다. 내용 면에서 주목할 점은 예수님의 형제 야고보에게 주어진 특별한 권위다. 이에 따르면 예수님의 형제인 야고보가 최후의 만찬 자리에도 있었으며 예수님의 부활을 목격한 증인이었다. 야고보가 예루살렘 공동체의 수장이었음을 감안한다면, 히브리인들의 복음서가 야고보를 최고 권위자로 내세운 것이 놀랍지 않다.[4]

히브리인들의 복음의 인용문 수는 적지만 일관적인 신학적 개념을 발견할 수 있다. 특히 이 복음서에서 유다계 그리스도교의 지혜 신학이 두드러진다. '지혜'는 '어머니'라 불리는 '성령'으로 표상된다. 어머니 지혜/성령의 활동은 먼저 예언 영역에서 드러난다. 영감과 통찰의 원천인 지혜는 예언자를 부르고 예언자의 활동 장소까지 정해 준다. 지혜인 성령은 예수님의

---

3 그리스도의 선재와 강생, 세례와 유혹 이야기들은 신화적 색채가 농후하다. 이는 지혜가, 인류에게 계시와 구원을 가져다주기 위해 인간의 몸으로 육화한다는 신적 지혜의 강생 개념을 전제한다. 이러한 개념은 그리스 로마 세계에 널리 퍼져 있었고, 초기 그리스도론 공식의 기초가 되기도 하였다. 예를 들어 필리 2,6-11; 마태 11,25-30; 루카 7,18-35; 11,49-51; 요한 1,1-18 등이 그것이다.

4 토마 복음에서도 야고보의 특별한 위상이 암시된다. 말씀 12를 참조하라.

머리카락 한 올을 잡고 타보르 산으로 데려간다.[5] 세례 때 성령을 받은 예수님은 영원히 다스리시게 된다. 예수님은 성령 어머니의 안식이자 맏아들로 제시되기도 한다.

이 복음서가 태어난 공동체는 아마도 주변 세계와 조금 동떨어진 소규모 집단이었을 것이다. 이 공동체 사람들은 아마 자신을 성령을 소유한 이들로 여겼을 테고 서로 잘 알고 지내면서 정해진 관습에 따라 '빵을 쪼개러' 모였던 것 같다. 히브리인들의 복음을 만들고 사용한 집단은 이집트의 여러 소규모 공동체들 가운데 하나였으며 그 복음서는 이집트 지혜 학교의 산물이었으리라 추정된다.[6]

3. 히브리인들의 복음

여러 초대 교회 문헌에 전하는 이 복음서에 해당하는 인용문들이다. 본문은 Klijn, *Jewish-Christian Gospel Tradition*에 나오는 그리스어와 라틴어 원문에서 직접 우리말로 옮겼다. [ ]안에 든 내용은 비평본 편집자가 훼손된 본문을 복구한 것이다. ( )안에 든 내용은 우리말 표현을 위해 임의로 첨가한 것이다. 쌍따옴표(" ")로 표시한 인용문이 히브리인들의 복음서 본문에 해당한다.

---

5 이러한 관념은 엘리야(1열왕 18,12), 에제키엘(에제 3,12-14; 11,1; 37,1; 43,5), 하바쿡(다니 14,36), 바오로 사도(2코린 12,2), 필립보 사도(사도 8,39), 요한(묵시 21,10) 등과 관련하여 잘 알려져 있다.

6 Detlef/Müller, *Geschichte der orientalischen Nationalkirchen, Die Kirche in irher Geschichte 2*, 321; Klijn, "Jewish-Christianity in Egypt", 161-175 참조.

ꕥ ꕥ

알렉산드리아의 클레멘스 『잡록』 2.9.45.5[7]**; *병행: 『잡록』 5.14.96.3**

히브리인들의 복음에도 다음과 같이 기록되어 있다. "놀란 사람이 임금이 되어 다스릴 것이고[8] 다스리게 된 사람은 쉴[9] 것이다."

* "찾는 사람은 그가 찾아내기 전까지는 그만두지 않을 것이다. 그리고 그가 찾아낸 다음에는 놀랄 것이고 놀란 다음에는 임금이 되어 다스릴 것이며, 다스린 다음에는 쉴 것이다."

7　이 구절은 아마도 이미 그리스도교 전승에 들어와 있었을 것이다. 토마 복음 말씀 2에도 병행구가 발견된다: "찾는 사람은 찾아낼 때까지 찾기를 멈추지 마라. 그가 찾아내면 당황할 것이다. 그리고 당황하면 놀랄 것이며 모든 것을 다스릴 것이다." 클레멘스는 진리를 가르치는 '지혜'를 하느님의 힘이라 칭하면서(『잡록』 2.9.45.2) 진리를 사랑하는 철학자에 관해 이야기한다. 놀람·경탄(τὸ θαυμάσαι)이 철학의 시작이라고 말한 플라톤의 말(『테애테투스』 155d)을 고려하면 "놀란 사람이 임금이 되리라"는 것은 철학을 시작한 사람, 곧 철학자가 임금이 되리라는 뜻으로 읽힌다. 필론은 플라톤의 말을 인용하여 "한 나라의 임금이 철학자가 되거나 철학자가 임금이 될 때, 그 국가는 좋은 방향으로만 진보한다고 하는데 이는 틀린 말이 아니다"라 하였다(『모세의 생애』 2.2). 집회서와 지혜서도 비슷한 생각을 내비친다. "찾고 구하여라, 그러면 지혜가 너에게 알려지리라. 지혜를 얻으면 놓치지 마라. 마침내 너는 지혜의 안식을 찾고 지혜는 너에게 기쁨이 되어 주리라"(집회 6,27-28). "현자가 많음은 세상의 구원이며 현명한 임금은 백성의 안녕이다"(지혜 6,24).

8　'다스리다' 또는 '임금이 되다'라는 표현은, 1코린 4,8의 도움을 받아 이해할 수 있다. 바오로 사도는 반대자들을 두고 '이미 임금이 되었다'는 표현을 사용한다. 그들이 바오로보다 더 높은 지혜를 소유하고 일종의 영적 완성에 이르렀다고 자부했다는 뜻이다. '다스리다' 또는 '임금이 되다'라는 표현은 토마 복음에도 등장한다.

9　'안식' 및 그 관련어가 구원의 의미로 쓰이기도 한다: 히브 4,3.9-11; 2클레 5,5; 토마 51; 60; 90. 사도들의 편지와 진리의 복음에서도 이 단어는 구원의 맥락에서 쓰인다.

오리게네스 『요한 복음 주해』 2.6[10]

누군가 히브리인들의 복음을 받아들인다면, 여기서 구원자께서는 다음과 같이 말씀하신다. "지금 막 내 어머니[11] 성령께서 내 머리카락 한 올을 붙잡고 나를 거대한 타보르 산으로 데리고 가셨다." …

히에로니무스 『위인들』 2[12]

그리고 내가 막 그리스어와 라틴어로 번역했고, 오리게네스도 자주 사용한 '히브리인들의 복음'이란 이름의 복음서는, 구세주의 부활 이야기 다음에 이렇게 전한다. "주님께서는 아마포를 사제의 종에게 주신 다음 야고보에게 가셔서 그에게 모습을 드러내셨다. 야고보는 주님께서

---

10 이 일화의 배경이 무엇인지 확실히 알 수 없다. 예수님 생전에 있었던 사건을 가리킬 터이다. 정경 복음서에 나오는 광야의 유혹(마태 4,1-11; 마르 1,12-13; 루카 4,1-13)이나 거룩한 변모(마태 17,1-9; 마르 9,2-10; 루카 9,28-36) 이야기와 관련 있을 법하다. "그때에 예수님께서는 성령의 인도로 광야에 나가시어, 악마에게 유혹을 받으셨다"라 읽는 마태 4,1은 성령께서 예수님 머리카락을 잡고 산으로 데려가셨다는 대목과 유사하다. 문제는 세 유혹 가운데 마지막 것만 산에서 일어났다는 사실이다. 오리게네스의 작품을 비롯한 여러 문헌에서 예수님의 거룩한 변모가 일어난 곳이 타보르 산이라고 전한다(오리게네스 『시편 88 발췌』). 반면에 에피파니우스는 악마의 유혹이 타보르 산에서 일어났다고 한다(『구급상자』 51.7). 타보르 산이 그리스도교 문헌에서 중요한 의미를 지녔던 것만은 분명하다: Klijn, *Jewish-Christian Gospel Tradition*, 53-55 참조.

11 시리아어 토마 행전에서도 성령을 어머니라 부른다(27; 39). 유다계 그리스도교 복음서와 토마 행전에서 성령을 어머니로 그리는 데 대해서는 van Oort, "The Holy Spirit as Feminine: Early Christian Testimonies and Their Interpretation", 1-6을 보라.

12 부활하신 주님이 제자들에게 발현하신 것은 루카 24,36-48을 참조하라. 예수님의 부활을 둘러싼 사건 전개에서 히브리인들의 복음서에서는 예수님의 형제 야고보가 주도적인 역할을 한다. 이 점을 제외하면 예수님 부활 발현의 성격이 정경의 것과 크게 다르지 않다.

잔을 드시던 그 시각부터 그분께서 죽은 이들 가운데서 일어나시는 것을 보기 전까지는 빵을 맛보지 않겠다고 맹세했었다."

조금 뒤에 다시 다음과 같이 전한다. "주님께서 말씀하셨다, '식탁과 빵을 다오.'" 그리고 곧이어 덧붙인다. "빵을 들고 감사를 드리신 다음 그것을 떼어 의인 야고보에게[13] 주시며 말씀하셨다. '나의 형제여, 네 빵을 먹어라. 사람의 아들이 죽은 이들 가운데서 다시 일어났다.'"[14]

히에로니무스 『에페소서 (5,4) 주해』 3

히브리어 복음에 따르면 주님께서 제자들에게 다음과 같이 말씀하셨다. "그분께서 말씀하신다. '너의 형제가 사랑 안에 있는 것을 보지 않는 한 결코 기뻐하지 마라.'"

히에로니무스 『이사야서 (11,1-3) 주해』 4[15]

그러나 나자렛파 사람들이 읽는 히브리어 복음에 따르면, "성령의 샘 전체가 그분 위에 내려온다. 주님은 영이시고 주님의 영이 계신 곳에 자유가 있다." … 더욱이 위에서 언급한 복음서에서 다음과 같은 글을 발견한다. "사실 주님께서 물에서 올라오셨을 때 성령의 샘 전체가 내려와 그분 위에 머무시며 그분께 말씀하셨다. '내 아들아, 나는 모든 예언자들 가운데 바로 네가 오기를, 그리하여 내가 네 안에서 쉬기를 고대하였다. 너는 나의 휴식이며 너는 나의 맏아들, 영원히 다스릴 자

---

13 "의인 야고보"라는 명칭은 유명하다. 토마 복음 12; 야고보 첫째 묵시록 32.2-3; 야고보 둘째 묵시록 59.22; 60.12; 61.14; 에우세비우스 『교회사』 2.23.7을 참조하라.

14 참조: 1코린 11,23-24; 마태 26,26; 마르 14,22.

15 예수님의 세례 장면과 관련 있다(참조: 마태 3,16-17; 마르 1,10-11; 루카 3,21-22; 요한 1,32-34).

이기[16] 때문이다.'"

히에로니무스 『에제키엘서 (18,5-9) 주해』 6

그리고 나자렛파 사람들이 읽는 히브리인들의 복음에 따르면 "자기 형제의 영을 슬프게 하는 것"은 가장 큰 범죄에 속한다.

16 '주님의 영원한 통치' 개념은 신약에 나온다. "그분께서 야곱 집안을 영원히 다스리시리니 그분의 나라는 끝이 없을 것이다"(루카 1,33).

7. 복음서 단편

≫ 각 복음서 단편에 대한 소개는 Jeremias/Schneemelcher, "Fragments of Unknown Gospels", 92-105; de Santos Otero, *Los Evangelios Apócrifos*, 76-101; Bernhard, *Other Early Christian Gospels: A Critical Edition of the Surviving Greek Manuscripts*을 보라. 파피루스 문제에 관해서는 van Haelst, *Catalogue des papyrus littéraires, juifs et chrétiens*; Aland, *Repertorium der griechischen christlichen Papyri I*을 참조하라.

초대 그리스도교 작가들의 인용문이나 언급을 통해 초세기에 수많은 복음서들이 존재했음을 알 수 있다. 근세기까지 제목 정도만 알려진 복음서들이 19세기 말부터 이집트 등지에서 발굴되기 시작한 파피루스와 양피지 필사본들 덕분에 제 모습을 드러내었다. 단편으로만 전하는 복음서들 가운데 몇 작품 골라서 소개한다.

에게르톤 복음

The Egerton Gospel

≫ 에게르톤 복음서에 대해서는 Jeremias/Schneemelcher, "Fragments of Unknown Gospels", 96–99; Ehrman/Pleše, *The Apocryphal Gospels: Texts and Translations*, 245-253을 보라. Zelyck, "Egerton Gospel"에서 에게르톤 복음서 사본 및 비평본과 현대어 번역서 정보, 관련 웹사이트, 연구 현황 등을 확인할 수 있다. 2019년에 발간된 에게르톤 복음서 주석서가 큰 도움을 줄 것으로 기대된다: Zelyck, *The Egerton Gospel (Egerton Papyrus 2 + P. Köln VI 255): Introduction, Critical Edition, and Commentary*.

이 복음서 사본은 파피루스 구입을 후원한 영국인 이름을 따서 파피루스 에게르톤 2(P. Egerton 2)라 부른다.[1] 이 파피루스 코덱스는 고증학적 관점에서 2세기 중반에 만들어진 것으로 추정된다. 이 사본이 라이란트John Ryland의 $\mathfrak{P}^{52}$ 단편(요한 복음)과 함께, 복음서 전승을 담은 현존 파피루스 사본들 중에 가장 오래된 사본인 셈이다.[2] 이는 에게르톤 복음서의 저술 시기가 늦어도 2세기 중반 이전이라는 뜻이 된다. 해독할 수 있는 부분이 적어서 저자나 출처를 알아내기는 불가능하다. 그러나 해독 가능한 부분만으로도 초기 복음서 전승의 발전 과정을 암시하는 귀한 정보를 얻을 수 있다.

1. 사본 정보

에게르톤 복음서는 다섯 개 단편으로 이루어져 있으며 예수님 어록집에서 유래했을 법한 내용을 담고 있다.[3] 네 단편은 현재 대영박물관에서 소

1 바우어(Bauer)의 그리스어 사전에는 이 복음서가 Unknown Gospel로 표기되어 있다.

2 Cameron, *The Other Gospels: Non-Canonical Gospel Texts*, 서문.

3 에게르톤 복음은 아주 작은 단편만 남아 있어 구조와 형식을 단정하기 어렵다. 남아 있는 단편으로만 판단할 때, 전체적으로 설화 형식을 띠고 있지만 내용 대

장하고 있고(P.Eg. 2), 다른 하나는 독일 쾰른에 소장되어 있다(P. Köln 255). P. Egerton 2와 P. Köln 255는 본디 같은 사본의 일부로서 P. Köln 255가 P. Egerton 2의 첫 단편 끝부분에 이어진다. P. Egerton 2의 처음 두 단편은 해독이나 추측이 가능하지만 셋째와 넷째 단편은 판독이 불가능하다. 특히 넷째 단편은 아주 작은 조각이라 알파벳 한 글자만 알아볼 수 있다.

언어	그리스어
재질	파피루스
사본 추정 연대	2세기 중반
발견 장소	이집트
소장처	P. Egerton 2: 영국 런던 대영박물관
	P. Köln 255: 독일 쾰른
분류번호	P. Lond. Christ. 1; P. Köln inv. 608, nr. 255

2. 구조와 내용

P. Egerton 2 단편 1-2는 내용을 이해할 수 있을 정도로 잘 복원되었다. 단편 1-2는 네 가지 일화로 나뉜다. 첫째 일화에서 예수님은 율법 학자들에게 성경을 공부하여 모세가 그들의 불신을 고발하고 있음을 깨달으라고 가르치신다(P.Eg. 2 단편 1 verso + P. Köln 255 verso - P.Eg. 2 단편 1 recto 10행). 이 일화는 백성의 지도자들이 예수님을 붙잡으려다가 실패하는 것으로 끝난다. 둘째 일화는 나병에 걸린 이를 예수님이 치유하는 내용이다(P.Eg. 2 단편 1 recto 11

부분이 말씀들이다.

행 - P. Köln 255 recto). 셋째 일화는 황제에게 세금을 내는 문제를 다룬다(P.Eg. 2 단편 2 recto). 넷째 일화는 예수님이 요르단 강 가에서 베푸신 기적과 관련된다(P.Eg. 2 단편 2 verso).[4]

3. 정경 복음서와의 관계

현존하는 에게르톤 복음서의 내용은 넷째 일화를 제외하면 모두 정경 복음서와 병행을 이룬다. 첫째 일화인 예수님과 유다교 지도자들의 논쟁(1장)은 요한 복음과, 둘째 일화인 나병 환자의 치유(2장)는 공관 복음서와, 셋째 일화인 세금 논쟁(3장)은 네 정경 복음서와 병행한다. 단, 넷째 일화인 요르단 강 가의 기적 이야기(4장)는 정경과 외경 어디에서도 병행구를 찾을 수 없다.

요한 복음과 병행하는 1장과 공관 복음서와 병행하는 2-3장을 구분하여 분석하겠다(필사본에는 장절 표시가 되어 있지 않다. 장절은 편의상 일화별로 나눈 것이다). 에게르톤 1장은 논쟁 및 유다인들의 투석 시도, 두 부분으로 나눌 수 있다. 논쟁은 요한 5,39-47과, 투석 시도는 요한 8,59; 10,31-39와 병행한다. 에게르톤의 서술 방식은 병행구인 요한 5,39-47; 10,31-39보다 짧고 단순하다. 요한 병행구가 에게르톤보다 확장된 형태라는 의미다. 이는 에게르톤이 요한 복음보다 더 오래된 전승을 담았을 가능성을 암시한다. 요한

4 recto는 사본의 앞면, verso는 사본의 뒷면을 뜻한다. 에어만은 첫째 일화와 둘째 일화를 위와 다르게 분류한다. 예수님께 유다인들의 투석 시도를 첫째 일화의 끝이 아닌 둘째 일화의 시작으로 본다. 셋째와 넷째 일화는 위의 분류와 같다: Ehrman/Pleše, *The Apocryphal Gospels: Texts and Translations*, 245. Zelyck, "Egerton Gospel"은 더 세분해서 총 여덟 일화로 나눈다. 여기서도 투석 시도를 나병 환자의 치유와 한 일화로 묶는다. 그러나 투석 시도가 논쟁 대목과 더 잘 어울릴뿐더러 병행구가 요한 복음이라는 점도 논쟁 대목과 한 일화로 묶는 것에 힘을 싣는다.

5,39-47이 에게르톤 1장의 논쟁을 확장하여 긴 담화 형식으로 발전시킨 것일 수 있다.[5] 반대로 에게르톤 1장이 요한 5,39-47의 내용을 요약하고 요한 9,29을 끼워 넣었을 수도 있다. 결국 요한 5,39; 5,45; 9,29; 5,46의 순서로 재조합했다는 의미다. 그렇다면 에게르톤 저자가 요한 복음에 의존했다는 말이 된다. 저자가 요한 복음이 사용한 것과 같은 전승을 자신의 의도에 맞게 재배열했을 가능성도 있다. 논쟁 뒤에 이어지는 투석 시도는 요한 10,31-39의 맥락과 유사하다.[6]

에게르톤 복음 2-3장 치유와 세금 논쟁을 정경 복음서와 비교해 볼 때, 에게르톤 복음이 정경 복음서의 해당 본문을 축소하거나 확장하면서 자신의 언어로 재탄생시킨 듯한 인상을 준다. 그러므로 2-3장은 저자가 특정한 기록 전승을 눈앞에 두고 보면서 썼다기보다는 기억에 의존해서 자신의 언어로 표현한 것 같다. 특히 나병 환자 치유 대목은(2장) 공관 복음서와만 병행하는데, 공관 복음서보다 나중에 만들어진 것이 분명하다. 에게르톤 저자가 공관 복음서 특히 루카 복음을 잘 알았던 것 같다.[7] 요한 복음과 공관 복음서를 섞어 놓은 듯한 세금 논쟁(3장)을 보면, 저자가 기록된 문서를 눈앞에 두지 않았을 뿐 네 복음서를 모두 알았을 것으로 여겨진다. 세금에 관한 율법 학자들의 질문은 마르 12,14; 마태 22,17; 루카 20,22에서 유사한 병행구를 찾을 수 있고, 그 질문에 대한 예수님 답변의 병행구는 마르 7,6-9; 마태 15,7-9의 조상들의 전통에 관한 문제에서 찾을 수 있다.

에게르톤 복음은 구두 전승과 기록 전승이 겹치는 시기에 기록되었을

---

5 Cameron, *The Other Gospels: Non-Canonical Gospel Texts*, 72-73.

6 요한 10,31-39에서 예수님께서는 당신에게 돌을 던지려는 유다인들에게 율법을 들어 그들의 주장을 반박하신다. 그들은 예수님을 잡으려 하였지만 그분께서 그들의 손을 벗어나셨다고 한다.

7 에게르톤 2.3-6과 루카 5,12-14이 내용 전개나 어휘의 사용 면에서 매우 비슷하다.

법하다. 곧 이미 복음서들이 문서화되고 있었지만 에게르톤 저자는 자신이 물려받은 전승을 기억에 의존하여 자신의 언어로 옮기면서 정경 밖의 이야기도(4장) 덧붙였을 법하다. 에게르톤 복음이 요한 복음이나 공관 복음서와 병행하되 배열이나 단어의 선택이 다른 것도 같은 이유일 것이다. 그러나 어떤 학자들은 공관 복음서와 에게르톤 복음(2-3장)의 병행구에서 마태오, 마르코, 루카의 독특한 편집 언어들이 발견되지 않고 공관 복음서에서 공통적으로 나타나는 특징들도 찾아보기 힘들다는 점을 들어, 에게르톤 복음이 공관 복음서를 원천 자료로 사용하지 않았을 것이라고 주장한다.[8] 그러나 이 역시 결정적 증거가 부족하다. 에게르톤과 정경 복음서와의 관계는 아직 깔끔하게 해결되지 않았지만 적어도 에게르톤 복음이 복음 전승사의 재구성에 중요한 역할을 하는 것만은 분명하다.

에게르톤 복음		정경 복음서	기타
유다교 지도자들과의 논쟁	1,2	요한 5,39	
	1,3	요한 5,45	
	1,4	요한 9,29	
	1,7	요한 5,46	
	1,8ㄱ	요한 8,59; 10,31-39	
	1,8ㄴ	요한 7,30; 8,20	
	1,9	루카 4,30 참조	
나병 환자의 치유	2,3-6	루카 5,12-14; 마르 1,40-44; 마태 8,2-4	
	2,6	루카 5,14; 17,14	
	2,7	요한 5,14; 8,11	

8 Koester, "Apocryphal and Canonical Gospels", 105-130; *History and Literature of Early Christianity*, 181-182.

에게르톤 복음		정경 복음서	기타
세금 논쟁	3.1,3-4	마르 12,13-15; 마태 22,15-18; 루카 20,20-23	
	3.2	요한 3,2; 5,36; 7,28; 10,25	
	3.5	루카 6,46; 마태 7,21	
	3.6	마르 7,6-7; 마태 15,7-9	이사 29,13
요르단 강 가의 기적	4		

4. 작성연대

에게르톤 복음의 작성 연대는 정경 복음서와의 관계와 파피루스 사본의 고증학적 연구를 통해 추측할 수 있다. 어떤 학자들은 이 작품이 정경 복음서의 기초 말씀과 이야기가 문서화되기 시작한 무렵인 1세기 중반 이후, 특히 요한 복음이 기록되기[9] 전에 작성된 것으로 추정한다. 이 복음서가 정경 복음서에 대한 직접적 의존성을 드러내지 않고 독자적 문체를 띠며 요한 복음서보다 더 오래된 전승을 간직하고 있다는 이유에서다. 어떤 학자들은 에게르톤 복음이 정경 복음서와 비슷한 시기 또는 그 뒤에 정경 복음서에 대한 기억을 토대로 만들어졌다고 주장한다. 이 작품은 아무리 늦게

9 요한 복음은 90-100년경 시리아나 에페소에서 최종 편집된 것으로 본다. 요한 복음의 집필 연대를 추정하는 주요 근거는 85-90년에 성행한 '회당 추방'이란 표현이 요한 복음에 수차례 언급된다는(9,22; 12,42; 16,2) 점이다.

잡아도 파피루스 필사 작업을 하기 직전인 2세기 초반에 만들어졌을 것이다. 결국 에게르톤 복음은 빠르게는 1세기 중후반에서 늦게는 2세기 초중반(70-100/120년)에 만들어진 것으로 추정된다. 현존하는 가장 오래된 그리스도교 작품들 가운데 하나라고 볼 수 있다.

5. 신학

에게르톤 복음은 예수님의 말씀 내용이나 이야기 전개가 정경 복음서와 유사하며 이단적 요소를 거의 찾아볼 수 없다. 마지막에 자연 이적을 행하는 장면 역시 정경 복음서와 병행하지는 않지만 그리 새로운 내용은 아니다. 죽은 이도 살려내는 예수님이 씨에서 곧바로 열매를 만들어 내지 못할 것도 없다. 유다교 지도자들을 질책하는 예수님의 모습도 낯설지 않다(요한 12,31 참조).

예수님과 유다교 지도자들 사이의 논쟁 일화는 초대 그리스도교 역사에서 중요한 의미를 지닌다. 이스라엘 백성의 일원으로서 계약과 토라에 충실하면서 동시에 예수님을 믿는 그리스도인이기도 했기에 초창기 유다계 그리스도인들이 겪었을 갈등은 자못 심각했을 것이다. 이러한 갈등은 에게르톤 복음과 밀접한 관련이 있어 보이는 요한 복음에 잘 표현되어 있다. 요한 복음은 유다인들에 대해 양가적 입장을 취한다. 이스라엘이 아브라함의 자손이며(8,37) 구원이 유다인들에게서 나온다는(4,22) 점을 인정하면서도, 유다인들이 예수님에게 매우 적대적인 사람들로 표현되기도 한다. 그들이 '악마'의 자손들이기 때문에 예수님을 반대하는 것이라고도 하고(8,44) 유다인들은 하느님의 아들에게 적대적인 '세상'을 대변하는 것으로 기술하기도 한다(13—17장). 요한 복음서를 만들어낸 요한 공동체는 유다인 출신으로서 예수님을 그리스도로 받아들인 사람들이었다. 이는 요한 공동체와 유다인들의 관계를 반영하는 구절들을 통해 알 수 있다. 가령 '예수님을 믿는 유다인들'에 대한 언급과(8,31; 12,11), "유다인들이 두려워" 예수님에 대해 말하지 못하는 사람들을 이야기하는 구절(9,22) 등이 그 예다. "지도자들 가운데에서도 많은 사람이 예수님을 믿었지만, 바리사이들 때문에 회당에서 내쫓길까ἀποσυνάγωγοι 두려워 그것을 고백하지 못하였다"(12,42)는 구절도 중요하다. 여기 사용된 ἀποσυνάγωγοι라는 단어는 회당에서 축출되고 파문당한 사람을 가리키는 전문 용어다. 이 구절은 예수님 생존 당시가 아니라 사후 상황을 역투사한 것이다. 80년 이후 요한 공동체가 예수님과 이스라엘 백성 중 하나를 선택해야 했던 역사적 아픔을 보여 준다. 유다인 출신의 요한 공동체가 예수님 때문에 결국 유다교 회당에서 축출되었음을 방증하는 대목이라 하겠다.[10]

에게르톤 복음에 나타나는 유다교 지도자를 향한 예수님의 비난 역시 이런 역사적 사실과 무관하지 않다. 현존하는 자료가 빈약하여 이 복음서의 형성 맥락이나 시기를 단정할 수는 없다. 그러나 현존하는 본문에서 드러난 반유다주의적 경향은 70년 이후 바리사이파가 유다교 내부의 다양성을 견제하기 시작한 무렵의 상황을 반영한다.[11] 그리고 그리스도인들이 회

10 Marguerat, "Juifs et chrétiens: la séparation", 218.

11 70년 예루살렘 성전 파괴 이후 요하난 벤 자카이 라삐(74-80년)와 가말리엘 2세(80-120년)는 야브네에 자리를 잡고 유다 민족이 성전 없이 존속하기 위한 길을 모색하였다. 이들이 율법 공부를 중심으로 한 새로운 종교·정치적 운동을 일으켰는데 이것이 라삐 유다교로 성장한다. 라삐들이 대부분 바리사이 출신이어서 '바리사이 라삐 유다교'라 불리기도 한다. 그들은 율법 교육에 큰 비중을 두었으며 사람들에게 할라카를 따를 것을 설파하고 희생 제사를 기도와 고통, 자선으로 대체하면서 셰마('들어라 이스라엘아'로 시작하는 기도)와 '십팔 축복문'을 외우게 하였다. 비르카트 하미님(*birkat haminim*), 곧 그리스도인들을 위시한 이단자를 저주하는 표현이 '십팔 축복문'에 들어간 것은 가말리엘 2세가 유다교를 이끌 때였다: Glatzer, *Geschichte der talmudischen Zeit*, 20-23. 칼민(Kalmin)은, 탄나임 시대(0-200년) 팔레스티나 라삐 문학이 예수님 추종자들이 행한 치유와 가르침을 마술과

당에서 쫓겨나는 것은 언급하지 않으므로 아직은 회당 측에서 어느 정도 관용을 보인 80년 이전 상황인 것 같다.

이 복음서에서 예수님과 유다교 지도자들의 논쟁 이야기를 자세히 묘사했다는 점은 의미가 크다. 에게르톤 복음은 요한 공동체가 유다교에서 분리되는 과정, 그리고 이들이 유다교에서 나와 요한계 그리스도교로 발전해 가는 과정의 접점을 보여준다고 말할 수 있을 것이다.

6. 에게르톤 복음

그리스어 원문에서 직접 번역하였다. 원문은 Bernhard, *Other Early Christian Gospels: A Critical Edition of the Surviving Greek Manuscripts*, 120-124의 비평본을 사용하였다. Ehrman/Pleše, *The Apocryphal Gospels: Texts and Translations*, 248-253; Ehrland, "Papyrus Egerton 2: 'Missing Link' zwischen synoptischer und johanneischer tradition", 12-34의 본문도 참조하였다. 어란트Ehrland는 이 본문을 de Santos Otero의 *Los Evangelios Apócrifos*에서 따왔다고 한다. P. Egerton 2의 네 단편 가운데 재구성과 해독이 가능한 첫째 단편(+ P. Köln 255)과 둘째 단편만 소개하겠다. 셋째 단편은 해독이 거의 불가능하고(복구한 단어 중에 [ἀπο]κτείνω '죽이다'의 3인칭 복수 접속

속임수로 해석하면서, 그들과의 접촉을 피할 것을 엄중히 경고하고 있음을 전한다. 이는 당대 유다인들에게 그리스도인들의 존재감이 없지 않았음을 방증하는 듯하다: Kalmin, "Christians and Heretics in Rabbinic Literature of Late Antiquity", 155-169. 70년 이후 진행된 유다교와 그리스도교의 분리에 관해서는 Katz, "Issues in the Separation of Judaism and Christianity After 70 C.E.: Reconsideration", 53-76에 잘 정리되어 있다.

법이 발견되는 것으로 보아 아마도 예수님을 죽일 음모에 관한 내용일 법하다), 넷째 단편의 경우 알파벳 하나(σ)만 확인 가능하다. 필사본 자체에는 장절 구분이 없지만 보기 쉽게 일화별로 장절을 나누어 소개한다. [ ] 안에 든 것은 훼손된 본문을 복구한 경우이고, ( ) 안에 든 것은 우리말 표현을 위해 임의로 첨가한 내용이다. 훼손된 본문을 복구하기 어려운 경우는 […]로 표시하였다. recto는 사본의 앞면, verso는 사본의 뒷면을 뜻한다.

P.Eg. 2 **단편** 1 verso

1. [1] […] […] [그러자 예수님께서] 율법 학자[들]에게 말씀하셨다. "내가 아니라 불의하게 행동하는 [무법]한 사람을 [나무라라]. […] […] 어떻게 하는지?"

[2] 그분께서 백성의 지[도]자들을 향하여 [돌아]서시며 이 말씀을 [선포]하셨다. "너희는 성경에서 생명을 찾아 얻겠다는 생[각으로] 성경을 연구[한다]. 바로 그 성경이 나를 위하여 [증]언한다.[12]

[3] 내가 [너희]를 내 아버지께 고소하러 온 것이라 여기[지] 마라. 너희를 고[소하는] 이는 [너희가] 희망을 걸어 온 모세다."[13]

[4] 그러자 그들은 이렇게 말하였다. "하느님께서 모(세에게) 말씀[하셨다]는 것을 압니다. 그러나 당신께서 [어디에서 오셨는지는] 알지 못합니다."[14]

---

12 요한 5,39. 단어의 선택이나 배열이 요한 복음과 거의 똑같다.

13 요한 5,45.

14 이 구절은 요한 9,29(우리〈바리사이들〉는 하느님께서 모세에게 말씀하셨다는 것을 아오. 그러나 그자가 어디에서 왔는지는 우리가 알지 못하오)의 청자를 눈먼 이에서 예수님으로 바꾼 것이다. 그래서 '그자'가 아니라 2인칭인 '당신'이다.

[5] 그러자 예수님께서[15] [그들]에게 말[씀하셨다].

[6] "이제 고발당한다.

P. Köln 255 verso

그가 [증언]한 내용들을 [너희가] 믿지 [않은 사실]이![16]

[7] 사실 너희가 [모세를] 믿[었]다면 [나]를 믿었을 것이다. 그가 나에 관
[하여] 너희 조상들에게 [기록해 두었]기 때문이다."[17]

P.Eg. 2 **단편** 1 recto

[8] [그들은] 백성들과 [모의하여] 다 같이 돌을 [들어] [그분]께 던[지려
고] 하였다.[18] [지]도자들은 그분을 붙잡아 백성에게 넘[기려고] 그분께
손[을] 대었으나 그분을 붙잡을 [수는 없었다]. 그분의 배반[의] 때가 아
직 [오지] 않았기 때문이다.[19]

[9] 한편 주님께서는 (그들의) 손[아귀에서 벗어나] 나가시며 [그들]에게
서 물러나셨다.[20]

2. [1] 어떤 나병 환자가 [그분께] 다가[와] 말하였다.[21]

---

15 필사본에서 거룩한 이름이나 자주 쓰이는 단어는 대개 약자를 쓴다. 예를 들면 'Ιησοῦς(예수)는 'Ιη, Μωυσῆς(모세)는 Μω, Κύριος(주님)은 Κύ 등이다. 여기서는 별 표시 없이 풀어서 쓰겠다.

16 직역: '이제 너희가 믿지 않은 것이 고발당한다(P.Eg. 2 단편 1 verso). 그에 의해 증언된 내용들을(P. Köln 255 verso).'

17 요한 5,46.

18 요한 8,59; 10,31.

19 요한 7,30; 8,20; 참조: 10,39.

20 루카 4,30 참조.

21 마태 8,2; 루카 5,12; 마르 1,40. 에게르톤 복음서 그리스어 원문에는 역사적 현재형(λέγει)이 쓰였다. 과거의 사실을 현재형으로 기술한다는 뜻이다. 정경 복음서에서는 현재 분사형(λέγων)이 사용되었다.

[2] "스승이신 예수님, 나병 환[자들과 함께] 다니고 여관에서 [그들과] 함
께 먹었더니 저도 나[병에 걸렸습니다].
[3] [당신께서 하고자 하시]면 제가 깨끗해질 것입니다."[22]
[4] 그러자 주님께서 [그에게 말씀하셨다]. "[내가] 하고자 하니 깨끗하게
되어라."
[5] [그러자 바로] 나병이 그에게서 [달]아났다.

P. Köln 255 recto

[6] 그러자 예수님께서 그에게 [말씀하셨다]. "[사제]들에게 가서 네 몸을
보이고 [모세가] 명령[한] 대로 [네가] 깨끗[해진 것에 대한] 예물을 바
쳐라.
[7] [그리고] 다시는 죄[짓]지 마라."[23] [...]

P.Eg. 2 **단편** 2 recto

3. [1] 그들은 그분께 [다]가와 떠보며 시험 삼아 그분께 [물]어 보았다.[24]
[2] "스승이신 예수님, 저희는 당신께서 [하느님에게서] 오신 것을 알고 있
습니다.[25] 하시는 일들이 모든 예언자들보다 더 훌륭히 증[언]하기 때
문입니다.[26]
[3] [그러니] 저희에게 [말씀해 주십시오]. 당국에 속하는 것들을[27] 임금
들에게 [바]치는 것이 합당합니까? [그]들에게 바[쳐야 합니까], 바치지

---

22 3-6절: 루카 5,12-14; 마르 1,40-44; 마태 8,2-4.

23 요한 5,14; 8,11 참조.

24 마르 12,13; 마태 22,15-16ㄱ; 루카 20,20.

25 요한 3,2; 7,28 참조.

26 요한 5,36; 10,25 참조.

27 의무나 세금을 말한다.

말[아]야 합니까?"[28]

[4] 예수님께서 [그]들의 [마]음을 아시고 그[들을] 엄히 꾸짖으시며 말씀하셨다.[29]

[5] "너희는 어찌하여 너[희] 입으로는 나를 [스]승이라 부르면서 내가 [하]는 말은 [실행]하지 않느냐?[30]

[6] 이[사야가] 너[희를 두고] 옳게 예언하였다. 그는 이렇게 말하였다. '이 [백성이] 자기[네] 입술로는 나를 [공경하지만] 그 [마음은] 내게서 [멀리] 떠나 있다. [그들은 나를] 헛[되이 섬긴다]'[31] … "

P.Eg. 2 **단편** 2 verso

4. [1] [……][32]

[2] 그[들이] [그분의] 이상한 질문에 당황하고 있을 때 예수님께서는 이리저리 거니시다가 요[르]단 [강] 입구에 서셔서는 오른손을 내미시어 […]하고 [강]에[33] 씨를 뿌리셨다.

[3] 그때에 [강]물이 […]. […] 그리고 그분께서 […]하시어 [그들] 앞에서 열매를 틔워내셨다. […].

---

28 마르 12,14; 마태 22,17; 루카 20,22.

29 마르 12,15ㄱ; 마태 22,18ㄱ; 루카 20,23ㄱ.

30 참조: 루카 6,46; 마태 7,21.

31 칠십인역 이사 29,13; 마태 15,7-9; 마르 7,6-7.

32 코덱스에서 단어들은 복구되었으나 내용이 연결되지 않아 세 행 정도의 번역을 생략한다.

33 Bauer, καταςπείρω: 그리스 격언에 σπείρειν πόντον 곧 '바다에 씨를 뿌리다'라는 표현이 있다. 아무런 결과도 기대하지 않고 행하는 헛된 행동을 암시한다.

옥시린쿠스 840

Papyrus Oxyrhynchus 840

≫ 옥시린쿠스 840에 대한 전반적 정보는 Ehrman/Pleše, *The Apocryphal Gospels: Texts and Translations*, 267-274을 참조하라.

1. 사본 정보

파피루스 옥시린쿠스 840(P. Oxy. 840)은 한 장짜리 작은 양피지 코덱스다. 1905년 이집트 옥시린쿠스에서 발견되었을 때 이 사본에 '알려지지 않은 복음서 단편'이란 이름이 붙었다. 코덱스는 4세기나 5세기 것으로 추정되지만 원본은 더 일찍 만들어졌을 것이다. 옥시린쿠스 840은 현재 옥스퍼드 대학교 보들레이언 도서관Bodleian Library에 소장되어 있다.

언어	그리스어
재질	양피지
사본 추정 연대	4-5세기
발견 장소	이집트 옥시린쿠스
소장처	옥스퍼드 대학교 보들레이언 도서관
분류번호	MS. Gr. Th. g. 11

2. 구조와 내용

복음서 전체 구조와 내용은 알 수 없다. 남아 있는 코덱스 본문은 예수님과 제자들이 나눈 대화의 결론으로서 악행을 경계하라는 가르침과(1장) 참된 정결에 관한 논쟁(2장)을 담고 있다(사본 자체에는 장절 구분이 없지만 내용별로 장절을 나누어 소개한다).

1장 악인들이 겪는 일을 겪지 않도록 자신을 살피라는 가르침
2장 예루살렘 성전에서 벌인 '정결' 논쟁
도입(2.1)
사제의 질문(2.2)
구원자의 답변과 문제 제기(2.3)
사제의 대답(2.4)
구원자의 비난(2.5-8)

3. 정경 복음서와의 관계

이 본문은 공관 복음서 유형에 속한다. 자신을 살피고 경계하라는 1장은 루카 13,1-5과 관련 있다. 2장 정결 논쟁의 경우 내용과 형식은 마르 7,1-23; 루카 11,38-41(다른 병행구)과 병행하고, 사건의 정황은 마르 11,27-33과 유사하다. 다시 말해 정결 논쟁이 성전에서 있었던 예수님의 권한 논쟁의 정황에 연결되어 있다.[1] 공관 복음서에서는 정결 논쟁이 예수님의 제자들이 음식 먹는 모습을 본 유다교 지도자들이 시비를 걸면서 일어난 것으로 설정된 것(마르 7,1-2; 루카 11,38)과 대조된다.

옥시린쿠스 840		정경 복음서	기타
악행의 가능성을 경계하라	1.1	루카 13,1-5	

1 유다교 정결 규정이 성전 또는 성전 예배와 연결되어 있음을 주목하라.

옥시린쿠스 840		정경 복음서	기타
유다교 지도자와의 정결 논쟁	2.1-2ㄱ	참조: 마르 11,27-28; 마태 21,23; 루카 20,1-2	참조: 묵시 22,14-15
	2.2-8	참조: 마르 7,1-23; 마태 15,1-20; 루카 11,38-41; 마태 23,25-39; 요한 13,10	

4. 작성 연대

옥시린쿠스 840 단편은 예루살렘 성전에서 구원자와 바리사이파 사제가 벌인 논쟁을 묘사한다. 현존하는 짧은 단편만으로 연대를 추정하는 일은 거의 불가능하다. 내용을 보고 이 작품이 만들어진 시기를 대략적으로 가늠할 수 있을 따름이다.

옥시린쿠스 840은 정결 규정 논쟁을 예루살렘 성전에서 일어난 예수님의 권한 논쟁과 연결지어 유다교 정결례를 성전 예배와 관련시킨다(2.1-2). 그렇다면 옥시린쿠스 840의 전승이 생긴 때는 예수님 추종자들이 바리사이 유다교와 자신을 구분하기 시작하던 무렵 또는 그 뒤일 수 있다.[2] 원래

2 유다교와 초대 그리스도교의 관계와 역사에 관해서는 Marguerat, "Juifs et chrétiens: la séparation", 189-224, 특히 그리스도교가 유다교에서 분리되기 시작하여(70-90년) 완전히 다른 길을 걷기까지(90-135년)의 역사를 다루는 206-224쪽을 보라. 70년 예루살렘 성전 파괴 이후 그리스도교는 유다교에서 서서히 분리되

구두 전승으로 떠돌던 논쟁 이야기가 문서로 기록된 것은 1세기 후반 이후일 것이다.

다음으로 이 문서에서 발견되는 몇 가지 문제점들이 작성 또는 편집 연대를 추정하는 데 도움이 된다. 우선 바리사이파 대사제라는 설정이 이상하다. 예수님 시대 때 예루살렘의 사제들 대부분이 사두가이파였으며, 그 무렵 대사제 중에 레위라는 이름을 가진 사람이 없었다. 예루살렘 성전에 있었을 법하지 않은 '정화 장소'ἁγνευτήριον라는 단어가 사용된 이유도 의문이다. '다윗의 연못'ἡ λίμνη τοῦ Δαυείδ도 유다교 문학에서 언급된 적이 없다. 유다교의 정규 경신례에 속하지 않는 '거룩한 기물을 바라보는'(2.2; 2.4) 관습도 해석하기 난감한 문제다.

여러 학자들이 위의 문제를 1세기 유다교와 예루살렘 성전의 배경에서 해석하였다. 예루살렘 성전에 '정화의 장소'로 추정되는 곳이 있었으며, 다윗의 연못은 유다교 정결례에 사용된 욕조인 מקוה를 가리킨다는 것이다. 정결례 다음에 옷을 갈아입는 것도 당연한 절차였을 법하다. 사제들뿐 아니라 일반 신자들도 성전에 들어가기 위해서는 엄격한 의식 절차를 거쳐야 했을 것이다. 그리고 거룩한 기물을 전시하는 관습도 있었을 법하다.[3]

크로산J.D. Crossan은 옥시린쿠스 840을 역사의 예수님과 연결하면서, 이 복음서가 마르코 복음이나 에게르톤 복음보다 늦은 80년대에 만들어졌을 것이라 추정하였다. 여기 나오는 예수님과 사제의 논쟁이 에게르톤 복음이나 마르 7장에 나오는 논쟁보다 더욱 발전된 형태를 띠고 있다는 것이다.[4]

그러나 이 단편에 제시된 물세례와 정결례 논쟁은, 역사의 예수님과 유

기 시작한다. 이제 회당과 교회는 각자의 길을 걷게 된다. 아울러 율법에 충실한 예루살렘의 유다계 그리스도교와 율법에 무관심한 이방계 그리스도교 사이의 분열도 가속화된다.

3 Büchler, "The New 'Fragment of an Uncanonical Gospel'", 330-346.

4 Crossan, *The Historical Jesus: The Life of a Mediterranean Jewish Peasant*, 430.

다교 사제의 갈등이 아니라 그리스도교 내부의 갈등을 반영한 것일 수도 있다고 한다. 트립D. Tripp과 보본F. Bovon 등이 이런 의견을 냈다.[5] '부패의 물'과 '영원한 생명의 물'을 구분하는 이분법에 따라 물의 세례를 반대하는 것으로 보아 이 작품이 전통적으로 생각하던 것보다 후대의 것일 수 있다는 추론이다. 전례복과 거룩한 기물을 언급한 것도 초대 교회 특히 유다계 그리스도인들의 삶과 잘 맞아떨어진다고 한다. 정결례를 치르는 장소로 제시된 '다윗의 연못'은 초대 그리스도교 세례당을, '정화의 장소'는 초대 교회 때 성전에 들어가기 전에 손을 씻을 수 있도록 성전 입구에 배치한 물통 또는 분수대를 예시한다는 것이다.

예수님을 가리키는 말로 '구원자'라는 칭호를 사용한 점도 중요하다. 정경 복음서 전승 어디에서도 예수님 생전의 사건을 기술할 때 이 칭호를 사용하지 않기 때문이다.[6] 영지주의 문학에서는 구원자 칭호가 자주 사용된다. 따라서 이 단편의 논쟁이 예수님 생전에 일어난 일이라기보다는 예수님 사후, 1세기 말부터 시작된 그리스도교와 유다교 사이의 결별, 더 늦게는 유다계 그리스도교와 영지주의 사이의 논쟁을 반영한다고 하겠다. 그렇다면 이 복음서는 빠르게는 1세기 말 늦게는 2-3세기에 만들어졌을 것이다. 단 논쟁의 골자가 마르코의 논쟁을 토대로 하므로 옥시린쿠스 복음의

5 Tripp, "Meaning of the Foot-Washing: John 13 and Oxyrhynchus Papyrus 840", 237-239; Bovon, "Fragment Oxyrhynchus 840, fragment of a lost Gospel, witness of an early Christian controversy over purity", 708-728.

6 Bovon, "Fragment Oxyrhynchus 840, fragment of a lost Gospel, witness of an early Christian controversy over purity", 708-728. 신약성경에 구원자(σωτήρ) 칭호는 매우 빈번하게 사용되는데, 예수 그리스도(루카 2,11; 요한 4,42; 에페 5,23; 2베드 1,1.11; 2,20; 3,18)를 가리키기도 하고 하느님(루카 1,47; 1티모 1,1; 4,10)을 가리키기도 한다. 그러나 '구원자께서 …하셨다'라는 식으로 사용된 예는 없다. 대신 베드로 복음 4,13; 안티오키아의 이냐시우스 『에페소인들에게 보낸 편지』 1,1; '구세주와의 대화' 등에서는 구원자 칭호가 이런 식으로 사용된다.

기본 틀은 1세기 후반에 만들어졌을 법하다.

5. 신학

옥시린쿠스 840 복음의 전체 내용은 알 수 없지만 적어도 남은 부분은 내용이나 형식이 정경 복음서에서 멀지 않다. 이 복음서의 2장은 바리사이파 사제가 정결 규정을 지키지 않는 예수님과 제자들에게 그 이유를 묻는 것으로 시작한다. 예수님은 사제의 질문에 새로운 질문으로 답한다. 이처럼 물음에 되묻는 식으로 답하는 예수님의 응답법은 정경 복음서에서 흔히 접할 수 있다.[7] 예수님은 사제의 질문에 당신은 과연 깨끗하냐고 되묻고, 사제는 자기는 정결 규정을 다 지켰으므로 깨끗하다고 대답한다. 그러나 예수님은 그를 눈먼 이에 비유하면서 겉만 씻는 것은 아무 소용이 없으며 오히려 그 속은 온갖 악으로 가득하다고 비난한다. 물로 씻지 않은 예수님과 제자들은 영원한 생명의 물에 몸을 담갔다면서, 진정한 정결이 무엇인지 일깨우고 지도자들의 위선을 경고한다. 이러한 생각은 유다교 지도자들의 위선을 꾸짖는 마태 23,25-28; 루카 11,38-41과 정확히 일치한다. 1세기에 쓰인 에페 5,26; 히브 9,13-14 등에서도 형식적 의식보다는 그리스도께서 가져오신 영적 정화를 더 높이 평가하고 강조한다. 공관 복음서들도 물의 세례보다 영의 세례를 선호한다(루카 3,16과 병행). 더욱이 공관 복음서는 예수님이 외적 신심 행위를 비판한 것을 상기시키며(마르 7,14-23과 병행; 루카 11,38-41과 병행; 토마 복음 89도 참조하라), '세례를 베풀다'라는 동사의 비유적 의미를 설명하는 예

7 예를 들어, '누가 우리의 이웃입니까'라는 질문에 예수님은 '누가 이웃이 되어 주었느냐'는 새로운 질문으로 답을 유도한다(루카 10,29-37). '…는 불행하다'는 구절이 반복되는 것 역시 정경 복음서에서는 흔하다(마태 23,13-16; 23,23-29).

수님의 말씀도 기억한다(마르 10,38-39 병행). 옥시린쿠스 840의 정결 논쟁의 맥락은 공관 복음서와 다르지만 기본 골자나 의도는 같다고 봐도 무방하다. 이처럼 이 복음서는 70년 예루살렘 성전 파괴 이후 진행된 그리스도교와 유다교의 결별을 염두에 두고 있는 듯하며,[8] 진정한 세례, 진정한 정결이란 무엇인가를 시각적 효과를 동원하여 심도 있게 다룬다.

6. 옥시린쿠스 840

그리스어 원문에서 직접 번역하였다. 원문은 Bernhard, *Other Early Christian Gospels: A Critical Edition of the Surviving Greek Manuscripts*, 120-124의 비평본을 사용하였다. 사본 자체에는 장절 구분이 없지만 내용별로 장절을 나누어 소개한다. Ehrman/Pleše, *The Apocryphal Gospels: Texts and*

---

8 이처럼 이 작품이 1세기 유다교의 틀에서 해석되고 역사의 예수님을 추적하는 데 도움이 된다고 본 학자들이 있다: von Harnack, "Ein neues Evangelienbruchstück", 201-210; Lagrange, "Nouveau fragment non canonique relatif a l'Évangile", 538-553; Büchler, "The New 'Fragment of an Uncanonical Gospel'", 330-346. 반면 보본은 이 본문이 유다교 사제를 향한 예수님의 비난을 전하기는 하지만 물을 통한 세례의 유효성을 두고 벌인 초대 그리스도교 내부의 논쟁에 더 잘 맞는다고 주장한다. 그의 눈에는 이 단편의 배경이 2-3세기 그리스도교이며, 단편에 쓰인 용어와 범주가 그 시대 그리스도교의 틀에 잘 부합한다. 그리고 예수님과 바리사이파 사제의 대화를 서로 다른 두 그리스도교 집단의 논쟁으로 들을 때 더욱 이해가 잘 된다고 한다. 물을 통한 세례의 필요성을 논하며, 옷을 갈아입는 상징이 발달하고, 거룩한 기물을 바라보는 것이 종교 체험의 목표가 된 것은 모두 2세기와 3세기에 일어난 일이라는 것이다: Bovon, "Fragment Oxyrhynchus 840, fragment of a lost Gospel, witness of an early Christian controversy over purity", 705-728.

Translations, 271-274도 참조했다. [ ] 안에 든 것은 훼손된 본문을 복구한 경우이고, ( ) 안에 든 것은 우리말 표현을 위해 임의로 첨가한 내용이다. 훼손된 본문을 복구하기 어려운 경우는 […]로 표시하였다. recto는 사본의 앞면, verso는 사본의 뒷면을 뜻한다.

❧ ❧

Oxy. 840 verso

1. [1] "그는 악행을 저지르기 전에 모든 것을 치밀하게 계획한다. 그러나 너희는 그들과 똑같은 것을 겪지 않도록 조심하여라. 악을 일삼는 자들은 살아 있는 사람들 사이에서 죗값을 받을 뿐 아니라, (죽어서) 벌과 많은 고문도 받기[9] 때문이다."[10]

2. [1] 그리고 그분께서는 그들을 데리고 그 정화의 장소로[11] 들어가셨다.[12]

---

9 현재형으로 복구했지만, 필사본에는 악센트가 없어 현재형과 미래형 구분이 불가능하다. '받을 것이기 때문이다'로 해석해도 무방하다.

10 루카 13,1-5 참조. 여기서 '벌'(κόλασις)과 '고문'(βάσανος)은 죽은 뒤 지옥에서 받는 형벌을 말한다. 악을 일삼는 이들은 살아서도 죽어서도 벌을 받는다는 뜻이다.

11 εἰς αὐτὸ τὸ ἁγνευτήριον. αὐτό를 넣어 '바로 그 정화의 장소'임을 강조한다. ἁγνευτήριον은 거룩한 기물을 보관한 성전 내 지성소를 에둘러 표현한 것이다(Bauer). 이 단어는 성전(τὸ ἱερόν)과 밀접한 관련이 있으며, 성전과 '정화의 장소'가 함께 쓰여 성전 건물과 그 주변 또는 입구를 뜻하는 것 같다. 보본은 이 단어가 초대 그리스도교 성전 입구에 위치한 물통이나 샘 또는 성수대 주변(나지안주스의 그레고리우스 『기도』 4.111)을 가리킨다고 설명한다: Bovon, "Fragment Oxyrhynchus 840, fragment of a lost Gospel, witness of an early Christian controversy over purity", 718-719.

12 마르 11,27-28; 마태 21,23; 루카 20,1-2 참조.

[2] 그분께서 성전에서 거닐고 계실 때 이름이 [레위(?)인][13] 바리사이파 대사제가[14] 다가와 그들 무리에 끼며 구원자께 말하였다.[15]

"누가 당신에게 이 정화의 장소에 발을 들여놓고 이 거룩한 기물들을[16] 보아도 된다고 허락하였소? 당신은 목욕도 하지 않았고 당신 제자들은 발도 안 씻지 않았소? 그런데도 당신은 이 성전에 발을 들이고 더럽히고 있소. 성전은 깨끗한 곳이라 목욕을 하고 옷을 갈아입은 사람 말고는 아무도 드나들지 못하며, 그 누구도 감히 이 거룩한 기물들을 쳐다보지 못하오."

[3] 그러자 곧바로 [구원자께서] 제자들과 함께 멈[춰 서서] 그에게 대답하셨다.

Oxy. 840 recto

"그럼 성전 안에 있는 당신은 깨끗하오?"

[4] 그가 그분께 말하였다. "나는 깨끗하오. 사실 나는 다윗의[17] 연못에

---

13 사본이 손상되어 알아보기 힘들다.

14 대사제(ἀρχιερεύς)는 유다교 최고 의회 의장을 일컫는다. 에브야타르, 하나니아스, 한나스, 카야파 등이 이에 속한다. 신약성경과 요세푸스의 저서에서 이 단어의 복수형은 대사제 가문에 속한 최고 의회 의원들을 가리킨다. 곧 전현직 대사제와 최고 사제 가문에 속한 성인 남자를 통칭한다(Bauer). 후자의 경우 우리말로는 수석 사제라고 옮긴다.

15 2-8절: 마르 7,1-23; 마태 15,1-20, 그리고 루카 11,38-41; 마태 23,25-28.

16 '거룩한 기물'(τὰ ἅγια σκεύη)이 정확히 무엇을 가리키는지 분명하지 않다. 유다인들에게 거룩한 기물을 바라보는 관습이 있었을 법도 하지만, 보본은 에우세비우스 『팔레스티나 순교자』 12 등에서 그리스도교 성작과 성반을 가리키는 말로 사용된다는 점을 들어 이 말을 그리스도교 성구로 이해할 수 있다고 한다: Bovon, "Fragment Oxyrhynchus 840, fragment of a lost Gospel, witness of an early Christian controversy over purity", 720-721.

17 P. Oxy. 840에서도 구원자, 다윗 등은 약자가 쓰였다. 예를 들면 σωτήρ(구원자)는 σωρ, Δαυιδ(다윗)는 Δ 등이다.

서[18] 목욕을 했소. 그리고 사다리를 타고 내려가 올라올 때는 다른 사다리를 이용했소. 그리고 희고 깨끗한 옷으로 갈아입고 (여기) 와 이 거룩한 기물들을 바라보았소."

5 그러자 구원자께서 그에게 대답하시며 말씀하셨다. "앞 못 보는 눈먼 이들은 불행하다. 당신은 샘솟는 물로 목욕을 했지만 (그 연못은) 밤낮으로 개와 돼지들을 던져 넣은 곳이오.

6 당신은 겉 피부는 깨끗이 씻어냈소. 겉 피부는 창녀들과 탕녀들도 향유를 바르고 물에도 담그고 씻어내며 남자들의 욕정을 돋우려고 아름답게 꾸미기도 하오. 그러나 그녀들 속은 전갈과 온갖 악으로 가득 채워져 있소.

7 반면 당신이 물로 씻[지] 않았다고 말하는 나와 [내 제자들은] […]에서 나온 영원한 생명의 물에 몸을 [담갔]소. […]

8 [그]러나 […]는 불행하다. […]"

18 '다윗의 연못'은 유다교 מִקְוֶה(복수: מִקְוֹת) 곧 유다교 의식용 '욕조'일 법하다. 유다, 갈릴래아, 골란 등지에서 로마 시대의 의식용 욕조가 300여 개 발굴되었다: Crossan/Reed, *Excavating Jesus: Beneath the Stones, Behind the Text*, 168-170. 그러나 '다윗의 연못'이라고 불리는 곳은 알려져 있지 않다. 오히려 두 사다리가 배치된 연못은 초대 그리스도교 세례당 구조와 매우 유사하다. 그래서 보본은 이 연못이 초대 교회 세례당을 예시한다고 본다: Bovon, "Fragment Oxyrhynchus 840, fragment of a lost Gospel, witness of an early Christian controversy over purity", 717.

옥시린쿠스 1224

Papyrus Oxyrhynchus 1224

≫ 옥시린쿠스 1224에 대해서는 Ehrman/Pleše, *The Apocryphal Gospels: Texts and Translations*, 275-281을 참조하라.

1. 사본 정보

이 파피루스 코덱스는[1] 복음서 일부를 담고 있다. 현존하는 단편의 상태로는 일부만 해독할 수 있고 어느 복음서에 속했는지도 불확실하다. 이 단편은 예수님의 공생활 기간에 일어난 일화를 담고 있다. 사본 자체는 3세기 말-4세기 초에 만들어졌을 것으로 추정된다. 이 사본은 19세기 말에 발견된 뒤 학자들의 관심을 끌지 못했고 연구된 것도 별로 없다.

언어	그리스어
재질	파피루스 코덱스
사본 추정 연대	3세기 말에서 4세기 초
발견 장소	이집트 옥시린쿠스
소장처	옥스퍼드 대학교 보들레이언 도서관
분류번호	MS. Gr. Th. e. 8(P)

2. 구조와 내용

본문은 환시를 통해 예수님을 본 것을 전하는 1인칭 서술, 새로운 가르침에

1 139, 174, 176 등 파피루스의 쪽 번호가 남아 있다.

대한 논쟁, 죄인들과 어울린다는 비난에 대한 예수님의 답변, 원수를 위해 기도하라는 말씀, '우리를 반대하지 않는 사람은 지지하는 사람'이라는 진술 등으로 짜여 있다. 정경 병행구의 내용과 큰 차이는 없다. 1세기 후반에 있었던 유다교와 그리스도교의 갈등이 엿보인다.

3. 정경 복음서와의 관계

옥시린쿠스 1224	정경 복음서	기타
1. 환시		
2. 새로운 가르침이란?	마르 1,27	
3. 죄인들과 어울림: 건강한 사람에게는 의사가 필요 없다.	루카 5,30-32; 마르 2,15-17; 마태 9,10-12; 참조: 루카 15,1-2	
4. 원수를 위해 기도하라.	마태 5,44; 루카 6,27-28	『디다케』 1.3; 유스티누스 『호교론 1』 15.9
너희를 반대하지 않는 사람은 지지하는 사람이다.	루카 9,50; 마르 9,40; 참조: 마태 12,30; 루카 11,23	

'너희 원수를 위해 기도하라'καὶ προσεύχεσθε ὑπὲρ τῶν ἐχθρῶν ὑμῶν는, '너희 원수를 사랑하여라. 그리고 너희를 박해하는 자들을 위하여 기도하라'는 마태오와 루카의 병행구보다 『디다케』 1.3;[2] 유스티누스 『호교론 1』 15.9

2 "이 말씀들의 가르침은 이렇다. '너희를 저주하는 자들을 축복하고 너희 원수들을 위해 기도하고 너희를 박해하는 자들을 위해서 단식하여라' 그러나 너희는 너희를 미워하는 자들을 사랑하여라. 그러면 원수가 생기지 않을 것이다."

에[3] 더 가깝다.[4] '너희를 반대하지 않는 이는 너희를 지지하는 사람이다'ὁ γὰρ μὴ ὢν κατὰ ὑμῶν ὑπὲρ ὑμῶν ἐστιν는 루카 9,50(ὅς γὰρ οὐκ ἔστιν καθ' ὑμῶν ὑπὲρ ὑμῶν ἐστιν)과 거의 똑같다. 병행구인 마르 9,40은 '너희' 대신 '우리'라고 하였다. 아마 루카가 마르 9,40의 '우리'를 '너희'로 바꾸었고 옥시린쿠스 1224는 루카 9,50에 의존했을 것이다.[5]

4. 옥시린쿠스 1224

그리스어 원문에서 직접 번역하였다. 원문은 Bernhard, *Other Early Christian Gospels: A Critical Edition of the Surviving Greek Manuscripts*, 114-19의 비평본을 사용하였다. 사본 자체에는 장절 구분이 없지만 내용별로 장

---

3 "너희 원수를 위해 기도하여라. 너희를 미워하는 자들을 사랑하고 너희를 저주하는 자들을 축복하여라. …"

4 안드레아스(von Andreas)는 『디다케』 1.3-2.1가 옥시린쿠스 1224의 해당 구절에 의존한다는 의견을 내놓았다: von Andreas, "P. Oxy. 1224, Fragment 2 recto, Col. I: Ein neuer Vorschlag", 276. 스트레커(Strecker)는 『디다케』 1.3과 유스티누스 『호교론 1』 15.9가 비슷한 것은, 두 저자가 마태오와 루카가 사용한 '기록 전승'을 사용하되 '자유롭게' 인용했기 때문이라 분석한다: Strecker, "Eine Evangelienharmonie bei Justin und Pseudo-Klemens?", 310. 적어도 이 구절에서만은 『디다케』와 유스티누스가 옥시린쿠스 1224를 참조했을 법하다. 그렇다면 옥시린쿠스 1224가 기록된 시기는 늦어도 『디다케』보다 앞선 1세기 말-2세기 초가 된다.

5 안드레아스는, 루카 복음이나 옥시린쿠스 1224의 '너희'는 제자들이 이룬 '공동체'를 가리키며 따라서 이것은 역사의 예수님이 실제로 한 말씀은 아니라고 결론 내린다. 그리고 이를 바탕으로 이 복음서가 만들어진 것은 90년 이후일 것이라 추정한다: von Andreas, "P. Oxy. 1224, Fragment 2 recto, Col. I: Ein neuer Vorschlag", 276-277.

절로 나누어 소개한다. Ehrman/Pleše, *The Apocryphal Gospels: Texts and Translations*, 278-281도 참조했다. [ ] 안에 든 것은 훼손된 본문을 복구한 경우이고, ( ) 안에 든 것은 우리말 표현을 위해 임의로 첨가한 내용이다. 훼손된 본문을 복구하기 어려운 경우는 […]로 표시하였다. recto는 사본의 앞면, verso는 사본의 뒷면을 뜻한다.

단편 1 recto

1. […] 모든 것 안에 […] 참으로 여러[분에게 말합니다]

단편 1 verso

[……]

단편 2 recto 2 **단**

그(그것)는 무겁게 나를 짓눌렀다. 그리고 예수님께서는 환시로 […]. […]를 위해서가 아니라 […]를 위해서 […]

단편 2 verso 1 **단**

2. […] 당신은 […] 대답하지는 않고 […] 거절하였소. 당신이 가르치고 있다고 그들이 말하는 새로운 가르침이란[6] 무엇이오? 새롭고 […]

6 이 구절은 마르 1,27을 연상시킨다. 마르 1,21-28에서 사람들은 예수님이 회당에서 가르치시고 더러운 영을 쫓아 내는 모습을 보고 놀라 "이게 어찌 된 일이냐? 새롭고 권위 있는 가르침이다"(1,27) 하였다. 사람들이 그분의 가르침에 놀란 이유는 22절에 '그분께서 율법 학자들과 달리 권위를 가지고 가르치셨기' 때문으로 제시된다. 곧 예수님의 가르침은 방법과 내용이 다른 율법 학자들과 달랐다는 것이다.

단편 2 verso 2 **단**

3. 그러나 율법 학자들과 [바리사이 사람]들과 사제들은 [그]분을 보자 화가 났다. 그분께서 [죄]인들 가운데서 그들과 함께 [자리 잡고][7] 계셨기 때문이다. 예수님께서 (그들이 화내는 소리를) 들으시고는 다음과 같이 [말씀하셨다.] "건[강한 사람들에게는 의사가] [필요하지 않다.] […]"[8]

단편 2 recto 1 **단**

4. "[…] 그리고 너희 [원]수들을 위하여 기도하여라.[9] 너[희를 반대]하지 않는 사람은 너희를 지지하는 사람이다.[10] […] [오늘] 멀리 [있는 것이] 내일은 [가까이] 있을 것이다 […] 그(그것)는 적의 […] 안에도 […]

---

7 번하드(Bernhard)는 탈문에 '눕다' 또는 '자리 잡다'라는 뜻을 지닌 κεῖται 동사를 메워 넣는다. 병행구인 마태 9,10은 ἀνάκειμαι를, 루카 5,29은 κατάκειμαι를 쓴다. 식탁에 자리한다는 뜻으로는 '(음식을 들기 위해) 식탁에 기대다'라는 뜻을 지닌 ἀνάκειμαι나 κατάκειμαι가 더 어울린다. 당시에는 낮은 식탁에 비스듬히 기대어 식사하는 습관이 있었다.

8 루카 5,30-32; 마르 2,15-17; 마태 9,10-12.

9 이 구절은 기본적으로 '원수를 사랑하라'는 마태 5,44; 루카 6,28과 관련 있지만, 『디다케』 1.3(καὶ προσεύχεσθε ὑπὲρ τῶν ἐχθρῶν ὑμῶν); 유스티누스 『호교론 1』 15.9(εὔχεσθε ὑπὲρ τῶν ἐχθρῶν ὑμῶν)과 더 가깝다. 실제로 『디다케』 1.3과는 단어 선택과 배열이 똑같다.

10 루카 9,50; 마르 9,40.

파윰 단편

The Fayûm Fragment

≫ 파윰 단편에 대해서는, Ehrman/Pleše, *The Apocryphal Gospels: Texts and Translations*, 295-299를 참조하라.

1885년 비엔나 라이너Rainer 대공의 파피루스 모음에서 3세기 단편이 발견되었다. 사람들은 여기서 공관 복음서 형성 과정의 첫 단계를 발견하기를 기대했다(가령 마르 14,27.29-31). 이 파피루스가 출판되었을 때[1] 온갖 가설이 넘쳐났으나 단편 크기가 너무 작아 확실하게 말할 수 있는 내용이 없다. 따라서 이 본문이 공관 복음서에서(마르 14,26-30 또는 마태 26,30-34) 발췌한 것인지, 아니면 우리가 모르는 어떤 다른 복음서에 속하는지 확언할 수 없다. 아마도 파윰 본문은 하나의 독립된 작품이라기보다는 공관 복음서 자료의 이차 요약본이거나 아직 알려지지 않은 복음서의 발췌문일 법하다.

1. 사본 정보

언어	그리스어
재질	파피루스
사본 추정 연대	3세기
발견 장소	이집트 파윰
소장처	비엔나 오스트리아 국립 도서관
분류번호	G 2325

이집트 파윰 지역에서 처음 발견된 이 필사본은 3세기 경에 만들어진 것으

1 파윰 단편은 베드로 복음이나 그리스어 토마 복음 단편인 옥시린쿠스 1보다 먼저 출간되어 큰 주목을 받았다.

로 추정된다. 단편 크기가 가로 세로 3.5×4.3cm 남짓하며 한 면에만 본문이 기록되어 있어 담긴 내용도 얼마 되지 않는다.

2. 구조와 내용

베드로가 예수님을 모른다고 부인할 것을 예수님께서 예언하시는 내용(참조: 마르 14,26-31; 마태 26,30-35)이다.

3. 정경 복음서와의 관계

본문은 전체적으로 마르 14,26-31과 가장 가까우며, 실제로 마르 14,27.29.30을 합쳐 놓은 듯하다. 즈카 13,7 인용문이 마르코 복음 인용문과 동일하다는 사실이 의미가 크다.[2] 남은 단편만 본다면, 파윰 복음은 마르코 복음 또는 마르코 복음과 아주 가까운 복음의 요약본인 듯하다. 반대로 마르코 복음과 비슷하면서도 더 단순한 형태로 만들어진 다른 복음서에 속할 수도 있다.

---

2 파윰: Πατάξω τὸν [ποιμένα καὶ τὰ] πρόβατα διασκορπισθήσ[ονται]; 마르: Πατάξω τὸν ποιμένα, καὶ τὰ πρόβατα διασκορπισθήσονται; 마태: Πατάξω τὸν ποιμένα, καὶ διασκορπισθήσονται τὰ πρόβατα τῆς ποίμνης; 칠십인역 즈카 13,7: 목자를 쳐서 양 떼를 흩뜨려라(πατάξατε τοὺς ποιμένας καὶ ἐκσπάσατε τὰ πρόβατα).

파윰 단편		정경 복음서	기타
베드로의 부인 예고	1	마르 14,26-27; 마태 26,30-31; 참조: 요한 16,32	즈카 13,7
	2	마르 14,29; 마태 26,33; 참조: 루카 22,33; 요한 13,37	
	3	마르 14,30; 마태 26,34; 루카 22,34; 요한 13,38	

4. 파윰 단편(= P. Vindob. G 2325)

그리스어 원문에서 직접 번역하였다. 원문은 Bernhard, *Other Early Christian Gospels: A Critical Edition of the Surviving Greek Manuscripts*, 104의 비평본을 사용하였다. 내용은 짧지만 편의상 세 절로 구분하였다. Ehrman/Pleše, *The Apocryphal Gospels: Texts and Translations*, 298-299도 참조했다. [ ] 안에 든 것은 훼손된 본문을 복구한 경우이고, ( ) 안에 든 것은 우리말 표현을 위해 임의로 첨가한 내용이다. 훼손된 본문을 복구하기 어려운 경우는 [⋯]로 표시하였다.

1 [⋯] 그분께서 (그들을 데리고) 나가[시며][3] 말[씀]하셨다. "[바로] 오늘

3 마르 14,26; 마태 26,30에서는, 예수님께서 제자들과 최후의 만찬을 한 뒤 그들과 올리브 산으로 가셨다. 그래서 예수님께서 베드로의 부인을 예고하신 정황은 최후 만찬 뒤, 겟세마니에서 기도를 올리시기 전이다.

밤에 [너희는 모]두 걸려 넘어질 것이다.[4] 성경에 '내가 [목자를] 치리
[니] 양들이 흩어지리라'(즈카 13,7 참조)고 쓰여 있는 [대로다]."[5]
2 그러자 베드로가 [말하였다]. "모두 그렇게 한다 해도 [저는] 그러지
않을 [것입니다]."[6]
3 [예수님께서 말씀하셨다]. "닭이 두 번 울[기 전]에 [너는 세 번이나
나를 모]른다고 할 것이다. [...] "[7]

---

4 마태오와 마르코의 해당 구절을 번역하면서 『성경』은 σκανδαλισθήσεσθε(미래 직설법 수동 2인칭 복수)를 '떨어져 나가다'로 옮겼다. 여기서는 단어의 원뜻에 가깝게 '걸려 넘어지다'로 옮긴다. σκάνδαλον은 올가미나 덫에 쓰는 미끼를 가리키며, 여기서 덫(로마 11,9), '죄로 유인하는 행동이나 말'(마태 18,7), 걸림돌(1코린 1,23) 등의 의미가 파생되어 나왔다. 따라서 동사 σκανδαλίζω는 첫째로 '덫에 걸려 넘어지다'를 뜻하며, 나아가 '죄의 유혹에 빠지다', '나가 넘어지다'의 의미도 있다(Bauer).

5 마태 26,30-31; 마르 14,26-27; 참조: 루카 22,31. 예수님 말씀의 앞부분은 마태 26,31에 더 가깝고(마태오에만 '오늘 밤에'가 나온다), 즈카르야서 인용문은 마르 14,27과 똑같다.

6 마르 14,29; 마태 26,33; 참조: 루카 22,33. 이 구절도 "모두 떨어져 나갈지라도 저는 그러지 않을 것입니다"라 읽는 마르코에 더 가깝다. 반면 마태오는 조금 더 복잡해서, "모두 스승님에게서 떨어져 나갈지라도, 저는 결코 떨어져 나가지 않을 것입니다"라 읽는다.

7 마르 14,30; 마태 26,34; 루카 22,34; 요한 13,38. 이 마지막 구절도 마르코 복음의 증언 내용과 가장 가깝다. 마르코는 "오늘 이 밤, 닭이 두 번 울기 전에 너는 세 번이나 나를 모른다고 할 것이다"라 하였다. 마태오는 "닭이 울기 전에 너는 세 번이나 나를 모른다고 할 것이다", 루카는 "네가 나를 안다는 것을 세 번 부인하기 전까지는 오늘 닭이 울지 않을 것이다(직역)", 요한은 "네가 나를 세 번 부인하기 전까지는 닭이 울지 않을 것이다(직역)"라 하였다.

부록

참고 문헌

찾아 보기

참고 문헌

성경

「성경」,
(한국천주교중앙협의회 2005).

Novum Testamentum Graece, Nestle-Aland 27th Edition (Stuttgart 1993).

Nuovo Testamento: Greco·Latino·Italiano, Testo greco di Nestle-Aland, P. Beretta (a cura di) (Milano [2]1999).

교부 및 고전 문헌

그레고리우스(나지안주스),
「기도」 *Orationes*,
J.P. Migne (ed.) (PG 35).
「송가」 *Carminum libri duo*,
J.P. Migne (ed.) (PG 37).

루키아누스,
「무지한 서적 수집가」 *Adversus Indoctum*,
A.M. Harmon (ed.), *The Ignorant Book-collector* (Loeb Classical Library).
「티몬」 *Timon*,
A.M. Harmon (ed.), *Timon 1-8* (Loeb Classical Library).

멜리토(사르디스),
「파스카」 *Homilia in passionem Christi*,
O. Perler (ed.) (SC 123).

바르나바,
「바르나바의 편지」 *Barnabae Epistula*,
W. Heinemann (ed.), *The Apostolic Fathers, Vol 1.* (London 1912).

바실리우스(카이사리아),
「성령」 *Liber de Spiritu Sancto*,
J.P. Migne (ed.) (PG 32).

아우구스티누스,
「이단」 *De haeresibus*,
J.P. Migne (ed.) (PL 43).

암필로키우스(이코니움),
「셀레우쿠스에게 보내는 시」 *Iambi ad Seleucum*,
J.P. Migne (ed.) (PG 37).

에우세비우스,
「교회사」 *Historia ecclesiastica*,
E. Schwartz (ed.) (GCS 2).
「복음의 준비」 *Preparatio evangelica*,
E.H. Gifford (ed.) (Oxford 1903).
「시리아어 신현」 *Theophania syriaca*,
S. Lee (ed.), *Eusebius, Bishop of Caesarea on the Theophania or Divine Manifestation of our Lord and Savi-our Jesus Christ, A Syriac Version* (London 1842).
「신현」 *De Theophania*,
J.P. Migne (ed.) (PG 24); H.

Gressmann (ed.) (GCS 3).
『팔레스티나 순교자』 *De martyribus Palestinae*,
E. Schwartz (ed.) (GCS 2).

에피파니우스(살라미스),
『구급상자』 *Panarion*,
K. Holl (ed.) (GCS 31).

오리게네스,
『로마서 주해』 *Comment. in Rom.*,
J.P. Migne (ed.) (PL 14).
『루카 복음 강해』 *Hom. in Lc.*,
M. Rauer (ed.) (GCS 9).
『마태오 복음 주해』 *Comment. in Matthaeum*,
E. Benz, E. Klostermann et al. (eds.) (GCS 1-2).
『시편 88 발췌』 *Selecta in Ps. 88*,
J.P. Migne (ed.) (PG 12).
『여호수아기 강해』 *Hom. in Jos.*,
A. Jaubert (ed.) (SC 71).
『예레미야서 강해』 *Hom. in Jeremiam*,
P. Husson (ed.) (SC 232, 238).
『요한 복음 주해』 *Comment. in Johannem*,
C. Blanc (ed.) (SC 120bis, 157, 222, 290, 385).
『원리』 *De Principiis*,
P. Koetschau (ed.) (GCS 5).
『켈수스 논박』 *Contra Celsum*,
M. Borret (ed.) (SC 132, 136, 147, 150, 227).
『히브리서 강해』 *Fr. 88 in Heb.*,
J.P. Migne (ed.) (PG 14).

요한(다마스쿠스),
『정통 신앙』 *De Fide orthodoxa libri quattuor*,
J.P. Migne (ed.) (PG 94).

유스티누스(순교자),
『호교론』 *Apologiae*,
J.-P. Migne (ed.) (Cursus Completus Patrologiae Graecae Vol.6; Paris 1887).
『트리폰과의 대화』 *Dialogue cum Tryphone Judaeo*,
J.-P. Migne (ed.) (Cursus Completus Patrologiae Graecae Vol.6; Paris 1887).

이냐시우스(안티오키아),
『마그네시아인들에게 보낸 편지』 *Epistula ad Magnesios*,
J.P. Migne (ed.) (PG 5).
『스미르나인들에게 보낸 편지』 *Epistula ad Smyrnaeos*,
J.P. Migne (ed.) (PG 5).
『에페소인들에게 보낸 편지』 *Epistula ad Ephesios*,
J.P. Migne (ed.) (PG 5).
『트랄리스인들에게 보낸 편지』 *Epistula ad Trallianos*,
J.P. Migne (ed.) (PG 5).

이레네우스(리옹),
『이단 논박』 *Adversus haereses*,
A. Rousseau (ed.) (SC 263, 264, 293, 294, 210, 211, 100, 152).

클레멘스(알렉산드리아),
『교육자』 *Paedagogus*,
H.-I. Marrou (ed.) (SC 70, 108, 158).
『잡록』 *Stromateis 1-6*,

O. Stählin (ed.) (GCS 2).
「테오도투스 발췌록」*Excerpta Theodoti*,
F.-M. Sagnard (ed.) (SC 23).
「마르 사바 편지」*Mar Saba Letter*,
M. Smith (ed.), *Clement of Alexandria and a Secret Gospel of Mark* (Cambridge 1973).

키릴루스(예루살렘),
「교리 교육」*Catecheses*,
J.P. Migne (ed.) (PG 33).

타키투스,
「연대기」*Annales*,
C.D. Fisher (ed.) (OCT; Oxford 1906).

테르툴리아누스,
「마르키온 논박」*Adversus Marcionem*,
R. Braun (ed.) (SC 365, 368, 399, 456, 483).
「세례」*De Baptismo*,
C.E. Evans (ed.) (London 1964).
「이단자들에 대한 처방」*De praescriptione haereticorum*,
R.F. Refoule (ed.) (SC 46).
「정결」*De Pudicitia*,
C. Micaelli (ed.) (SC 394, 395).

테오도레투스,
「서간집」*Ad eos qui in Euphratesia et Osrhoena regione, Syria, Phoeni*,
J.P. Migne (ed.) (PG 83).

폴리카르푸스,
「폴리카르푸스 순교록」*Martyrium polycarpi*,
P.Th. Camelot (ed.) (SC 10bis).

플라톤,
「테애테투스」*Theaetetus*,
J. Burnet (ed.) (Platonis Opera 1-5; Oxford 1900).

플리니우스(소),
「편지」*Epistularum libri novem*,
B.G. Teubneri (ed.) (Stuttgart 1992).

필라스트리우스(브레샤),
「이단 목록」*Diversarum Hereseon Liber*,
F. Marx (ed.) (CSEL 38; Vienna 1898).

필록세나스,
「강해」*Homilia*,
E. Lemoine (ed.) (SC 44).

필론,
「꿈」*De Somniis*,
F.H. Colson (ed.) (Philo 5; Cambridge 1988).
「누가 신적인 것들의 상속자인가」*Quis Rerum Divinarum Heres Sit*,
F.H. Colson (ed.) (Philo 5; Cambridge 1988).
「도주와 발견」*De Fuga et Inventione*,
F.H. Colson (ed.) (Philo 4; Cambridge 1985).
「덕」*De Virtutibus*,
F.H. Colson (ed.) (Philo 8; Cambridge 1989).
「모세의 생애」*De Vita Mosis*,
F.H. Colson (ed.) (Philo 6; Cambridge 1984).
「세부 규정」*De Specialibus Legibus*,

F.H. Colson (ed.) (Philo 8; Cambridge 1989).
『세상의 창조』 *De Opificio Mundi*, F.H. Colson (ed.) (Philo 1; Cambridge 1991).
『술에 취하는 것』 *De Ebrietate*, F.H. Colson (ed.) (Philo 3; Cambridge 1988).
『십계명』 *De Decalogo*, F.H. Colson (ed.) (Philo 7; Cambridge 1984).
『아브라함의 이주』 *De Migratione Abrahami*, F.H. Colson (ed.) (Philo 4; Cambridge 1985).
『언어의 혼란』 *De Confusione Linguarum*, F.H. Colson (ed.) (Philo 4; Cambridge 1985).
『우의적 율법』 *Legum Allegoria*, F.H. Colson (ed.) (Philo 1; Cambridge 1991).
『창세기에 대한 질문과 응답』 *Quaestiones et Solutiones in Genesin*, F.H. Colson (ed.) (Philo Sup 1; Cambri-dge 1991).
『카인과 아벨의 제사』 *De Sacrificiis Abelis et Caini*, F.H. Colson (ed.) (Philo 2; Cambridge 1979).
『카인의 추방과 그의 후손』 *De Posteritate Caini*, F.H. Colson (ed.) (Philo 2; Cambridge 1979).

헤르마스,
『헤르마스의 목자』 *Pastor*, R. Joly (ed.) (SC 53bis).

히에로니무스,
『마태오 복음 주해』 *Comment. in Mattheum*, D. Hurst, M. Adriaen et al. (eds.), *Commentariorum in Mattheum Libri IV* (CCSL LXXVII; Turnholti 1963).
『서간집』 *Epistulae*, J.P. Migne (ed.) (PL 22).
『에제키엘서 주해』 *Comment. in Hiezechielem*, F. Glorie (ed.), *Commentariorum in Hiezechielem Libri XIV* (CCSL LXXV; Turnholti 1964).
『에페소서 주해』 *Comment. in Ephes*, J.P. Migne (ed.) (PL 26).
『위인들』 *De viris illustribus*, O. von Gebhardt (ed.) (TU 14; Leipzig 1896).
『이사야서 주해』 *Comment. in Esaiam*, M. Adriaen (ed.), *Commentariorum in Esaiam Libri I-XI* (CCSL LXXIII; Turnholti 1963).
『펠라기우스파 논박』 *Adv. Pelagianos*, J.P. Migne (ed.) (PL 23).
『편지』 *Epistulae*, Jerome, *Epistulae 71-120*, I. Hilberg (ed.) (Corpus Scriptorum Ecclesiasticorum

Latinorum 55; Vienna 1996), 381-382.
히폴리투스,
『이단 논박』 *Refutatio omnium haeresium*, P. Wendland (ed.) (GCS 3).

『계단들의 책』 *Liber Graduum*, M. Kmoskó (ed.), *Liber graduum = Ketava demaskata (in Syriac and Latin)* (Patrologia syriaca 3; Paris 1926).
『차명-마카리우스』 *Pseudo-Makarius (homiliae spirituales)*, J.P. Migne (ed.) (PG 34).

라삐 문헌

『바빌로니아 탈무드』 The William Davidson digital edition of the Koren Noé Talmud, with commentary by Rabbi Adin Even-Israel Steinsaltz (https://www.sefaria.org).
『미쉬나』 English from The William Davidson digital edition of the Koren Noé Talmud, with commentary by Rabbi Adin Even-Israel Steinsaltz (https://www.sefaria.org).

일반 문헌

Aland, K., *Repertorium der griechischen christlichen Papyri I* (PTS 18; 1976).
Allison, D.C., *Jesus of Nazareth: Millenarian Prophet* (Minneapolis 1998).
Al-Nadim, M.I., *The Fihrist: a 10th Century AD Survey of Islamic Culture*, B. Dodge (tr.) (Chicago 1998).
Aland, K., *Repertorium der griechischen christlichen Papyri I* (PTS 18; 1976).
von Andreas, S., "P. Oxy. 1224, Fragment 2 recto, Col. I: Ein neuer Vorschlag", *ZNW 80* (1989), 276-277.
Aragione, G., **Junod**, E., **Norelli**, E., *Le Canon du Nouveau Testament: regards nouveaux sur l'histoire de sa formation* (Le monde de la Bible 54; Geneve 2005).
Arai, S., "Zur Lesung und Übersetzung des Evangelium Veritatis: Ein Beitrag zum Verständnis seiner Christologie", *NT 5* (1962), 214-218.
Arendzen, J., "Docetae" *The Catholic Encyclopedia. Vol. 5* (New York 1909). http://www.newadvent.org/cathen/05070c.htm
Attridge, H.W., **MacRae**, G.W., "The Gospel of Truth", J.M. Robinson

et al. (eds.), *The Coptic Gnostic Library 1* (Leiden 2000), 55-117.

Attridge, H.W. "Dialogue of the Savior." *The Nag Hammadi Library in English*, J.M. Robinson (ed.) (San Francisco 1981), 230-238.

Aune, D.E., "Assessing the Historical Value of the Apocryphal Jesus Traditions: A Critique of Conflicting Methodologies", J. Schröter et al. (eds.), *Historische Jesus* (BZNW 114; Berlin 2002), 243-272.

Baarda, T., "'Chose' or 'Collected': Concerning an Aramaism in Logion 8 of the Gospel of Thomas and the Question of Independence", *HTR 84* (1991), 373-397.

Baker, A.,

"Pseudo-Macarius and the Gospel of Thomas", *VC 18* (1964), 215-225.

"The Gospel of Thomas and the Syriac Liber Graduum", *NTS 12* (1965), 49-55.

Barton, J., *Holy Writings, Sacred Text: The Canon in Early Christianity* (Louisville 1997).

Bauer, W.,

Der Apostolos der Syrer in der Zeit von der Mitte des vierten Jahrhunderts bis zur Spaltung der syrischen Kirche (Gieszen 1903).

Orthodoxy and Heresy in Earliest Christianity (Philadelphia 1971).

Bauer, W., **Danker**, F.W., **Arndt**, W.F., **Gingrich**, F.W., *A Greek-English Lexicon of the New Testament and Other Early Christian Literature* (Chicago ^{3}2000).

Baum, A.D., "Der neutestamentliche Kanon bei Eusebios (Hist. Eccl. III, 25,1-7) im Kontext seiner literaturgeschichtlichen Arbeit", *ETL 73* (1997), 307-348.

Becker, J., *Jesus of Nazareth* (New York 1998).

Bell, H.I., **Skeat**, T.C., *Fragments of an Unknown Gospel and Other Early Christian Papyri* (London 1935).

Bernhard, A.E., *Other Early Christian Gospels: A Critical Edition of the Surviving Greek Manuscripts* (Library of New Testament Studies 315; New York 2006).

Bickell, G,

"Ein Papyrusfragment eines nichtkanonischen Evangeliums", *ZKT 9* (1885), 498-504.

"Ein Papyrusfragment eines nichtkanonischen Evangeliums", *ZKT 10* (1886), 208-209.

Bienert, W.A., *Dionysius von Alexandrien. Zur Frage des Origenismus im 3 Jh.* (PTS 21; Marburg 1978).

Blass, F., **Debrunner**, A., *A Grammar*

of the New Testament and Other Early Christian Literature: A Translation and Revision of the ninthtenth German edition incorporating supplementary notes of A. Debrunner by Funk, R.W. (Chicago 1961).

Blatz, B., "The Coptic Gospel of Thomas", W. Schneemelcher (ed.), *New Testament Apocrypha I*, R.McL. Wilson (tr.) (Westminster 1991), 110-133.

Bockmuehl, M., *Ancient Apocryphal Gospels* (Louisville 2017).

Borg, M.J., *Meeting Jesus again for the First Time* (San Francisco 1995).

Le Boulluec, A., "Hétérodoxie et orthodoxie", *Histoire du Christianisme (Des Origines à 250) sous la direction de J.-M. Mayeur, Charles et Luce Pietri* (Desclée 2000), 267-330.

Bouriant, U., *Fragments du texte grec du livre d'Enoch et de quelques écrits attribués à saint Pierre* (Paris 1892).

Bovon, F., "Fragment Oxyrhynchus 840, fragment of a lost Gospel, witness of an early Christian controversy over purity", *JBL 119* (2000), 705-728.

Bovon, F., **Geoltrain**, P., **Voicu**, S.J., *Écrits apocryphes chrétiens I: index établis par S.J. Voicu* (Paris).

Boyarin, D., "Rethinking Jewish Christianity: An Argument for Dismantling a Dubious Category (to which is Appended a Correction of my Border Lines)", *Jewish Quarterly Review 99,1* (2009), 7-36.

Bradford, B.C., *The Qur᾿anic Jesus: A Study of Parallels with Non Biblical Texts* (Michgan 2013).

Broadhead, E.K., "The Thomas-Jesus Connection", *Handbook for the Study of the Historical Jesus Vol. 3*, T. Holmén, S.E. Porte (eds.), (Leiden: 2010), 2059-2080.

Brox, N., "Doketismus - eine Problemanzeige", *ZKG 95* (1984), 301-314.

Bruce, F.F., *The Canon of Scripture* (Glasgow 1988).

Bruns, P., "Epistula apostolorum", *Dictionary of Early Christian Literature* (New York 2000), 202-203.

Burke, T.,

Secret Scriptures Revealed: A New Introduction to the Christian Apocrypha (Grand Rapids 2013).

"Infancy Gospel of Thomas." e-Clavis: Christian Apocrypha. 2020, http://www.nasscal.com/e-clavis-christian-apocrypha/infancy-gospel-of-thomas/.

Burkett, D., *An Introduction to the New Testament and the Origins of Christianity* (Cambridge 2002).

Büchler, A., "The New 'Fragment of an Uncanonical Gospel'", *JQR 20* (1908), 330-346.

Cameron, R.,

The Other Gospels: Non-Canonical Gospel Texts (Philadelphia 1982).

"The Gospel of Thomas and Christian Origins", B. Pearson (ed.), *Future of Early Christianity: Essays in Honor of Helmut Koester* (Minneapolis 1991), 381-392.

"Mythmaking and Intertextuality in Early Christianity", E.A. Caestlli et al. (eds.), *Reimagining Christian Origins: A Colloquium Honoring Burton L. Mack* (Valley Forge 1996), 37-50.

Campbell, W.C., "The Epistle of the Apostles", e-Clavis: Christian Apocrypha, 2020, https://www.nasscal.com/e-clavis-christian-apocrypha/epistle-of-the-apostles/.

Carroll, J.T., *The Return of Jesus in Early Christianity* (Peabody 2000).

Chadwick, H., *The Early Church* (New York 1981).

Charlesworth, J.H. (ed.), *John and the Dead Sea Scrolls* (New York 1990).

Clark, S., "Unbelief, Lawlessness, and Satan: Viewing the Freer Logion as a Scribal Response to Open - Ended Eschatological Themes in Mark", *A Journal of Transdisciplinary Writing and Research from Claremont Graduate University, Vol. 2* (2013), 1-21.

Collins, A.Y., *Mark: A Commentary* (Hermeneia; Minneapolis 2007).

Cook, W.J., "The Ebionites: Eccentric or Essential Early Christians?" *Journal of Arts and Humanities Vol. 2.7* (2013), 15-21.

Craveri, M., *I vangeli apocrifi* (Torino 2014).

Cross, F.L., *The Oxford Dictionary of the Christian Church* (Oxford 1997).

Crossan, J.D., *The Historical Jesus: The Life of a Mediterranean Jewish Peasant* (San Francisco 1991).

Crossan, J.D., **Reed**, J.L., *Excavating Jesus: Beneath the Stones, Behind the Text* (San Francisco 2001).

Crum, W.E., *A Coptic Dictionary* (Oxford 1939).

Cullmann, O., "Infancy Gospels", W. Schneemelcher (ed.), *New Testament Apocrypha I*, R.McL. Wilson (tr.) (Westminster 1991), 414-469.

Dain, A., *Les manuscrits* (Collection d'études anciennes; Paris ^{3}1975).

Daniels, J.B, "The Egerton Gospel: Its Place in Early Christianity" (Ph.D. dissertation, Claremont Graduate School 1990).

Davies, S., **Siecienski**, A.E., *The Infancy Gospels of Jesus: Apocryphal Tales from the Childhoods of Mary and Jesus-Annotated & Explained* (Woodstock 2009).

DeConick, A.D.,

Seek to See Him. Ascent and Vision Mysticism in the Gospel of Thomas (Leiden 1996).

Recovering the Original Gospel of Thomas: A History of the Gospel and its Growth (LNTS 286; London 2005).

The Original Gospel of Thomas in Translation: with a commentary and new English translation of the complete gospel (LNTS 287; London 2006).

Dehandschutter, B., "Recent Research on the Gospel of Thomas", F. van Segbroeck et al. (eds.), *The Four Gospels 1992: Festschrift for F. Neirynck* (BETL 100; Louvain 1992), 2257-2262.

Denzey, N.F., "Genesis Traditions in Conflict? The Use of Exegetical Traditions in the Trimorphic Protennoia and the Johannine Prologue", *VC 55* (2001), 20-44.

Desjardins, M., "Where Was the Gospel of Thomas Written?" *TJT 8* (1992), 121-133.

Detlef, C., **Müller**, G., *Geschichte der orientalischen Nationalkirchen, Die Kirche in irher Geschichte 2* (Göttingen 1981).

Dibelius, M., *James*, H. Greeven (rev.) (Philadelphia 1976).

Döpp, S., **Geerlings**, W. (eds.), *Christian Literature*, M. O'Connell (tr.) (New York 2000).

Doran, R., "The Divinization of Disorder: The Trajectory of Matt 8,20/Luke 9,58/Gos Thom 86", B. Pearson et al. (eds.), *Future of Early Christianity: Essays in Honor of Helmut Koester* (Minneapolis 1991), 210-219.

Dubois, J.-D., "Remarques sur le texte de l'Évangile de Vérité", *VC 29* (1975), 138-140.

Duensing, H., *Epistula Apostolorum* (KT 152; Bonn 1925).

Edwards, J.R., "The Gospel of the Ebionites and the Gospel of Luke", *NTS 48* (2002), 568-586.

Ehrhardt, A.A.T., "Judaeo-Christians in Egypt, the Epistula Apostolorum, and the Gospel to the Hebrews", *Studia Evangelica III: Papers Presented to the Second International Congress on New Testament Studies Held at Christ Church, Oxford, 1961*, F.L. Cross (ed.) (TU 88; Berlin 1964), 360-382.

Ehrland, K., "Papyrus Egerton 2 : 'Missing Link' zwischen synoptischer und johanneischer tradition", *NTS 42* (1996), 12-

34.
Ehrman, B.D.,
The New Testament and Other Early Christian Writings: a Reader (Oxford 1998).
Lost Scriptures: Books that did not make it into the New Testament (New York 2003).
The New Testament: A Historical Introduction to the Early Christian Writings (New York [3]2003).

Ehrman, B.D., **Pleše**, Z., *The Apocryphal Gospels: Texts and Translations* (Oxford 2011).

Eltester, W., "Ogdoas als Symbol der Auferstehung", *VC 26* (1972), 29-52.

Evans, C.A., *Fabricating Jesus: How Modern Scholars Distort the Gospels* (Downers Grove 2006).

Evans, C.A., **Sanders**, J.A. (eds.), *The function of Scripture in early Jewish and Christian Tradition* (JSNTS 154; Sheffield 1998).

Fieger, M., *Das Thomasevangelium: Einleitung, Kommentar und Systematik* (Münster 1991).

Foerster, W., **Wilson**, R.McL. (eds.),
Gnosis: A Selection of Gnostic Texts 1: Patristic Evidence (Oxford 1972).
Gnosis: A Selection of Gnostic Texts 2: Coptic and Mandaic Sources (Oxford 1974).

Fossum, J.E., *The Name of God and the Angel of the Lord: Samaritan and Jewish Concepts of Intermediation and the Origin of Gnosticism* (Tübingen 1985).

Foster, P., "Tatian", *Expository Times 120/3* (2008), 105-118.

Gagné, A., *The Gospel According to Thomas: Introduction, Translation and Commentary* (Apocryphes 16; Turnhout 2019).

Gärter, B., *The Theology of the Gospel of Thomas*, E.J. Sharpe (tr.) (London 1961).

Gathercole, S.J., *The Gospel of Thomas: Introduction and Commentary* (TENTS 11; Leiden 2014).

von Gebhardt, O., *Das Evangelium und die Apokalypse des Petrus* (Leipzig 1893).

Geoltrain, P., **Kaestli**, J.D., **Voicu**, S.J. (eds.), *Écrits apocryphes chrétiens II: Index établis par Sever J. Voicu et Jean-Michel Roessli* (Paris 2005).

Gero, S., "The Infancy Gospel of Thomas: A Study of the Textual and Literary Problems", *NovT 13* (1971), 46-80.

Giversen, S., *Sandhedens Evangelium, De gnostiske handskrifter fra Nildalen* (Theologiske Studien, Raekke 2, Nr. 2; Copenhagen 1957).

Glatzer, N.N., *Geschichte der talmudischen Zeit* (Neukirchen

²1981).
Gounelle, R., "Évangile de Nicodème ou Actes de Pilate", P. Geoltrain, J.-D. Kaestli (eds.), *Écrits apocryphes chrétiens, vol. 2* (Paris 2005), 249-259.
Graham, W.A., "Scripture", M. Eliade (ed.), *The Encyclopedia of Religion* (New York 1987), 13.142.
Grant, R.M., "The Gnostic Gospels", *JBL 79* (1960), 1-11.
Grant, R.M., **Freedman**, D.N., *The Secret Sayings of Jesus: according to the gospel of Thomas* (London 1960).
Gregory, C.R., *Das Freerlogion* (Leipzig 1908).
Grenfell, B.P., **Hunt**, A.S.,
Fragment of an Uncanonical Gospel from Oxyrhynchus (London 1908).
The Oxyrhynchus Papyri Part VI (London 1904).
Grobel, K., *The Gospel of Truth: A Valentinian Meditation on the Gospel: Translation from the Coptic and Commentary* (New York 1960).
Grondin, M.W., Grondin's Interlinear Coptic/English Translation of the Gospel of Thomas, rev. 2002. http://gospel-thomas.net/gtbypage_112702.pdf
Gronewald, M., "255. Unbekanntes Evangelium oder Evangelienharmonie (Fragment aus dem "Evangelium Egerton")", M. Gronewald et al. (eds.), *Kölner Papyri* (Opladen 1987), 136-145.
Guillaumont, A., **Puech**, H.-Ch., **Quispel**, G., **Till**, W., *The Gospel according to Thomas. Text edited and translated* (Leiden 1997).
van Haelst, J.,
Catalogue des papyrus littéraires, juifs et chrétiens (Paris 1976).
Catalogue des papyrus littéraires, juifs et chrétiens (Paris 1976).
Hannah, D., "The Four-Gospel 'Canon' in the Epistula Apostolorum", *The Journal of Theological Studies 59.2* (2008), 598-633.
von Harnack, A.,
Bruchstücke des Evangeliums und der Apokalypse des Petrus (Leipzig 1893).
"Ein neues Evangelienbruchstück", *Preussische Jahrbücher 131* (1908), 201-210.
Die Mission und Ausbreitung des Christentums in den ersten drei Jahrhunderten (Leipzig 41924).
Havelaar, H.W., *The Coptic Apocalypse of Peter, Nag Hammadi Codex VII,3* (Berlin 1999).
Hedrick, C.W., "An Anecdotal Argument for the Independence of the Gospel of Thomas from

the Synoptic Gospels", H.-G. Bethge et al. (eds.), *For the Children, Perfect Instruction: Studies in Honor of Hans-Martin Schenke on the Occasion of the Berliner Arbeitskreis für koptisch-gnostische Schriften's Thirtieth Year* (NHMS 54; Leiden 2002) 113-126.

Higgins, A.J.B., "The Non-Gnostic Sayings in the Gospel of Thomas", *NovT 4* (1960), 292-306.

Hill, C.E., "'The Orthodox Gospel': The Reception of John in the Great Church Prior to Irenaeus", *The Legacy of John: Second-Century Reception of the Fourth Gospel* (Leiden 2010), 233-300.

Hills, J., *Tradition and Composition in the Epistula Apostolorum* (Minneapolis 1990).

Hock, R.F., *The Infancy Gospels of James and Thomas: with Introduction, Notes, and Original Text Featuring the New Scholars Version Translation* (California 1995).

Hogan, P.N., *No Longer Male and Female: Interpreting Galatians 3.28 in Early Christianity* (LNTS 380; New York 2008).

Horsley, R.A., "Logoi Prophētōn? Reflections on the Genre of Q", B. Pearson (ed.), *Future of Early Christianity: Essays in Honor of Helmut Koester* (Minneapolis 1991), 195-209.

van der Horst, P.W., "Celibacy in Early Judaism", *RB 109* (2002), 390-402.

Howard, G., *The Gospel of the Ebionites* (ANRW 25.5; Berlin 1988), 4034-4053.

Jackson-McCabe, M., "What's in a Name?: The Problem of 'Jewish Christianity'", *Jewish Christianity Reconsidered: Rethinking Ancient Groups and Texts*, M. Jackson-McCabe (ed.) (Minneapolis 2007), 7-38.

Jeremias, J., "The Freer Logion", W. Schneemelcher (ed.), *New Testament Apocrypha 1*, R.McL. Wilson (tr.) (Westminster 1991), 248-249.

Jeremias, J., **Schneemelcher**, W., "Fragments of Unknown Gospels", W. Schneemelcher (ed.), *New Testament Apocrypha vol.1*, 92-105

Jones, F.S.,

"Ebionites", E. Ferguson (ed.), *Encyclopedia of Early Christianity* (New York ²1998), 357-358.

"Pseudo-Clementines", E. Ferguson (ed.), *Encyclopedia of Early Christianity* (New York ²1998), 964-965.

Kaestli, J.-D., "L'utilisation de

l'Évangile de Thomas dans la recherche actuelle sur les paroles de Jésus", D. Marguerat et al. (eds.), *Jésus de Nazareth* (Geneva 1998), 373-395.

Kalmin, R., "Christians and Heretics in Rabbinic Literature of Late Antiquity", *HTR 87.2* (1994), 155-169.

Kasser, R., *Evangelium veritatis: Supplementum Photographicum* (Bern 1975).

Katz, T., "Issues in the Separation of Judaism and Christianity After 70 C.E.: Reconsideration", *JBL 103* (1984), 53-76.

Kazen, T., "Sectarian Gospels for Some Christians? Intention and Mirror Reading in the Light of Extra-canonical Texts", *NTS 51* (2005), 561-578.

Kee, H.C., "'Becoming a Child' in the Gospel of Thomas", *JBL 82* (1963), 307-314.

King, K.L., *What is Gnosticism?* (Cambridge 2003).

Klauck, H.J., *The Apocryphal Gospels: An Introduction*, B. McNeil (tr.) (New York 2003).

Klijn, A.F.J.,

"The Study of Jewish Christianity", *NTS 20* (1973), 419-431.

"Jewish-Christianity in Egypt", B.A. Pearson et al. (eds.), *The Roots of Egyptian Christianity* (Philadelphia 1986), 161-175.

Das Hebräer-und das Nazoräerevangelium (ANRW 25.5; Berlin 1988), 3997-4033.

Jewish-Christian Gospel Tradition (Leiden 1992).

Klijn, A.F.J., **Reinink**, G.J., *Patristic Evidence for Jewish-Christian sects* (NTS 36; Leiden 1973).

Koch, G.A., "Jewish Christianity", E. Ferguson (ed.), *Encyclopedia of Early Christianity* (New York [2]1998), 613-616.

Koester, H.,

"Gnomai Diaphoroi: The Origins and Nature of Diversification in the History of Early Christianity", *HTR 58* (1965), 279-318.

"Apocryphal and Canonical Gospels", *HTR 73* (1980), 105-130.

History and Literature of Early Christianity (Berlin 1982).

Ancient Christian Gospels: their history and development (London 1990).

Introduction to the Gospel according to Thomas (NHC 2; Leiden 2000).

Koltun-Fromm, N., "Sexuality and Holiness: Semitic Christian and Jewish Conceptualizations of sexual Behavior", *Vigilae Christianae 54* (2000), 375-395.

Kraus, T.J.,
"P. Vindob. G 2325: Das sogenannte Fayûm – Evangelium – Neuedition und kritische Rückschlüsse", *ZAC 5* (2001), 197–212.
The Gospel of the Savior: An Analysis of P.Oxy. 840 and its Place in the Gospel Traditions of Early Christianity (Leiden 2005).

Kraus, T.J., *Nicklas, T., Das Petrusevangelium und die Petrusapokalypse: Die griechischen Fragmente mit deutscher und englischer Übersetzung* (Berlin 2004).

Lagrange, M.-J., "Nouveau fragment non canonique relatif a l'Évangile", *RB m.s. 5* (1908), 538–553.

Lambdin, T.O. (tr.), **Layton**, B. (ed.), "The Gospel according to Thomas", J.M. Robinson et al. (eds.), *The Coptic Gnostic Library 2* (Leiden 2000), 37–93.

Lampe, G.W.H., *A Patristic Greek Lexicon* (Oxford 1961).

Lampe, P., *From Paul to Valentinus: Christians at Rome in the First Two Centuries*, M.G. Steinhauser (tr.) (London 2003).

Lane, W.L., *The Gospel according to Mark: the English Text with Introduction, Exposition and Notes* (Michigan 1984).

Layton, B. (ed.),
The Rediscovery of Gnosticism 1: The School of Valentinus (Leiden 1980).
The Rediscovery of Gnosticism 2: Sethian Gnosticism (Leiden 1981).

Lenzuni, A., *Apocrifi del Nuovo Testamento* (Bologna 2004).

Lepelley, C., "Les chrétiens et l'Empire romain", *Histoire du Christianisme (Des Origines à 250), J.-M. Mayeur, Charles et Luce Pietri (sous la direction de)* (Desclée 2000), 227–266.

Létourneau, P. (ed.), *Le Dialogue du Sauveur (NH III,5)* (BCNH 29; Paris 2003).

Liddell, H.G., **Scott**, R., *A Greek-English Lexicon* (Oxford 1925–1940, [9]1996).

Lods, A., *Reproduction en héliogravure du manuscrit d'Enoch et des écrits attribués à saint Pierre* (Paris 1893).

Lührmann, D.,
"POx 4009: Ein neues Fragment des Petrusevangeliums?", *NovT 35* (1993), 390–410.
Die Apokryph gewordenen Evangelien: Studien zu neuen Texten und zu Neuen Fragen (NTS 112; Leiden 2004).
"Th. J. Kraus/T. Nicklas, Das Petrusevangelium und die

Petrusapokalypse", *Theologische Rundschau* (2005) 242-244.

Magnusson, J., *Rethinking the Gospel of Truth: A Study of Its Eastern Valentinian Setting* (Uppsala 2006).

Malinine, M.,

Evangelium Veritatis: Codex Jung f. VIIIv-XVIv (p. 16-32)/f. XIXr-XXIIr (p.37-43) (Studien aus dem C.G. Jung Institut 6; Zürich 1956).

Evangelium Veritatis (Supplementum): Codex Jung f. XVIIr-XVIIIv (p.33-36) (Zürich 1961).

Mallon, A., *Grammaire copte. Bibliographie, chrestomathie et vocabulaire. Quartie édition revue par M. Malinine* (Beyrouth 1956).

Mara, M.G., *Évangile de Pierre* (Paris 1973).

Marguerat, D.,

La Première Histoire du Christianisme (les Actes des Apôtres) (Lectio divina 180; Paris 1999).

"Juifs et chrétiens: la séparation", *Histoire du Christianisme (Des Origines à 250), J.-M. Mayeur, Charles et Luce Pietri (sous la direction de)* (Desclée 2000), 189-224.

Markschies, C., **Schröter**, J. (eds.), *Antike christliche Apokryphen in deutscher Übersetzung* (Tübingen 2012).

Mattison, M.M., *The Gospel of Truth: The Mystical Gospel* (California 2018).

Maurer, C., **Schneemelcher**, W., "The Gospel of Peter", W. Schneemelcher (ed.), *New Testament Apocrypha*, R. McL. Wilson (tr.) (Philadelphia 1991), 216-222.

Mayeda, G., *Das Leben-Jesu-Fragment: Papyrus Egerton 2 und seine Stellung in der urchristlichen Literaturgeschichte* (Bern 1946).

Mayeur, J.-M., **Pietri**, L. (sous la direction de), *Histoire du Christianisme* (Des Origines à 250) (Desclée 2000).

McCant, J.W., "The Gospel of Peter: Docetism Reconsidered", *NTS 30* (1984), 258-273.

McCasland, S.V., "The Origin of the Lord's Day", *JBL 49* (1930), 65-82.

McDonald, L.M., **Sanders**, J.A. (eds.), *The Canon Debate* (Massachusetts 2002).

McLean, B.H., "On the Gospel of Thomas and Q", R.A. Piper (ed.), *Gospel behind the Gospels* (NTSS 75; Leiden 1995), 321-345.

Mead, G. (tr.), *The Corpus Hermeticum: Initiation Into*

Hermetics, The Hermetica Of Hermes Trismegistus (California 2013).

Meier, J.P., *A Marginal Jew: Rethinking the Historical Jesus* (ABRL; New York 1991).

Meinardus, O.F.A., *Two Thousand Years of Coptic Christianity* (Cairo 2002), 143.

Ménard, J.É-., *L'Évangile de Vérité: Rétroversion grecque et commentaire* (Paris 1962).

Menzies, A., *The Gospel of Peter, the diatessaron of Tatian, the apocalypse of Peter, the visio Pauli, the apocalypses of the virgin and sedrach, the Testament of Abraham, the Acts of Xanthippe and Polyxena* (Grand Rapids 1979).

Metzger, B.M.,

The Text of the New Testament (New York 1964).

New Testament Studies: Philological, Versional, and Patristic (Leiden 1980).

The Canon of the New Testament: Its Origin, Development, and Significance (Oxford 1987).

Miceli, C.A.,

"Freer Logion," E-Clavis: Christian Apocrypha, 2020, http://www.nasscal.com/e-clavis-christian-apocrypha/freer-logion.

"Codex W: Theological Understanding of the Freer Logion", *Word in the World: Concordia University Graduate Journal of Theological Studies 2:1* (2009), 117-122.

Michaelis, W., *Die apokryphen Schriften zum Neuen Testament. Was nicht in der Bibel steht.* (Köln 2013).

Mimouni, S.C., *Le Judéo-christianisme ancien, Essais historiques* (Paris 1998).

Miroshnikov, I., *The Gospel of Thomas and Plato: A Study of the Impact of Platonism on the "Fifth Gospel"* (Nag Hammadi and Manichaean Studies; Leiden 2018).

Moloney, F.J., *The Gospel of Mark: A Commentary* (Peabody 2002).

Moraldi, M. (ed.), *Tutti gli apocrifi del Nuovo Testamento vol. 1-3* (Piemme 1999).

Morenz, S., *Gott und Mensch im alten Ägypten* (Leipzig 1965).

Müller, C.D.G., "Epistula Apostolorum", W. Schneemelcher (ed.), *New Testament Apocrypha 1*, R.McL. Wilson (tr.) (Westminster 1991), 249-284.

Neirynck, F., "Papyrus Egerton 2 and the Healing of the Leper", *ETL 61* (1985), 153-160.

Neusner, J., *The Mishinah* (New Haven 1988).

Neuwirth, A., **Sinai**, N., **Marx**, M. (eds.), *The Qur'ān in Context: Historical and Literary Investigations into the Qur'ānic Milieu* (Leiden 2010).

Nordsieck, R., *Das Thomas-Evangelium* (Neukirchen 2004).

van Oort, J., "The Holy Spirit as Feminine: Early Christian Testimonies and Their Interpretation", *HTS 72.1* [online] (2016), 1-6.

Orlandi, T., "Coptic Literature", B.A. Pearson (ed.), *The Roots of Egyptian Christianity* (Philadelphia 1986).

Painchaud, L., **Poirier**, P.H. (eds.), *Coptica - Gnostica - Manichaica: melanges offerts a Wolf - Oeter Funk* (Quebec 2006).

Parvis, P., "Justin Martyr", *Expository Times 120* (2008), 53-61.

Patterson, S.J.,

The Gospel of Thomas and Jesus (FFRS; Sonoma 1993).

The God of Jesus: The Historical Jesus and the Search for Meaning (Harrisburg 1998).

"The Gospel of Thomas and the Historical Jesus", T. Nicklas, A. Gregory et al. (eds.), *The Oxford Handbook of the Early Christian Apocrypha* (Oxford 2015), 233-249.

Pearson, B.A.,

Gnosticism, Judaism, and Egyptian Christianity (Minneapolis 1990).

Tre Stele di Seth, NH VII, B.A. Pearson (ed.), (NHMS 30; Leiden 1996).

Perkins, P., "Gnosticism", *Encyclopedia of Early Christianity*, E. Ferguson (ed.) (New York 1998), 465-469.

Perrin, N.,

Thomas and Tatian: The Relationship between the Gospel of Thomas and the Diatessaron (Atlanta 2002).

"NHC II,2 and the Oxyrhynchus Fragments (P. Oxy 1, 654, 655): Overlooked Evidence for a Syriac Gospel of Thomas", *VC 58* (2004), 138-151.

"Thomas: The Fifth Gospel?", *JETS 49* (2006), 67-80.

"Recent Trends in Gospel of Thomas Research (1991-2006). Part I: The Historical Jesus and the Synoptic Gospels", *Currents in Biblical Research 5.2* (2007), 183-206.

Perrin, N., **Skionner**, C.W., "Recent Trends in Gospel of Thomas Research (1989-2011). Part II: Genre, Theology and Relationship to the Gospel of John", *Currents in Biblical Research 11.1* (2012), 65-86.

Petersen, S., *Adolf Jülicher und die Parabeln des Thomasevangeliums, Gleichnisreden Jesu 1899-1999*

(Berlin 1999), 179-207.
Pritz, R.A., *Nazarene Jewish Christianity: From the End of the New Testament Period until Its Disappearance in the Fourth Century* (Jerusalem, 1992).
Puig i Tárrech (Autore), A., **Gianotto**, C. (a cura di),
I Vangeli apocrifi. Traduzione, introduzione e commenti: 1 (Milano 2010).
I Vangeli apocrifi: 2\1 (Milano 2012).
I Vangeli apocrifi: 2\2 (Milano 2017).
Quasten, J. (ed.), *Patrology 1: The beginnings of patristic literature* (Westminster 1983).
Quispel, G.,
"The Gospel of Thomas and the New Testament", *VC 11* (1957), 189-207.
"L'Évangile selon Thomas et les Clementines", *VC 12* (1958), 181-196.
"L'Évangile selon Thomas et le Diatessaron", *VC 13* (1959), 87-117.
"Some Remarks on the Gospel of Thomas", *NTS 5* (1959), 276-290.
"The Syrian Thomas and Syrian Macarius", *VC 18* (1965), 226-235.
"The Gospel of Thomas and the Hebrews", *NTS 12* (1966), 371-382.
"Qumran, John and Jewish Christianity", J.H. Charlesworth (ed.), *John and the Dead Sea Scrolls* (New York 1990), 137-155.
"Review of Voice of the Mystics, by A.D. DeConick", *VC 55* (2001), 436-440.
Reed, A.Y.,
"The Afterlives of New Testament Apocrypha," *Journal of Biblical Literature 134:2* (2015), 401-425.
Jewish-Christianity and the History of Judaism (Tübingen 2018).
Robinson, J.M., "LOGOI SOPHON: On the Gattung of Q", J.M. Robinson, H. Koester (eds.), *Trajectories through Early Christianity* (Eugene 1971), 71-113.
Robinson, J.A.T., **James**, M.R., *The Gospel According to Peter and the Revelation of Peter: Two Lectures on the Newly Recovered Fragments Together with the Greek Texts* (London 1892).
Rowland, C., *Christian Origins: The Setting and Character of the Most Important Messianic Sect of Judaism* (London [2]2002), 287-296.
Rudolph, K.,

Gnosis: The Nature and History of Gnosticism (San Francisco 1983).
Gnosis: The Nature and History of an Ancient Religion, R.McL. Wilson (tr.) (Edinburgh 1983).

Sagnard, F., *La gnose valentinienne et le témoignage de Saint Irénée* (Études de Philosophie Médiévale 36; Paris 1947).

Sanders, E.P., *The Historical Figure of Jesus* (New York 1993).

Sanders, E.P., **Baumgarten**, A.I. (eds.), *Jewish and Christian Self-definition 2: Aspects of Judaism in the Greco-Roman period* (London 1991).

de Santos Otero, A.,
Das Kirchenslavische Evangelium des Thomas (PTS 6; Berlin 1967).
Los Evangelios Apócrifos (Madrid 61988).
"Later Acts of Apostles", W. Schneemelcher (ed.), *New Testament Apocrypha 2*, R.McL. Wilson (tr.) (Westminster 1992), 468-473.

Säve-Söderbergh, T., *Evangelium Veritatis och Thomas-evangeliet* (Symbolae Biblicae Upsalienses 16; Uppsala 1959).

Scheidweiler, F., "The Gospel of Nicodemus / Acts of Pilate and Christ's Descent into Hell", W. Schneemelcher (ed.), *New Testament Apocrypha vol. 1*, R. McL. Wilson (tr.) (Westminster 1991), 501-505.

Schenke, H.-M., *Die Herkunft des sogennanten Evangelium Veritatis* (Göttingen 1959).

Schmidt, C., *Gespräche Jesu mit seinen Jüngern nach der Auferstehung* (Leipzig 1919).

Schneemelcher, W. (ed.), *New Testament Apocrypha 1-2*, R.McL. Wilson (tr.) (Westminster 1991-1992).

Scholer, D.M.,
Nag Hammadi Bibliography 1948-1969 (NHS 1; Leiden 1971).
Nag Hammadi Bibliography 1970-1994 (NHMS 32; Leiden 1997).
"Elkesaites", E. Ferguson (ed.), *Encyclopedia of Early Christianity* (New York [2]1998), 369.
Nag Hammadi Bibliography 1995-2006 (NHMS 65; Leiden 2009).

Schröter, J.,
Erinnerung an Jesu Worte. Studien zur Rezeption der Logienüberlieferung in Markus, Q und Thomas (Neukirchen 1997).
From Jesus to the New Testament: early christian theology and the origin of the New Testament Canon, W. Coppins (tr.) (Waco 2016), 249-295.
"Apocryphal and Canonical

Gospels within the Development of the New Testament Canon", *Early Christianity vol. 7* (2016), 24-46.

Schrenk, G., "The Messiah as the Righteous", *TDNT II* (1964), 186-187.

Scopello, M., *Courants gnostiques, Histoire du Christianisme (Des Origines à 250)*, J.-M. Mayeur, Charles et Luce Pietri (sous la direction de) (Desclée 2000), 331-366.

Sellew, P., "The Gospel of Thomas: Prospects for Future Research", J.D. Turner et al. (eds.), *The Nag Hammadi Library after Fifty Years* (NHMS 44; Leiden 1997), 327-346.

Sevrin, J.-M., "L'interprétation de l'Évangile selon Thomas, entre tradition et rédaction", J.D. Turner et al. (eds.), *The Nag Hammadi Library after Fifty Years: Proceedings of the 1995 Society of Biblical Literature Commemoration* (NHMS 44; Leiden 1997), 347-360.

Shanks, H. (ed.), *Judaism and Rabbinic Christianity* (Whashington ²2011), 158-159.

Shisha-Halevy, A.,

Coptic Grammatical Categories (Roma 1986).

Topics in Coptic Syntax: Structural Studies in the Bohairic Dialect (OLA 160; Leuven 2007).

Simonetti, M. (ed.), *Testi gnostici in lingua greca e latina* (Scrittori greci e latini; Milano 1993).

Skinner, C.W., "Gospel of Thomas." e-Clavis: Christian Apocrypha, 2020, http://www.nasscal.com/e-clavis-christian-apocrypha/gospel-of-thomas/.

Smith, D.M., "When Did the Gospels Become Scripture?" *JBL 119* (2000), 3-20.

Smith, P., *Syriac English Dictionary* (Winona Lake 1998).

Špidlík, P.T.,

"L'Orient chrétien dans la patristique et la spiritualité", *Seminarium 2* (1975), 431-444.

La spiritualité de l'Orient chrétien. Manuel systématique (Roma 1979).

"Il Dono delle lacrime nella tradizione della chiesa orientale", *Communio 119* (1991), 42-56.

Stanton, G.N.,

"The Fourfold Gospel", *NTS 43* (1997), 317-346.

The Gospels and Jesus (Oxford 2002).

Strecker, G., "Eine Evangelienharmonie bei Justin und Pseudo -Klemens?", *NTS 24* (1978), 297-316.

Strickert, F.M., "Jesus' True Family: The Synoptic Tradition and Thomas", R. Argall et al. (eds.), *For a Later Generation* (Harrisburg 2000), 246-257.

de Strycker, É., "Die griechischen Handschriften des Protevangeliums Iacobi", D. Harlfinger (ed.), *Griechische Kodikologie und Textüberlieferung* (Darmstadt 1980), 577-612.

Thackston, W.M., *Introduction to Syriac* (Bethesda 1999).

Till, W.C.,

"Das Evangelium der Wahrheit: Neue Übersetzung des vollständigen Textes", *ZNW 50* (1959), 165-185.

"Die kairener Seiten des 'Evangeliums der Wahrheit'", *Or. 28* (1959), 170-185.

"La séparation des mots en copte", *BIFAO 60* (1960), 151-170.

von Tischendorf, C. (ed.), *Evangelia Apocrypha* (Leipzig [2]1876).

Tobin, T.H., "Logos", *ABD 4* (1992), 348-356.

Tripp, D., "Meaning of the Foot-Washing: John 13 and Oxyrhynchus Papyrus 840", *Expository Times 103* (1992), 237-239.

Trobisch, D., *Die Endredaktion des Neuen Testaments: Eine Untersuchung zur Entstehung der christlichen Bible* (NTOA; Göttingen 1996).

Tuckett, C.M.,

"Thomas and Synoptics", *NovT 30* (1988), 132-157.

"Q and Thomas: Evidence of a Primitive 'Wisdom Gospel'? A Response to H. Koester", *ETL 67* (1991), 346-360.

Uro, R., *Thomas: Seeking the Historical Context of the Gospel of Thomas* (London 2003).

Vanden Eykel, E.M., "Protevangelium of James." e-Clavis: Christian Apocrypha, 2020, http://www.nasscal.com/e-clavis-christian-apocrypha/protevangelium-of-james/.

Vielhauer, P., *Geschichte der urchristlichen Literatur: Einleitung in das Neue Testament, die Apokryphen und die Apostolischen Vater* (Berlin 1975).

Vielhauer, P., **Strecker**, G., "Jewish-Christian Gospels", *New Testament Apocrypha vol.1*, W. Schneemelcher (ed.), (Phildadelphia 1992), 134-178.

Vööbus, A., *Celibacy, a Requirement for Admission to Baptism in the Early Syrian Church* (Papers of the Estonian Theological Society in Exile 1; Stockholm 1951).

Vouga, F., "Pour une géographie théologique des christianismes primitifs", *Études théologiques et religieuses 59* (1984), 141-149.

Vuong, L.C., *The Protevangelium of James* (Early Christian Apocrypha 7; Eugene 2019).

Watson, F., "A Gospel of the Eleven: The Epistula Apostolorum and the Johannine Tradition", *Connecting Gospels: Beyond the Canonical/Non-Canonical Divide*, F. Watson, S. Parkhouse (eds.) (Oxford 2018), 189-215.

Wickert, U., "Alexandrian Theology", E. Fahlbusch., G.W. Bromiley (eds.), *The Encyclopedia of Christianity vol. 1* (Grand Rapids 1999), 38-39.

Wilson, R. McL.,

The Gnostic Problem (London 1958).

"Valentinianism and the Gospel of Truth", B. Layton (ed.), *The Rediscovery of Gnosticism: Proceedings of the international conference on Gnosticism at Yale New Haven, Connecticut, March 28-31 1978 vol. 1: The School of Valentinus* (Leiden 1980), 133-145.

Wimbush, V.L., "The Ascetic Impulse in Early Christianity: Some Methodological Challenges", E.A. Livingstone (ed.), *Studia Patristica 25* (Leuven 1993), 462-478.

Wolfson, E.R., "Inscribed in the Book of the Living: Gospel of Truth and Jewish Christology", *Journal for the Study of Judaism 38* (2007), 234-271.

Wood, J.H., "The New Testament Gospels and the Gospel of Thomas: A New Direction", *NTS 51* (2005).

Wright, N.T., *Christian Origins and the Question of God 1: The New Testament and the People of God* (Minneapolis 1992).

Zelyck, L.R.,

The Egerton Gospel (Egerton Papyrus 2 + P. Köln VI 255): Introduction, Critical Edition, and Commentary (TENTS 13; Leiden 2019).

"Egerton Gospel", e-Clavis: Christian Apocrypha, 2020, http://www.nasscal.com/e-clavis-christian-apocrypha/egerton-gospel/.

Zöckler, T., *Jesu Lehren im Thomasevangelium* (NHMS 47; Leiden 1999).

다스만, 에른스트, 『교회사 1』, 하성수 옮김 (분도출판사 2007).

셍크, 케네스, 『필론 입문』, 송혜경 옮김 (바오로딸출판사 2008).

송혜경,

"콥트어 토마 복음의 인간 구원에 관한 소고", 『가톨릭 신학과 사상』 62 (2008), 29-55.

『영지주의자들의 성서』
(한님성서연구소 개정판 2022).
프랑크, 카를 수소, 『고대 교회사 개론』, 하성수 옮김 (가톨릭 문화총서 26; 가톨릭출판사 2008).
한국교부학연구회 하성수 엮음, 『교부학 인명·지명 용례집』 (분도출판사 2008).
허창덕, 『라틴-한글 사전』 (가톨릭대학교출판부 1995).

주요 웹사이트

http://archive.org
http://nassal.com/e-clavis-christian-apocrypha.
http://ntcanon.org
http://www.earlychristianwritings.com
http://www.newadvent.org
http://sefaria.org
http://www.wikipedia.org

도판

143 en.wikipedia.org/wiki/Gospel_of_Thomas

면지 지도 J. Fousek, "Spatial constraints on the diffusion of religious innovations: The case of early Christianity in the Roman Empire" Plos One 12 (2016): e0208744. https://doi.org/10.1371/journal.pone.0208744를 참조하여 제작

찾아 보기

신약성경

루카 복음

요한 복음

사도행전

로마서

코린토 1서

코린토 2서

에페소서

갈라티아서

필리피서

콜로새서

구약 외경

신약 외경

교부 및 고전 문헌

라삐 문헌

기원후 1세기 그리스도교 분포와 신약 외경